UNIVERSALE
STORICA
NEWTON

77

Dello stesso autore

La linea di sangue del Santo Graal

Titolo originale: *The Shadow of Solomon*

First published by HarperElement 2005

Traduzione di Franco Ossola
Prima edizione in questa collana: febbraio 2009

Roma, Casella postale 6214

ISBN 978-88-541-1415-9

www.newtoncompton.com

Laurence Gardner

I segreti della Massoneria

L'ombra di Salomone

Le misteriose origini della più enigmatica, influente e discussa confraternita del mondo occidentale

12-06-09

Newton Compton editori

Il povero muratore che costruisce i palazzi dei lord,
non vi abita, perché essi sono per i nobili.
La sua modesta dimora è fatta con pareti di cartapesta
e non con mattoni e pietre, come le altre.

EDWARD DE VERE
conte di Oxford, 1573

Introduzione

Da quando, circa 300 anni or sono, nel 1717 venne costituita la prima Grande Loggia inglese, i libri dedicati alla Massoneria sono stati tantissimi. Vengono pubblicati con regolare continuità e se ne trovano in quantità negli scaffali delle librerie di paesi come l'Inghilterra, l'America, la Francia ed altri ancora. Questa consistente produzione ricade in due grandi categorie: i libri scritti da massoni e quelli non scritti da massoni. In quest'ultimo caso si può ancora distinguere fra pubblicazioni pro e contro e, comunque, si tratta di scritti basati sul "si dice". I libri redatti da massoni sono, in genere, rivolti a lettori massoni. Anche se, qualche volta, assumono un tono un po' autoritario, si tratta di testi relativi alle diverse dottrine e spesso dedicati a qualche specifico aspetto dottrinario, di scarso – per non dire nullo – interesse per un lettore ordinario e generico.

In questo mio lavoro posso dire di aver affrontato il tema con un occhio critico, grazie alla mia lunga militanza nella Massoneria e grazie ad un tempo ormai altrettanto lungo trascorso da ex aderente. Iniziato nel 1966 presso la Loggia della città di Londra, dopo aver progredito lungo i diversi gradi previsti, la mia attività di maestro massone è andata avanti per circa 20 anni. Verso la metà degli anni Ottanta, tuttavia, ho dovuto necessariamente rivedere la mia posizione perché gli impegni, sempre più pressanti nella conduzione della loggia, limitavano fortemente la mia attività di ricercatore indipendente. Come conseguenza, sono stato costretto a rassegnare le dimissioni presso la Grande Loggia Unita d'Inghilterra.

Da quel momento, senza aver mai assunto un atteggiamento né pro né contro la Massoneria, ho sempre continuato a studiarne la storia, la struttura organizzativa e la pratica, nel contesto di vasti approfondimenti, all'interno dei quali i collegamenti con la Massoneria sono sempre emersi, blandi o forti che fossero. Queste ricerche mi hanno portato ad affrontare, sviscerandoli, temi come le istituzioni cavalleresche, le società filosofiche ed altri gruppi che, nel corso dei secoli, hanno esercitato una profonda influenza su strutture monarchiche e governative. In tutto questo tempo, ho ricevuto ora apprezzamenti, ora dinieghi e critiche da parte degli ambienti massonici. Come sempre accade in ogni aspetto della vita, non è mai possibile accontentare tutti ed anche il movimento massonico in questo non fa eccezione. La maggior parte degli adepti manifesta un atteggiamento tollerante, una mente aperta, pronta alla discussione; ma un certo numero di iscritti non accetta alcun genere di confronto che, anche soltanto in proiezione, possa in qualche modo condurre oltre gli insegnamenti canonici. Perché, anche se la Massoneria non è una religione, sotto certi aspetti essa opera come se lo fosse ed i suoi meccanismi di difesa entrano immediatamente in azione nel momento in cui si avverte il pericolo di una sfida al dogma riconosciuto.

Numerose Grandi Logge sparse per il mondo hanno un loro sito web su Internet, e la cosa presenta uno scenario alquanto intrigante. Se è pur vero che la finalità primaria è quella della informazione – e per molte logge è così – è altrettanto innegabile che sovente non mancano i contenuti, come dire, difensivi. Pagine di risposte e commenti di ritorno vengono offerte a quanti muovono contestazioni nei confronti dell'establishment massonico. Credo non esista al mondo un'altra organizzazione che subisca così tanti e violenti attacchi e che, comunque, continui a replicare giocando continuamente in difesa. Ed allora viene spontaneo chiedersi come mai, dal momento che la Massoneria è una confraternita di leale e mutuo soccorso, si debba preoccupare così tanto di ciò che di essa pensano gli altri.

Nella letteratura specializzata si legge sovente che la Massoneria non è affatto una società segreta e la cosa è senz'altro vera, poiché è difficile non sapere che esiste, e che non viene richiesta alcuna segretezza per l'affiliazione. In realtà, si tratta di un argomento specioso, come voler spaccare il classico capello in due, perché uno degli impegni massonici è proprio quello per cui i membri devono "tenere segreti e non rivelare" gli aspetti della conoscenza che vige all'interno della loggia. E così, anche se non si tratta di una società segreta è certamente una società che impone reticenza e, per gli estranei, questo atteggiamento equivale alla segretezza.

I princìpi di base della Massoneria sono molti e positivi, ma l'anomalia più singolare consiste nel fatto che la pratica massonica deriva da antiche scienze che oggi non vengono più insegnate. Si celebrano cerimonie e si insegnano rituali, ma, a fronte di tutta questa pompa, si afferma che i segreti su cui la società si fonda sono ormai perduti da tanto tempo.

La più grave perdita di manoscritti di filosofia antica la dobbiamo alla cieca azione della Chiesa di Roma con la distruzione, nel 391 d.C., della Biblioteca di Alessandria d'Egitto. Dopo questo scempio, durante l'Impero Romano si contarono infinite altre distruzioni, altrettanto nefande. Alcuni importanti ritrovamenti si registrarono nel corso del Medioevo, soprattutto grazie all'operato dei Cavalieri Templari che, durante la prima crociata, cercarono a lungo nelle volte sotterranee del Tempio di Salomone. Purtroppo, però, ancora la Chiesa, per il tramite dell'Inquisizione, nel XIV secolo pensò bene di perseguitare l'Ordine Templare, dando seguito ad altre gravi distruzioni. Resti di documentazioni preziose riuscirono comunque a salvarsi, al di fuori dei confini dello Stato della Chiesa, soprattutto in Scozia, ed i pensatori-filosofi della Royal Society (personaggi del calibro di Isaac Newton, Christopher Wren e Robert Boyle) utilizzarono quel poco delle antiche conoscenze che ancora era disponibile per raggiungere alcune delle loro più straordinarie scoperte scientifiche (anche se, correttamente, sarebbe più esatto parlare di ri-scoperte). Ma la strage documentale non era ancora giunta al termine. Durante il periodo del Protettorato di Cromwell, nel XVII secolo, nello spaventoso incendio di Londra molte altre testimonianze andarono distrutte. Poi, il disgregamento di alcune dinastie regali e l'affiliazione al parlamento fece sì che la documentazione disponibile venisse ancor più frammentata, mentre molti adepti di spicco della tradizione massonica furono costretti a disperdersi in tutta Europa, condannati all'esilio.

La Massoneria, nella sua forma moderna, nacque nel XVIII secolo come una confraternita dai sani princìpi, con l'intenzione di raccogliere e conservare ciò che ancora restava degli antichi archivi dell'umano sapere; ma questo passo d'inizio ebbe vita breve. Nel volgere di poco, il movimento massonico mutò intenzione, trasformandosi in un'istituzione a sfondo sociale con finalità assistenziali e di carità, pur sempre cercando di restare fedele al rispetto di prassi e ritualistiche che soddisfacessero e fossero fedeli alle idee filosofiche di fondo. Oggi – sebbene in genere percepita come una associazione segreta – credo che non si sia lontani dal vero affermando che la moderna Massoneria non sembra conservare alcunché di misterioso né, tanto meno, qualche conoscenza che presenti l'impronta di una genuina segretezza. Tuttavia, nascosti fra le pieghe degli annali rinascimentali giunti fino a noi, non sono pochi i punti di interesse e di studio che – se forse incompresi 300 anni or sono – oggi sono tornati prepotentemente alla ribalta e al centro di interesse della scienza moderna alla caccia di nuove ispirazioni derivate dall'antico passato.

In queste mie pagine, il lettore seguirà un percorso di investigazione fondata su informazioni documentate, ottenute dalla consultazione di prezioso materiale d'archivio, quello stesso che la *Costituzione* massonica dice essere andato perduto già da oltre 300 anni. Confronteremo l'attività delle odierne logge con quella delle logge di un tempo, al fine di verificare in che modo la Massoneria attuale sia stata mutata e manipolata al punto da riconoscere di aver essa stessa dimenticato i precetti da cui è derivata. Il volume si articola in tre parti. Nella prima ho preso in esame gli aspetti legati al potere, alla politica, agli intrighi e alle cospirazioni che hanno segnato l'evoluzione della Massoneria. Nella seconda mi sono concentrato più in particolare sui cerimoniali, sul sapere alchemico, sui legami con le istituzioni cavalleresche e la filosofia. Nella terza infine i vari frammenti del puzzle si combinano in una unica forma e scopriamo non solo in che modo siano andati perduti i segreti originari dell'Arte, ma anche perché ciò sia accaduto e, ciò che più conta, che cosa riguardassero.

Molti sono i simboli e le icone usati dalla Massoneria; alcuni sono notissimi, altri meno noti. Ma, fra tutti, il più potente è, paradossalmente, quello meno conosciuto agli estranei: un cerchio con al centro un punto ⊙. Come avremo modo di vedere, il fine ultimo della società si rifà a questo semplice segno, la cui origine si perde nella notte dei tempi. Scopriremo anche che la chiave ultima della Massoneria giace in un risvolto un tempo tenuto in gran conto all'interno della società, il Capitolo dell'Arco Reale. Anche se il Capitolo è opzionale all'interno della fratellanza, è soprattutto in questo particolare rituale (distinto dai tre gradi primari) che rifulge l'autentica eredità del messaggio massonico, anche se l'Arco Reale è stato bellamente ignorato dall'establishment della Grande Loggia per almeno 96 anni dalla sua fondazione. Molti adepti si sono interrogati sul perché l'Arca dell'Alleanza compare nello stemma simbolico della Grande Loggia Unita d'Inghilterra, dal momento che non costituisce un momento significativo nella progressione per gradi che l'adepto intraprende nella pratica dell'Arte. Il senso – come vedremo – è molto chiaro, perché un tempo questa preziosa reliquia rivelava un significato profondo, al pari della Pietra Filosofale o del vitello d'oro che Mosè, ai piedi del monte Sinai, fece bruciare per ridurre in misteriosa polvere.

Il mio intento è, dunque, quello di riuscire a risalire ai veri, autentici scopi formalizzati dall'antica, genuina Massoneria, quando venne istituita nel 1717. Si tratta, in pratica, della ricerca di un sapere di natura filosofica e di un'antica parola chiave, ritenuta perduta, che consenta di dischiudere lo scrigno di questo tesoro esoterico. La differenza che corre fra la mia ricerca e quella intrapresa dalla Fratellanza è che per me non ci sono – né ci sono state – delle costrizioni dovute al fatto di essere un affiliato.

È per questo che ritengo che il mio approccio possa avere più successo, riuscendo là dove altri precedenti sforzi hanno fallito. Molti dei secolari e decisivi misteri, infatti, sono perfettamente ricostruibili e la loro conoscenza appare ancor più straordinaria ed eccitante di quanto ci si sarebbe aspettato.

Exeter, marzo 2005

LAURENCE GARDNER

Parte prima

1

Antichi segreti

Una magica eredità

Il cuore della moderna Massoneria sono le storie legate alla figura del re biblico Salomone. Esse si riferiscono in modo particolare alla costruzione del grande Tempio di Gerusalemme da lui voluto, al fine di poter ospitare l'Arca dell'Alleanza nel Sancta Sanctorum. Celeberrimo per ricchezza e saggezza, questo re figlio di Davide, vissuto attorno al 950 a.C., è un vero e proprio enigma dell'Antico Testamento. In genere, la tradizione ebraica lo considera in modo molto positivo, anche se non gli sono risparmiate critiche per il gran numero di concubine e per la tolleranza mostrata nella venerazione di altre divinità e idoli all'interno del suo regno. Fondamentali, nel racconto della sua vita, sono i suoi incontri con il re della città di Tiro e con la misteriosa Regina di Saba, due personaggi piuttosto generosi nei suoi confronti, che gli recarono molti doni e grandi quantità di oro per rendere sempre più potente e splendido il suo regno di Giuda (vedi p. 272).

"Uscendo" dal contesto biblico, le altre "storie" ci presentano Salomone nei panni di un mago praticante, possessore di un anello magico e di un'altrettanto misteriosa pietra capace di tagliare la roccia senza provocare alcun rumore e con chirurgica precisione. Secondo alcuni, Salomone sarebbe anche stato capace di fare levitare l'Arca dell'Alleanza, facendola sollevare da terra al suo volere. Sotto questo profilo, nelle ere a lui successive Salomone venne dunque sempre visto come un mago dagli straordinari poteri e addirittura riverito come uomo eccezionale nell'Europa rinascimentale. Come avremo agio di vedere, la geometria compositiva del suo Tempio venne considerata la sintesi della perfezione sacra; il segreto della sua pietra da taglio e la sua abilità nel far levitare gli oggetti diedero spunto a infinite ricerche, mentre la sua costante, quasi irrefrenabile, passione per l'oro ha da sempre esercitato un fascino costante.

In termini simbolici, è Salomone che custodisce la chiave per scardinare i segreti della moderna Massoneria, ma poiché la società venne istituzionalizzata nel 1717, il legame ereditario fondamentale continuano ad essere i Poveri Cavalieri di Cristo e del Tempio di Salomone. Comunemente conosciuta come Cavalieri Templari, questa confraternita elitaria di cavalieri dell'Occidente d'Europa – strutturati in una organizzazione militaresca con risvolti monastici – venne fondata nei primi anni del 1100, nell'ambito della prima crociata, come una fratellanza con scopi altruistici. Immediatamente, nasce spontanea la domanda: il movimento massonico deriva dunque dall'Ordine Templare? Se è così, come può oggi una confraternita assistenziale conciliare le sue intenzioni e i suoi fini con quelli di un Ordine medievale di monaci-guerrieri? Oppure, la Massoneria è derivata dalle gilde massoniche, come molti pensano che sia accaduto? Oppure, ancora, essa trae origine dalle scuole misteriche dell'antico Egitto, con le quali, forse non a caso, mostra molti punti di comunione? Quale che sia la risposta, sempre continua a presentarsi la domanda di fondo: in che modo l'istituzione odierna può rapportarsi con quelle passate?

L'Antico ed il Nuovo Testamento biblici sono stati utilizzati per secoli come scritture sacre alla base delle credenze ebraiche e cristiane; tuttavia non fu certo per questo che essi furono scritti e neppure – ma lo si sa da tempo – si tratta di documenti coerenti e unitari. Consistono in una serie di singoli libri scritti da autori diversi in tempi diversi, tenuti insieme dallo sfondo di uno scopo comune.

Questi libri comprendono racconti storici che, specie nell'Antico Testamento, coprono un vasto arco di tempo, ma hanno un valore che va ben al di là della pur importante valenza storica, in quanto gli avvenimenti descritti sono sovente correlati con il racconto di altri eventi di natura straordinaria. Il fatto che la Massoneria (che, lo ricordo, non è né una fede né una religione) abbia focalizzato la sua attenzione su alcuni di questi episodi seppure così lontani nel tempo è già di per sé intrigante, ma, a ben guardare, si è trattato di un processo evolutivo che, poco alla volta, ha condotto una varietà di antiche discipline nel contesto di un singolo ideale.

Se si spinge la ricerca in quelli che sono stati i prodromi del movimento massonico prima del XVIII secolo, risulta evidente che i suoi capisaldi erano concetti, come dire, più romanticamente affascinanti rispetto a come sarebbero stati trasformati sotto il velo dell'allegoria e della metafora, una volta assunti ufficialmente dal movimento. Particolarmente interessanti, a questo proposito, sono la considerazione della scienza e della natura dell'alchimia – l'arte occulta della trasposizione della materia, comunemente associata all'ottenimento dell'oro da metalli vili –, la manipolazione delle onde luminose e le tecniche della levitazione. Come risulta piuttosto evidente consultando gli antichi testi a noi pervenuti di Mesopotamia, Egitto e altri antichi popoli risalenti a 3000 anni prima della nostra era, le prove che testimoniano l'esistenza presso queste antiche civiltà di capacità tecnologiche di gran lunga superiori a quelle che siamo soliti accreditare loro sono abbondanti e chiare. Lo studio di documenti come questi non solo dà conferma a una parte consistente della scrittura biblica, ma getta una luce nuova sulla storia delle più antiche origini della Massoneria. È dunque giunto il tempo di affrancarci da dogmi e preconcetti e guardare con un occhio fresco e rinnovato a tutto il materiale di archivio che sostiene l'ideale massonico. Per riuscire a compiere questa operazione nel migliore dei modi è necessario dapprima considerare la Massoneria per come è oggi, prestando particolare attenzione a che cosa afferma la sua *Costituzione* rispetto a quelli che vengono considerati i segreti fondamentali dell'organizzazione.

L'enigma dell'archivio perduto

La Massoneria viene descritta dalla Grande Loggia Unita d'Inghilterra come «un particolare sistema etico, velato dall'allegoria e illustrato da simboli». Un'organizzazione associata alla fondazione di scuole, ospedali e centri di assistenza.

Tuttavia, per quanto tutto questo sia senz'altro meritevole, l'impressione è che queste attività siano comprese più che altro per introdurre e dare significato ai veri scopi di una Fratellanza che però, almeno all'apparenza, non sembra avere la chiave di accesso all'antica tradizione che avrebbe intenzione di emulare. Quando, nel 1723, il massone reverendo presbiteriano James Anderson redasse la *Costituzione della Libera Massoneria* scrisse:

> Assai poco è giunto fino a noi a testimoniare l'esistenza della Massoneria inglese prima del XVII secolo. La maggior parte delle testimonianze legate a Carlo II o agli altri sovrani precedenti si sono perdute anche a causa della Rivoluzione del 1688 e molte altre sono state date alle fiamme in tempi ancor successivi per il timore di riscoprirle.

Il riferimento che Anderson fa alla "tradizione massonica inglese" è importante, perché riflette il luogo comune secondo il quale la Massoneria sarebbe sorta proprio in Inghilterra. Tutto sommato, parlando in termini generici, la cosa non è del tutto sbagliata, se si tiene conto che la prima Grande Loggia venne istituita proprio a Londra nel 1717. Appena sei anni dopo, Anderson nelle sue osservazioni già lamenta la scomparsa degli archivi di una generazione appena precedente. Ma si trattava di archivi inglesi oppure, forse, di archivi scozzesi, considerato che il re Carlo II Stuart (il sovrano che Anderson cita) apparteneva alla linea di sangue reale scozzese? Dopo essere stati perseguitati e banditi dall'Inghilterra e dall'Europa nel 1307 per volere del papa, è assodato che molti Cavalieri Templari erano riparati in Scozia, anche se è pur vero che l'origine nel XII secolo dell'Ordine Templare è più di matrice francese che non scozzese.

È evidente che se il movimento massonico passò dalla Scozia, da dove era arrivato tramite la Francia, all'Inghilterra, lo scenario che si spalanca davanti alle nostre considerazioni è, a dir poco, straordinario. Tuttavia non spiega lo stesso come mai archivi storici di vitale importanza precedenti al 1723 siano andati tutti irrimediabilmente perduti. Viene da pensare che forse non è proprio così e che essi siano stati considerati perduti nell'ambito del nuovo stile assunto dalla Massoneria inglese moderna. Ma, poiché la Massoneria è un'associazione che si fonda su princìpi di onestà ed integrità morale, sembrerebbe davvero incoerente se si basasse sin dalla sua istituzione su delle false asserzioni.

Compito di queste mie pagine è quello di indagare oltre la *Costituzione* di Anderson e la fondazione della prima Grande Loggia d'Inghilterra, per cercare di spingerci il più possibile indietro nel tempo, al fine di tracciare la storia autentica della Massoneria, nella sua evoluzione da società segreta a società filantropica come pare essere diventata oggi. In questa impresa di ricerca alquanto ardua è dunque opportuno partire proprio dalle parole del reverendo Anderson quando sostiene che gli antichi archivi massonici sono andati distrutti nel corso dei regni succedutisi a partire da Carlo II e della rivoluzione inglese del 1688.

Si allestisce la scena

La Massoneria viene ufficialmente descritta come «particolare sistema etico», concepito come l'istituzione di una confraternita basata sulla solidarietà e sulla buona volontà e fondata su ben definiti codici di «amore fraterno, fede e carità». Ideali e propositi perfettamente validi e ammirevoli, ma non è certo necessario essere un massone per attuarli. Esistono infinite altre organizzazioni che si propongono questi stessi obiettivi e nessuna di esse ha mai sentito la necessità di avvolgersi in un manto di mistero. Chi vi aderisce deve tener fede alle regole imposte dall'organizzazione, ma per farlo non è costretto a ricevere la conoscenza di simboli o strette di mano segreti. Ne consegue una logica domanda: se questo accade, significa che la Massoneria conferisce ai propri adepti qualche privilegio segreto in più, oltre ad imporre gli ideali sociali e di fratellanza di cui si è detto? Stando a James Anderson parrebbe di no. Nel testo della *Costituzione* da lui redatta si dice a chiare lettere che i segreti (ovunque essi fossero conservati) erano andati perduti per sempre. E aggiunge pure che molti erano stati bruciati «per il timore di riscoprirli».

Se ne deduce che evidentemente doveva esistere una differenza fra la Massoneria pre e post il 1688 e che prima il movimento deteneva dei segreti che non facevano più parte della Loggia moderna, rinnovata. Quando venivano invitati ad iscriversi, i candidati si sentivano dire che erano ammessi «ai misteri ed ai privilegi dell'antica Massoneria», cosa che in realtà non accadeva. Essi erano introdotti alle attività (e forse ai privilegi) della "moderna" Massoneria. Alcuni riti e certe cerimonie si sono preservati (o forse inventati ex novo), ma gli aspetti autentici che facevano della Fratellanza un'associazione segreta, con segni, simboli e parole di riconoscimento propri, erano e sono passati da tempo nel dimenticatoio.

Ed allora, che cosa accadde di tanto drammatico in Inghilterra nel 1688 da cambiare le cose in modo così drastico? Anderson cita specificamente la Rivoluzione ed è proprio da questo evento che inizia la nostra ricerca. Dal 1603 al 1688 la monarchia inglese era stata retta dalla Casa Reale degli Stuart. Prima gli Stuart avevano regnato in Scozia per 232 anni a partire dal 1371, a cominciare dal re Roberto II, nipote di Robert Bruce. Quando nel 1603 la regina Elisabetta I Tudor era morta senza lasciare dietro di sé alcun erede, il suo parente più prossimo, il re Giacomo VI Stuart di Scozia, venne invitato ad assumere la doppia corona e chiamato a Londra per diventare re Giacomo I.

A Giacomo era succeduto il figlio, che nel 1625 aveva assunto il nome di Carlo I d'Inghilterra, ma lo attendeva un triste destino. A seguito della sollevazione dei parlamentari ribelli, dell'opera di Oliver Cromwell e della conseguente Guerra Civile, Carlo era stato detronizzato e giustiziato nel 1649. Era seguito il periodo detto del Commonwealth durante il quale il figlio di Carlo I, suo legittimo erede, il primo gennaio 1651 a Scone, nel Perthshire, era stato eletto re degli Scozzesi con il nome di Carlo II. Giusto l'anno dopo, le truppe di Cromwell sconfiggevano duramente quelle di Carlo a Worcester, in Inghilterra, costringendo il sovrano a riparare in Francia. A questo punto, liberato il campo, Cromwell aveva deciso di governare usando il pugno di ferro e la corte marziale. Per farlo nel 1653 stabilì un Protettorato e sciolse il Parlamento, per non avere intralci nelle sue operazioni militari e politiche.

Nel 1660 Carlo II recuperava le sue corone di re e si riappropriava del trono insediandosi a Londra. Monarca diplomatico e popolare, Carlo moriva senza lasciare un erede legittimo ed il trono passava nel 1685 al fratello, il Duca di York, che assumeva il nome di Giacomo II d'Inghilterra, ma anche quello di Giacomo VII di Scozia (vedi il capitolo *Cronologia massonica e monarchica*, pp. 362 sgg.).

Grazie alla collaborazione di consiglieri illustri, quale ad esempio il famoso diarista Samuel Pepys (segretario della Marina), Giacomo decise di dare nuova vita alla flotta britannica, lasciata languire negli anni di governo assoluto di Cromwell. Nella sua qualità di Duca di York, fu proprio Giacomo nel 1664 a voler imporre il proprio titolo nobiliare come nome al territorio americano del Nuovo Mondo che sarebbe diventato la città di New York[1]. Tuttavia, a dispetto dell'esperienza e della fama guadagnata, anche Giacomo II non fu un uomo fortunato. Continuamente assillato dalle pretese al trono del nipote illegittimo, il Duca di Monmouth, ad un tratto Giacomo impazzì, preoccupato a morte dalla

[1] All'atto della fondazione la città di New York venne battezzata New Amsterdam. Cambiò nome nel 1664 quando il re Giacomo Stuart sottrasse il territorio agli Olandesi.

costante intraprendenza dei suoi nemici atavici, gli Olandesi. Sia lui che Carlo II nel 1665 avevano dichiarato guerra all'Olanda e nel corso del suo regno come Giacomo II d'Inghilterra (VII di Scozia) il conflitto avrebbe assunto dimensioni sempre più vaste fino al 1688.

Al tempo, in Inghilterra si stava manifestando un forte fermento di natura religiosa. La causa principale erano i movimenti dei Quaccheri e dei Presbiteriani, la cui popolarità soprattutto nelle zone rurali e nelle campagne stava senz'altro avendo il sopravvento sulla Chiesa anglicana. Oltre tutto, soltanto fino a poco tempo prima l'Inghilterra era stata una nazione cattolica e i Cattolici presenti sul territorio erano ancora molti, almeno pari al 7% dell'intera popolazione[2]. In aggiunta c'erano anche molti Ebrei; ma durante il regno di Carlo II tutti questi gruppi erano stati trattati con giusta tolleranza. Il regno di Carlo aveva costituito un prezioso momento di sollievo per tutti questi movimenti ideologici e religiosi, subito dopo il duro periodo del Protettorato di Cromwell. Peccato però che ora i ministri anglicani di Giacomo non mostrassero più tanta tolleranza, al punto da esercitare fortissime pressioni (che si riverberavano anche su questioni economiche e commerciali) su tutti coloro che non intendevano conformarsi alla dottrina della Chiesa d'Inghilterra.

E così Giacomo, nella sua qualità di Custode del Regno, aveva preso una decisione importante: prima di qualsiasi impegno con il Parlamento o con la Chiesa era al popolo che lui avrebbe dovuto pensare. Il 4 aprile 1687 emanava la *Dichiarazione della libertà di coscienza*, nella quale riconosceva a tutti libertà e tolleranza in questioni di religione:

> La coscienza non può essere costretta, né il popolo forzato nelle questioni della religione. Questo è da sempre contro ogni nostra inclinazione, ma crediamo sia anche contrario agli interessi del governo che altrimenti si impoverirebbe vedendo impediti i traffici e i commerci, spopolando le campagne e scoraggiando i rapporti con altre nazioni. Senza, alla fine, raggiungere egualmente gli scopi prefissi.
>
> Noi pertanto – sia per il bene di tutti i nostri amati sudditi (che hanno il diritto di vivere in serenità e quiete) e anche per incrementare i commerci e incoraggiare le genti straniere – abbiamo pensato e deciso, anche in virtù della nostra prerogativa di sovrani, di emettere questa dichiarazione di tolleranza... con la quale rendiamo noto al nostro amato popolo la nostra volontà che a ciascuno sia riconosciuta la libertà di incontrare e servire Dio secondo la propria inclinazione e il proprio credo[3].

Siamo al cospetto di uno degli atti pubblici più ispirati e liberali che un sovrano abbia mai emesso, ma era certamente un po' troppo per la sopportazione dei prelati anglicani: un re che si permetteva di garantire

[2] Sir Charles Petrie, *The Stuarts*, London, Eyre and Spottiswoode, 1937, capitolo 8, p. 336.

[3] La *Dichiarazione della libertà di coscienza* del 1687 è riportata integralmente nel libro del Principe Michael of Albany intitolato *The Forgotten Monarchy of Scotland*, Shaftesbury, Element Books, 1998 e London, Crysalis Vega, 2002, Appendice II, pp. 348-50.

al popolo la libera espressione religiosa! Giacomo aveva messo in forse la supremazia della Chiesa anglicana, doveva per forza essere in combutta con i cattolici.

Da parte sua re Giacomo era ancora fortemente offeso dal modo in cui la Chiesa aveva abbandonato suo padre, Carlo I, alla mercè di criminali senza religione e del rapidissimo modo in cui i vescovi si erano adattati, accettando senza alcuna contestazione la chiusura di tutte le chiese voluta da Cromwell. Egli non era né un anglicano conformista ma neppure era cresciuto come un presbiteriano convinto, come invece era accaduto al bisnonno Giacomo I. Tuttavia, promulgando questo suo atto di liberalità, rinnegava automaticamente in parte un altro documento, i cosiddetti *Test Acts* del 1673 e del 1678 in cui si diceva chiaramente che coloro che occupavano cariche ed uffici pubblici dovevano sposare il credo della Chiesa d'Inghilterra. La sua azione, dunque, si contrapponeva ai privilegi della Chiesa anglicana, oltre a mettere in difficoltà il Parlamento, nel momento in cui la gente comune poteva operare una scelta importante sulla quale il Parlamento stesso non poteva esercitare controllo alcuno.

Molto tempo dopo, nel 1828-9, in Inghilterra i *Test Acts* verranno abrogati a favore dei cattolici (con le sole eccezioni per le cariche del sovrano e del Lord Cancelliere). Nel 1858 lo saranno nei confronti degli Ebrei, mentre il paritetico documento emesso in Scozia nel 1681 verrà completamente abrogato nel 1889. Oggi in Inghilterra tutte le religioni (cristiane e non) hanno la possibilità di far valere il proprio diritto secondo il loro credo, esattamente come aveva intuito e voluto, ben 300 anni or sono, il lungimirante re Giacomo II (VII in Scozia). Evidentemente Giacomo era un uomo fuori dal suo tempo. Il grande credito da lui guadagnato a livello popolare poco gli servì comunque nel 1688, come a nulla gli valse il coraggio che aveva dimostrato combattendo Francia e Fiandre e neppure il grande impegno profuso per far sì che la Marina inglese tornasse ad essere grande e potente. A causa della liberalità mostrata nelle questioni religiose aveva fatto terra bruciata attorno a sé e lo scenario si stava preparando per accogliere il suo successore.

La Rivoluzione

Che cosa ha a che vedere tutto questo con la Massoneria? In concreto moltissimo, perché quando re Giacomo era riparato in Francia, nell'esilio del 1688, l'eredità della tradizione massonica scozzese si era mossa insieme a lui, come pure avevano fatto i suoi sostenitori ed alleati massonici. Questo è il motivo per cui ancora oggi l'adesione all'opera che si compone dei 33 gradi massonici è nota come Rito Scozzese (sebbene, come avremo modo di vedere, un Rito Scozzese rivisitato) e comprende dei rituali che non sono condivisi dai tre gradi dell'Arte della

Libera Massoneria Inglese. Ma, per completare la storia del XVII secolo che ci riguarda, riprendiamo ora la narrazione del dramma di re Giacomo.

Dalla sua prima moglie, Anne Hyde di Clarendon, re Giacomo aveva avuto due figlie; dalla seconda moglie, la nobildonna italiana Maria d'Este di Modena, aveva avuto un figlio maschio più giovane delle sorellastre. La prima delle sorelle, Maria, era andata in sposa al principe Guglielmo d'Orange, statolder, viceré dei Paesi Bassi. La speranza consisteva nel fatto che grazie a questa unione matrimoniale potessero finalmente cessare i contrasti esistenti da tempo fra Inghilterra e Olanda in merito ai diritti dei trasporti e dei commerci internazionali; ma in verità, come gli eventi ebbero poi a dimostrare, la cosa non funzionò affatto.

Vista la situazione di grave stallo politico esistente in Inghilterra a causa delle contestazioni religiose, il principe Guglielmo pensò infatti di cogliere al volo l'opportunità di monopolizzare i commerci, bloccando quelli inglesi di importazione ed esportazione e per farlo – ben spalleggiato segretamente dalla Chiesa anglicana – decise di muovere in forze. Poiché, nel frattempo, un Parlamento sempre più astioso nei suoi confronti aveva impedito a re Giacomo di mantenere attivo anche in tempo di pace un forte esercito, l'assalto di Guglielmo d'Orange non trovò pressoché alcuna opposizione. Quello che seguì su vasta scala in questo quadro pur localizzato di eventi risultò così intenso e straordinario da far quasi invidia al più fantasioso dei film di Hollywood.

Il 5 novembre 1688 Guglielmo sbarcava in terra inglese a Torbay, nel sud-est, scortato da una flotta consistente di navi e oltre 6000 uomini. Subito le minacce verso i membri della famiglia reale furono terribili. Il 21 dicembre la seconda moglie di re Giacomo – Maria di Modena (travestita da lavandaia italiana) – assieme al figlioletto, l'infante Principe di Galles, veniva in gran segreto allontanata da Londra nottetempo. Scortata nel massimo riserbo da un drappello di soldati armati, viaggiando senza dare troppo nell'occhio, la famiglia reale, imbarcata su una piccola nave, aveva quindi fatto approdo al porto di Calais, in Francia. Qui Maria aveva inviato messi al re di Francia Luigi XIV, suo cugino, il quale aveva immediatamente mandato una scorta a prelevarla. Una volta giunta a Parigi, Maria era stata ricevuta dal re Luigi che le aveva consegnato le chiavi del castello di Saint-Germain-en-Laye. (Questo palazzo reale era stato un tempo la residenza di Maria Stuarda, regina di Scozia fra il 1542 e il 1587, prima di diventare regina di Francia nel 1559).

Intanto, a Londra, re Giacomo riceveva un ultimatum dal genero, Guglielmo d'Orange. Se Giacomo non avesse deposto la corona seduta stante, doveva considerare l'intera sua famiglia in grave pericolo. Ovviamente, Guglielmo non sapeva che Maria e il piccolo erede al trono avevano già lasciato la patria. Messo con le spalle al muro, in chiara condizione di inferiorità, re Giacomo si rese interprete di un gesto disperato, gettando il Gran Sigillo d'Inghilterra (il simbolo costituzionale della monarchia inglese) nelle acque del Tamigi[4]. Ciò fatto, aveva anche lui raggiunto Parigi ed il palazzo degli Stuart a St. Germain, che da quel momento elesse come sua residenza primaria.

Preso atto della sua partenza, la Camera dei Lord in Parlamento stabilì che, pur essendo fuggito, il re non aveva abdicato e che quindi a livello legale continuava a persistere l'impegno da lui assunto a rappresentare il suo popolo. In definitiva, il trono non risultava "vacante" (anche se tecnicamente non occupato). Venne così proposta la soluzione di una reggenza (con un amministratore dello Stato appositamente prescelto) come soluzione ottimale per preservare il regno fino a che Giacomo non fosse morto. Ma Guglielmo fece sin da subito intendere che non aveva alcuna intenzione di assumere la semplice carica di Reggente né desiderava condividere il regno con alcun altro potere. Le sue dichiarazioni suonarono così pesanti che immediato sorse lo spettro di una guerra ed era convinzione di molti che il principe si sarebbe preso la corona d'Inghilterra senza tante storie né preamboli. Dopo un incontro a dir poco drammatico fra la Camera dei Lord ed i Comuni, si arrivò alla conclusione che forse, alla fine, il trono poteva considerarsi vacante[5].

Con l'appoggio dell'ala aristocratica anglicana[6], Guglielmo decise di convocare a Westminster un parlamento illegale, il 26 dicembre 1688, dove i politici presenti furono obbligati a votare per un cambio dinastico, cosa che avvenne, per quanto in modo molto contrastato. In seguito la stampa riferiva che «il Parlamento riunito non ebbe alcun modo di potersi esprimere in piena libertà poiché i soldati del Principe Guglielmo piantonavano il Parlamento e si trovavano tutto attorno al palazzo di Westminster»[7]. Il rapporto giornalistico illustra assai bene l'effetto della decisione obbligata che un Parlamento non libero e assediato dai militari ebbe sulla struttura monarchica:

Re Giacomo se n'era andato e Guglielmo presidiava con la sua guardia olandese Westminster per sovrastare e minacciare con l'imperio coloro che, in qualsiasi modo, avessero potuto contrastare i suoi piani di conquista [...]. L'azione di minaccia e coercizione di Guglielmo fruttò un voto di maggioranza determinato da *una* sola preferenza in più, in due fra le più importanti contrapposizioni nella storia parlamentare [...]. Al giorno d'oggi ci sono governi che si sono dimessi, per una maggioranza neppure così piccola sull'opposizione. In questo caso invece fu

[4] Ivi, capitolo 10, pp. 147, 148.

[5] Un resoconto di questi eventi drammatici compare nell'opera del Marchese di Ruvigny e Raineval dal titolo *The Jacobite Peerage, Baronetage, Knightage and Grants of Honour* edito nel 1921, ristampato in facsimile a Londra da Charles Skilton nel 1974, Appendice II.

[6] A Westminster operavano due gruppi (partiti) politici opposti, ambedue distinti con un soprannome che si erano reciprocamente affibbiato l'un l'altro. Si trattava dei *Whigs* (contadini scozzesi) e dei *Tories* (banditi irlandesi). Questi ultimi erano coloro che difendevano l'eredità regale della dinastia scozzese degli Stuart, mentre i Whigs difendevano soprattutto i grandi latifondisti e gli aristocratici.

[7] Da «Nineteenth Century Review», London, settembre 1897.

sufficiente la maggioranza di *un* solo voto per giustificare una vera e propria rivoluzione coinvolgente il fondamentale principio della primogenitura, quello sul quale si basa tutto il nostro costrutto sociale!

Non tutte le gerarchie della Chiesa d'Inghilterra erano però schierate contro re Giacomo. Fra i suoi sostenitori si potevano contare l'arcivescovo Sancroft di Canterbury ed i vescovi di Bath e Wells, Ely, Gloucester, Norwich, Peterborough, Worcester, Chichester e Chester. Quando si arrivò alla deposizione di Giacomo, anche a questi prelati venne sottratta ogni prerogativa e ogni potere. La Storia è stata in parte manipolata inducendo a credere che re Giacomo sia stato deposto perché era un Cattolico. In verità egli venne deposto per garantire potere a un Parlamento controllato da una supremazia anglicana e non eletto in modo democratico dalla volontà del popolo.

Ma anche per Guglielmo le cose non filarono lisce come era nei suoi programmi. Assunse la corona d'Inghilterra col nome di re Guglielmo III, ma solo a condizione che la moglie Maria (figlia di re Giacomo) godesse degli stessi diritti regali della regina Maria, la moglie di Giacomo, e non venisse semplicemente riconosciuta, come da prassi, nei panni di regina consorte. La clausola venne accettata ed è per questo che il regno viene ricordato come quello di Guglielmo e Maria d'Orange. Contemporaneamente – siamo nel 1689 – venne introdotta una nuova norma garantista, il *Bill of Rights* (diritti dei cittadini), nella quale si stabiliva che da quel momento in avanti il re d'Inghilterra avrebbe dovuto regnare in accordo col Parlamento e che i deputati sarebbero stati eletti dal popolo. In realtà i membri del Parlamento non venivano eletti in modo democratico. Il diritto di voto, infatti, era concesso soltanto ad un numero ristretto di proprietari terrieri con un elevato reddito e la Camera dei Comuni era un organismo dalle caratteristiche assai distanti da quelle che avrebbero dovuto caratterizzare un organo popolare. Il principio espresso nel *Bill of Rights* è tuttora valido e l'attuale regina – Sua Maestà Elisabetta II – regna in assenso del governo inglese come nell'ambito di una monarchia parlamentare. Non si tratta di una monarchia costituzionale (indicata, cioè, da una costituzione popolare e democratica scritta) come accade invece in altri paesi europei.

Uno dei motivi dell'approvazione dell'atto del 1689, per quanto la regina Maria fosse una devota protestante, derivò dalle preoccupazioni che i ministri anglicani nutrivano nei confronti di Guglielmo d'Orange, per via dei suoi buoni rapporti con la Chiesa di Roma. L'Olanda, infatti, era la provincia settentrionale cardine e più importante dello stato indipendente dei Paesi Bassi un tempo compreso all'interno del Sacro Romano Impero, ed era risaputo che il grosso dell'esercito di Guglielmo era costituito da soldati mercenari al soldo del papato. Il re Giacomo II si era schierato al fianco del re di Francia Luigi XIV quando questi si era opposto alla nascita di un impero cattolico, ma il papa era stato esplicito nel preannunciare che qualora Guglielmo d'Orange fosse salito sul trono inglese l'appoggio alla Francia ribelle sarebbe venuto certamente a mancare, rendendola assai più debole e vulnerabile.

Il 23 settembre 2001 sul «Daily Mail» è comparso un interessante articolo storico intitolato *Guglielmo d'Orange sponsorizzato dal papato*, in cui, riferendosi ad alcuni documenti recentemente scoperti negli archivi vaticani, si rivelava che il papa Innocenzo XI aveva finanziato Guglielmo con la ragguardevole cifra di 150.000 scudi, equivalente a circa 3,5 milioni di sterline odierne. La notizia ha creato scalpore e molta sorpresa specie nell'Irlanda del Nord, dove da sempre si credeva che Guglielmo d'Orange (colui che aveva impedito la restaurazione di Giacomo Stuart nella battaglia di Boyne del 1690) fosse a capo di un'armata di fede protestante[8]. Davanti a queste dichiarazioni circoscritte anche Cecil Kilpatrick, archivista dell'Ordine d'Orange, ha dovuto ammettere l'esistenza di prove piuttosto compromettenti riguardanti gli accordi segreti fra il papa e Guglielmo. Ha anche affermato che quando negli anni Trenta del Novecento a Stortmont (sede del Parlamento dell'Irlanda del Nord) venne ritrovato un dipinto in cui erano raffigurati papa Innocenzo XI e Guglielmo, la prima reazione era stata: «Dobbiamo liberarcene subito!».

A dispetto delle presunte conquiste che i sostenitori di Guglielmo ascrivevano al suo operato in quella che già avevano battezzato la "gloriosa rivoluzione", i Whigs decisero che, essendo stati proprio loro a favorire l'avvento del principe sul trono d'Inghilterra, la corrente politica che rappresentavano si trovava nelle condizioni ideali per imporre al sovrano stesso delle restrizioni per il futuro. Malgrado le violente proteste che i sostenitori degli Stuart, riuniti nel partito dei Tory, levavano con foga dai banchi del Parlamento, i Whigs imposero subito le loro proposte. Il *Bill of Rights* con la correlata *Declaration of Rights* (dichiarazione dei diritti) stabilivano che il Parlamento conservava il diritto assoluto su monarchia, giustizia e popolo. Inoltre, un sovrano avrebbe compiuto un atto illegale se avesse deciso da solo di emendare o sopprimere una qualsiasi legge del governo. E così, anche se all'inizio in Parlamento Guglielmo aveva fatto sfoggio di una forte autorità, i politici erano riusciti lo stesso a mantenere il bastone del comando, garantendogli la sovranità ma alle loro condizioni. Tutte queste tempestive misure, unitamente alla fede protestante della regina Maria, limitarono e non poco le mire papali, quand'ecco che la morte prematura dell'erede al trono, avvenuta nel 1694, ripropose l'inevitabile dilemma della successione.

Per ribadire in modo estremo la posizione suprema di predominio del Parlamento anglicano sulla monarchia, sempre nel corso del regno equilibrato di Guglielmo, nel 1701 il Parlamento varò l'*Act of Settlement*,

[8] I dettagli relativi alla scoperta vaticana e agli intrighi del papato che sostenevano l'invasione olandese sono stati rivelati dai giornalisti storici italiani Rita Monaldi e Francesco Sorti.

documento che assicurava il trono solo e soltanto ad un sovrano di fede protestante – atto tutt'oggi in vigore – approvato alla Camera dei Comuni per un solo voto (118 contro 117). Già la precedente disposizione, l'*Act of Abjuration* (quello che imponeva a tutti i pubblici funzionari di rinnegare il re Giacomo), era passato per un solo voto (193 contro 192), a dimostrazione che, in effetti, non si poteva certo parlare di maggioranza per la consacrazione di questi due atti costituzionali di decisiva importanza per tutto ciò che avrebbe riguardato la fattiva operatività della monarchia inglese.

La religione e le Grandi Luci

Il ben noto Ordine d'Orange venne fondato nel 1795 sulla scia della rivoluzione vincente del Principe Guglielmo e dei continui, formidabili contrasti fra Cattolici e Protestanti nell'Irlanda del Nord. Sovente l'Ordine viene presentato come la Loggia Massonica dell'Ulster, ma non è così. Tuttavia, l'autentica natura della sua costituzione ci offre un tipico esempio di come si possa scambiare un atteggiamento religioso contrastato per un contesto massonico.

L'Ordine d'Orange ha sin dalla sua presentazione un aspetto pseudomassonico, ma stabilisce che i membri che vi aderiscono possano solo essere Cristiani Protestanti. Niente di questo, né alcun altro risvolto religioso, viene invece richiesto nella regola della Massoneria. Sono accolti gli aderenti a tutte le religioni (anche gli atei) e il Sommo Creatore del cosmo non viene definito in termini che possano apparire religiosi, bensì semplicemente col titolo di Grande Architetto dell'Universo. Le Tre Grandi Luci della Massoneria (il cosiddetto "arredamento" senza il quale non si può aprire alcuna loggia) comprendono un volume della Sacra Legge. Questo può essere la Bibbia, il Corano, la Torah, i Veda oppure lo Zend-Avesta, a seconda della cultura religiosa dominante fra i membri della loggia. Sono tutti accetti perché uno qualunque di questi libri sacri è il simbolo della credenza in qualcosa di superiore, in una forma suprema di autorità, qualunque sia il nome con cui la si definisce o la si voglia chiamare. Fatta eccezione per questo particolare, all'interno di una loggia le discussioni di ordine religioso non sono ammesse.

Le altre Grandi Luci della Massoneria sono la squadra ed il compasso che rappresentano, rispettivamente, la psiche e lo spirito. La disposizione in cui questi oggetti simbolici sono sistemati all'interno di una loggia operativa (per esempio, con il compasso che mostra una, due o addirittura nessuna delle sue punte alla squadra) segnala il grado di approfondimento degli incontri che vi vengono condotti. Le Tre Grandi Luci insieme rappresentano e denotano l'estensione dello sviluppo spirituale del massone all'interno di un contesto di acquisita consapevolezza divina, mentre la loggia stessa è intesa come una sorta di ponte di collegamento fra il mondo materiale e quello dello spirito.

Le Tre Grandi Luci e altri strumenti operativi della Massoneria.

Già da come una loggia si presenta esteriormente si intuisce subito come nella Massoneria esistano allusioni segrete che vanno ben al di là dell'aspetto superficiale che rivela. La gerarchia massonica è sempre pronta ad affermare che l'associazione non costituisce una religione – ed in effetti non lo è – ma che l'intento è qualcos'altro: l'acquisizione della consapevolezza del divino e il riconoscimento della differenza fra il mondo materiale e quello spirituale.

Se non è l'aspetto religioso, vi è certamente un aspetto spirituale da prendere in considerazione, e l'idea di "mondi" è una chiara derivazione cabalistica. Non a caso i diversi livelli dell'ascesa che l'adepto massone compie lungo la strada dell'illuminazione interiore vengono tradizionalmente simboleggiati dalla scala di Giacobbe, quella descritta nella *Genesi* in relazione al sogno del patriarca[9]. Una scena molte volte cantata e rappresentata in epoca giorgiana dal poeta ed artista rosacrociano William Blake (nato nel 1757), nelle classiche immagini massoniche di una lucente scalinata scossa dal turbine del vento (*tav. 2*). Sempre a Blake dobbiamo la rappresentazione forse più nota della figura del Grande Architetto dell'Universo della Massoneria – *The Ancient of Days* (Dio) – munito del suo compasso creatore (*tav. 1*). La scala, nella sua definizione finale, comprende sette gradini rispondenti a sette diversi livelli di consapevolezza, ciascuno da assegnare ad ognuno dei sette ufficiali di una loggia[10].

Mentre oggi, in una loggia moderna, il cammino spirituale di un massone è un viaggio allegorico e simbolico alla ricerca del proprio sviluppo interiore, al tempo degli Stuart la pratica era maggiormente concen-

[9] *Genesi* 28: 12.
[10] W. Kirk MacNulty, *Freemasonry*, London, Thames & Hudson, 2003, p. 23.

trata sull'acquisizione di conoscenze di ordine scientifico, con la salita di una scalinata che prevedeva anche un impegno ed un coinvolgimento in attività pratiche. Per questo, oggi, molti insegnamenti massonici indirizzano l'adepto allo studio della letteratura rinascimentale, anche se coloro che esortano a fare questo non si sono mai presi la briga di occuparsene direttamente, ricercando più un riconoscimento personale a livello sociale che un completamento a livello scientifico.

Resta comunque il fatto che quel poco che ancora resta a disposizione della preziosa letteratura rinascimentale deve essere studiato senza rivelare i segreti che, stando alla massoneria inglese, sarebbero andati perduti per sempre a partire dal 1688. Perché anche se non tutta la documentazione venne trasferita in Francia dai sostenitori del fuggiasco re Giacomo, secondo quanto il reverendo Anderson scrive nella sua *Costituzione* il resto sarebbe andato distrutto e bruciato.

Gli uomini di ingegno e gli intellettuali del tempo – personaggi come sir Christopher Wren (nato nel 1632) e sir Isaac Newton (nato nel 1642) – hanno lo stesso fatto del loro meglio con le informazioni a disposizione. Sapevano perfettamente che la tradizione massonica era legata a doppio filo alla saggezza filosofica della Cabala (l'antica tradizione di illuminazione spirituale, fondata sulla consapevolezza di reami e mondi materiali e spirituali ben differenti fra loro), come avevano intuito che era correlata alla cultura dei sovrani biblici e sapevano dell'esistenza di una scuola di pensiero molto profonda nata ben prima dell'avvento dell'Impero Romano. Questi uomini illuminati si misero alla ricerca delle antiche tecnologie babilonesi, studiarono le filosofie di Pitagora e Platone, i misteri dell'antico Egitto, si immersero completamente nella storia antica, al di là dei confini, troppo ristretti, di quella narrata nei testi biblici. Tuttavia, sopra ogni cosa, si resero conto che, malgrado tutte le loro straordinarie conquiste scientifiche, vivevano all'ombra di re Salomone, definito dallo stesso Newton «il più grande filosofo mai esistito»[11]. Newton intendeva lo schema del Tempio di Salomone come una prefigurazione del futuro dell'umanità e, facendo riferimento ai grandi saggi e maestri dell'antichità, scrisse una lettera al collega della Royal Society, Robert Boyle, in cui puntualizzava: «Ci sono delle cose che solo loro potevano comprendere».

Newton era convinto che le dimensioni e la geometria secondo le quali era disposto il Tempio di Salomone racchiudessero indizi da leggere lungo la scala del tempo[12]. Pare che egli facesse ricorso proprio a questa matematica occulta nei calcoli che lo portarono a sviluppare la teoria della gravitazione universale[13]. Secondo il suo parere, il Tempio era la perfetta rappresentazione nel microcosmo dell'esistenza, concetti

[11] Michael White, *Isaac Newton, the Last Sorcerer*, London, Fourth Estate, 1997, capitolo 7, p. 159.
[12] I dettagli e le dimensioni del Tempio di Salomone compaiono nell'Antico Testamento in *1 Re* 6-7 e *2 Cronache* 3-4.
[13] White, *Isaac Newton, the Last Sorcerer*, cit., capitolo 7, p. 159.

espressi nella sua opera dal titolo *Description of the Temple of Salomon*, conservato presso la Bodleian Library di Oxford. Al centro del Tempio, nel Sancta Sanctorum era custodita l'Arca dell'Alleanza. Newton collega questo centro vitale templare, questo cuore, ad un fuoco eterno, la cui luce si irradia tutto attorno con cerchi concentrici, continuando però ad essere costantemente attratta verso il centro. In perfetta assonanza con questa visione, un punto posto nel centro di un cerchio era il simbolo della Luce anche nell'antico Egitto, mentre, nel contesto rituale di una loggia massonica, si tramanda una conversazione fra l'onorevole Maestro ed il Guardiano relativa a questi stessi misteri perduti. Il Maestro pone la seguente domanda: «Come speri di trovarli?». Risposta: «Puntando al centro». Domanda: «Che cosa è un centro?». Risposta: «Centro è quel luogo all'interno di un cerchio dal quale ogni punto della sua circonferenza presenta la stessa distanza». Ecco perché, come già precisato nell'introduzione, veniamo a scoprire che il simbolo del punto nel cuore di un cerchio ⊙ è uno dei più importanti di tutta la simbologia della tradizione massonica.

Sebbene il concetto del Tempio di Salomone costituisca anche oggi il fulcro dell'attenzione principale della moderna Massoneria – documenti massonici di gran lunga più antichi di quanto traspaia nella *Costituzione* di Anderson – è evidente che la grandiosa saggezza del re biblico (vissuto attorno al 950 a.C.) gli derivò, a sua volta, da una tradizione di conoscenze ancora più antica. Ma, fino a ora, quel che sappiamo di certo è che la maggioranza della documentazione massonica di stampo inglese esistente prima della Rivoluzione del 1688 avrebbe lasciato l'Inghilterra a seguito della deposizione e dell'esilio della Casa Reale degli Stuart, nella figura di re Giacomo. Questo ci viene detto a chiare lettere nel 1723 dal reverendo massone James Anderson, la cui *Costituzione* forma una base importante per lo sviluppo della Massoneria da quel momento in avanti. Ne consegue che l'immediata risposta a chi domandasse «Ma che cos'è mai la Massoneria?» sarebbe facilmente riassumibile affermando che oggi, di certo, non è più la stessa cosa rispetto a ciò che era un tempo.

2

Origini massoniche

Segni segreti

In senso strettamente operativo, i massoni sono dei capimastri, dei muratori, ma è evidente che il termine Massoneria non è facile da comprendere. Le interpretazioni non mancano di certo, ma il più delle volte sono gli stessi adepti a non trovarsi d'accordo.

Il modo migliore per accostarsi alla radice del termine sono i dizionari etimologici, quelli neutri che non hanno alcun interesse di parte, se non quello filologico, né tendono ad offrire descrizioni di un qualche particolare genere. Uno dei primi e più celebri dizionari di questo tipo venne pubblicato nel 1721 ed è il *Dizionario Etimologico Universale* di Nathan Bailey. Venne edito esattamente due anni prima della *Costituzione* firmata dal reverendo Anderson e – cosa interessante – il vocabolo Massoneria non vi compare (né lo farà anche nella edizione rivisitata del 1736).

Scrittori come John Hamill (libraio e curatore nel 1986 della Gran Loggia Unita d'Inghilterra) ritengono che il termine "frammassone" (*freemason*) nasca dalla contrazione delle parole "mastro di pietra da taglio" (*freestone mason*), un esperto nel taglio delle pietre che non si scheggiano, come per esempio il calcare e l'arenaria, e sono facilmente tagliabili[1]. Per quanto ipotesi plausibile, questa non sembra allinearsi con la teoria massonica più diffusa che vede il prefisso "*free*" (libero) collegato più ad una realtà "speculativa" che non "operativa", vale a dire sembrerebbe escludere l'immagine concreta di un tagliatore di pietre.

Tuttavia la definizione di "mastro di pietra da taglio" si può far risalire indietro nel tempo almeno fino al 1375, mentre un epitaffio inciso sulla pietra tombale di un cavapietre rintracciato presso la chiesa di St. Giles, a Sidbury, lo ricorda come "John Stone, mastro di pietra da taglio". Si racconta che l'uomo fosse il padre dello scultore Nicholas Stone, divenuto nel 1619 direttore (maestro) dei lavori agli ordini del grande architetto Inigo Jones nella realizzazione della Banqueting House in Whitehall, a Londra.

[1] John Hamill, *The Craft*, London, Crucible, 1986, capitolo 2, pp. 27, 28.

Fra le molte illustri opere ascritte a Nicholas Stone (nativo del Devonshire, 1586-1647) vanno ricordati il cancello della St. Mary Hall ad Oxford, il monumento al poeta John Donne nella cattedrale di St. Paul e numerose tombe, fra cui quella del visconte Dorchester nell'abbazia di Westminster. Nel 1625 Stone venne nominato dal re Carlo I Maestro massone del Palazzo di Windsor.

Nella redazione della sua *Costituzione* il reverendo Anderson unì con un trattino le due parole "*free-masons*" rispettando ciò che era già sovente in uso nei tempi passati – due parole staccate o unite da trattino – cosa che spiegherebbe l'assenza del termine nei vecchi dizionari. Un altro uso antico del vocabolo data 1435, quando «John Wode, mastro, stipula un contratto per realizzare la torre dell'Abbazia di St. Edmundsbury, nella maniera e nell'arte tipica della libera massoneria»[2]. Sulla stessa linea, la Biblioteca Mondiale di Oxford puntualizza che all'epoca le gilde dei tagliatori di pietra affrancavano (lasciavano liberi, "*free*") i loro membri locali affinché potessero viaggiare e stipulare nuovi contratti e quindi accaparrarsi nuovo lavoro. Una volta arrivati in qualche nuovo posto essi segnalavano il loro grado di apprendimento con l'uso di segni segreti, comprensibili soltanto da altri che svolgevano il loro stesso lavoro, che conoscevano la loro stessa arte.

Questa spiegazione dà senso e rende ragione del perché venissero usati segni, simboli e parole d'ordine segreti, per segnalare il proprio grado di esperienza ed essere ingaggiati in attività consone al proprio livello professionale. I massoni di oggi non sono certo più dei mastri tagliatori di pietre e non dovrebbero avere più necessità di ricorrere a segni segreti. D'altro canto, poi, è chiaro che a partire dalla metà del 1600 le gilde massoniche incominciarono ad ammettere anche adepti non operativi[3] (per esempio, addetti amministrativi ed impiegati d'ufficio ai quali era comunque necessario conoscere i segni e le simbologie segrete nel momento in cui dovevano contrattare le varie attività con i mastri lavoratori).

Da tutto quanto detto finora – così come, d'altra parte, ritenuto nei circoli massonici – sembrerebbe che la struttura associativa della Massoneria sia derivata dai metodi utilizzati dai lavoratori specializzati delle gilde medievali.

Le antiche carte

I due più antichi documenti massonici conservati in Inghilterra risalgono al 1390 ed al 1450 rispettivamente. Il primo, intitolato *Regius Manuscript*, è una pergamena ora conservata al British Museum conte-

[2] *Oxford Compact English Dictionary*, Oxford, Oxford University Press, 1971, alla voce *Freemasonry*.

[3] David Stevenson, *The Origins of Freemasonry*, Cambridge, Cambridge University Press, 1988, Introduzione, p. 1.

nente un poema abbastanza lungo composto di versi binari rimati[4]. Nel 1757 ne comparve una copia facsimile coronata con le insegne di re Giorgio II per conto della Royal Library, mentre il testo originale venne discusso dal signor Halliwell-Phillips presso la Società degli Antiquari nel 1838. Successivamente ne vennero eseguite alcune copie con il titolo *The Early History of Freemasonry in England*. Nel documento non si fa menzione di re Salomone, ma si cita il matematico alessandrino Euclide (ca. 300 a.C.), per terminare con un resoconto sulla figura del re Atelstano di Mercia (ca. 930 d.C.) e sui suoi precetti relativi ai doveri dei maestri massoni e degli apprendisti.

Decisamente più interessante e ricco del *Regius Manuscript* è il cosiddetto *Matthew Cooke Manuscript* del XV secolo, anch'esso elencato nel catalogo del British Museum[5]. Edito da un certo Matthew Cooke, venne pubblicato a Londra nel 1891 e lo si ritiene originato nell'Inghilterra centrale. Le due parti che lo compongono – conosciute come la Storia e le Antiche Carte – facevano parte delle *Regole Generali* della Massoneria compilate nel 1720 e furono anche utilizzate come bibliografia di riferimento dal reverendo James Anderson all'atto della redazione della sua *Costituzione* massonica solo tre anni dopo.

Dopo un inizio simile ad una preghiera, il documento prende a disquisire sulle Sette Arti Liberali: grammatica, retorica, dialettica, aritmetica, geometria, musica ed astronomia. Quindi prosegue asserendo che le scienze che costituiscono l'ossatura della Massoneria derivano dalla progenie di Lamech, vale a dire i figli Jabal, Jubal, Tubalcain e la loro sorella Naamâh (*Genesi* 4: 19-22). Il biblico Tubalcain è considerato al terzo grado dell'arte massonica (il grado di maestro) nella sua funzione di istruttore nella lavorazione dei metalli e questo, dal punto di vista della storia, ci rimanda indietro di almeno duemila anni rispetto all'epoca di Salomone, cioè attorno al 3500 a.C. quando Tôbalkin, il vulcano, figlio di Akalem (Lamech), era un principe nel sud della Mesopotamia.

Lamech era il quarto discendente in successione da Enoch (Henôkh), il figlio di Caino e Kish, e nel testo si racconta come furono questi personaggi a trascrivere le antiche scienze scolpendole su delle pietre imperiture. Queste pietre erano speciali e del tutto particolari: una, chiamata *marbyll*, non avrebbe mai patito il fuoco, mentre l'altra, chiamata *latres*, non avrebbe mai patito l'acqua.

In un brano del testo queste pietre sono dette anche "pile" e questo ha spinto i commentatori ad immaginare dei "pilastri". Analoga traduzione venne data nell'edizione inglese del XIX secolo dell'opera del I secolo d.C. del galileo Giuseppe Flavio, che riporta una versione simile della

[4] Questo documento è classificato come MS N. 17, A1 nel Registro del British Museum. È anche conosciuto come *Halliwell Manuscript* e nel catalogo della Royal Library è citato col titolo *Constitutiones Artis Geometrie Secundum Euclidem*.

[5] Questo documento è classificato come Addizionale MS 23/198.

Geometria, Astronomia, Logica e Matematica, quattro delle Sette Arti Liberali.

stessa storia nel suo *Antichità giudaiche*[6]. Questa traduzione è stata molto criticata dagli studiosi a causa delle numerose imprecisioni, fra cui l'utilizzo di termini come "mattone" e "pietra" per rendere i termini ebraici *marbyll* e *latres*. Allo stesso modo non è stata ben resa la parola "pilastro", che nella fattispecie porta il lettore ad immaginare due grandi colonne collocate chissà dove, senza alcun riferimento geografico. Poiché Lamech e la sua progenie vissero prima del biblico Diluvio, queste misteriose pietre sono anche note come i Pilastri Antidiluviani.

In realtà, nell'antico ebraico sono almeno due e distinte le parole che nella versione inglese del testo dell'Antico Testamento vengono, in modo indifferenziato, tradotte come "pilastro", e sono *ammud* e *mazzebah*[7]. Il primo vocabolo indica sia un pilastro simile ad una colonna architettonica sia una colonna di fumo; il secondo invece ha una connotazione diversa. Si riferisce ad una stele o, meglio, ad un altare di pietra, ma viene anche riferito alla pietra che Giacobbe aveva utilizzato come cuscino su cui poggiare il capo, così che si parla di *mazzebah* di Beth-el (*Genesi* 28: 18). Le pietre antidiluviane citate nel *Matthew Cooke Manuscript* erano dunque correttamente indicate (prima del grossolano errore di traduzione) come *mazzebah* di *marbyll* e *latres*. In merito alla prima viene da pensare a qualche tipo di marmo o roccia cristallina, mentre per l'altra viene alla mente la possibilità di una corruzione della parola *later* e quindi alla "laterite" (un'argilla rossastra ricca di ferro utilizzata per la costruzione di laterizi, mattoni e pavimentazioni stradali). Il problema sta nel fatto che la natura di *latres* è del tutto oscura, anche se le prime tradizioni massoniche si riferiscono a questo materiale come ad un metallo[8].

Le Sette Arti Liberali (*artes liberales*) erano branche della conoscenza che venivano insegnate nelle scuole medievali e derivavano il loro nome dal vocabolo latino *liber* che significava libero. (Questa potrebbe essere un'altra possibile derivazione del prefisso *free* – libero – nella parola Libera Massoneria – Frammassoneria –, tuttavia non si tratta ancora dell'autentica fonte del termine, come chiariremo tornandoci sopra nel Capitolo 7).

Le Sette Arti Liberali venivano insegnate non tanto per dare all'allievo una preparazione pratica che gli servisse per vivere, quanto piuttosto per incrementare la sua consapevolezza nello studio delle scienze filosofiche. Esse vennero definite, una ad una, nell'819 dallo studioso benedettino Rabano Mauro, arcivescovo di Magonza e abate di Fulda, il più celebre luogo di studi dell'impero franco all'epoca di Carlo Magno. Rabano era considerato l'uomo più sapiente del suo tempo e pare non

[6] Flavius Josephus, *Antiquities of the Jews* (trad. a cura di William Whiston), London, Milner & Sowerby 1870, libro 1, capitolo 2: 3.

[7] James Hastings (a cura di), *Dictionary of the Bible*, Edinburgh, T & T Clark, 1909, alla voce *Pillars*.

[8] Manly P. Hall, *The Secret Teachings af All Ages,* Los Angeles, CA, Philosophical Research Society, 1989, capitolo CLXXIII.

avesse rivali nella conoscenza delle scritture, nei canoni legislativi e nella liturgia[9]. Fra le molte, meritevoli opere di Rabano non si deve dimenticare l'illuminata *Vita di santa Maria Maddalena*[10].

Le Arti Liberali erano in effetti intese come vie maestre lungo le quali poteva inoltrarsi il cammino di un adepto verso l'illuminazione e, in particolare, il raggiungimento delle cose più sottili che erano le chiavi della giustizia e dell'armonia. Al secondo grado dell'evoluzione massonica (quello del compagno) si insegna l'esistenza di sette gradini o livelli lungo la scala ascendente che conduce alla camera centrale del Tempio di Salomone. Molti sono gli aspetti importanti del viaggio che conduce alla saggezza e fra questi si allude anche alla conoscenza delle Sette Arti Liberali. Esse sono la quintessenza del vero e, come afferma Platone, i gradini da cui si approda al tutto universale. Il dipinto intitolato *Allegoria delle Arti Liberali* del pittore italiano Biagio d'Antonio (ca. 1445-1510) mostra proprio i sette livelli (ricordando il concetto espresso nell'opera di William Blake, *La scala di Giacobbe*) con studiosi e filosofi che si scambiano conoscenze in merito a ciascuna arte, mentre alla base di tutto sta il Cancello della Sapienza (*tav. 3*).

Il *Matthew Cooke Manuscript* prosegue nel suo racconto con la storia biblica di Noè e rivela che dopo il disastroso Diluvio le pietre *marbyll* e *latres* erano state trovate da Ermete e dal filosofo greco Pitagora. Dal punto di vista storico si tratta di un'affermazione che non ha senso, visto l'enorme lasso di tempo che separa Noè da Pitagora (all'incirca 3000 anni). Tuttavia, come sappiamo, il manoscritto venne elaborato attorno al 1450 circa, due secoli prima che l'arcivescovo Ussher di Armagh compilasse la prima cronologia biblica, e anomalie analoghe sono comuni nei documenti del tempo. Ad ogni buon conto, questo non giustifica lo stesso il modo ingenuo e naif con cui oggi viene verbalmente raccontata questa storia.

Altre versioni dei fatti separano Ermete ed il movimento filosofico pitagorico. Dapprincipio fu Ermete Trismegisto (Ermete il tre volte grande) – venerato come il fondatore dell'alchimia e della geometria sacra e dal cui nome deriva il termine ermetico – a trascrivere il contenuto delle pietre su una tavoletta di smeraldo. Poi, col tempo, la preziosa tavola era passata nelle mani di Pitagora.

Fino a che punto la vicenda legata alla progenie di Lamech abbia uno sfondo di vero non è chiaro, sappiamo piuttosto per certo che nel I secolo d.C. la tavola di smeraldo venne ritrovata da Apollonio di Tiana, sacerdote del tempio di Asclepio a Ege. Da questo momento in avanti molti pensatori e filosofi poterono prendere visione delle tavole. Le presunte traduzioni parziali esistenti partono dal 700 d.C. ed iniziano

[9] *The Catholic Encyclopedia,* New York, Robert Appleton, 1910, volume XII, alla voce *Rabanus Maurus*.

[10] Laurence Gardner, *The Magdalene Legacy*, London, Thorsons-Element/HarperCollins, 2005 (trad. it. *I figli del Graal*, Roma, Newton & Compton, 2005).

con l'opera del filosofo islamico Jãbir Ibn Hayyãn, il quale ebbe a scrivere anche in merito alla scuola di Pitagora (il *Ta'ifat Fthaghurus*). Fra gli eccellenti studiosi della tavola di smeraldo troviamo sir Isaac Newton. Egli si sentiva così coinvolto ed attratto nella ricerca degli antichi scritti ermetici che, durante una lettura tenuta presso la Royal Society da parte di lord Keynes nel 1942, viene definito «l'ultimo dei maghi, l'ultimo dei Babilonesi e dei Sumeri»[11]. Sfortunatamente, Newton non aveva a disposizione per i suoi studi le migliaia di tavolette cuneiformi mesopotamiche scoperte in tempi successivi e così il suo titanico sforzo di produrre una cronologia dei fatti antichi corretta venne in buona parte vanificato.

A Newton si deve anche la traduzione del testo *Corpus Hermeticum* (attribuito a Ermete Trismegisto) della preziosa collezione fiorentina del principe Cosimo de Medici e, come sappiamo, egli era particolarmente interessato alla definizione di una teoria unitaria delle leggi dell'universo (la cosiddetta *prisca sapientia*) alla quale faceva riferimento come alla cornice del cosmo. Avendo nel cuore e nella mente l'aforisma ermetico che recita «così in alto, così in basso», Newton colse l'idea che l'armonia delle proporzioni terrene altro non è che lo specchio di quelle universali. Per dirla con altre parole, nella terra si rispecchia la struttura dell'intero universo. Dalle cellule più piccole all'incredibile estensione delle più lontane galassie, ciò che prevale è una legge geometrica che ritorna ovunque e questo concetto sarebbe stato intuito sin dai tempi più antichi dalle menti illuminate dei grandi pensatori dell'umanità.

Dando seguito al tema definito della "saggezza di Lamech", il *Matthew Cooke Manuscript* passa poi a considerare la geometria di Euclide, sebbene confondendone la vita con quella di Abramo, di 1700 anni precedente. Si dice come geometria e Massoneria nell'antico Egitto fossero sinonimi di arte occulta superiore e si precisa come tale sapienza fosse passata anche fra gli Israeliti nel corso dei 400 anni di cattività trascorsi in Egitto nel delta del Nilo, prima che il condottiero Mosè facesse loro superare il Mar Rosso per condurli nella Terra Promessa (ca. 1360 a.C.). Successivamente queste arti fiorirono in Fenicia e Giuda, e giunsero così fino a re Salomone, contribuendo alla sua sapienza e a quella del suo braccio operativo, Hiram, inviato a Gerusalemme su mandato del re della città fenicia di Tiro.

A questo punto il testo del manoscritto presenta un salto temporale addirittura spaventevole, tanto che nello stesso paragrafo in cui si parla di Salomone si legge: «E da qui questa meravigliosa scienza passò in Francia». Il racconto, infatti, prosegue ricordando come il re di Francia Carlo II (ca. 885) prima di salire sul trono fosse stato un massone. Dopo questa breve annotazione, il testo "vola" in Inghilterra al pio uomo

[11] Geoffrey Keynes, *Newton the Man*, in *The Royal Society Newton Trecentennary Celebrations*, Cambridge, Cambridge University Press, 1947, p. 27.

del III secolo sant'Albano a cui segue (così come narrato nel *Regius Manuscript*) un altro salto, questa volta nel X secolo, con re Atelstano ed il suo concilio di frammassoni!

Fra tutte queste notizie, non si deve infine dimenticare che il *Matthew Cooke Manuscript* è sorretto dall'idea centrale che la Massoneria venne istituita per la prima volta quando oltre 40.000 adepti ed iniziati si riunirono nella notte dei tempi per innalzare la Torre di Babele a Shinar (storicamente parlando la grande ziggurat di Babilonia). Gli incarichi massonici – si dice nel testo – furono stabiliti dal re Nimrod di Babele – il possente cacciatore di cui si parla in *Genesi* 10: 8-10 – quando stabilì di inviare 3000 adepti massoni alla costruzione della città di Ninive, in Assiria (nel nord della Mesopotamia). Siamo di nuovo al cospetto di una notevole anomalia di datazione poiché intercorrono non meno di 2000 anni fra la figura biblica di Nimrod e la nascita della città di Ninive.

Autentico o no, questo racconto in cui si mescolano avvenimenti e datazioni incongrui è comunque un interessante collage di narrazioni in cui filosofia e matematica si intrecciano a pratiche ermetiche, il tutto miscelato ancora a riferimenti massonici, senza però mai approfondire più di tanto nel dettaglio. Per quanto considerato un documento a favore della Massoneria speculativa (in contrasto con quella operativa degli antichi tagliatori di pietre), questo manoscritto altro non fa nella sostanza che sostenere una certa somiglianza fra la struttura nella quale erano organizzati i lavoratori delle gilde e il modo di essere attivi degli adepti all'interno di una loggia della Fratellanza.

Antichi e Moderni

La storia documentata della Massoneria in una forma oggi riconoscibile risale al 1717. Tre anni esatti dopo che Giorgio, grand'Elettore di Hannover in Germania, era stato caldamente invitato dai politici inglesi di Westminster ad assumere la corona di Inghilterra col nome di re Giorgio I, dando in tal modo inizio alla dinastia degli Hannover, venuta subito dopo gli Stuart e l'interregno della Casa d'Orange. Il 24 giugno di quello stesso anno veniva fondata la Grande Loggia d'Inghilterra, nella quale confluivano le quattro logge londinesi che erano solite trovarsi in locande diverse, e più precisamente: alla *The Goose and Gridiron* la St. Paul Churchyard; alla *The Crown* la Lincoln's Inn Fields, alla *The Rummer and Grapes* la Channel Row e alla *The Apple Tree* la Covent Garden[12]. (Un'immagine della taverna *The Goose and Gridiron* prima che venisse demolita nel 1870 compare nella tavola 26).

Alla morte del re Guglielmo avvenuta nel 1702, per qualche tempo il regno era passato nelle mani della cognata Anna. Poiché però Anna, dal

[12] Hamill, *The Craft*, cit., capitolo 2, p. 40.

suo matrimonio con il principe Giorgio di Danimarca, non vantava più alcun erede vivente, la scelta per la successione era caduta, giocoforza, sulla Elettrice di Germania, Sofia di Hannover. Questa era la figlia di Federico V, Elettore del Palatinato del Reno, la cui moglie era Elisabetta Stuart, una figlia del re inglese Giacomo I (VI). Indifferenti al legame di parentela con la Casa degli Stuart, gli Scozzesi si opposero alla proposta di avere un sovrano di matrice tedesca, e lo fecero in modo così violento da costringere il Parlamento inglese a imporre severe limitazioni al commercio e ai traffici nei confronti della Scozia. Nel 1705 il Parlamento inglese approvò un emendamento detto *Alien Act*[13] in cui si imponeva agli Scozzesi di accettare Sofia come regina, altrimenti tutti i commerci e gli scambi fra il nord e sud del paese sarebbero immediatamente cessati. L'esportazione di carbone, lino e bestiame dalla Scozia in Inghilterra sarebbe stata proibita, né dall'Inghilterra sarebbe più approdata alcuna merce di ritorno in Scozia.

Ma non bastava ancora. Al fine di dare maggior potere al Parlamento di Westminster anche oltre la linea di confine, con l'*Act of Union* veniva soppresso il Parlamento scozzese con sede ad Edimburgo. Nel 1714, alla morte della regina Anna, la maggior parte degli Scozzesi avrebbe preferito che sul trono salisse il figlio del deposto re Giacomo; ma essi non avevano voce in capitolo e quando la principessa Sofia aveva declinato l'invito alla corona al suo posto si era presentato il figlio Giorgio von Brunswick. In seguito della soppressione del Parlamento scozzese anche tutti gli antichi Ordini di Scozia furono aboliti e assorbiti dall'establishment britannico.

Fra questi vi erano l'Antichissimo e Nobile Ordine del Cardo (corrispondente all'inglese Nobilissimo Ordine della Giarrettiera) e, naturalmente, anche la Massoneria scozzese. Come conseguenza, la Massoneria inglese rifiorì, grandemente favorita anche dal patronato della Casa di Hannover, che continua tutt'oggi con Edoardo, duca di Kent, nei panni del suo Gran Maestro.

Nel frattempo, con le quattro grandi logge inglesi riunite in una sola già dal 1717, John, secondo duca di Montagu, veniva riconosciuto come Gran Maestro nel 1721. Nel frontespizio della *Costituzione* di Anderson compare proprio l'immagine di Montagu intento a trasmettere il Rotolo della Costituzione ed il compasso al successore Philip, duca di Wharton, nell'anno del Signore 1723 (vedi *tav. 5*).

Considerati perduti per sempre gli archivi storici massonici precedenti al 1688, Anderson stila regole, organizzazione ed attività della loggia, così come approvate da lord Montagu. La sua *Costituzione* del 1723 comprende anche l'elenco degli Incarichi che definisce come «le antiche eredità delle logge d'oltremare e di quelle d'Inghilterra, Scozia

[13] Gordon Donaldson e R. S. Morpeth, *A Dictionary of Scottish History*, Edinburgh, John Donald, 1977, alla voce *Anne*.

ed Irlanda», per quanto non si venga a sapere da dove egli abbia tratto queste particolari informazioni. Nel 1738, però, lo stesso Anderson rivisitò la sua *Costituzione* inserendovi una storia immaginifica (sua o di qualcun altro) ma molto dettagliata della Massoneria inglese, il cui inizio viene riconosciuto in una riunione di adepti frammassoni tenutasi a York nell'anno 926 per volere del principe Edwin[14].

Per dare maggiore sostanza a questa sua storia fantasiosa, relativa alla nascita della Massoneria inglese, Anderson accusa di negligenza il precedente Gran Maestro, sir Christopher Wren, morto, guarda caso, proprio nel 1723, lo stesso anno di pubblicazione della *Costituzione*. Wren contrastava l'ipotesi di Anderson secondo la quale non sarebbe esistita alcuna Grande Loggia, e quindi alcun Gran Maestro, prima del 1717 e, per di più, lo stesso Wren asseriva di essere soltanto l'ultimo dei supremi, essendo stato preceduto da molti altri. Perché, allora, viene da chiedersi, Anderson se la prese soltanto con lui? La ragione fondamentale era che Wren era una figura di grande spicco all'interno della Fratellanza di stampo Stuart voluta dal re Carlo II, i cui archivi Anderson sosteneva fossero andati perduti per sempre. Ora che l'Inghilterra era governata dall'Elettore di Germania, Anderson aveva sentito la necessità di reinventarsi una nuova storia della Massoneria inglese. Nessuno meglio di lui avrebbe potuto portare a buon fine questo progetto, vista la potente immaginazione che guidava la sua penna, quasi fosse stata ispirata da uno spirito superiore.

Nel 1768 venne deciso di costruire il quartier generale della Grande Loggia di Londra. Il posto ideale venne identificato in Great Queen Street e il 23 maggio del 1776 venne posata la prima pietra di quella che sarebbe diventata la prima Casa Massonica (edificio che incorporava la mitica *Freemason's Tavern* allo scopo di mantenere ancora viva la più schietta delle tradizioni). Nella riedizione della *Costituzione* di Anderson, datata 1784, la nuova prestigiosa sede compare nel frontespizio in tutto il suo splendore (*tav.* 7).

Nella figura l'immagine della Verità tiene fra le mani lo specchio che illumina la grande sala, mentre tutto attorno le fanno corona le altre virtù esaltate dalla Massoneria. (L'attuale ancor più grande sala dei Framassoni, tutt'oggi in Great Queen Street a Londra, venne realizzata tra il 1927 ed il 1933).

Mentre si succedevano le continue revisioni di Anderson, nel 1751 nasceva un'altra Grande Loggia. Il nome scelto era quello di "Antichi", scimmiottando per contrasto il nome della precedente Grande Loggia – che, frattanto, già contava oltre 200 adepti – che aveva assunto il nome di "Moderni". Il nome per esteso della seconda loggia suonava come L'Antichissima ed Onorevole Fratellanza della Libera ed Accettata Massoneria. Mentre i Moderni sfoggiavano nel loro emblema il sigillo

[14] Hamill, *The Craft,* cit., capitolo 1, p. 16.

araldico dell'antica Compagnia della gilda massonica, gli Antichi ne presentavano uno diviso in quattro parti, nelle quali comparivano un leone, un bue, un uomo ed un'aquila, vale a dire le quattro "creature viventi" del Libro di Ezechiele dell'Antico Testamento[15]. (Queste creature visionarie sono conosciute presso i circoli astrologici come i Tetramorfi e rappresentano rispettivamente le costellazioni del Leone, del Toro, dell'Acquario e dello Scorpione). Il libro della Costituzione della Loggia degli Antichi, detto *Ahiman Rezon* (col significato fondamentale di "Fratello Principe"), venne predisposto dall'artista irlandese massone Laurence Dermott che divenne Gran Segretario della Loggia e quindi uno dei protagonisti del grado dell'Arco Reale di cui parleremo più avanti[16].

Rivendicando una più autentica tradizione scozzese-irlandese – da essi certamente mantenuta per via del rituale dell'Arco Reale – gli Antichi della nuova Grande Loggia entrarono in decisa concorrenza e competizione con i Moderni della prima loggia, soprattutto per la vasta diffusione che riuscirono a imprimere al loro movimento, arruolando molti ufficiali dell'esercito inglese, in grado di trasferire anche all'estero i princìpi del credo massonico.

Nel 1727 su iniziativa della prima Grande Loggia venne istituito un fondo di assistenza e carità al fine di assegnare all'associazione uno scopo comune. A questo primo atto seguì negli anni un vero e proprio programma di interventi benefici, come per esempio la realizzazione di una scuola per ragazzi (costruita grazie a sovvenzioni volontaristiche) fondata a Londra nel 1788. Poiché queste iniziative ottenevano molti consensi positivi, già l'anno dopo la Grande Loggia degli Antichi apriva un fondo per l'assistenza ai ragazzi bisognosi. La concorrenza si fece dunque accesa: le due Grandi Logge non solo rivaleggiavano per far prevalere antichità e autenticità ritualistiche, ma competevano anche a volte in modo accanito nell'arena delle pubbliche relazioni e della trasparenza sociale. Tanto per complicare ulteriormente le cose, nel 1761 a York veniva fondata la Grande Loggia di tutta l'Inghilterra; mentre nel 1778, una scissione generatasi all'interno della prima Grande Loggia portava alla costituzione della Grande Loggia Meridionale del Fiume Trent.

Ad un certo punto, nel breve corso di neppure un secolo, la situazione si era fatta così aggrovigliata che era assolutamente necessaria una tregua. Così il 25 novembre del 1813, a Kensington Palace, i rispettivi Grandi Maestri delle varie logge sottoscrivevano accordi di unione. Nasceva la comunione fra la Loggia degli Antichi e quella dei Moderni, uniti finalmente in un solo gruppo, la Grande Loggia Unita d'Inghilterra, ancora oggi attivissima.

[15] *Ezechiele* 1: 10.

[16] Un'ottima presentazione dei movimenti degli Antichi e dei Moderni compare nel libro di Bernard E. Jones dal titolo *Freemason's Book of the Royal Arch,* London, Harrap, 1957, capitoli 4 e 5, pp. 52-68.

Gli antichi Maestri

La leggenda di Hiram Abiff e della costruzione del Tempio di Salomone, oggetto del terzo grado della moderna Massoneria, apparve per la prima volta in stampa non prima del 1730, in un trattato scritto dal massone londinese Samuel Pritchard dal titolo *Masonry Dissected*[17]. La sua comparsa all'interno di questo lavoro indica come già facesse parte del rituale della nuova Grande Loggia, pur se non menzionato da Anderson nel 1723.

Lo studioso inglese Thomas Paine (1723-1809) afferma che Pritchard avrebbe fatto un solenne giuramento al cospetto del sindaco di Londra affermando che la sua opera *Masonry Dissected* era «una copia vera e fedele in ogni particolare», peccato che non rivelasse da dove era stata copiata! (Da parte sua Paine era celebre per le opere *Common Sense, Age of Reason* e *The Rights of Man*, oltre ad aver partecipato attivamente alla Rivoluzione Americana). Esamineremo nel dettaglio la leggenda di Hiram nel Capitolo 8, ora prendiamo in considerazione un'altra fonte relativa alle origini della Massoneria, così come venne diffusa subito dopo la fondazione della Grande Loggia Unita.

Nel 1802 un giornalista portoghese di nome Joseph Hippolyte da Costa venne incarcerato dalla Inquisizione cattolica con l'accusa di essere un massone, secondo il volere di un decreto papale. Dopo essere riuscito ad evadere, nel 1820 aveva dato alle stampe un saggio intitolato *Storia degli Artefici Dionisiaci*, nel quale si tracciava un parallelo fra l'iniziazione massonica e quella in uso presso i Misteri Orfici (per altre informazioni sulla Massoneria portoghese rimando al Capitolo 5).

Nel suo racconto, Hiram Abiff sarebbe appartenuto ad un'antichissima società segreta detta degli Artefici Dionisiaci, sorta attorno al 1000 a.C., appena prima della costruzione del Tempio di Salomone[18]. Gli adepti a questa setta derivavano il loro nome dal dio greco Dioniso (Bacco per i Latini) ed erano associati ad un altro gruppo detto gli Ionici, costruttori del Tempio di Diana ad Efeso. Una volta a Gerusalemme, gli Artefici di Dioniso si sarebbero fatti chiamare Figli di Salomone ed avrebbero fatto uso del celebre sigillo a sei punte (due triangoli intrecciati fra loro) come segno distintivo di riconoscimento. Si trattava di maestri nell'arte della geometria sacra e della filosofia ermetica.

Non esistono ragioni apparenti per dubitare della loro esistenza. Il loro movimento, infatti, viene anche citato dal geografo greco Strabone, attivo nel I secolo d.C. Egli annota che avevano assunto il loro nome dal dio Dioniso, ritenuto l'inventore del teatro. Come e se l'artefice di Salomone, Hiram di Tiro, si fosse poi aggregato a questo movimento è un'altra faccenda. La cosa non sarebbe stata impossibile se la setta

[17] Stevenson, *The Origins of Freemasonry*, cit., capitolo 6, p. 144.
[18] Michael Howard, *The Occult Conspiracy*, London, Rider, 1989, capitolo 1, p. 16.

avesse avuto anche una diramazione in Fenicia, ma non risulta alcun collegamento con Hiram in nessun altro documento scoperto prima del trattato del 1820.

Un altro tassello diverso ma egualmente interessante che si aggiunge a quello che possiamo definire il "pedigree" della Massoneria arriva da un collegio di architetti, detti Maestri Comacini, che in epoca medievale avevano base presso il Lago di Como. Il collegamento di questa gilda di architetti con la Massoneria viene riportato da Lucy Baxter (pseudonimo di Leader Scott) nel suo libro dal titolo *The Cathedral Builders*, pubblicato nel 1899. Il tema di un possibile collegamento fra i Maestri Comacini e la Massoneria venne poi ripreso in un altro libro, *I Comacini*, uscito a puntate sulla rivista ufficiale massonica «The Builder», nel 1910.

Dai registri e dalle testimonianze storiche dell'architettura in Lombardia, veniamo a sapere che i cosiddetti *Magistri Comacini* godevano di un grande prestigio e diedero un notevolissimo contributo alla concezione ed allo stile dell'architettura italiana del tempo fra l'800 e l'anno Mille. Tuttavia pare non ci sia alcun aggancio che li possa avvicinare al movimento della Massoneria inglese o alla sua storia. Infatti, neppure lo stesso Leader Scott (che viene ampiamente citato a sproposito) ebbe mai ad affermare l'esistenza di tale legame. Dopo aver vagliato questa eventualità, scrive: «Non esiste alcuna prova certa che i Maestri Comacini furono l'autentica radice dalla quale ebbe a scaturire la primigenia fonte della moderna Massoneria»[19].

La chiave

Il risultato che si ottiene dalla rivisitazione delle possibili origini e della storia della Massoneria inglese del dopo 1688 sembra un insieme molto incongruo e debole, del tutto privo di sostanza. Assumendo i dati a livello cronologico, la vicenda inizia con la figura del biblico fabbro Tubalcain di Mesopotamia (ca. 3500 a.C.) e con la saggezza di Lamech, una storia che poi incorpora il successivo Ermete Trismegisto (il dio Thot degli antichi Egizi) ed anche il filosofo greco Pitagora e la sua scuola.

Da Tubalcain e dai suoi fratelli, la storia tocca il re Nimrod di Babilonia, colui che avrebbe definito gli incarichi massonici (ca. 3000 a.C.), per poi scivolare di 1000 anni ad incontrare Abramo e da lui il greco Euclide (330 a.C.) in terra d'Egitto. La storia muove quindi dall'Egitto di Mosè (ca. 1360 a.C.) ad Israele, in particolare al tempo dell'arrivo nella Terra Promessa del movimento degli Artefici Dionisiaci ed al personaggio di Hiram di Tiro (ca. 950 a.C.). Da qui si salta piè pari in Inghilterra con sant'Albano (ca. 260 d.C.), quindi con re Carlo II di Francia (ca. 850

[19] H. L. Haywood, *Freemasonry and the Comancine Masters – Part VI*, in «The Builder», National Masonic Research Society, ottobre 1923, vol. IX, n. 10.

d.C.) e quindi di nuovo in Inghilterra con la figura del principe Edwin di York (ca. 926 d.C.), per finire al re Atelstano di Mercia (ca. 930 d.C.).

In chiusura compare la sfortunata immagine di sir Isaac Newton che tenta disperatamente e invano di mettere ordine e di cavare qualcosa di buono da questo guazzabuglio di informazioni. Ciliegina sulla torta, su tutto, ecco comparire il reverendo James Anderson – il maggiore responsabile di tutta questa grande confusione – il quale, candidamente, afferma che non esiste alcun precedente storico su cui poter fare affidamento ed accusa della grave perdita l'appena defunto sir Christopher Wren!

Che la storia di Tubalcain, Nimrod, Atelstano e di tutti gli altri personaggi sia vera oppure no, non ha grande importanza né sembra avere gravi conseguenze. Dopo tutto, infatti, nel racconto si riesce lo stesso ad intravedere una sostanza, uno spessore storico evidente, fatto di cose e uomini concreti, di artefici che operano, artigiani, abili costruttori, esperti architetti. Cronologicamente, l'ultimo racconto della serie è quello che riguarda il re Atelstano ed i suoi capimastri. Poi, come all'improvviso, ben 800 anni dopo, ecco sorgere un'associazione caritatevole fondata da un gruppo di nobili e di uomini d'affari che intende dare vita ad una fondazione per aiutare "ragazzi e ragazze" bisognosi, un gruppo di nobili spiriti che, molto singolarmente, si ritrovano in una taverna. Nel frattempo pare non sia accaduto più niente, salvo il fatto che di volta in volta le successive edizioni della Fratellanza sostengono di aver ricevuto il testimone della segretezza dei segni e delle parole di riconoscimento dalla organizzazione che l'ha preceduta.

Mi pare che ci sia qualcosa di stonato, di molto stonato, in tutto questo. È per lo meno singolare che dei rappresentanti della più elevata nobiltà del tempo si radunassero in un'associazione che aveva come sede una taverna. E sarebbe pure impensabile che il principe Edoardo, duca di Kent, ed il principe Augusto, duca del Sussex (i figli del re Giorgio III), assumessero i ruoli di Gran Maestro rispettivamente della Loggia degli Antichi e dei Moderni, se la Massoneria si fosse limitata davvero ad essere una sorta di confraternita di buoni intenzionati che intendevano fare della beneficenza.

James Anderson sostiene che le testimonianze più significative del passato massonico andarono disperse con la caduta degli Stuart. Questa è l'affermazione che, a mio avviso, consente di intendere il vero corso degli eventi. Facciamo un rapido riassunto. Il re Giorgio I era figlio dell'Elettrice Sofia di Hannover. Sofia era la figlia di Federico V, Elettore del Palatinato del Reno, la cui moglie era Elisabetta Stuart, una delle figlie di re Giacomo I (VI) Stuart. John Wilkins, cappellano del Palatinato attorno alla metà del Seicento, era stato l'uomo che aveva fondato il gruppo di studiosi che sarebbe diventato in seguito la Royal Society di re Carlo, associazione che nel 1703 avrebbe avuto sir Isaac Newton come suo presidente. Un altro socio fondatore era stato l'esimio professore di astronomia sir Christopher Wren.

Nella sua qualità di nipote di Federico ed Elisabetta, il re d'Inghilterra Giorgio I era consapevole delle antiche tradizioni massoniche conservate nella linea familiare materna, ma questo aspetto non aveva fatto parte della sua educazione hannoveriana. Lo stesso sarebbe accaduto ai suoi successori, consapevoli dell'eredità, ma ugualmente all'oscuro dei dettagli. La loro unica possibile fonte di informazione non poteva che essere Christopher Wren, il quale, per mero caso, morì proprio nel 1723, l'anno di edizione della *Costituzione* a firma di Anderson.

Ciò che in verità Anderson rimproverava a Wren, incolpandolo del gran caos che stava investendo la Massoneria inglese, non era tanto di essere il responsabile della perdita di qualcosa, quanto piuttosto di non mostrarsi leale alla causa degli Hannover. Egli, al contrario, era schierato ancora con la Casa degli Stuart e col Palatinato. Anderson era convinto che Wren, in qualità di cofondatore della Royal Society, fosse pienamente al corrente di tutti i segreti in merito ai quali la confraternita hannoveriana necessitava di essere informata. Ma la morte lo colse prima che potesse svelare ciò che conosceva.

3

La Royal Society

La transizione

Sta scritto che il primo massone che ebbe ad operare a sud del confine scozzese fu l'uomo di stato sir Robert Moray. Fatto cavaliere dal re Carlo I, buon amico del re Carlo II, venne iniziato alla Massoneria nel 1641 a Newcastle[1]. All'epoca la Massoneria faceva già parte integrante dello stile di Casa Stuart se è vero che già nel 1601 il re Giacomo VI di Scozia era stato affiliato presso la Loggia di Scone, esattamente due anni prima che si presentasse a Londra per assumere la corona unitaria col nome di Giacomo I d'Inghilterra. Il figlio ed il nipote, Carlo I e Carlo II, divennero anche loro patroni dell'associazione.

A dire il vero l'iniziazione di Moray non è del tutto identificabile come un'affiliazione inglese, in quanto la loggia che lo accolse era una gemmazione itinerante, se così si può dire, della Loggia di Edimburgo e anche Moray aveva origini scozzesi. Poi, nell'ottobre del 1646, era toccato a Elias Ashmole, l'antiquario fondatore dell'Ashmolean Museum di Oxford, essere accolto nella Massoneria presso la loggia di Warrington, nel Lancashire, ed è nella sua figura che quindi, forse più correttamente, la storia identifica la prima affiliazione di stampo prettamente inglese. Nel suo prezioso diario egli cita però i nomi di coloro che erano presenti al rito e, come giustamente sottolineato alcuni anni or sono dal Curatore della Grande Loggia Unita d'Inghilterra, i sette membri che lo avevano accolto dovevano per forza essere già stati introdotti nella società prima di Ashmole[2]. Ecco perché è chiaramente sbagliato asserire che la Massoneria inglese nacque nel momento in cui quattro gentiluomini si riunirono intorno ad un tavolo in una taverna, una sera del 1717.

L'interesse che Ashmole provava nei confronti della magia ermetica non viene solitamente ricordato nelle opere che parlano della sua vita, dal momento che la figura di un alchimista piuttosto attivo non sembra essere il miglior biglietto da visita per segnalare il primo autentico massone inglese. Al contrario, l'Ashmolean Museum sembra non aver

[1] Robert Lomas, *Invisible College*, London, Headline, 2002, capitolo 5, p. 85.
[2] John Hamill, *The Craft*, London, Crucible, 1986, capitolo 2, pp. 30, 31.

badato troppo a questa sottigliezza e sottolinea come il suo fondatore, ricorrendo allo pseudonimo di James Hasolle, avesse dato alle stampe il suo primo libro di alchimia, intitolato *Fasciculus chemicus*[3]. Viceversa il fatto che Ashmole fosse sia araldo di Windsor che tesoriere del Collegio Araldico garantiva un marchio di qualità decisamente più appetibile per una società massonica idealizzata, anche se in tempi di Restaurazione le due cariche non contavano più di tanto. La sua opera *Theatrum chemicum Britannicum*, pubblicata nel 1652, risultò di primaria importanza per il movimento rosacrociano, essendo una sorta di summa di tutti i testi alchemici inglesi e ben presto diventando una fonte di riferimento bibliografico di manoscritti altrimenti inaccessibili.

È indubbio che la corrente massonica "speculativa" approdò in Inghilterra dalla Scozia quando le due corone vennero unite nel 1603; è però altrettanto indubbio che in termini "operativi" la Confraternita Massonica di Londra già vantava uno stemma araldico dal 1472. Altrettanto interessante è il fatto che nel 1655 il nome era stato cambiato in Compagnia dei Massoni di Londra. Questo sembra stare ad indicare che la parola Frammassoneria avesse assunto una nuova connotazione, correlata ad un atteggiamento maggiormente speculativo, piuttosto che strettamente operativo. Ancora una volta, questo non spiega come mai il vocabolo non sia citato all'interno di alcun dizionario etimologico almeno fino all'inizio del Settecento, tuttavia suggerisce l'esistenza di una gilda operativa che intendeva in qualche modo stabilire sia delle distinzioni fra i suoi propri membri sia nei confronti delle logge più speculative.

Come già si è detto, è più che evidente come fino al 1723 il mondo massonico inglese si trovasse in un gravissimo stato confusionale, basato su un'accozzaglia delle più svariate leggende e totalmente privo di coesione, perché gli antichi ed autentici segreti dell'associazione erano andati dispersi. In realtà la vera ragione per cui uomini in altri campi geniali non riuscivano più a trovare un punto di coagulo all'interno del movimento massonico non consisteva tanto nel fatto che dalla Rivoluzione del 1688 la gran parte degli archivi storici e delle documentazioni era andata perduta. La questione era, piuttosto, legata alla loro ostinazione nel non voler riconoscere la realtà dei fatti. Per trovare quanto mancava era sufficiente mettersi a cercarlo, ma Anderson ed i suoi sostenitori non lo fecero mai, si rifiutarono di farlo, tenuto anche conto che questo sembrava essere il desiderio della classe politica dominante in quel frangente storico.

Questo atteggiamento di diniego era cominciato nel 1715, quando Giacomo Francesco Edoardo Stuart, figlio del re esiliato Giacomo II (VII), aveva iniziato a darsi da fare per cercare di recuperare le due corone che gli spettavano come retaggio familiare. Subito dopo l'incoronazione di

[3] C. H. Josten, *Elias Ashmole,* Oxford, Ashmolean Museum and the Museum of the History of Science, 1985, p. 3.

Giorgio I, Giacomo Francesco veniva acclamato re col nome di Giacomo VII di Scozia dai gruppi che ancora sostenevano la Casa degli Stuart, nelle città di Aberdeen, Brechin, Dundee, Montrose, Perth, St. Andrews e Edimburgo. Quindi il giovane rampollo, salpato da Dunquerque, era approdato in Scozia e nel settembre di quello stesso anno aveva dispiegato il suo stendardo a Braemar. I suoi seguaci, intanto, avevano preso d'assedio le città di Perth e Inverness, in mano alle milizie degli Hannover, ma avevano fallito la presa di Edimburgo e dei castelli di Sterling, fino a che la loro avanzata era stata fermata a Sherriffmuir. Oltre il confine la penetrazione era stata blanda, tanto che nel breve volgere di qualche settimana la fulminea sollevazione era stata stroncata con la resa di Preston, nel Lancashire, siglata il 14 novembre 1715. Immediatamente dopo, lo sconfitto Giacomo Francesco aveva fatto ritorno in Francia da dove era salpato per quella ingloriosa avventura.

A dispetto dell'inizio folgorante e pieno di entusiasmo con cui era iniziata, questa sollevazione si rivelò come una delle campagne militari strategiche peggio organizzate della Storia. Ma non era destinata ad essere l'ultimo sussulto degli Stuart nel loro tentativo di restaurazione, al punto che il popolo inglese continuava a dibattere la questione se dovesse mostrare la propria lealtà alla Casa degli Stuart oppure a quella degli Hannover.

In latino il nome Giacomo suona come *Jacobus* e dal tempo dell'esilio di re Giacomo i suoi sostenitori incominciarono ad essere chiamati Giacobiti. Prima del 1688 la Massoneria sia inglese che scozzese aveva avuto una chiara impronta giacobita. Quella costituitasi invece dopo il 1717 sulla scia di Anderson e dei suoi seguaci ebbe un'impronta essenzialmente hannoveriana, una sorta di Massoneria ibrida, senza radici. Perché qualunque informazione o tradizione fosse derivata da ciò che l'associazione era stata prima, non poteva essere accettata dalla nuova linea dura della Massoneria hannoveriana, ovviamente costretta a rinnegare ogni radice scozzese. Ne conseguiva che al nuovo stile massonico inglese del tempo non aderirono che massoni disorientati, sconcertati dalla debolezza della struttura e soprattutto dalla cronica mancanza di tradizioni storiche. Soltanto l'introduzione di obiettivi caritatevoli e di ideali dal chiaro stampo moralistico avrebbe potuto dare nuova spinta e nuova sostanza all'organizzazione; tuttavia è ancora presto per tracciare giudizi negativi, dal momento che la strada che dobbiamo compiere per chiarire al meglio ogni cosa è ancora molto lunga. Intanto, passando al 1738, ora che Christopher Wren altro non era che un massone di antico stampo ormai defunto, tornava opportuno vilipenderlo, al fine di sgombrare il campo definitivamente da ogni preesistenza.

Eresia

Ma in che cosa consisteva la cosiddetta "vecchia scuola" massonica di Christopher Wren? Il quadro è presto fatto, se solo passiamo in rassegna tutti i personaggi con i quali egli era stato in contatto: il re Carlo II, sir Robert Moray ed Elias Ashmole, tutti massoni, certamente, ma che cosa più precisamente li univa? Era la Royal Society presso il Gresham College di Londra. La Royal Society era – ed è – un'accademia scientifica il cui scopo è lo studio della filosofia naturale. I massoni avevano lo stesso obiettivo e, ancora oggi, i rituali praticati invitano l'adepto a «dedicarsi allo studio delle Arti Liberali e delle scienze mettendo a frutto tutte le possibilità e le attitudini disponibili».

Anche se la Massoneria è una società riservata (non segreta), questo non significa che le cose tenute segrete debbano necessariamente costituire qualcosa di prezioso per un esterno. I cerimoniali ed i rituali di tutte le logge sono scritti e sempre ripetitivi. In pratica, quasi tutto di questa ritualistica è accessibile pubblicamente. Le azioni segrete non sono altro che i segni, i tocchi e le parole d'ordine di riconoscimento grazie ai quali gli adepti si riconoscono fra di loro, in relazione ai differenti gradi raggiunti. Nei rituali pubblicati, questi gesti e queste parole sono lasciate in bianco ed è questa l'unica forma di segretezza autentica praticata.

Le Arti Liberali di cui si è detto non sono insegnate o discusse all'interno di una loggia, ma ad esse si allude soltanto. E non lo sono neppure le scienze (quelle che vengono citate nei dialoghi della loggia), né le discipline di filosofia naturale. Si tratta di allegorie, di incontri simbolici che cercano di ridestare la consapevolezza dell'adepto tramite un'illuminazione interiore spirituale e filosofica, ma non vengono impartite delle istruzioni, diciamo così, pratiche. Gli incontri, le letture seguono un canone rigido e ripetitivo e non vengono tenute da esperti o professionisti di un dato campo o sapere e neppure sono assegnate in base all'avanzamento personale lungo la scala di progressione di ciascuno all'interno della società. Si tratta di incontri prefissati, rigidi e, il più delle volte, sempre uguali, a volte addirittura ripetuti parola per parola. E così ciò che oggi viene richiesto altro non è che un gioco delle parti, la recita di un ruolo, la replica di procedure operative che erano attive nelle logge del passato ogni volta che nuovi argomenti e nuovi stimoli erano proposti al dibattito comunitario. In pratica, l'attuale Massoneria oggi svolge la funzione di cornice, di contenitore per un insieme di iniziative che danno corpo ad un'attività cumulativa e progressiva di sviluppo. Ma il solo "lavoro" oggi richiesto da una loggia moderna consiste nell'apprendere a memoria qualche testo scritto.

Al di fuori della stretta ufficialità degli incontri all'interno della loggia, in quelli che sono riconosciuti come "assemblee private" (ad esempio, attorno ad una tavola imbandita, o detta "tavola della festa"), la regola consente che un membro possa offrire «un suo proprio parere a proposito di quegli argomenti che vengono regolarmente introdotti in occasioni delle letture». La scusa è che questa sorta di "privilegio" consente al soggetto di «approfondire la propria ricerca lungo i sentieri più nascosti della natura e della scienza». Ma nel corso dei vent'anni da me trascorsi come adepto di una loggia tutto questo non è mai accaduto e non ho mai avuto occasione di parlare di natura o di scienza. In compenso, se qualcuno degli adepti avesse scoperto una qualche legge universale in grado di sconvolgere ogni nostro sapere e di mutare tutte le nostre conoscenze, cambiando magari anche il corso della storia, ebbene questo non muterebbe di una virgola il compassato procedere dei lavori della loggia. I concetti base in merito a questo sono stati stabiliti nel 1816 all'atto della revisione della Grande Loggia Unita d'Inghilterra. Il più recente principio nel moderno rituale dell'Arte stabilisce che la terra giri su se stessa attorno al proprio asse e attorno al sole, che se ne sta al centro!

Sebbene un'affermazione come questa (riguardante, detto per inciso, il candidato al secondo livello chiamato ad annunciarla alla loggia e a rispondere alle interrogazioni relative) risulti assolutamente, come dire, naif per i nostri giorni, la cosa offre lo spunto per osservare un interessante scenario. Il principio enunciato è quello copernicano del sole al centro dell'universo, così come anticipato da Galileo nel 1632, scoperta a causa della quale egli venne pesantemente perseguitato dalla Inquisizione per dieci anni, fino alla morte. È evidente che, a questo riguardo, se valutiamo la cosa riportandoci al 1641, l'anno in cui sir Robert Moray venne accolto nella Massoneria, è evidente che si trattava di concetti decisivi, sofferti e quanto mai all'avanguardia. Approdare alla condizione massonica corrispondente a questo livello significava mettere a repentaglio la propria sicurezza, correndo il rischio di essere accusato di eresia! In aggiunta, questo indicava con chiarezza che per poter progredire all'interno della società era quasi d'obbligo avere una mentalità aperta, per non dire, per l'appunto, eretica a livello scientifico. Ecco perché la Massoneria era una confraternita molto selettiva che richiedeva solidarietà, segretezza e fratellanza d'intenti. Per dirla con altre parole, in origine, la vera ed autentica Massoneria, nella sua forma ancora non corrotta, era un modo libero di occuparsi di Arti Liberali, scienza e filosofia della natura.

Il Collegio Invisibile

Nel Seicento il principale sforzo della scienza era soprattutto concentrato sulla filosofia naturale. Anche la chimica, ai suoi primi passi, ricadeva in questo contesto, ma si trattava di un'arte poco considerata, dal momento che i chimici ante litteram il più delle volte erano costretti a lavorare come assistenti presso gli assai più esperti alchimisti, abili praticanti di antiche discipline, odiati dalla Chiesa che li temeva. La Scozia vantava una lunga tradizione ermetica, una ricerca che almeno fino a re Giacomo IV (1488-1513) trovava anche larga comprensione e collaborazione presso la corte regale. Nel momento in cui le logge massoniche presero a essere pure loro coinvolte in sperimentazioni scientifiche, ecco che l'alchimia incominciò ad esercitare un notevole influsso sulle attività di una loggia massonica[4]. Uno dei più accaniti collezionisti di manoscritti alchemici era lord Balcarres, la cui figlia era andata in sposa a sir Robert Moray. A sua volta, Moray era il mecenate e patrono del più celebre alchimista del XVII secolo, Ireneo Filalete, il riverito mentore di Robert Boyle e di altri membri della massonica Royal Society.

Anche se i fermenti innovativi del Rinascimento avevano dato vita ad un fiorire di accademie e di interessi creativi, spazzando via almeno in parte le incrostazioni superstiziose della Chiesa per dar luogo ad una vera e propria rinascita della filosofia e della letteratura classica, la situazione in Inghilterra non era delle migliori, tanto da precipitare in una sorta di coma profondo durante l'era cromwelliana. A seguito del colpo di stato militare e dell'esecuzione, nel 1649, del re Carlo I, ad un certo momento Cromwell, questo rozzo soldato che veniva dalla campagna, era diventato così potente che a partire dal 1653 era addirittura riuscito ad imporre la legge marziale come normale metodo di governo. Dopo aver sciolto il Parlamento ed essersi proclamato Lord Protettore, Cromwell aveva assunto pieni poteri, addirittura superiori a quelli di qualsiasi sovrano precedente. Poi si era messo all'opera per distruggere le attività della Chiesa anglicana. Su suo specifico ordine il *Book of Common Prayer* venne messo all'indice, così come furono soppresse le festività del Natale e della Pasqua. La sua dittatura si rivelò infinitamente più severa e rigida di qualsiasi altro precedente regime o governo e queste sue direttive puritane si protrassero per tutti gli anni Cinquanta del Seicento. I giochi, gli sport ed ogni genere di intrattenimento vennero fortemente interdetti. Chi disobbediva veniva imprigionato e, non di rado, messo alla tortura. Vennero sequestrate case, imposte tasse punitive, le università rese inaccessibili ai più, chiusi teatri e taverne, limitata la libertà di espressione, l'adulterio considerato un peccato capitale e le madri di figli illegittimi gettate in prigione.

Insomma, nessuno poteva dirsi salvo o tranquillo neppure in casa propria e chiunque, qualunque gruppo familiare, anche contro la propria volontà, poteva essere incaricato di svolgere azioni spionistiche e di denuncia, contribuendo, così facendo, a rendere sempre più temibile e potente un regime che si fondava soltanto sulla forza e su un controllo militare stretto.

[4] David Stevenson, *The Origins of Freemasonry*, Cambridge, Cambridge University Press, 1988, capitolo 5, pp. 86, 87.

L'antica città di Oxford.

Questo l'ambiente sociale e culturale che indusse intraprendenti studenti universitari quali Christopher Wren e Robert Boyle, nei panni di pionieri di una società di accademici sovversivi, a dare poco alla volta vita ad un'organizzazione scientifica destinata a diventare la più celebre delle accademie. La cosa ebbe inizio presso l'Università di Oxford negli anni della metà del Seicento, in un periodo in cui il prestigioso ateneo era in fase di recessione. Poiché la città era stata la capitale dell'Inghilterra monarchica al tempo della Guerra Civile, Cromwell aveva pensato bene, per fiaccarne lo spirito, di autonominarsi Rettore della prestigiosa Università e così le strade della città un tempo vivificate dalle gaie risate degli studenti erano ora deserte e in giro regnava un'atmosfera pesantissima.

All'interno dell'Università materie come l'astronomia e la matematica erano considerate demoniache e quindi espressamente proibite dai commissari di fede puritana. In pratica, l'educazione scolastica e quella universitaria in particolare era molto frenata in quanto proprio gli studenti erano considerati la minaccia più pericolosa per il regime. Tuttavia c'era ancora un uomo che se ne stava in disparte rispetto agli altri colleghi dell'Università, un prete dalle idee stranamente libere, il dottor John Wilkins. Era il reggente indipendente del Wadham College, un futuro vescovo che amava dedicare il suo tempo allo studio del sapere del mondo antico. Ad Oxford, Wilkins teneva in segreto un corso di filosofia, riunendo gli studenti nel cuore della notte in casa di un farmacista del luogo per discutere di argomenti proibiti. In realtà, Wilkins era un tipo davvero strano, perché pur essendo il marito della sorella di Cromwell, Robina, pubblicamente non perdeva occasione per schierarsi sempre contro la dittatura messa in atto dal potente cognato. A dire il vero, la famiglia di Cromwell era un bel guazzabuglio di orientamenti, visto che Elizabeth, un'altra sorella, sosteneva la monarchia Stuart[5].

Subito prima di raggiungere Wadham nel 1648, Wilkins aveva dato alle stampe un libro alquanto controverso dal titolo *Mathematicall Magick*, considerato dai puritani come opera totalmente satanica. Per un prelato anche solo pronunciare la parola magia era inconcepibile, soprattutto quando la si univa ad altre discipline proibite come la numerologia, ritenuta la peggiore delle aberrazioni demoniache.

Fra i membri del circolo segreto di Wilkins – che divenne noto col nome di Collegio Invisibile – troviamo Christopher Wren, Robert Boyle (figlio del conte di Cork), l'anatomista William Petty e lo studente dal genio ingegneristico Robert Hooke.

Altri ancora erano il teologo Seth Ward – un uomo avanti con gli anni che incoraggiò l'interesse di Wren nei confronti dell'astrologia –, il matematico e crittografo John Wallis e il medico Thomas Willis. Il termine "invisibile" applicato alla congrega venne utilizzato per la prima volta in una lettera scritta da Boyle[6], ma era aggettivo comune nelle coperture dei circoli rosacrociani.

In Scozia, il movimento della Rosacroce era apertamente alleato e solidale con quello della Massoneria, al punto che i nomi delle due società diventano sinonimi in un componimento metrico di Perth, pubblicato ad Edimburgo nel 1638:

> Perché fratelli della Rosa Croce noi siamo;
> la parola massonica e la chiaroveggenza abbiamo...[7].

Al fine di raggiungere gli obiettivi scientifici che si era prefissato, il gruppo non aveva dubbi sulla strada da intraprendere per aprire le porte della illuminazione. I membri del clan sapevano che per far progredire la scienza e la medicina oltre ai ristretti confini imposti dalle mura universitarie dovevano riscoprire gli antichi segreti alchemici dei grandi maestri medievali dell'arte ermetica.

Fra gli alchimisti più illustri del tempo vi era l'imperscrutabile Thomas Vaughan (fratello del poeta Henry Vaughan), che si ispirava liberamente all'opera di Ireneo Filalete. I suoi scritti sul tema dell'ermetismo chimico non erano meno confusionari di quelli di altri alchimisti del passato, tuttavia ciò che rendeva la sua opera importante stava nel fatto che egli era molto aperto nei confronti di amici e collaboratori. Contrariamente alla generale presunzione secondo cui l'alchimia era la disciplina grazie alla quale si poteva trarre dell'oro dai vili metalli per il tramite

[5] Barbara J. Shapiro, *John Wilkins 1614-1672*, Berkeley, CA, University of California Press, 1969, capitolo 4, pp. 113, 114.
[6] Frances A. Yates, *The Rosicrucian Enlightenment*, St. Albans, Paladin, 1975, capitolo 13, p. 223.
[7] Stevenson, *The Origins of Freemasonry*, cit., capitolo 5, p. 102.

della Pietra Filosofale, Filalete insegnava apertamente che anche la stessa Pietra era costituita d'oro, ma «non si trattava di oro comune». Insegnava che era chiamata Pietra per via della sua natura fissa e per la sua resistenza al fuoco, ma che in apparenza essa era «una polvere finissima»[8]. Anche l'altrettanto celebre alchimista francese, Nicolas Flamel, si era espresso ancor prima, nel 1416, allo stesso modo, riferendosi alla Pietra Filosofale come a «una fine polvere d'oro, che è una pietra».

Ma ciò che in modo particolare intrigava la confraternita oxfordiana era il fatto che la Pietra Filosofale veniva per tradizione associata all'annullamento della forza di gravità e questo costituiva uno dei temi portanti delle loro investigazioni scientifiche. In un antichissimo documento di origine alessandrina intitolato *Iter Alexandri ad Paradisium* si diceva inoltre che la Pietra ridona la giovinezza ai vecchi e, per quanto la sua entità in oro sia consistente, anche una sola piuma posta sull'altro piatto della bilancia risulta essere più pesante![9].

Gli allievi non potevano immaginare perché i loro docenti non li incoraggiassero allo studio di queste discipline. I libri di testo del tempo erano tutti sorpassati e nella quasi totalità delle scuole e degli atenei si insegnavano cose ormai superate. Per lo studio del cielo, si considerava ancora come valido libro di testo l'opera dell'alessandrino Tolomeo, vissuto nel II secolo, in cui si diceva che la terra stava fissa al centro dell'universo; mentre per le materie filosofiche prevaleva senza rivali il genio di Aristotele. Nulla veniva insegnato a proposito della struttura degli atomi, la sola concessione era che la materia si componeva nella variabile combinazione di quattro elementi: terra, acqua, aria e fuoco. Ma non occorreva un grande ingegno per rendersi conto che l'autentica alchimia non era affatto un semplice, folle culto medievale di menti malsane. Allo stesso modo era facile accorgersi che numerologia e geometria ben si adattavano ai principi occulti dell'ermetismo alchemico. Anche la matematica era trascurata perché gli insegnanti non desideravano che i loro allievi potessero apprendere nozioni con risvolti di ordine pratico ed applicativo.

Presto John Wilkins si era reso conto che nel gruppo da lui creato c'erano alcune fra le più vivide menti della gioventù britannica, menti che non avrebbero in alcun modo potuto essere relegate in qualche buia classe universitaria. Venne allora deciso che sarebbe stato opportuno uscire allo scoperto al fine di trasformare la vecchia filosofia naturale in una nuova e accreditata scienza. Ma quel che occorreva in prima istanza era riuscire ad imporsi proponendo nuove leggi naturali che scardinassero sin dalle fondamenta il credo fino a quel momento accet-

[8] Le due opere fondamentali di Ireneo Filalete sono *Introitus apertus ad occlusum regis palatium*, Amsterdam, Musaeum Hermeticum, 1667 e *Tres tractatus de metallorum transmutatione*, Amsterdam, Musaeum Hermeticum, 1668.

[9] Roger Sherman Loomis, *The Grail: From Celtic Myth to Christian Symbolism*, Cardiff, University of Wales Press, 1963, capitolo 13, pp. 212, 213.

tato. Christopher Wren e Robert Hooke erano particolarmente propensi allo studio dell'astronomia, affascinati dalle stelle, al punto che, fatte le debite proporzioni, i due diventeranno i più accreditati astronomi del tempo, dopo il genio di Galileo. Il loro scopo primario divenne dunque quello di mettere in atto un approccio di studio pionieristico, in grado di demolire e sovrastare, una volta per tutte, i metodi ottusi e ciechi fino a quel momento in uso presso gli atenei e le scuole.

Nel 1657 buone nuove erano giunte da Londra. Qui Christopher Wren (appena ventisettenne) si era visto offrire la posizione di professore di astronomia presso il Gresham College in Bishopsgate. L'astronomia, ancora guardata con grande sospetto ad Oxford, era invece riconosciuta come disciplina di studio ufficiale al Gresham, anche a dispetto delle eventuali ritorsioni disciplinari previste dal governo accademico ufficiale. Il fondatore del College, sir Thomas Gresham (rappresentante della Casa dei Tudor nella città di Anversa) all'inizio del Seicento aveva – giustamente – dichiarato che non più di dieci pensatori e studiosi in Europa erano pronti ad accettare come veritiera la legge eliocentrica proposta dall'astronomo polacco Nicolò Copernico![10]. Fondato nel 1597, il Gresham College aveva sempre sposato la ricerca d'avanguardia. La figlia di sir Thomas, Anne, era andata in sposa a Nathaniel, uno dei fratelli dell'allora Gran Maestro dei Rosacroce, sir Francesco Bacone (Francis Bacon).

Dopo una lezione di Wren, i membri di un'associazione filosofica con base a Londra misero sul chi vive i colleghi oxfordiani, rivelando loro che la vita nella capitale si stava facendo sempre più pericolosa. Gli sgherri di Cromwell più di una volta avevano fatto irruzione nel corso dei loro incontri disperdendoli ed erano costretti a vivere in costante trepidazione e temendo per la loro stessa vita. Erano stati obbligati più di una volta a riunirsi in modo clandestino presso la *Bull's Head*, una taverna a Cheapside, ma ora che le porte del Gresham College si erano ufficialmente spalancate grazie all'incarico ricevuto da Wren, forse le cose sarebbero cambiate. Da troppo tempo la nuova filosofia era costretta in ambasce, aveva dichiarato Wren con foga. Era finalmente giunto il momento della definitiva rottura e di collocare la vera scienza fra le iniziative dell'accademia e degli atenei.

Grazie alla consultazione di libri fatti arrivare da mezza Europa, i nuovi scienziati seppero dell'esistenza dei teoremi postulati dagli antichi pensatori, proposizioni di ordine generale non evidenti di per sé (come invece la scienza convenzionale imponeva che fossero), ma da provare seguendo una catena logica di ragionamenti. Appresero che molti problemi potevano essere affrontati ed espressi tramite simboli e formule e addirittura risolti grazie a precise, specifiche applicazioni algebriche. Si

[10] Richard Chartres – David Vermont, *A Brief History of Gresham College*, London, Gresham College, 1997, p. 7.

Sir Francesco Bacone (1561-1626), Gran Maestro della Rosacroce.

resero conto che astronomi come Galileo e Copernico avevano fatto scoperte sensazionali riguardo alla terra, al sole e al sistema solare, senza l'aiuto di alcun insegnante ufficiale, scoperte che offrivano un quadro completamente diverso della dinamica dei corpi celesti conosciuti e che avevano ribaltato dalle fondamenta tutti gli insegnamenti fino a quel momento imposti dalla scuola ufficiale. Intanto, sulla scia di questo irrefrenabile entusiasmo, Robert Boyle (all'epoca insegnante di geometria pure lui al Gresham College) reinventava il telescopio grazie a particolari lenti da lui stesso congegnate, scoprendo non soltanto il segreto allineamento delle stelle della costellazione di Orione, ma risultando anche il primo astronomo a determinare le macchie solari, le fasce di Giove e il calcolo della rotazione del pianeta Marte.

In tutto questo clamoroso movimento, continuava a serbarsi misteriosa la singolare figura del suo fondatore, quel John Wilkins che era un rispettato gentiluomo quant'altri mai. Wilkins aveva preso gli ordini sacri prima del 1645, ma quella sua opera dal titolo *Mathematicall Ma-*

gick continuava a puzzare di zolfo, in netto contrasto con la disciplina della Chiesa. Ancor più enigmatico per l'intero gruppo (tenuta anche in conto la sua diretta parentela acquisita con la famiglia di Cromwell) era il fatto che egli era il cappellano di Carlo Luigi, principe del Palatinato del Reno, il figlio maggiore del re e della regina di Boemia[11], nemico giurato del Lord Protettore Cromwell. Per di più il Palatinato era notoriamente favorevole alla pratica dell'alchimia.

Gli appartenenti al movimento della Rosacroce erano, per definizione dell'Inquisizione romana, degli eretici e dei mercanti dell'occulto. Tornando indietro al tempo della regina Elisabetta I, uno dei suoi consiglieri era stato il dottor John Dee, celebre rosacrociano[12], cui si affiancava il filosofo ermetico Robert Fludd, uno degli artefici della traduzione (dal greco in inglese) della Bibbia di re Giacomo. In pratica, però, i Rosacroce altro non erano che cavalieri desiderosi di approfondire il mistero della *Rosi-crucis*, l'enigmatico simbolo della grande illuminazione (vedi Capitolo 13).

Un aspetto intrigante, ma interessante, della Massoneria del post 1723 consiste nel fatto che mentre Euclide viene annoverato (sebbene con una datazione scorretta) fra i precedenti illustri, John Dee non viene citato. E pensare che si doveva proprio a lui la celebre prefazione alla traduzione dell'opera *Euclid*, il più rilevante scritto dedicato alla geometria sacra, in cui Dee invoca il ritorno all'arte euclidea. Ovviamente, James Anderson ben conosceva questo scritto, visto che, fra l'altro, lo aveva citato a più riprese. Quando, per esempio, parla del regno di Augusto, nel I secolo d.C., Dee scrive: «[...] in quei giorni nacque il nostro venerabile mastro architetto». Da parte sua, sempre parlando dell'imperatore Augusto, Anderson afferma: «[...] nell'epoca in cui nacque il grande architetto della Chiesa». Esattamente come ignorava gli interessi ermetici di Elias Ashmole, la nuova Massoneria hannoveriana aveva stabilito di non prestare alcuna attenzione alla figura di John Dee, anche se la 47ª proposizione del primo *Libro di Euclide* (il Teorema di Pitagora) compare sotto forma grafica di disegno (in basso al centro) nel bel frontespizio dell'opera di Anderson del 1723 (*tav.* 5), assunto sin da sempre dalla Massoneria come simbolo di perfezione assoluta. Il motivo di questa palese e voluta dimenticanza stava nel fatto che Dee era intimamente collegato con la Rosacroce ed essere affiliati a questa società segreta costituiva anatema al tempo della nuova, rivisitata Massoneria di epoca giorgiana.

Nell'opera di Wilkins *Mathematicall Magick* si parlava liberamente del sepolcro del fratello Rosicrosse, così come esposto minuziosamente nel Manifesto del movimento, datato 1614-15, e intitolato *Fama Fraternitatis*. (Documento che conteneva anche la *Confessio Fraternitatis*.

[11] Yates, *The Rosicrucian Enlightenment*, cit., capitolo 13, p. 223.
[12] Benjamin Woolley, *The Queen's Conjuror*, London, HarperCollins, 2001, epilogo, p. 325.

Questi documenti erano scritti tedeschi in cui si annunciava l'avvento di una nuova era illuminata e di liberazione ermetica dove finalmente alcuni segreti universali sarebbero stati svincolati e resi noti a tutti). L'opera di Wilkins era almeno in parte progettata secondo lo schema di un altro lavoro, quello di Robert Fludd intitolato *Utriusque Geomi Historia* (pubblicata nel Palatinato nell'anno 1619). Inoltre, Wilkins citava sovente l'ultimo Cancelliere di Casa Stuart, sir Francesco Bacone, che veniva indicato come Grande Maestro dell'Ordine della Rosacroce. Ad essere sinceri, era stata proprio l'idea di un'unica, solidale confraternita di scienziati pensata da Bacone ad ispirare in Wilkins la fondazione del club di studiosi oxfordiani, in un momento in cui la ricerca ermetica favorita nel Palatinato dai principi di Boemia aveva subito un consistente arresto a causa della Guerra dei Trent'anni che aveva interessato tutta l'Europa (1618-48).

L'apparente dicotomia della personalità del dottor Wilkins continua comunque ad essere un mistero. Al fine di proteggere la sopravvivenza del suo gruppo occulto, egli stabilì sin dall'inizio una serie di regole massoniche piuttosto rigide: poteva discutersi di ogni argomento e tema, ma non erano ammesse religione e politica. Ciononostante, la Bibbia divenne, giocoforza, un soggetto di studi e approfondimenti continui, a cominciare dalla lezione che Wren tenne nel 1657 presso il Gresham College, soprattutto riguardo agli aspetti cronologici ed astronomici dei tempi biblici. In effetti, questa lezione si rivelò una sorta di manifesto per quello che sarebbe poi stato il destino di ricerca del gruppo, incentrata com'era sulla tirannia ai tempi della cultura degli antichi Greci e Romani, le cui conquiste ideologiche e scientifiche continuavano in sostanza ad essere le basi sulle quali si fondava il sapere di quel XVII secolo.

Malgrado la sua genialità scientifica, Robert Boyle, educato a Eton, non era particolarmente versato nelle scienze matematiche e così l'amico Robert Hooke era solito dargli una mano quando si dovevano compiere calcoli ed esperimenti. Ambedue erano attratti dalla potenza all'interno dei corpi in pressione e così mentre Boyle si concentrava nello studio delle pompe pneumatiche, Hooke studiava le molle. Durante il loro fattivo e produttivo lavorare insieme, i due scoprirono importanti formule matematiche relative al comportamento dell'aria compressa ed alla dinamica delle molle. In sintesi questi concetti sono passati alla storia della scienza come *Legge di Boyle* e *Legge di Hooke*, due fra le conquiste più eclatanti di quella che era da considerarsi la nuova scienza e la cui importanza è riconosciuta ancora oggi.

Uno statuto reale

Nel frattempo, a partire dal 1660, gli intenti prettamente rosacrociani del gruppo invisibile poterono uscire finalmente allo scoperto, grazie all'avvenuta restaurazione da parte del re Carlo II. Di colpo, in modo del tutto indifferente rispetto all'opinione clericale, questi ideali trovarono immediata approvazione in uno statuto reale di Casa Stuart datato 1662, in cui li si riconosce nella configurazione di una nuova organizzazione scientifica, la Royal Society. Il suo motto era *Nullis in verba*, che liberamente tradotto potrebbe voler dire "Non prendere mai nulla alla lettera", un aforisma che già era stato adottato da Francesco Bacone.

Lo statuto della nuova fondazione venne messo a punto da due personaggi molto influenti, vale a dire lo scozzese massone sir Robert Moray ed il presidente del Gresham College, Guglielmo visconte di Brouncker, ambedue in intima confidenza con il re. Nella fattispecie, era stato Moray ad avvicinare re Carlo per presentargli la Fratellanza, certo che avrebbe concesso il suo alto patronato e la sua protezione. Essendo stato ministro in Francia presso il cardinale Richelieu al tempo del Protettorato, sir Moray godeva di un'enorme influenza sia a corte che presso i circoli governativi ed era tenuto in alta considerazione dalla casa reale. All'epoca, intanto, si erano aggregati al gruppo altre illustri personalità, come Elias Ashmole ed il diarista John Evelyn. Il visconte di Brouncker (per quanto non fosse uno scienziato) venne eletto primo presidente della Società, mentre Robert Hooke ne fu il primo Curatore. Il 20 maggio del 1663 ben 150 membri venivano associati ad accrescere un numero che era destinato via via a farsi sempre più grande.

Era stato un predecessore della Casa Stuart, Robert Bruce, ad inaugurare nel lontano 1317 la Antica Confraternita della Rosa Croce, una istituzione di derivazione templare[13] che ora, ben 11 generazioni dopo, veniva in pratica ereditata dal re Carlo II. Dunque non è mera coincidenza il fatto che i primi massoni inglesi riconosciuti, vale a dire sir Robert Moray e Elias Ashmole, si trovassero anche fra i soci fondatori della Royal Society e fossero anche affiliati al movimento rosacrociano. La nuova filosofia di cui la Royal Society si faceva paladina (così come Wren aveva profetizzato) presentava dunque una forte impronta rosacrociana e, proprio per questo, uno dei primi temi che decise senz'altro di affrontare fu quello dell'alchimia ermetica.

La zia paterna di Carlo II, la principessa Elizabeth – la figlia del re Giacomo I (VI) – era andata in sposa a Federico V, Elettore del Palatinato, nel 1613. Non costituiva quindi una sorpresa che la Casa degli Stuart, con il forte collegamento parentale con il Palatinato boemo, tenuto anche conto dell'opera di cappellano del rosacrociano John Wilkins, fosse più che accondiscendente nell'accettare sotto la propria regale benevolenza la Royal Society. Nel far ciò in effetti re Carlo dava nuova continuità alla Fratellanza della Rosa Croce, riacquisendo all'onore del proprio casato il ruolo di Gran Maestro.

[13] Prince Michael of Albany, *The Forgotten Monarchy of Scotland*, Shaftesbury, Element Books, 1988, capitolo 5, p. 65. Si veda anche Keith B. Jackson, *Beyond the Craft*, London, Lewis Masonic, 1980, p. 61.

Per non lasciare dubbio alcuno in merito al fatto che la Royal Society aveva una matrice rosacrociana, lo storico della Società stessa, Thomas Sprat, non ebbe esitazione ad includere nel frontespizio della sua opera, datata 1667, dal titolo *History of the Royal Society*, un'illustrazione quanto mai eloquente (*tav. 12*). Disegnata da John Evelyn e incisa da Venceslao Hollar, il disegno inaugurale raffigurava un busto di re Carlo accostato da due esimi personaggi, da un lato il Visconte di Brouncker e dall'altro sir Francesco Bacone, anche se questi era ormai morto da parecchi anni (1626). Sullo sfondo, ma molto ben visibile, compariva poi l'Angelo della Fama, lo stesso della *Fama Fraternitatis* del manifesto rosacrociano del 1614, oltre ad un certo numero di libri e di oggetti di ispirazione massonica[14].

Ora che si erano tutti riuniti al collega Christopher Wren presso il Gresham College, i soci fondatori divennero ben presto una mina vagante, una minaccia seria e autorevole nei confronti di tutti i settori dell'establishment, governativo, educativo, sociale e religioso che fosse. Tuttavia, anche a dispetto di questo, il loro movimento venne accolto in genere come una salutare boccata di aria fresca, in forza anche del fatto che metteva in primo piano un protettore eccellente e benvoluto, re Carlo, grazie al quale era ora anche possibile accedere ai preziosi archivi massonici della tradizione dei re di Scozia.

[14] Un facsimile dell'edizione di Thomas Sprat è stato pubblicato nel 1959 per i tipi della casa editrice Routledge di Londra.

4

Eredità di invenzioni

Il movimento giorgiano

Ancora prima che il reverendo Anderson diffondesse la voce che tutti gli antichi archivi e documenti massonici erano andati irrimediabilmente distrutti, già altri, qualche anno prima, nel 1718, aveva pensato di segnalare questa notizia. Un giorno George Payne, già Gran Maestro della prima Grande Loggia londinese, aveva sollecitato i fratelli a raccogliere tutti i volumi antichi possibili al fine di tornare a «conoscere gli usi dei tempi degli antichi». Per tutta risposta, ci si rese conto che moltissimi preziosi manoscritti non c'erano più, erano scomparsi, distrutti, «tragicamente andati perduti». Lo stesso Anderson nella revisione della sua *Costituzione* cita alcuni esempi, affermando che «le carte scritte dal signor Nicholas Stone, conservatore dell'archivio di Inigo Jones, sono state troppo frettolosamente bruciate da alcuni scrupolosi fratelli, affinché opere tanto preziose non finissero in mani non appropriate». La questione è stata posta proprio di recente su una delle pubblicazioni massoniche, «Freemasonry Today», in questi termini: «Si può forse immaginare l'esistenza di una forma di ritualistica in auge presso l'Accettata Massoneria precedente al 1717, ma per nulla gradita a coloro che rinnovarono il movimento all'inizio dei successivi anni Venti del nuovo secolo?»[1].

Ebbene, la risposta a questa domanda è certamente "sì". Tutto sta ad indicare che la Massoneria speculativa prima dell'avvento dell'era hannoveriana non costituiva in alcun modo un'organizzazione efficace, così come invece si sarebbe poi evoluta a partire dal 1717 con la nascita dei circoli. Si trattava di discipline scientifiche o tecniche che richiedevano qualificazione ed esperienza, tutte cose aliene alla maggior parte della gente e del tutto sgradite ai massoni della emergente Grande Loggia londinese. È del tutto impossibile riuscire a capire che cosa in realtà tenesse insieme questi nuovi fratelli massoni al di là della celebrazione dei rituali nelle stanze riservate delle locande in cui si riunivano. Ma, anche sulla scia della benevolenza suscitata in giro, è certo che essi die-

[1] Si tratta dell'articolo intitolato *Nicholas Stone and the Mystery of the "Acception"* di Matthew Scanlan, già vice curatore presso la biblioteca ed il museo di Londra, Freemasons' Hall, comparso sulla rivista «Freemasonry Today», Bury St. Edmunds, n. 12, luglio 2001.

«D'ora in avanti la Casa Reale di Sassonia Coburgo-Gotha assumerà il nome di Windsor», questo il proclama emesso nel 1917 da re Giorgio V.

dero anche vita al Box Club, altro mezzo per cementare fra loro l'aspetto del mutuo soccorso. Questo faceva parte della tradizione delle antiche gilde dei commercianti, che erano soliti costituire una sorta di cassa comune per opere assistenziali nei confronti dei membri più bisognosi. Atteggiamento questo che costituisce ancora oggi una delle attività più evidenti della Massoneria.

Per nulla badando al nuovo corso abbracciato dai fratelli massoni, la Royal Society ebbe a prevalere nell'epoca hannoveriana, continuando a farlo anche dopo la morte della regina Vittoria fino al regno di Edoardo di Sassonia Coburgo-Gotha, la casa dinastica tedesca di provenienza del principe Alberto, il consorte della regina Vittoria, costretta nel 1917 a cambiare denominazione. Alla salita al trono nel 1910 del nipote di Vittoria, re Giorgio V, la prima guerra mondiale stava ormai fermentando e nella fantasia di molti si riteneva che la Germania avesse in lui una sorta di quinta colonna nel cuore dell'Inghilterra. E così in breve tempo la nuova dinastia regale – famiglie di agiati commercianti e uomini d'affari con profonde radici nella schiatta degli Hannover – compreso persino il Lord Ammiraglio Louis Battenberg, era venuta a trovarsi nell'occhio del ciclone dell'opinione pubblica inglese. Nel 1917 la situazione – con la guerra mondiale in pieno corso – era letteralmente precipitata, deteriorandosi al punto da costringere re Giorgio a cambiare il nome del proprio casato, tramutando quello di Sassonia Coburgo-Gotha in Windsor (con la chiara allusione al castello nel Berkshire). Contemporaneamente, lord Louis cambiava il suo cognome Battenberg di Hesse con uno decisamente più anglosassone e gradito al popolo inglese, lord Mountbatten.

La Royal Society è passata gloriosamente indenne attraverso quelle vicende e tutt'oggi continua ad essere una delle istituzioni scientifiche più prestigiose. Le cose erano però destinate a cambiare dopo il 1688 e, più in particolare, dopo il 1714 quando il trascinante entusiasmo dei soci fondatori sarebbe stato fiaccato e avvilito da un regime decisamente austero.

I giorni del Gresham College

La vita ed i tempi inglesi durante i primi anni di vita della Royal Society sono stati ricordati nelle note di due celebri diaristi: John Evelyn, uomo colto e facoltoso, avvocato, commissionario del Sigillo Reale[2], e Samuel Pepys, destinato a diventare segretario dell'Ammiragliato[3]. Insieme i due progettarono l'Ospedale della Marina di Greenwich, uno degli esempi più brillanti dell'architettura del periodo della restaurazione monarchica. Anche se non conosciuto quanto quello dei due diaristi ora citati, pure il diario di Robert Hooke contiene una interessante miniera di informazioni sul suo tempo[4].

Nel suo diario, alla data del 15 febbraio 1665, Pepys ricorda di essersi recato al Gresham College per incontrare Robert Boyle, Christopher Wren ed altri membri della Royal Society, tutti insoddisfatti di dover continuare a vedere il mondo con gli occhi di Tolomeo e Aristotele. A partire dal 1664, Pepys diventa un visitatore regolare del College ed anche se la sua educazione scolastica non è matematica né scientifica, si appassiona egualmente ai focosi dibattiti. Ciò che lo entusiasma maggiormente sono i laboratori attrezzati, colmi di strumentazioni (telescopi, microscopi, termometri, bilance e strumenti geometrici) che decide immediatamente di acquistare perché ritiene utilissimi agli scopi della Marina.

A livello professionale Pepys trova in Robert Hooke un alleato unico, un genio che studia molle, cinghie, pulegge e rinvii, sempre pronto ad inventarsi qualcosa come, per esempio, una sorta di sonar per misurare la profondità delle acque, una campana per immersioni subacquee ed un barometro marino, tutti strumenti quanto mai utili agli scopi della ri-

[2] Il diario di Evelyn è stato pubblicato a cura di Guy de la Bédoyère col titolo *The Diary of John Evelyn*, Woolbridge, Boydell Press, 1995.
[3] *The Concise Pepys*, a cura di Tom Griffith, Ware, Wordsworth, 1997.
[4] *The Diary of Robert Hooke*, a cura di Henry W. Robinson, London, Taylor & Francis, 1935.

nata Marina inglese. Tuttavia non sempre le cose andavano per il verso giusto nell'attività del vulcanico Hooke, specialmente quando decideva di dare qualche dimostrazione pubblica dei suoi esperimenti. In uno in cui intendeva studiare la respirazione, lui stesso si era fatto chiudere all'interno di un grosso contenitore dal quale veniva poco alla volta estratta l'aria. Le cose non erano filate lisce, però. A causa del vuoto che si era venuto a formare all'interno del contenitore gli assistenti di laboratorio non erano riusciti ad intervenire in tempo e quando, finalmente, Hooke ne era riemerso mezzo asfissiato, lo spavento era stato grande e le lesioni riportate alle orecchie ed al naso permanenti[5].

Comunque, incidenti a parte, Londra dopo undici terribili e tetri anni di oppressione puritana stava nuovamente tornando quella di un tempo.

Il re Carlo II era gradito a tutti, aveva voglia che il paese tornasse a vivere, era un uomo perfettamente in sintonia con il suo tempo. Una delle sue prime iniziative fu quella di concedere libertà. Per questo permise ad una diffusa gaiezza di tornare a prevalere nello spirito della gente. Vennero riaperti teatri e osterie, mentre nelle accademie e nelle istituzioni di studio si imponeva un nuovo modo di fare scienza.

L'interesse che il gruppo della Royal Society mostrava nei confronti dell'alchimia venne fortemente incoraggiato dal platonico di Cambridge Henry More e dalla sua validissima allieva Anne, viscontessa Conway di Ragley Hall, la quale appoggiava un gruppo di intellettuali riuniti nel Circolo di Hartlib[6], cui appartenevano anche Robert Boyle ed il medico William Petty.

Tutti erano d'accordo nel riconoscere che l'alchimia medievale, nel modo in cui veniva generalmente presentata (identificabile soprattutto nell'operazione di trasmutazione del vile metallo in oro), altro non era che una maschera di facciata che gli adepti proponevano contro l'ingerenza del mondo esterno. In verità, l'alchimia – essi dicevano – era un connubio di arti pratiche e spirituali che avevano le loro radici nella metallurgia, così come praticata dagli antichi fabbri.

Robert Boyle (che si rifiutò sempre di prendere i voti come al tempo si riteneva che avrebbe dovuto fare uno scienziato) rappresentava per gli amici e chi lo conosceva un vero e proprio mistero, esattamente come John Wilkins.

Il padre era considerato uno degli uomini più facoltosi d'Inghilterra ed il rampollo non aveva certo bisogno di nulla, tuttavia ben pochi altri giovani si videro lavorare così tanto ed intensamente come Boyle, avendo alle spalle le sue possibilità economiche. Partendo da questa sua immagine professionale, Boyle pativa assai più di tanti altri le ves-

[5] I libri dedicati ai singoli personaggi della Royal Society sono numerosi. La più completa biografia riguardante Robert Hooke (oltre al suo diario) è a firma di Stephen Inwood e si intitola *The Man Who Knew Too Much*, London, Macmillan, 2002.

[6] Michael White, *Isaac Newton, the Last Sorcerer*, London, Four Estate, 1997, capitolo 7, pp. 138, 139.

sazioni del clero, ed entrò in sospetto alla Chiesa anche e soprattutto per le sue ricerche nel campo dell'occulto. Il vescovo locale sapeva perfettamente che Boyle aveva in casa un laboratorio alchemico perfettamente attrezzato per degli esperimenti e aveva dato disposizione di tenerlo costantemente d'occhio.

Uomo attento e scrupoloso, l'attività che svolgeva creava a Boyle non pochi problemi ed imbarazzi. Si rendeva perfettamente conto che la gran parte dei testi alchemici erano troppo oscuri per potere tornare di qualche aiuto alla ricerca, tuttavia non si stancava mai di leggerne e di studiare tutto quanto poteva per finalizzare la sua ricerca. Se Boyle riuscì oppure no a sintetizzare la Pietra Filosofale non è chiaro, sappiamo invece che fu presente all'opera quando un monaco viennese sostenne di aver messo le mani su una misteriosa e segreta polvere rinvenuta nel suo monastero[7]. In una relazione presentata al consesso della Royal Society, Boyle pose l'accento sulla specifica qualità che la polvere avrebbe avuto di manipolare la forza di gravità (un attributo, questo, che è stato dimostrato nei laboratori scientifici proprio in questi anni).

La vicenda della scoperta della polvere a Vienna riporta alla mente un episodio analogo riguardante John Dee, il quale affermò di aver tratto della polvere analoga dalla disgregazione dell'Abbazia di Glastonbury[8]. Boyle cercò anche di risalire ad una fonte orientale naturale della polvere, senza doversi preoccupare di "fabbricarla". Anche questa, a quanto pare, sembra sia una cosa attualmente fattibile. Nel trattato sul tema conseguente ai suoi studi, dal titolo *Philosophical Transactions*, presentato alla Royal Society, Boyle tiene a precisare che lo scopo della sua ricerca non è quello di «produrre dell'oro, bensì delle medicine per il bene dell'umanità».

Considerata la ricorrente e continua importanza della polvere nella storia di ricerca della Rosacroce (una speciale polvere d'oro che i fisici odierni definiscono "materia esotica", cioè strana), si potrebbe forse provare che di essa si tratta quando si va alla ricerca dell'anello mancante in racconti antichi come, per esempio, quello riguardante il re Atelstano nella leggenda degli ascendenti massonici. Grazie ad alcune indicazioni segrete che accompagnavano la misteriosa polvere, Dee la ebbe ad associare all'opera di san Dunstano, l'abate del X secolo dell'Abbazia di Glastonbury, vicino alla corte di re Atelstano. Va da sé che la polvere doveva essere un ingrediente importante pure nei rituali legati al Tempio di Salomone.

Tuttavia, anche per cercare di dare un'immagine pubblica un po' rivista della Royal Society nella nuova era hannoveriana, le ricerche alchemiche di Robert Boyle vennero strategicamente messe da parte e solo

[7] Michael Hunter, *Robert Boyle, Scrupulosity and Science,* Woodbridge, Boydell Press, 2000, capitolo 5, pp. 108, 109.
[8] Benjamin Woolley, *The Queen's Conjuror*, London, HarperCollins, 2001, capitolo 18, pp. 190, 191.

in questi anni moderni sono state riscoperte e rivalutate. Anche se è soprattutto rimasto famoso per la legge che porta il suo nome – la *Legge di Boyle* riguardante il volume dei corpi gassosi – e per gli studi sull'elasticità dell'aria, pochi commentatori hanno riconosciuto che il lavoro instancabile e le ricerche continue di questo straordinario, geniale e ricco nobiluomo erano solo e soltanto alimentate dal dirompente desiderio di capire il funzionamento della natura e di carpire i grandi segreti alchemici.

In quegli stessi giorni, la Royal Society dava il benvenuto a membri di nuove e diverse estrazioni culturali, rappresentanti di discipline filosofiche, nella consapevolezza che anche il sapere creativo e fantasioso poteva produrre frutti abbondanti quanto quello tecnologico e scientifico. Alla fin fine la musica si basava su princìpi matematici e lo stesso accadeva per le belle arti come l'architettura e la poesia che usava la scrittura metrica. Tutti questi erano aspetti delle un tempo gloriose e onorate Arti Liberali. Per questo venne deciso di offrire la fratellanza anche a uomini non di scienza ma dal talento immaginifico e creativo, per esempio, ai poeti Abraham Cowley e Edmund Waller, al drammaturgo John Dryden ed all'antiquario John Aubrey.

Questa iniziativa, che divenne presto prassi, venne fortemente criticata dal filosofo francese Voltaire (1694-1778), il quale, facendo un confronto con la paritetica Académie Française, scrisse che la Royal Society era mal condotta e necessitava di regole. Ciò che Voltaire non riusciva a comprendere era che la Royal Society funzionava invece a meraviglia e dava ottimi frutti proprio perché era organizzata in quel modo. Viveva al di fuori delle costrizioni formali solitamente imposte dalle accademie canoniche, consentendo a tutti i suoi aderenti di condurre libere ricerche, esprimendosi al meglio e con serenità senza quelle regole impositive e frustranti che, al contrario, costituivano la zavorra dell'istituzione francese difesa da Voltaire.

Dispute tra "fratelli"

Lungi dall'essere confinato nelle polverose aule del Gresham College o in qualche fumoso, oscuro laboratorio, il mondo dei fondatori della confraternita scientifica manifestava tutto il proprio entusiasmo dove era possibile, rendendo ogni momento di vita un'occasione di discussione e dibattito.

Era un turbine, un vortice continuo di personaggi strampalati, studiosi distratti che si gettavano a capofitto in conversazioni febbrili in caffè, osterie e sale d'incontri. Adesso era Londra a presentarsi animata e piena di colori, come qualche tempo prima era successo ad Oxford. Un mondo variegato e pittoresco di dottori e mercanti, finanzieri, signore raffinate, venditori ambulanti, tutti affollati in strette strade dove era necessario stare ben attenti al passaggio di carri e carrozze, vicoli dove giovani fioraie offrivano i loro prodotti profumati, mendicanti vagavano senza meta implorando un obolo e prostitute esercitavano il loro antico mestiere.

Pur essendo colleghi fraterni e sovente lavorando assieme a qualche progetto di ricerca, non si può dire che tutto filasse d'amore e d'accordo fra i membri della Royal Society e che l'armonia del gruppo fosse sempre garantita. In realtà le dispute erano all'ordine del giorno e ce n'erano sempre molte, alcune accese ma di breve durata, altre meno fiammeggianti ma che si protraevano per anni. Nel corso di un incontro, un giorno il botanico Hans Sloane (i cui manoscritti avrebbero formato nel 1753 il cuore della raccolta conservata al British Museum) venne ripreso dal presidente perché faceva delle smorfie ad alcuni dei presenti che dissentivano in merito a ciò che stava dicendo, mentre il professore di medicina John Woodward arrivò persino a sostenere un duello sulla scalinata del Gresham College dopo che un adepto lo aveva interrotto nell'esposizione di una sua relazione.

All'interno della raccolta di Sloane si trova il *Manoscritto 3848*. Oggi conservato presso la British Library (datato 1646), si tratta di un testo massonico costituzionale di ben 77 anni precedente la *Costituzione*[9], l'opera del reverendo Anderson, uno di quei preziosi documenti precedenti il 1688 che Anderson sosteneva che fossero stati perduti per sempre a causa di Christopher Wren. Anche il *Manoscritto 3323* della stessa raccolta di Sloane è un testo di natura massonica, proprio come il numero *3329*, ed ambedue sono della fine del Seicento. Ma il documento più importante di questo gruppo è senz'altro il *3848*, dal momento che gli altri sembrano derivare da questo. Contrariamente ai manoscritti di cui già abbiamo parlato, il *Regius* ed il *Cooke*, il contenuto del *Manoscritto Sloane 3848* rivela origini prettamente scozzesi[10] e affronta, fra le altre cose, il problema delle parole segrete dei fratelli massoni e i loro rituali e segni di identificazione.

Nel corso dei tanti dibattiti che si tenevano presso la Royal Society sappiamo che venivano affrontati argomenti e fatte alcune importanti scoperte ed osservazioni che, col tempo, sono passati nel dimenticatoio. Basti l'esempio del cosiddetto cronometro marino inventato da Robert Hooke nel 1662, uno strumento utile per determinare la longitudine. Ebbene, un secolo dopo l'argomento venne nuovamente affrontato da un falegname dello Yorkshire, certo John Harrison, che ottenne i suoi risultati senza assolutamente essere al corrente dei precedenti studi di Hooke, i quali sono tornati alla ribalta con la scoperta nel 1950 di un suo testo conservato presso la Biblioteca del Trinity College a Cambridge[11].

[9] John Hamill, *The Craft*, London, Crucible, 1986, capitolo 2, p. 30.

[10] David Stevenson, *The Origins of Freemasonry*, Cambridge, Cambridge University Press, 1988, capitolo 6, p. 137.

[11] Un testo che segnalo alla lettura relativo all'opera di John Harrison è quello di Dava Sobel, *Longitude*, London, Fourth Estate, 1995.

Viceversa, c'erano delle volte in cui i fratelli della Society si aiutavano l'un l'altro, si davano una mano nelle rispettive ricerche. Una volta a Christopher Wren venne chiesto di predisporre un esperimento riguardante l'incubazione delle uova di gallina, ma, non essendo sollecitato a sufficienza, non aveva dato seguito all'invito. Nel corso dell'incontro, per discolparlo si era alzato Hooke il quale aveva garantito sulla sua parola al presidente che Wren ne aveva data dimostrazione a lui in privato e che l'esperimento non era ancora giunto alla sua fase conclusiva, ottenendo in tal modo per il compagno dell'altro tempo a disposizione per mettere ogni cosa a posto.

La più accanita delle dispute si sollevò per una questione non certo scientifica, ma per il compenso che Hooke percepiva come curatore della società, mentre tutti gli altri fratelli operavano a titolo assolutamente gratuito. Per via della sua specifica occupazione all'interno dell'organizzazione, Hooke era tenuto a prendere nota degli esperimenti e delle scoperte e a seguire il loro sviluppo, eventualmente passando il progetto ad altri compagni affinché lo potessero condurre a termine in virtù delle loro conoscenze specifiche. Questo compito lo portava molto sovente a farsi motore diligente negli esperimenti, contribuendo anche lui per la sua parte. Ecco che, ben presto, era venuto fuori un problema spinoso, vale a dire a chi attribuire come inventore autentico e solo una data scoperta, a chi assegnare il merito di un nuovo esperimento riuscito.

In data febbraio 1665 nel diario di Samuel Pepys compare il resoconto di una seduta presso la Royal Society in cui Hooke (all'epoca trentenne) ebbe a disquisire sulle comete, affermando dati alla mano che si trattava di corpi celesti con movimento periodico. In quel tempo nelle vicinanze del College, a Shoreditch, viveva un fanciullo di nove anni, il suo nome era Edmund Halley ed era destinato a diventare uno dei più celebri astronomi di tutti i tempi, oltre che a ricoprire la prestigiosa carica di astronomo di corte. Ma, fra tutti i meriti, quello che lo ha reso celebre al mondo è l'annuncio che fece, in piena cognizione di causa, nel 1704 della acclarata periodicità delle comete, affermazione che Hooke aveva fatto molti anni prima, come testimonia il prezioso diario di Pepys.

Nel suo bel libro, datato 1665, dedicato agli studi eseguiti al microscopio, dal titolo *Micrographia*, Robert Hooke discute sulla composizione delle bande concentriche della luce colorata scomposta che compare attorno all'area centrale di un sottile strato d'aria interposto fra due altrettanto sottili e trasparenti fogli di mica pressati fra loro. Dai suoi studi sulla lunghezza d'onda della luce, egli riuscì a determinare che gli anelli osservabili erano frutto del fenomeno dell'interferenza, che si verificava quando la separazione fra superfici diverse assume lo stesso ordine di grandezza della lunghezza d'onda della luce incidente. Mentre questo accadeva, un giovane, brillante studente stava perfezionando i suoi studi a Cambridge, il suo nome era Isaac Newton. Molti anni dopo, proprio

Newton riprenderà questo genere di studi, affrontando un problema che ancora oggi è definito col nome di "Anelli di Newton"[12].

Ben prima che il genio di Newton si affacciasse nell'arena della Royal Society e del gruppo di studiosi che vi faceva capo, Hooke incominciò ad occuparsi anche della gravità. Facendo oscillare un pendolo, egli osservò che più ampia era l'oscillazione iniziale più tempo occorreva al pendolo per arrestarsi. Ma per quale causa il pendolo era destinato a fermare la sua corsa e in virtù di quale misteriosa forza il suo movimento si faceva sempre meno ampio fino a fermarsi? La risposta era, ovviamente, la gravità, un soggetto che Hooke studiò appassionatamente, affascinato dal fatto che sulla terra pareva che ogni cosa fosse destinata a cadere mentre nei cieli facevano eccezione i corpi astrali, sospesi nella loro eterna collocazione. Dovevano per forza esistere delle leggi scientifiche che determinavano la natura e la funzione della gravità sulla terra e che, in qualche modo, non dovevano invece interessare i corpi celesti.

Micrographia è uno dei testi scientifici più straordinari che mai siano stati pubblicati e, senza dubbio, il testo più all'avanguardia per i tempi relativo alle osservazioni col microscopio ed alla indagine biologica. Ma non si limita alle osservazioni al microscopio; si discute di analoghe osservazioni col telescopio della luna e delle stelle, si parla della nuova invenzione del termometro, del barometro e dell'anemometro ideati dallo stesso Hooke e dell'igrometro per misurare l'umidità atmosferica. Si fa una distinzione fra calore e combustione, osservando come il fuoco venga meno nel momento in cui non è più disponibile l'ossigeno, indifferentemente dall'apporto calorico che viene immesso, e si apportano tali e tante considerazioni scientifiche innovative su ogni genere di argomento da poter effettivamente osservare come ormai la disciplina scientifica si fosse definitivamente affrancata dal contesto vagamente filosofico e dall'approssimazione nella quale si era mossa fino a quel momento la ricerca.

Questo, in brevi termini, era lo scenario operativo scientifico in cui si muoveva il mondo rosacrociano della Fratellanza in Inghilterra. Non era ancora arrivato il momento della massima apoteosi, ma il più grande di tutti, lo scienziato per eccellenza, stava ormai per affacciarsi anche lui sulla scena. Isaac Newton lo avrebbe fatto radiosamente a soli 16 anni dalla tetra rivoluzione del 1688.

Fuoco e pestilenza

Mentre Samuel Pepys si dava da fare per riportare la Marina inglese alla gloria di un tempo, prima del suo declino durante l'epoca di Cromwell, John Evelyn e re Carlo stavano lavorando ad un piano di miglio-

[12] Richard Nichols, *Robert Hooke and the Royal Society*, Lewes, Book Guide, 1999, capitolo 5, pp. 31, 32.

ramento ambientale. Grande era per tutti la preoccupazione per l'incremento della criminalità e per i miasmi che infestavano le strade di Londra. Il nome che venne dato al progetto, alquanto allusivo, fu quello di *Fumifugium*. I politici però, grazie alle loro splendide tenute di campagna, non erano affatto coinvolti né interessati al problema, al benessere ambientale degli abitanti della città – che, al massimo, andavano sfruttati per i loro interessi – e quindi il progetto abortì prima ancora di poterne tentare il varo. Valutando a posteriori, sarebbe stato sufficiente anche soltanto mettere in atto alcuni degli accorgimenti previsti per poter prevenire i grandi disastri che da lì a breve avrebbero travolto la capitale.

L'estrema povertà causata dagli anni terribili del Protettorato rimase pressoché invariata per tutti gli anni Sessanta, con città e paesi in condizioni di decadenza e abbandono, a fronte delle meravigliose ville di campagna che l'aristocrazia Whig si era fatta costruire col denaro pubblico. Poi era arrivata la lunga, caldissima, estate del 1665, che si era portata dietro il peggiore dei mali: la peste bubbonica. Pepys nel suo diario ricorda che i primi avvertimenti si registrarono in giugno, quando si incominciarono a vedere in Drury Lane, a Londra, le porte di alcune case marcate con una grande croce rossa e segnate dalla scritta «Che Dio abbia pietà di noi».

Già ad agosto, ogni settimana, le vittime si contavano a migliaia. Si calcola che, nella sola Londra, ci furono oltre 70.000 morti: circa il 15% dell'intera popolazione residente. Re Carlo cercò allora di intervenire con l'ennesimo tentativo per salvare la città. Lungimirante anche in fatto di questioni ambientali, si era reso conto che se la città, così piagata, fosse andata incontro ad un'altra estate secca ed asciutta come quella appena trascorsa, sarebbe stato sufficiente qualche forte temporale con scariche di lampi per mettere in serio pericolo d'incendio molte delle fatiscenti strutture lignee che costituivano le case, allineate l'una accanto all'altra, di alcune fra le strade più anguste e strette. Per questo aveva dato ampia concessione ai maggiorenti della pubblica amministrazione londinese di abbattere e dare alle fiamme, seguendo specifiche precauzioni e secondo un piano strategico opportunamente studiato a tavolino, alcuni degli edifici particolarmente pericolosi. Ma le sue raccomandazioni erano state lettera morta e l'amministrazione non aveva ritenuto necessario assumere precauzioni operative al fine di scongiurare eventuali gravi danni alla città intera.

Ancora una volta è Pepys ad entrare in azione. È lui che, concitato, il primo settembre 1666, avvisa il re Carlo e il fratello Giacomo, duca di York, del fuoco divampante. Le raccomandazioni del re di demolire immediatamente e senza indugio gli edifici che si erano incendiati non avevano trovato riscontro. E ora era troppo tardi per correre ai ripari, perché l'incendio si stava propagando alla città con velocità inaudita. Mentre ciò accadeva, Pepys era riuscito a mettersi sulle tracce del sindaco della città, che, resosi conto della gravissima negligenza compiuta, stava furtivamente guadagnando Canning Street per fuggire. Con il fumo e le fiamme che, altissimi, lambivano ormai il cielo, il re Carlo in persona si era improvvisato direttore delle operazioni di soccorso. Con un idrante in mano, si era mescolato a soldati e pompieri, mentre il fratello si preoccupava di isolare le aree incendiate al fine di evitare un ulteriore diffondersi dello spaventoso incendio. In quel terribile giorno furono ben 100.000 i cittadini di Londra a restare senza un tetto[13].

Per una felice concomitanza di eventi, il Gresham College e la sua preziosa biblioteca scamparono al disastro, ma le sovvenzioni alla Royal Society per qualche tempo languirono. Al fine di continuare a permettere che i commercianti e gli uomini d'affari londinesi potessero tenere in piedi l'economia della città, il Gresham College sostituì temporaneamente la Borsa. E così le attività di ricerca vennero sospese e i misteri alchemici ed esoterici messi da parte in attesa di tempi migliori.

Per segnalare il terribile incendio londinese come un evento che le future generazioni avrebbero dovuto ricordare per sempre, Robert Hooke progettò ed eseguì il monumento a colonna alto più di 60 metri in stile dorico (la costruzione del genere più alta al mondo) da collocare in Fish Hill Street, proprio accanto al punto preciso in cui era divampato il primo focolaio dell'incendio in un edificio i cui resti erano stati conservati come ricordo, monito ma anche attrazione per i visitatori (*tav. 25*). Tanto per non perdere però, come dire, il vizio, Hooke abbinò la costruzione anche ad una finalità di tipo scientifico. All'interno della colonna cava fece realizzare una stretta scala a chiocciola che conduceva sulla sommità del monumento dove era installato un telescopio per l'osservazione del cielo notturno[14].

Con l'incendio era scomparsa la città che era stata di Chaucer e Shakespeare, la meravigliosa chiesa antica di St. Paul, la Borsa reale, il Palazzo delle Corporazioni, la Dogana e l'Ufficio postale, oltre a 87 fra chiese e palazzi, sedi di 44 importanti compagnie. Circa i quattro quinti del tessuto urbano cittadino, pari ad un decimo del prodotto nazionale lordo interno andarono distrutti. Dal disastro sorse però una nutrita schiera di abili architetti e progettisti, fra cui il più illustre, quel Christopher Wren della Royal Society che ad un tratto si era fatto frate, come il collega ed amico Robert Hooke. Sgomberate le macerie con il mese di dicembre, Wren ed Hooke incominciarono l'indefesso lavoro di misurazione delle strade, segnalando i luoghi destinati al ristoro con grandi pietre erette conficcate nel terreno.

L'*Act of Rebuilding* (atto della ricostruzione) venne approvato, il re

[13] *The Diary of Samuel Pepys* è la miglior fonte di informazioni disponibile sul grande incendio di Londra.

[14] Questo monumento viene sovente accreditato all'opera di Christopher Wren, in realtà il progetto di Wren era relativo ad una colonna liscia e di diverso diametro. Si veda Margaret Espinasse, *Robert Hooke*, London, Wm Heinemann, 1954, capitolo 5, pp. 96, 97.

assente, nel febbraio del 1667. In esso si stabilivano nuove misure per la larghezza delle strade, quali edifici dovessero essere costruiti in mattoni o pietre, con quale tetto, se spiovente oppure no, con balconi aggettanti e *bow-windows*, con abbellimenti lignei oppure no. Mentre Wren si occupava del più complesso lavoro architettonico, Hooke veniva nominato Supervisore Capo, ricevendo committenze per la realizzazione del Royal College dell'Ordine dei Medici, di Montague House e del Bethlehem Hospital. Inoltre, egli lavorò anche per molte compagnie e consorzi cittadini: speziali, mercanti, sarti e merciai e alla ricostruzione della Christ's Hospital School e Bridewell. Nel predisporre i progetti per l'edificio che avrebbe ospitato la sede dell'Ordine dei Medici, Hooke fece ampio utilizzo dei suoi studi su leve, congegni, pulegge, tiranti, pesi e contrappesi e propose per la prima volta la soluzione della finestra scorrevole, a ghigliottina.

Mentre Hooke era così indaffarato, l'amico e compagno, il trentaquattrenne Supervisore Generale ai lavori, Christopher Wren, era alle prese con altrettanto corposi problemi di ricostruzione: sembrava compito impossibile far rinascere i grandiosi edifici che erano andati distrutti in tutta la loro magnificenza e complessità. Ma per Wren nulla era irrealizzabile, molte delle architetture ricostruite resistettero nei secoli per essere in gran parte abbattute solamente dai blitz aerei dei tedeschi su Londra nel corso della seconda guerra mondiale. Il capolavoro resta comunque la stupefacente cattedrale di St. Paul, anche se è doveroso ricordare che Wren ricostruì 51 altre chiese delle ben 87 che l'incendio aveva annientato. Mentre centinaia di nuove abitazioni e edifici commerciali rinascevano come l'araba fenice dalle sue stesse ceneri, in ogni angolo della città, Wren firmava un altro dei suoi capolavori con il nuovo palazzo della Borsa. Il giorno della sua inaugurazione, la Royal Society faceva finalmente ritorno attivo al Gresham College. Il lavoro di Wren intanto continuava, con una serie di interventi ai margini della città, fra cui l'ospedale di Chelsea, St. Clement Danes, lo Strand e la vasta area di St. James dove sarebbe poi sorto il club della Society.

Se è vero che la Massoneria ha al proprio centro di interesse discipline come la geometria, l'architettura, l'edilizia, il taglio e il trattamento della pietra e quant'altro di simile (secondo una lunga tradizione che partendo da Hiram Abiff passa per il principe Edwin, il re Atelstano ecc.), ebbene ritengo non sia mai esistito nella tradizione massonica – forse nemmeno nel caso di re Salomone – un altro affiliato che tanto abbia realizzato a gloria dell'associazione quanto ebbe a fare in questi straordinari anni di fermento costruttivo sir Christopher Wren per la città di Londra.

E a fronte di questo, il reverendo James Anderson – colui che scrisse la *Costituzione* sulla quale si sarebbe basato il nuovo movimento massonico moderno – ebbe il coraggio di scrivere che uno degli artefici della decadenza della Massoneria sarebbe stato proprio Wren! Qualche anno or sono anche il bibliotecario e curatore odierno della Grande Loggia Unita ha avuto modo di esprimere una volta per tutte il suo sconcerto in merito a questa affermazione completamente scorretta[15].

La gravità servita su un piatto

Uno dei più consistenti terremoti patiti dalla Royal Society fu l'arrivo nel 1672 di Isaac Newton. Sin dall'inizio il suo rapporto con Robert Hooke fu alquanto travagliato. Dapprima per alcune controversie a proposito della diffrazione della luce e poi perché anche Newton, come altri aderenti, non ammetteva che Hooke ricevesse un compenso per la sua attività di curatore. E così, dopo appena qualche mese, Newton era intenzionato a lasciare il gruppo, ma il lungimirante segretario, Henry Oldenburg, era riuscito a convincerlo a restare, anche se molti degli altri soci non erano della stessa idea.

Un contrasto più aspro si configurò nel 1675, all'atto di una lettura di Newton intitolata *Discorso sul colore*, in cui Newton stesso parlava di osservazioni originali, cosa che aveva scatenato l'intervento di Hooke che lo aveva accusato di falsità in quanto tutte quelle osservazioni già comparivano nel suo lavoro *Micrographia*. Nell'occasione, il segretario Oldenburg si era decisamente schierato contro Hooke, pregandolo di riportare le sue contestazioni nel giusto binario previsto dalle discussioni interne. Nel 1678 Oldenburg moriva e Hooke prese il suo posto come nuovo segretario, cosa che ovviamente non poteva tornare di certo gradita a Newton.

Questi era un uomo di incredibile talento e, al pari di Boyle, Wilkins, Ashmole e tanti altri del gruppo era un fervente alchimista. Aveva uno spirito curioso e intraprendente che non aveva pari fra i colleghi. Imbarcatosi nell'ardua impresa di tradurre dal greco il testo della *Tavola Smeraldina* di Ermete, Newton si era ricordato dagli studi giovanili che la parola greco-punica *phoenix* significava anche "cremisi" e così, preso da rinnovato fervore, aveva deciso che da quel momento in avanti ogni particolare dell'arredamento delle sue stanze sarebbe stato contraddistinto da quel colore: mobili, tappeti, tendaggi, coperte, cuscini, asciugamani, tutto. Ed in effetti, alla sua morte, all'atto dell'inventario delle sue cose il rosso era l'unico colore menzionato nei registri di trascrizione[16].

L'atteggiamento religioso di Newton era ariano, una forma di primitiva cristianità che respingeva, per esempio, il concetto di Santissima Trinità[17]. Uno dei suoi primi, importanti studi riguardava la struttura de-

[15] Hamill, *The Craft*, cit., capitolo 1, p. 17.

[16] White, *Isaac Newton, the Last Sorcerer*, cit., capitolo 5, p. 96.

[17] Ivi, capitolo 7, pp. 149, 150. Per una panoramica completa sulle credenze di Newton si veda anche Frank E. Manuel, *The Religion of Isaac Newton*, Oxford, Clarendon Press, 1974; invece per avere informazioni sulla sua attività di alchimista si veda Betty J. T. Dobbs, *The Foundations of Newton's Alchemy*, Cambridge, Cambridge University Press, 1974.

gli antichi reami ed era convinto del primato dell'eredità giudaica da intendersi come archivio della conoscenza divina e della numerologia. Pur mostrandosi uomo di Chiesa oltre che una vera autorità nella conoscenza delle religioni, Newton si rifiutò sempre di prendere i voti, affermando senza remore che la stesura del Nuovo Testamento era stata strategicamente distorta ad arte dalla Chiesa per il perseguimento dei suoi fini di potere.

Un giorno di gennaio del 1684 attorno ad un tavolino del caffè londinese *Garaway's* a Cornhill, si era riunita una bella compagnia: Robert Hooke, Newton, Wren e il gioviale Edmund Halley, il quale (anche in qualità di laureato ad honorem ad Oxford) era diventato membro della Royal Society appena quattro anni dopo l'ingresso di Newton. Oggetto della animata discussione era l'armonia celeste, la relazione che intercorreva fra i corpi che si muovono nel cielo in accordo con la "musica delle sfere" secondo la scuola pitagorica. Nel corso del dibattito era venuta fuori una domanda: che cosa, quale misteriosa forza tiene i pianeti sospesi nel vuoto, lungo le loro orbite celesti, attorno al sole? Per quale motivo essi non "precipitano"?

Alcune lettere scritte da Hooke a Newton fra il 1677 ed il 1680 dimostrano con una certa chiarezza che Hooke già si occupava del problema della gravitazione, intuendone una legge universale basata sul principio del quadrato inverso (la forza di attrazione di un corpo verso l'altro è commisurata al quadrato inverso della distanza), ma a queste sollecitazioni Newton aveva risposto dicendosi poco interessato ad applicarsi a questi argomenti di ricerca. Tuttavia quel giorno di gennaio al *Garaway's* il dilemma era rispuntato e mentre Wren e Halley si dicevano concordi con l'ipotesi del quadrato inverso proposta da Hooke, Newton dissentiva, e così tutto era rimasto.

Poi, nel 1685, il protettore, il sommo mecenate di Hooke, re Carlo II, era morto e nel giro di due anni proprio Newton dava alle stampe un lavoro dal titolo *Principia Mathematica* in cui, guarda caso, riprendeva proprio l'ipotesi del quadrato inverso delle distanze che qualche tempo prima Hooke gli aveva servito su un piatto d'argento. È la celebre *Legge di gravità*, la scoperta che – senza menzione alcuna del debito nei confronti di Hooke – ha fatto meritare a Newton un posto di prima fila nella storia della scienza. Poiché in molti si chiedevano come avesse fatto Newton ad arrivare a questa conquista, nel 1752 (25 anni dopo la morte di Newton) ci aveva pensato l'antiquario William Stukeley ad accontentare tutti facendo circolare la storiella della mela caduta da un albero in testa allo studioso, la stessa che viene propinata ancora oggi agli studenti[18].

In pratica, la grande differenza fra Hooke e Newton (ma anche fra Hooke

[18] William Stukeley, *Memoirs of Sir Isaac Newton's Life* (a cura di A. Hastings White), London, Taylor & Francis, 1936, pp. 19, 20.

e Halley) consisteva nel fatto che il primo genialmente intuiva ma raramente riusciva a concludere una ricerca, mentre gli altri due concretavano il loro lavoro giungendo sempre a delle conclusioni. È comunque innegabile che Hooke approdò ad alcune scoperte strabilianti. Il suo *Micrographia* ancora oggi è considerato, per il tempo in cui venne redatto, uno dei testi scientifici più straordinari mai scritti. Ma l'idea della periodicità delle comete e la legge di gravità fecero la stessa fine dell'altra scoperta, il cronometro marino. Insomma, risponde appieno alla verità la constatazione che fu Robert Hooke ad intuire la legge del quadrato inverso della distanza, ma è altrettanto certo che la sua formalizzazione scientifica avvenne per merito del genio di Newton.

Il genio di pochi

La ricostruzione di Londra andò avanti per circa 42 anni, nel corso dei quali sir Isaac Newton venne eletto presidente della Royal Society nel 1703. Qualche decennio prima, nel 1673, Christopher Wren era stato insignito del cavalierato dal re Carlo II, mentre Newton lo sarebbe stato per mano della regina Anna nel 1705. Nei registri storici della Massoneria inglese viene ricordata la data del 18 maggio 1691, giorno in cui nel corso di una grandiosa riunione di fratelli nella cattedrale di St. Paul, sir Christopher Wren venne affiliato all'associazione. La loggia di riferimento non è specificata, ma sembra possa essere stata quella che faceva capo alla locanda *Goose and Gridiron*, così chiamata soltanto da quell'anno, mentre prima era la Loggia dell'Antichità. Wren sarebbe stato iscritto come Maestro della loggia, ma forse si tratta soltanto di un mito[19]. Wren era un convinto sostenitore della corrente Tory, un ben noto giacobita e, come se non bastasse, massone da tempo, e di certo non si sarebbe mai aggregato ad una loggia di chiaro stampo Whig per diventarne Maestro. Il tanto celebrato incontro a St. Paul non avvenne mai, per il semplice motivo che St. Paul non c'era più o, meglio, non c'era ancora. La vecchia chiesa era andata completamente distrutta dal fuoco. I lavori di ricostruzione erano iniziati soltanto nel 1675 e i banchi nella chiesa finita non furono installati che nel 1708. Dunque all'epoca della presunta grandiosa riunione gli unici ad essere attivi erano i capomastri e gli operai edili che ricostruivano la città. Da parte sua Wren, nel maggio del 1691, lavorava a Richmond, intento all'opera di ampliamento del palazzo di Hampton Court su incarico della regina Maria[20].

La grandiosa cattedrale di St. Paul chiuse, in pratica, la ricostruzione. Alla vecchia, soffocata città se ne proponeva ora un'altra elegante nel

[19] Stevenson, *The Origins of Freemasonry*, cit., capitolo 9, p. 223.

[20] La ricostruzione della cattedrale di St. Paul e l'intensa attività di Christopher Wren fra il 1666 e il 1708 sono ben minutamente descritti nel libro di Adrian Tinniswood, *His Invention So Fertile*, London, Jonathan Cape, 2001, capitolo 9, p. 164 e capitolo 17, p. 348.

suo inedito profilo segnato da miriadi di torri, cupole, campanili, guglie e spirali. Un completo, glorioso rinnovamento. All'epoca però Wren non aveva quasi più amici o parenti intimi con i quali poter condividere il suo trionfo di urbanista e architetto del nuovo tempo. Due volte vedovo e non più risposatosi, aveva anche avuto la disgrazia di perdere la sua unica adorata figlia Jane. Il caro amico Robert Hooke, con il quale spartiva la gioia di aver dato un nuovo volto a Londra, era ormai morto nel 1703, così come Samuel Pepys, mentre Robert Boyle lo aveva lasciato molto prima, nel 1691, e John Evelyn nel 1706.

Al re Carlo era succeduto il fratello Giacomo, il quale nel 1688 – come già si è visto – era stato deposto dai Whig in favore del principe Guglielmo e della moglie Maria, mentre la Casa reale degli Stuart – una delle dinastie regnanti europee più longeve – era arrivata definitivamente al capolinea della sua corsa regale. La stessa sorte toccata all'eredità dell'Ordine della Rosacroce britannica ed al febbrile contesto filosofico che aveva ispirato e alimentato i pionieri della scienza che avevano fatto fratellanza nel Gresham College, che ora stavano per migrare altrove, in Francia ed in Italia.

Nel 1657 era stata la prima storica lettura tenuta da Christopher Wren al Gresham College a dare il via all'amalgama che avrebbe unito e tenuto insieme il gruppo originario dei fondatori della Royal Society. Adesso le sue visite ai caffè ed ai teatri alla moda erano finite, coloro che gli erano stati amici e compagni se n'erano andati e gli stessi luoghi frequentati ora dalle nuove, incalzanti generazioni non erano più gli stessi di quando li frequentava con i suoi amici. Si erano trasformati in luoghi di affari e di incontro per gli operatori dei mercati finanziari. Mano a mano che la nuova città si faceva operativa e pulsante, i gloriosi tempi in cui lui, Wren, era vissuto svanivano, per sbiadire nel ricordo. I tempi delle illuminate collaborazioni erano finiti e, a dispetto di quanto ancora di grandioso la Royal Society avrebbe potuto produrre nel futuro, un periodo tanto glorioso e ricco di fermenti scientifici non si sarebbe di certo mai più ripetuto. Tuttavia, mentre l'Inghilterra marciava ormai a vele spiegate verso quella che sarebbe stata l'era della Rivoluzione industriale, tutti si rendevano conto che quel nuovo passo verso il progresso non avrebbe mai potuto verificarsi senza la formidabile eredità di invenzioni e scoperte, progetti e ricerche – mai più ripetuti in alcun momento storico – che erano scaturiti della genialità di pochi.

5

Potere e politica

Costruttori e api

Oggi si descrive la Massoneria come contraddistinta più da un atteggiamento "speculativo" che non "operativo", ma l'accezione che si può attribuire al termine "speculativo" in alternativa a "non operativo" è alquanto vaga. I fratelli massoni fanno uso di segni, strette di mano e parole in codice ereditate dalla pratica massonica medievale e le Grandi Luci e gli strumenti operativi delle logge includono alcuni altri oggetti alla progettazione ed alla costruzione architettonica: i compassi, la squadra, il regolo (calibrato sulla misura di 60 cm), il filo a piombo e così via. Tutto questo è comunque tanto lontano dalla vera attività almeno quanto lo è il lavoro della loggia dai termini del simbolismo richiamato dall'opera degli antichi mastri muratori, fatta eccezione solo per l'aspetto allegorico dell'allineamento, della rettitudine e della perfezione morale che l'adepto deve tenere in vita, caratteristiche che sono proprie di una perfetta costruzione.

Fu solo all'alba del XVIII secolo che il termine "speculativo" incominciò a fare capolino nella terminologia massonica. La prima citazione, diciamo ufficiale, si trova in una lettera scritta dal Gran Maestro della prima Grande Loggia londinese ad un fratello all'Aia, datata 12 luglio 1757. Il termine, comunque, era già significativamente comparso su una pubblicazione massonica del 1703 in cui lo si usava in modo alquanto specifico e preciso:

> Alcuni geniali fratelli intendono anche la parte speculativa dell'architettura e del costruire. Ma sono soltanto una minima parte, in quanto la maggiore intende sempre e soltanto l'opera come un atto pratico, meccanico, la parte costruttiva, operativa dell'architettura, dell'opera e per nulla riguardante il suo aspetto matematico o speculativo[1].

In termini architettonici, un edificio è un'entità speculativa prima che venga realizzato, che si trasformi in una realtà concreta, fisica. Questo è riconoscere il campo all'idea dell'architetto e non tanto alla capacità

[1] Richard Neve, *The City and Country Purchaser and Builders' Dictionary: or the Complete Builders' Guide*, London, Philomath, 1703, p. 143.

La geometria sacra della Pietra Filosofale.

del costruttore. In questa condizione, mentre l'architetto inventa e progetta può dirsi ancora libero dalla costrizione della materia, anche se ne deve conoscere tutte le possibilità applicative ed operative. Questo contempla non soltanto la profonda conoscenza delle peculiarità dei diversi materiali da utilizzare nella costruzione, ma anche degli aspetti specifici di tenuta e resistenza, dei momenti critici e quant'altro. Ecco dunque che il vero libero muratore altri non è che l'architetto, proprio come Hiram fu l'architetto pensante del Tempio di Salomone, da intendere in senso lato ed equiparato all'Essere Supremo della Massoneria, colui che viene definito il Grande Architetto dell'Universo.

Storicamente, architetti e capomastri spesso sono stati anche costruttori pratici, operando sempre certamente come supervisori o maestri di cantiere, direttori dei lavori. In questo senso, dunque, il concetto di una Massoneria speculativa non è un prodotto del simbolismo del movimento moderno.

Infatti sappiamo che sin dal 1620, quando i membri operativi venivano accettati presso la Caritatevole Compagnia Massonica della City di Londra, la porta d'ingresso non era in alcun modo preclusa anche a membri, come dire, di ispirazione "speculativa"[2].

Se passiamo in rassegna il mobilio e gli attrezzi di una loggia massonica, vediamo che vanno dal compasso dell'architetto alla cazzuola del muratore, con il compasso e la squadra compresi fra le Tre Grandi Luci, completate dal volume della Sacra Legge.

Nel XVIII secolo William Blake raffigurava il Grande Architetto dell'Universo in azione con un compasso in un dipinto che intitolava *The Ancient of Days* (*tav. 1*), ma non si trattava certo di un'immagine inedita. La ritroviamo, per esempio, nella versione francese della Bibbia – la *Bible Moralisée* – del 1245, e nell'enciclopedia in vernacolo del mentore del sommo Dante Alighieri, *Il Tesoretto* di Brunetto Latini, di epoca coeva.

Newton provava una grande ammirazione per l'alchimista rosacrociano Michael Mair (nato nel 1566), medico presso la corte dell'imperatore tedesco Rodolfo II e collega e amico dell'inglese Robert Fludd. La sua opera intitolata *Atlanta Fugiens* era diventata uno dei testi modello conservati presso la Royal Society[3]. Nel testo Mair introduce la figura di un maestro muratore che fa uso del compasso per predisporre l'architettura della Pietra Filosofale così come viene descritta nel Rosario dei Filosofi[4], il *Rosarium Philosophorum*:

> Fai un cerchio dell'uomo e della donna e traccia al di fuori di esso un quadrato e fuori del quadrato un triangolo. Poi disegna un cerchio ancora attorno e avrai la pietra dei filosofi.

Come suo simbolo per la città di Londra ricostruita dopo il grande incendio, Christopher Wren aveva scelto la fenice, il mitico uccello che rinasceva dalle sue stesse ceneri per volare verso una nuova vita di illuminazione. La grande immagine scolpita che adorna il porticato meridionale della cattedrale di St. Paul venne realizzata dallo scultore danese Caius Cibber, lo stesso artista che ha prodotto la targa massonica posta alla base della colonna celebrativa dell'incendio. In questa immagine è raffigurata Londra nei panni di una donna abbattuta e precocemente invecchiata[5] che tiene fra le mani la spada della città (*tav. 30*). Accanto le sta la Sollecitudine ed alcuni cittadini che hanno alle spalle la città in fiamme. A destra, invece, si notano i fratelli massoni che la stan-

[2] Bernard E. Jones, *Freemasons' Guide and Compendium*, London, Harrap, 1950, p. 152 e note alle pp. 147-61.

[3] Michael White, *Isaac Newton, the Last Sorcerer*, London, Fourth Estate, 1997, capitolo 6, p. 121.

[4] Quest'opera venne originariamente pubblicata come Parte II di *De Alchemia Opuscula complura veterum philosophorum*, Frankfurt, 1550.

[5] Adrian Gilbert nel suo libro *The New Jerusalem*, London, Bantam, 2002, capitolo 12, pp. 222, 223, suggerisce – forse correttamente – che questa raffigurazione al femminile di Londra allude alla caduta di Gerusalemme: «Come siede solitaria la città, che un tempo era piena di gente! Essa è come una vedova! Essa che è stata grande nelle nazioni, e principessa nelle province, ora è diventata tributaria!» (*Lamentazioni* 1: 1).

L'alveare, simbolo della Massoneria.

no ricostruendo, mentre l'Invidia sta rintanata in un piccolo incavo. La scena è sorvegliata dalla Pace e dalla Pienezza che mirano dall'alto, mentre il re Carlo II avanza (in abiti di antico romano) assieme alla Giustizia, la Vittoria e la Fortezza. Al centro della scena si vede la Scienza Naturale, accompagnata dalla Libertà e dalla Architettura che reca i suoi simboli specifici, la squadra ed il compasso[6]. Fra le figure di Londra e della Scienza Naturale compare un alveare.

Non solo le api sono le creature bibliche più sovente associate alla figura del re Salomone, ma l'alveare era anche uno dei simboli della Massoneria, per rendere l'idea dell'instancabile attività delle logge. I favi, realizzati come sono in una perfetta forma esagonale, erano considerati dai pensatori come la manifestazione in natura della perfezione divina e le api venivano sovente accomunate alla saggezza ed alla sapienza, così come si poteva leggere nei *Proverbi* di Salomone in 24: 13-14:

> Figlio, cibati del miele, perché esso è buono...
> Così la conoscenza della sapienza si poserà nella tua anima.

[6] Ivi, capitolo 12, pp. 227-37, per ulteriori chiarimenti in merito alla geometria relativa a questa immagine e al suo contesto più in generale.

L'esagono nasce dalla divisione di una circonferenza con delle corde che hanno la stessa misura del suo raggio. Questa costruzione produce una figura che presenta sei lati perfettamente eguali, come sovente si osserva nelle cellule di alcune forme di vita organiche. Di conseguenza, alle api era associata la innata conoscenza della geometria mistica, oltre alla straordinaria capacità di sfruttare lo spazio a disposizione nel miglior modo possibile.

Il Sigillo di Salomone (composto da due triangoli intrecciati racchiusi in un cerchio) comprende un esagono naturale e l'esagramma che ne risulta rappresenta simbolicamente l'unità (ma anche l'armonia) degli opposti: l'uomo e la donna, il fuoco e l'acqua, il caldo ed il freddo, la terra e l'aria e così via. Le api erano anche uno dei simboli della dinastia regnante degli Stuart e venivano con frequenza incise sulla cristalleria giacobita, come segno di riconoscimento.

Per gli antichi sovrani merovingi del popolo dei Franchi (451-751)[7], il re Salomone era il modello della regalità terrena e l'ape era considerata un animale quasi sacro. Quando nel 1653 era stata riportata alla luce la tomba del re del V secolo Childerico I, sul suo mantello regale si poterono contare la bellezza di oltre 300 piccole api dorate. Anche l'imperatore Napoleone Bonaparte le volle attaccate al mantello della sua incoronazione nel 1804, rivendicando una discendenza da Giacomo di Rohan-Stuardo, figlio naturale (legittimato nel 1677) di Carlo II Stuart d'Inghilterra e di Scozia e di Margherita, duchessa di Rohan. Nella Massoneria moderna l'alveare viene utilizzato come emblema dell'operosità e del mutuo soccorso solidale.

La nuova fondazione

Immediatamente dopo la scomparsa di sir Christopher Wren, avvenuta nel 1723, i maggiorenti dell'allora Massoneria hannoveriana si premurarono di rintracciare in qualche modo una discendenza credibile per quella che intendevano far diventare la loro Massoneria "non operativa". Virtù come la tolleranza e la benevolenza vennero confermate come obiettivi prioritari dell'adepto, mentre si precisavano segni e strette di mano convenzionali, unitamente all'impegno di stabilire una comunità consapevole dei problemi sociali. Ben poca la somiglianza fra questa impostazione e quella scientifica e architettonica dei movimenti precedenti che ci si sforzava di imitare, anche se a portata di mano si stava predisponendo la metaforica visione biblica della ricostru-

[7] Vedi Gregorio di Tours, *Storia dei Franchi*, Milano, Fondazione Lorenzo Valla, 1981. Il testo offre la storia scritta da un contemporaneo degli inizi della monarchia merovingia. Per la trattazione del resto della loro storia si veda J. M. Wallace-Hadrill, *The Long Haired Kings*, London, Methuen, 1962. Una carta genealogica completa della dinastia dei re merovingi compare in Laurence Gardner, *Bloodline of the Holy Grail*, London, Thorsons-Element/HarperCollins, 2002, pp. 335-37 (trad. it. *La linea di sangue del Santo Graal*, Roma, Newton & Compton, 2005[5]).

zione simbolica del Tempio di Salomone. Per il tramite dell'allegoria e del simbolismo si potevano nuovamente utilizzare i metodi della Massoneria hiramica di Gerusalemme che potevano servire alla ricostruzione di una cultura esemplare dell'Opera ed era per lo meno consequenziale che per realizzare tutto questo si tornasse ad agire secondo i criteri che avevano un tempo governato le antiche gilde o corporazioni. Ciò detto, pare che dapprincipio nascesse qualche frizione fra la prima Grande Loggia e le gilde dei commercianti con le quali soprattutto si cercava un accordo, incomprensioni che furono presto superate[8]. Lo stallo venne brillantemente vinto con l'aggregazione dell'alta nobiltà inglese ed in particolare l'affiliazione di John, secondo duca di Montagu, al quale nel 1721 venne affidata la carica di Gran Maestro, a cui era seguito Philip, duca di Warthon, eletto il 17 gennaio del 1723.

È solo a partire da questa data che si incominciò a tenere memoria scritta di ogni seduta tenuta nelle logge. La *Costituzione* redatta dal reverendo Anderson venne approvata e si stabilì che una loggia poteva dirsi "regolare" (cioè legittima e riconosciuta) se veniva garantita da un Gran Maestro o da un rappresentante ufficiale. E così, a dispetto dei tanto pomposi e conclamati obiettivi di libertà e di apertura sociale, i primi autentici passi organizzativi di una confraternita che diceva di fondarsi sull'eguaglianza degli iscritti, negavano di diritto la libertà, imponendo una sorta di gerarchia interna di tipo dittatoriale! In parallelo, analogo processo stava investendo anche l'organizzazione della Royal Society, che si faceva sempre più ingessata e burocraticizzata secondo lo stile imperante dell'era giorgiana.

Sebbene insediatosi sin dal 1714 sul trono d'Inghilterra, il re Giorgio I non si fidava affatto dei suoi sudditi inglesi, che nel giro di poco più di mezzo secolo si erano sbarazzati di due sovrani ed avevano mandato al patibolo la regina di Scozia. Per questo preferiva sempre affidarsi ai suoi ministri tedeschi e, poiché non sapeva dire una sola parola in inglese, preferì sempre mandare avanti le cose reali dalla sede distaccata di Hannover, lasciando nelle mani del primo ministro inglese Robert Walpole le redini del governo di Westminster a Londra.

Giorgio II successe al padre nel 1727, ma soltanto per conquistarsi, pure lui, una vasta fetta di antipatia da parte del popolo inglese. Dieci anni più tardi, tuttavia, il suo figlio primogenito, Federico, principe di Galles, sarebbe stato iniziato alla Massoneria a Kew, facendo sì che la Grande Loggia potesse per la prima volta fregiarsi di un adepto reale[9]. Il suo fu però un apporto di nullo conto. In aperto contrasto col padre, ad un certo punto Federico si schierò addirittura sul fronte della causa giacobita dopo che nel 1745 con la figura di Carlo Edoardo Stuart, conosciuto come Bonnie Prince Charlie, le pretese della Casa degli Stuart

[8] John Hamill, *The Craft*, London, Crucible, 1986, capitolo 1, pp. 20, 21.
[9] Ivi, capitolo 3, pp. 44, 45.

erano tornate in auge con forza. A causa di questa ennesima Guerra Civile e del contemporaneo scoppio della guerra di successione in Austria (1740-48), in questo periodo non si registrarono attività di rilievo all'interno delle logge massoniche e l'intero movimento accusò una formidabile flessione. Questa la storia così come viene narrata ufficialmente. In realtà la verità era diversa, perché le logge non furono mai tanto vive ed attive quanto durante questo periodo storico.

Alleanze diverse

È già stato scritto così tanto sul tentativo di Carlo Edoardo Stuart di riprendersi la corona regale che era stata sottratta al bisnonno, il re Giacomo II (VII), che sarebbe del tutto inutile riprenderlo, se non per quegli aspetti e quei particolari che coinvolsero l'attività della Massoneria.

Malgrado il buon avvio della campagna di riscatto nel settembre del 1745 ed alcune vittorie delle truppe scozzesi opposte a quelle di Guglielmo, duca di Cumberland, figlio di re Giorgio, l'avventura per i Giacobiti aveva poi preso una piega negativa, fino alla disfatta completa del 16 aprile 1746 con la battaglia di Culloden Moor. A questa era seguita la precipitosa fuga del giovane pretendente sull'isola di Skye accompagnato dalla giovane amante, Flora Macdonald, ma questa è cronaca rosa. Mentre accadeva tutto questo, le logge massoniche (in virtù del voto di segretezza) vennero identificate come i luoghi ideali per pianificare operazioni di spionaggio, sia a favore dell'una che dell'altra parte. Nonostante le severe regole imposte dalla Grande Loggia per l'autorizzazione alla creazione di nuove logge da considerare regolari, sia a Londra che nella provincia ne erano egualmente nate molte prive dei crismi dell'ufficialità. Non si capiva, infatti, perché se i Whig si erano accaparrati la Grande Loggia londinese, questa dovesse ritenere irregolari altre logge soltanto perché avevano un orientamento politico diverso, a favore dei Tory. Queste tipo di logge erano prevalenti soprattutto nel Galles e nella parte occidentale dell'Inghilterra. Ben presto, dunque, le logge massoniche Tory e Whig si trasformarono in covi di spie e di agenti segreti, ognuna delle quali cercava di infiltrarsi nell'altra per ottenere informazioni.

Anche se la gran parte delle famiglie che si erano venute ad imporre dopo il 1688 parteggiava per i Whig, molte delle più antiche schiatte britanniche si schieravano invece per i Tory, continuando ad offrire il loro tradizionale appoggio alla causa degli Stuart, che non si erano comunque dati per vinti dopo la disfatta di Culloden. Anche dopo questi avvenimenti drammatici, correnti giacobite erano molto vive nel Northumbria, nelle Midlands, giù fino nella parte meridionale dell'isola. Per tutto il territorio si dipanava una fitta rete di punti di attività giacobite ed esistevano logge massoniche favorevoli ai Tory in tutte le più grandi città: Londra, Liverpool, Preston, Norwich, Bristol e Manchester.

Dovunque oltre confine il principe Carlo Edoardo trovava spalancate le porte di prestigiosi palazzi nobiliari ed aristocratici e godeva di buoni appoggi. Fra gli alleati più importanti contava, per esempio, l'abbazia di Stoneleigh (sede baronale della famiglia dei Leighs di Warwick), Marbury Hall, Cheshire (la casa avita di Giacomo, conte di Barrymore, rappresentante in Parlamento di Wigan e leader dei giacobiti inglesi)[10], Malpas Hall, Cheshire (la parte di proprietà del messo degli Stuart, Richard Minshull) e Blythefield Hall, nello Staffordshire (sede della nobile schiatta dei Bagot). A Londra, Carlo era ospite in Essex Street, presso la dimora di lady Anne Primrose, vedova di Hugh, terzo visconte dei Primrose (antenato di lord Rosebery). Nella sollevazione del 1745 lady Anne si era battuta in prima persona a favore dei Giacobiti e quando l'amante di Carlo Edoardo, Flora Macdonald, era stata imprigionata a Londra, erano stati proprio i buoni auspici di lady Anne – intesi anche come disponibilità economica – a farla rimettere in libertà. Una visita particolarmente significativa del principe alla casa di lady Anne a Londra, avvenuta fra il 16 ed il 22 settembre 1750, viene ricordata nel documento *Stuart Papers at Windsor*[11].

Nel 1752 Carlo ebbe a soggiornare a Westbrook House a Godalming, nel Surrey, presso Eleanor Oglethorpe[12], sorella del rappresentante della corona James Oglethorpe, uno dei padri fondatori dello stato americano della Georgia e della città di Savannah. Eleanor "lavorava" a favore degli Stuart accanto al celebre agente segreto giacobita dottor Samuel Jonhson e al dottor William King, proprietario di St. Mary Hall ad Oxford. Altri sostenitori del Principe erano i conti di Cornbury e Derwentwater, i lord di Chesterfield, Bath, Sandwich e Pultney, oltre ai duchi del Somerset, Westmorland, Beaufort[13] e forse, assai sorprendentemente, addirittura Federico, principe di Galles, il figlio di re Giorgio II, che, certamente aveva avuto un ruolo decisivo, manovrato da lady Anna, nella riuscita liberazione di Flora Macdonald[14].

Nel quadrante geografico del Galles (che comprendeva le contee di confine dello Shropshire e del Cheshire) esistevano almeno tre ben radicate logge giacobite a cui apparteneva la maggior parte dei nobili e dei maggiorenti della regione. A sud c'erano gli Avvocati del Mare di Carmarthen, il cui quartier generale era la loggia massonica del *Red Lion* sita in Market Street[15]. Nel Galles centrale c'era il gruppo di nobiluomini Tory

[10] Donald Nichols, *The Welsh Jacobite*, in *Transactions of the Honourable Society of Cymmrodorion*, London 1948, p. 472.

[11] Sir Charles Petrie, *The Jacobite Movement – The Last Phase*, London, Eyre & Spottiswoode, 1950, capitolo 16, p. 416.

[12] Fitzroy Maclean, *Bonnie Prince Charlie*, London, Weidenfeld and Nicolson, 1988, capitolo 19, p. 332.

[13] Andrew Lang, *Prince Charles Edward Stuart*, London, Longmans, 1903, capitolo 5, p. 336.

[14] Ivi, capitolo 4, p. 310.

[15] G. Roberts, *Aspects of Welsh History*, Cardiff, University of Wales Press, 1969, pp. 63-68. Si veda anche F. Jones, *Taliaris*, in «Archaeologica Cambrensis, CXVII» 1968, pp. 157-71.

del Montgomeryshire Club a Twenty-Seven, mentre gli attivisti del nord operavano per il tramite della loggia massonica Tory chiamata il Cerchio della Rosa Bianca[16]. Questo circolo era guidato da sir Watkin Williams Wynn, lord luogotenente e membro del Parlamento in rappresentanza del Denbighshire. Il Circolo aveva il suo quartier generale presso la casa di sir Watkin a Winnstay, poi (dopo la morte di Watkin) presso la dimora della vedova a Llangedwyn Hall, nei pressi di Oswestry.

Nel 1747 venne realizzata la dimora di Berse Drelincourt nei pressi di Wrexham per Mary, vedova di Peter Drelincourt, decano di Armagh, destinata a diventare una scuola massonica di carità atta ad ospitare ed educare i figli della nobiltà giacobita nati in esilio. Tecnicamente, per ovvie ragioni di sicurezza, la scuola era stata pubblicamente registrata come orfanotrofio, ma le ammissioni erano controllate in modo molto severo. Direttrice delle operazioni ancora una volta l'instancabile Anne Primrose (figlia di Mary).

Lo stile in cui operavano le logge vicine alla corrente politica dei Tory (come, per esempio, i nuclei degli Avvocati del Mare o del Circolo della Rosa Bianca delle regioni gallesi) era molto simile a quello che nell'anno di fondazione 1751 aveva ispirato la Grande Loggia degli Antichi, quella che si era contrapposta all'altra Grande Loggia londinese dei Moderni. Nel 1760, Robert Jones di Glamorgan divenne Gran Maestro della Massoneria gallese. Egli era anche membro della loggia *One Ton* di Noble Street, a Londra, oltre che di quella del *Black Lion* a Jockey Field[17]. Amico intimo dell'attivista politico John Wilkes, Jones frequentava anche altre logge Tory a Londra, come, per esempio, quelle che si riunivano presso la *Antwerp Tavern*, la *Turk's Head* e la *The Shakespeare*. Prima di Jones la carica di Gran Maestro della Massoneria gallese era toccata, negli anni Cinquanta del Settecento, a sir Edward Mansell di Trimsaran e a David Gwynne di Talaris, a partire dal 1754. (La tavola 10 raffigura una riunione della loggia *The Globe* tenutasi proprio in questo momento storico).

L'esempio che segue rivela l'acerrima rivalità esistente all'epoca fra le varie logge rivali. È tratto da «Transactions of the Antiquarian Society» e dalla londinese «Gentlemen's Magazine and Historical Review» del 1755. Non riuscendo ad infiltrarsi nella loggia Tory del *Red Lion* in Market Street, nel periodo in cui si sapeva si sarebbero tenute le nuove elezioni, i Whig pensarono di aprire una nuova loggia, la *Greyhound*, ad un indirizzo vicino, in Bridge Street. Inutile dire che ben presto erano sorti dei forti attriti ed erano volate parole grosse, con conseguenze anche drammatiche, come, per esempio, l'uccisione del barbiere della *Red Lion*, seguita da un'inevitabile gazzarra generale per le

[16] J. P. Jenkins del Clare College, *Jacobites and Freemansons in Eighteenth-Century Wales*, in «The Welsh History Review», Aberystwyth, University of Wales, vol. 7, n. 4, dicembre 1977, p. 393.

[17] George Rudé, *Wilkes and Liberty*, Oxford, Oxford University Press, 1972, pp. 178, 179.

strade, con il sopraggiungere di forze fresche delle due parti arrivate addirittura da fuori città. Mentre i Tory avevano occupato il castello, i Whig si erano impadroniti del palazzo comunale. «In breve», si può leggere in una cronaca del tempo, «l'intera città era in fiamme, tra fumo e tumulti»[18].

In un altro resoconto leggiamo che «la gente era armata con fucili, spade, bastoni ed altre armi pericolose; ovunque si ingaggiavano scontri, si minacciava, si assaliva, si picchiava, si abbattevano porte, si feriva, si colpiva e i morti non furono pochi»[19]. Alla fine degli scontri, con la città mezza distrutta, le due logge adirono l'una contro l'altra a vie legali per far valere i loro diritti.

Questa la terribile condizione della Massoneria negli anni a cavallo fra il 1740 ed il 1750, all'epoca in cui la prima Grande Loggia londinese perse ben 72 dei suoi 271 iscritti, anche se, ovviamente, questo non risulta nelle registrazioni ufficiali. William, quinto lord Byron (prozio del celebre poeta), venne eletto Gran Maestro nel 1747, ma non si fece mai vedere in una loggia fino al giorno in cui passò le consegne al successore nel 1752[20]. Di conseguenza, grande fu l'eco negativa da lui suscitata nei confronti della Massoneria in genere quando assassinò il vicino di casa, William Chatworth, in un duello alla spada nella taverna *Star and Garter*, a Pall Mall a Londra.

Non solo gli appartenenti alla Grande Loggia, ma anche quelli associati alle logge a essa collegate non erano soddisfatti di come procedevano le cose e la loro preoccupazione crebbe quando nel 1768 in Parlamento venne presentato il *Bill of Incorporation* (atto di accorpamento). Si trattava di un altro colpo alla reputazione dell'associazione. Molti si rattristarono del fatto che fosse addirittura un atto governativo a misconoscere pubblicamente davanti a tutta l'opinione pubblica quanto di buono la confraternita aveva da sempre fatto sul piano dell'assistenza caritatevole. Fu in questo frangente che Horace Walpole, conte di Oxford e figlio di Robert (l'ex primo ministro), scrivendo ad un collega, ebbe a sottolineare: «La reputazione di cui godono oggi i frammassoni nel paese ha toccato il livello di guardia... al punto che ritengo che una persecuzione nei loro confronti possa essere alle porte».

All'interno dei circoli massonici la ragione con cui si tenta di spiegare l'aspro conflitto nato nel XVIII secolo fra la loggia degli Antichi e quella dei Moderni, è il fatto che, poiché i membri della prima dovevano essere irlandesi, ed essendo loro interdetta l'iscrizione alle logge londinesi, si erano organizzati per proprio conto. Ma, come sempre, la verità nasconde qualcosa di ancora più profondo di questa ipotesi. Che

[18] A. G. Prys-Jones, *The Story of Carmarthenshire*, Swansea, Christopher Davies, 1959, vol. II, capitolo 32, p. 309.

[19] Sir John E. Lloyd, *A History of Carmarthenshire*, London, London Carmarthen Society, 1939, p. 40.

[20] Hamill, *The Craft*, cit., capitolo 3, p. 46.

fossero inglesi, scozzesi, irlandesi o gallesi la loro unione, di fatto, costituiva il feudo di un partito politico. Mentre gli Antichi parteggiavano per i Tory, i Moderni erano apertamente schierati per i Whig, favorevoli a loro volta al rinnovamento portato alla corona dalla Casa di Hannover.

Il caso Dunkerley

Lo sfortunato principe Federico morì prima del padre nel 1751 e quando Giorgio II se ne andò pure lui nove anni dopo, sul trono gli succedette il nipote, il figlio maggiore di Federico, che assunse il nome di Giorgio III. Immediatamente dopo, a seguito di un incontro di presentazione tenutosi presso la *Horn Tavern* di Londra, a tre dei fratelli dell'appena eletto sovrano – i duchi di Gloucester, York e Cumberland – venne riconosciuto lo spurio titolo di ex Grandi Maestri della prima Grande Loggia[21]. Questa strategia anomala permise di assicurare alla loggia la presenza e l'appoggio della real casa, offrendo all'esterno l'immagine di un organismo dalla realtà radiosa e dalle fondamenta assai più solide e sicure di quanto in verità non fossero. Da questo momento in avanti si configurò dunque uno scenario massonico di pretto stampo hannoveriano, cosa che continua ad essere ancora oggi.

Parlando in chiave di attività massonica, non c'è alcun dubbio che l'avvenimento storico più clamoroso fu la Guerra di Indipendenza Americana (1775-83), dal momento che alcuni fra i personaggi di spicco che la incentivarono – come, per esempio, George Washington, John Hancock, Benjamin Franklin e tanti altri padri fondatori – appartenevano alla Fratellanza. Ma, viene da chiedersi, come poterono questi uomini illustri appartenere ad una società che era così fortemente influenzata, per non dire soggiogata, da quella stessa autorità regale il cui colonialismo essi avevano deciso di contrastare con tutte le loro forze?

Questo aspetto a dir poco affascinante della moderna storia d'oltreoceano merita da solo un'intera parte di questo libro e verrà esaminata attentamente più oltre. Per adesso l'aspetto significativo da tenere a mente è che gli Antichi Tory e i Moderni Whig erano in forte contrasto fra loro, e che portarono questa battaglia sul piano dello scontro politico. Verso la fine del Settecento si distinguevano dunque due diverse forme di Massoneria e certamente le amichevoli relazioni fra quella schierata con i Tory ed i rivoluzionari americani andava ben al di là di quanto un qualsiasi testo di Storia possa farci credere.

Nel 1782 il principe Enrico, duca di Cumberland, divenne Gran Maestro a Londra e questo suo formale patronato regale impresse una salda iniezione corroborante alla causa della Loggia dei Moderni. In questo momento un altro personaggio di spicco faceva parlare di sé nella capi-

[21] Ivi, capitolo 3, p. 47.

tale, Thomas Dunkerley, un figlio illegittimo di re Giorgio II. Nato nel 1724, sin dall'età di 10 anni aveva servito nella Marina Militare britannica, mentre la sua nascita regale non venne resa nota all'opinione pubblica che quando era ormai un uomo fatto di quarant'anni. Affiliato alla Massoneria nel 1754, Dunkerley aveva fondato alcune logge sulle navi in cui prestava servizio. Quando finalmente gli era stata riconosciuta la discendenza regale, aveva smesso di viaggiare, gli era stata garantita una cospicua rendita e assegnato il palazzo di Hampton Court. In seguito era diventato Gran Maestro Provinciale dell'associazione in molte regioni[22].

Quando nel 1790 il duca di Cumberland morì, lasciò nelle mani del nipote, il principe di Galles (il futuro Giorgio IV) le redini e l'incarico di Gran Maestro, anche se assunto soltanto a livello puramente formale, avendo delegato ad altri l'incarico fattivo.

Nel 1791 Dunkerley decise di introdurre nella Massoneria inglese gli alti gradi di un presunto ordine dei Cavalieri Templari. Organizzò così il Supremo Grande e Reale Conclave al quale invitò il giovane figlio di Giorgio III, il principe Edoardo (ultimo duca di Kent), affinché accettasse il patronato dell'Ordine, che avrebbe da quel momento in avanti contemplato l'ingresso dei predetti alti gradi templari. Ma nel 1795 Dunkerley passava a miglior vita e nessuno seppe mai in che cosa consistesse realmente il Supremo Grande e Reale Conclave. A quanto pare, tutto si riduceva alla persona ed all'iniziativa di Dunkerley, forse assistito dalla sorella di un amico che compare in alcune corrispondenze come una certa lady Patronessa. Si venne comunque a definire a livello regionale un discreto numero di "accampamenti" (logge) i cui affiliati decisero di affidare il titolo di Gran Maestro a Thomas Parkins, lord Rancliffe, come successore di Dunkerley alla guida del movimento. Ma in undici anni di reggenza lord Rancliffe ebbe a partecipare ad un solo incontro[23], sempre uno in più di quelli a cui aveva preso parte il duca di Kent!

Una dispensa legale

In questo periodo e in quello successivo alla Rivoluzione Francese (1789-99) un innovativo concetto di votazione venne proposto dallo scrittore Thomas Payne nella sua opera *I diritti dell'uomo*. Egli sosteneva, con forte convinzione, che era un diritto assoluto del popolo votare ed eleggere il proprio governo. Questo era davvero troppo per la monarchia: Payne venne accusato di tradimento e nel 1792 fu costretto a riparare a Calais. All'epoca, pressoché in ogni città inglese esisteva un Constitutional Information Club o, se si preferisce, una Fratellanza.

[22] Brig A. F. C. Jackson, *Rose Croix*, London, Lewis Masonic, 1980, capitolo 12, p. 111.
[23] Ivi, capitolo 12, p. 116.

Nel 1793 a Edimburgo si tenne la prima riunione dei delegati del popolo e per tutta risposta alle richieste di condizioni più civili per i lavoratori, il Governo fece deportare nelle colonie lontane i leader del movimento. Contemporaneamente si apriva un forte contenzioso di ostilità verso Francesi ed Americani, accusati di aver portato in Inghilterra un movimento di fronda contro la monarchia hannoveriana.

Per contrastare questi nuovi fermenti libertari, nel 1794 il Parlamento, su iniziativa del primo ministro William Pitt (il "giovane"), decise di abrogare l'atto conosciuto come *Habeas Corpus*, decisione che consentiva di trattenere in prigione indefinitamente chiunque, senza bisogno di un processo. Nel 1797 era seguito un altro atto altrettanto pernicioso – *Unlawful Oaths Act* – con il quale sempre Pitt dava libertà alle spie governative di infiltrarsi in tutti quei movimenti e quelle organizzazioni sospettate di promuovere ideali sediziosi e di rivolta contro Westminster, con l'autorizzazione governativa di arrestare i sospetti senza alcuna possibilità di difesa. (Fu in virtù di questo atto che i cosiddetti martiri di Tolpuddle, nel Dorset, vennero arrestati ancora nel 1834 e incriminati al cospetto della corte d'assise di Dorchester di «covare sentimenti di ribellione e slealtà»).

Persino l'ambiente della Marina Militare non fu esente da questa vera e propria "purga". La maggior parte dei marinai veniva arruolata con la forza e doveva subire condizioni a dir poco terribili, e paghe miserevoli. E quando gli uomini della flotta di stanza a Nore (nei pressi di Sheerness) dimostrarono, invocando una politica di condizioni più umane e favorevoli e due pasti al giorno anziché uno soltanto, i loro rappresentati vennero impiccati senza essere stati prima sottoposti ad alcun processo[24]. In questo momento la posizione dell'Inghilterra era problematica, per non dire disperata. La Francia aveva conquistato i Paesi Bassi e controllava la potentissima flotta olandese. Inoltre, aveva stretto alleanza con la Spagna e, di conseguenza, poteva esercitare anche una notevole influenza sulla flotta spagnola.

Come se non bastasse, nel malcontento generale, Pitt continuò di male in peggio, limitando il diritto di opinione, di parola, di scrittura e la manifestazione di qualsiasi forma di contestazione nei confronti dell'operato del Governo. Nel 1797 truppe tedesche presidiavano l'Irlanda, scintilla decisiva per l'innesco della violenta rivoluzione dell'anno successivo, con l'arresto e l'esecuzione del leader di maggiore spicco, lord Edward Fitzgerald. Poi, nel 1799, Pitt decise di introdurre l'*Unlawful Societies Act*, un provvedimento con il quale si proibiva a gruppi e organizzazioni di riunirsi in pubblici incontri su tutto il territorio inglese. Riunioni di uomini liberi che si organizzavano in club o società per discutere, per fare affari o incrementare le proprie attività furono da quel

[24] Prince Michael of Albany, *The Forgotten Monarchy of Scotland*, Shaftesbury, Element Books, 1988, capitolo 17, p. 253.

momento tassativamente proibite in quanto punibili con l'accusa di cospirazione ai danni del Governo. Ciò stava a significare che nel disposto di questo nuovo atto legislativo rientrava qualsiasi associazione che organizzava incontri segreti, vale a dire potenzialmente, in parole povere, tutte le logge massoniche. Tuttavia, considerato l'alto patronato reale, Pitt ricevette tali e tante pressioni da essere costretto a chiudere un occhio, a fare un'eccezione per la Grande Loggia, così che la Fratellanza fu l'unico organismo a non dover sottostare in modo tassativo alla infausta legge[25].

Gli anni del duca di Sussex

Uno dei fratelli del duca di Kent era il principe Augusto, duca del Sussex, il quale (malgrado la schiatta hannoveriana) si era sposato due volte incrociando famiglie giacobite. La prima volta, aveva portato all'altare lady Augusta Murray, figlia del quarto conte di Dunmore, sposata il 4 aprile 1793. Ma il matrimonio era stato formalmente annullato sin dall'anno successivo in quanto non avallato dal re Giorgio III e quindi in contrasto con la legge relativa ai matrimoni reali, varata nel 1772 (il *Royal Marriages Act*). Molti anni dopo – il 2 maggio 1831 – il principe Augusto aveva impalmato lady Celia Saunders, figlia del secondo conte di Arran. Anche se la seconda moglie portava il titolo di duchessa di Inverness, pure questa unione non era risultata gradita alla corona e quindi passiva delle conseguenze di annullamento previste dalla legge[26]. Ma nel 1793 (nell'anno del suo primo matrimonio) il principe Augusto aveva formalmente rinunciato al diritto di successione alla corona britannica e così aveva potuto decidere liberamente del proprio destino, senza curarsi troppo delle restrittive leggi imperanti.

Nel 1812 veniva eletto Gran Maestro del Supremo Grande e Reale Conclave, mentre l'anno successivo, verificatasi infine la tanto sospirata unione fra le Logge degli Antichi e dei Moderni, veniva invitato ad assumere la carica di Gran Maestro della Grande Loggia Unita, nella quale però non erano riconosciuti i gradi supremi del Conclave. Questo aveva messo il duca in una situazione difficile. Alla fine aveva accettato l'incarico ed era scoppiato nuovamente il finimondo. In aggiunta a questo (e a seguito di alcune accese dispute in merito a chi avesse diritto della suprema autorità sui massoni di Francia) e a complicare ulteriormente la situazione, nel 1819 Augusto veniva indicato come il possibile capo del Consiglio Superiore Francese massonico in Inghilterra[27]. L'eventuale incarico gli avrebbe reso molto onore, in quanto contrariamente allo pseudo Gran Conclave proclamato da Dunkerley, si trattava di

[25] Hamill, *The Craft*, cit., capitolo 3, pp. 49, 50.
[26] *Burke's Peerage, Baronetage and Knightage*, London, Burke's Peerage, 1970, alla voce *The Royal Lineage: Kings of England: George III*.
[27] Jackson, *Rose Croix*, cit., capitolo 14, pp. 148, 149.

una istituzione templarista con salde radici nel rito della esiliata dinastia Stuart, cosa che, fra l'altro, gli avrebbe garantito anche in Inghilterra il sommo grado.

Astioso nei confronti della famiglia reale che lo aveva costretto a mandare a monte il suo primo matrimonio, il principe Augusto parteggiava più per la Casa Stuart che non per quella degli Hannover da cui proveniva e così decise di accettare l'incarico. Il guaio stava nel fatto che di questo avrebbe dovuto tacere ai compagni massoni d'Inghilterra e così aveva incaricato la sua segreteria privata di mandare avanti le operazioni ed i contatti. L'uomo a cui aveva affidato l'incarico era il già citato Joseph Hippolyte da Costa, un massone portoghese che era stato affrancato dalle pastoie papali grazie all'intervento autorevole di alcuni amici inglesi e che aveva scritto a lungo riguardo all'antica setta degli Artefici Dionisiaci, di cui già abbiamo parlato (vedi p. 39). Nella realtà dei fatti, l'incarico si rivelò esclusivamente di facciata e privo di sostanza, in quanto non c'era mossa del duca di cui non venisse immediatamente informato lo scenario francese.

Da tutta questa situazione aggrovigliata e piena di tensioni fatta di Gran Concili e di Supremi Conclavi, emerse un'altra figura intrigante, un personaggio dal nome apparentemente comune, annoverato negli elenchi dell'aristocrazia e della nobiltà. Compare per la prima volta citato nel 1845 negli *Statuti del Tempio*, in cui si legge di un Grande Conclave di Scozia del 1808 dove un «tal signor Alexander Deuchar è stato eletto responsabile dei Templari della città di Ebimburgo». Si trattava degli *Statuti* di uno pseudo Conclave in Scozia che avrebbero provocato un effetto niente affatto trascurabile sulle relazioni esistenti fra la Massoneria inglese e quella irlandese prima e dopo l'unione fra la Loggia degli Antichi e quella dei Moderni.

Alexander Deuchar era un incisore che aveva intuito la possibilità di instaurare un Concilio Templare Francese in Inghilterra molto prima che la carica di capo supremo dell'organizzazione fosse offerta al duca Augusto. Gli accordi segreti avevano preso il via sin dal 1804, all'atto della formalizzazione del Concilio Francese. Un certo Müller, maggiore del Primo Fanteria dell'esercito reale, era in amicizia con il fratello del duca, il principe Edoardo, duca di Kent, e così, d'intesa con lui, Deuchar pensò di avvicinare Edoardo al fine di fargli sottoscrivere un Atto di Dispensa, un documento ufficiale, che permettesse di stabilire un'autorità templare anti-giacobita in Scozia.

Un fratello di Deuchar, certo David, era stato ufficiale nella cosiddetta guerra della Penisola (Inghilterra contro Francia, in Portogallo, 1808-14) e durante la campagna, in quel di Leira, in Portogallo, aveva sottratto una croce templare dall'altare di una cappella nel castello di Tomar, con lo scopo di affidarla al fratello per il conseguimento del suo fine. Nel passato, i Deuchar avevano servito bene e con fedeltà la corona di Scozia, sin dai tempi dell'epica battaglia di Bannockburn (24 giugno

1314), tanto che da quel momento quando sui campi di battaglia compariva la grande spada dei Deuchar che fregiava lo stemma araldico del casato, era accolto sempre con ammirazione e rispetto. Ma a partire dal 1745 le cose erano mutate, la casa di Deuchar era andata via via indebolendosi fino al punto che Leone dell'East Ogil (un sostenitore giacobita di Carlo Edoardo Stuart) aveva acquistato con il denaro il glorioso lignaggio. Dopo la sconfitta di Culloden, la grande spada era stata ben presto rinfoderata per mano del sostenitore degli Hannover, Alexander Deuchar, l'uomo che stava per entrare in alterco con il duca di Kent.

Ravvisata l'opportunità di istituire un caposaldo di matrice hannoveriana in Scozia, il duca aveva accettato la richiesta di Deuchar ed era così nato il nuovo organismo col nome di Conclave Scozzese, con Deuchar nei panni del Gran Maestro. Tuttavia il duca di Kent sosteneva doversi rispettare anche in questo caso le regole massoniche e che egli stesso avrebbe svolto il ruolo di Regale Gran Patrono dell'appena stabilito Conclave «in quella parte della Gran Bretagna che chiamasi Scozia». Per nulla a sorpresa, nel giro di qualche decennio anche a membri Whig influenti venne concesso di affiliarsi al nuovo Conclave. Il duca di Leeds, per esempio (che non aveva alcun precedente templarista), venne ammesso nel 1848, per diventare Cancelliere del Gran Priorato appena qualche mese dopo l'iscrizione, seguito a ruota dal vescovo episcopale di Edimburgo, anch'egli liberamente ammesso[28].

Il Gran Conclave Scozzese venne formalmente costituito nel 1811 e all'interno dell'insegna proposta da Deuchar di impronta scozzese andarono a confluire parecchie logge di tradizione templarista del riconosciuto Gran Accampamento Irlandese i cui maggiorenti erano tutti irlandesi. Nel 1826 il Gran Maestro di queste logge in Scozia era Robert Martin, che non desiderava avere nulla a che fare con gli emissari di Deuchar o del duca di Kent. E così il Conclave venne ufficialmente denunciato il 28 dicembre 1827 dall'Accampamento di Dublino. Nella proclamazione di denuncia si intimava a tutte le logge templariste che si erano in modo indebito e immorale aggregate al protettorato hannoveriano in Scozia di rimettere le loro credenziali nelle mani di Robert Martin. Nel condannare la nascita del Conclave di Deuchar, il documento dei fratelli d'Irlanda affermava, fra le altre cose: «Tutti gli antichi sir cavalieri sanno che il duca di Kent non ha più autorità a fare questo di quanta non ne abbia lo stesso Deuchar»[29].

Con questi avvenimenti si completa in pratica, attraverso una storia lunga circa un secolo, quello che fu il nuovo orientamento della Massoneria inglese, evolutasi nell'era dei re Giorgio. Nelle testimonianze di questo periodo sembra restare ben poco degli ideali simbolici e carita-

[28] Prince Michael of Albany, *The Forgotten Monarchy of Scotland*, cit., capitolo 16, p. 243.

[29] George S. Draffen, *Pour La Foy – A Short History of the Great Priory of Scotland*, 1949, facsimile in CD-Rom, Edinburgh, Grand Lodge of Scotland, capitolo 5, p. 44.

tevoli che avevano nobilitato le menti dei fratelli e dei primi associati che si ritrovavano nelle taverne agli inizi del Settecento. Non tenendo conto delle beghe e delle interminabili discussioni interne alle logge, il secolo venne certamente segnato dal consolidamento delle basi del potere e grandi titoli. Qua e là si trovano riferimenti all'evoluzione di un rituale di loggia venutosi ad aggiungere ai vari gradi (si menzionano, per esempio, per la prima volta nel 1762, le colonne del Tempio salomonico, *Jachin* e *Boaz*)[30]. Fino almeno agli inizi dell'Ottocento non sembra di intravedere ancora nulla di riconoscibile in quello che sono oggi le organizzazioni delle logge massoniche. Il cerimoniale di base venne stabilito nel 1816, mentre la definizione degli ideali filosofici e dei concetti etici è un prodotto dell'era vittoriana. E così, a dispetto del fatto che la maggior parte dei nuovi adepti apprendisti massoni sia convinta di appartenere ad un mondo privilegiato, erede di antichi misteri, oggi non esiste pressoché nulla nei rituali che si possa in qualche modo ricondurre al passato, se solo si fa eccezione per la formulazione teoretica dell'associazione. Questa osservazione non vuole essere una critica impietosa all'attuale Massoneria, ma semplicemente il riconoscimento di come la matrice storica di determinati aspetti della Fratellanza non abbia in realtà trovato la giusta via per essere ricondotta nell'attualità del presente.

[30] Hamill, *The Craft*, cit., capitolo 4, p. 65.

6

La conquista imperiale

Regni celtici

Anche se la figura del Gran Maestro della Massoneria del Galles esisteva sin dalla metà del Settecento, formalmente in questo territorio non si era mai costituita una Grande Loggia. Questo non era, per esempio, accaduto in Irlanda e Scozia, dove Grandi Logge si erano formalmente costituite in modo indipendente dalla Grande Loggia d'Inghilterra, tanto da continuare ad essere autonome ancora oggi.

La Grande Loggia d'Irlanda venne fondata nel 1725, mentre la Grande Loggia degli Antichi della Libera ed Accettata Massoneria di Scozia risale al 1736.

Testimonianze comprovate della presenza del movimento massonico in Irlanda sono attestate dal Seicento, al quartier generale di Dublino. In data 26 giugno 1725 in un articolo comparso sul «Dublin Weekly» si riferisce che solo due giorni prima Riccardo, conte di Rosse, era stato eletto Gran Maestro d'Irlanda, sostenendo che prima di questa data la storia delle logge massoniche irlandesi in pratica non esisteva[1].

In Irlanda, contrariamente a ciò che accadeva in Inghilterra, l'affiliazione ad una loggia non era interdetta alle donne. Una sorella assai attiva fu, per esempio, Elizabeth St. Leger (nata nel 1693), sorella del quarto visconte di Doneraile, di County Cork[2]. Iniziata attorno al 1715, un ritratto in età matura ritrae Elizabeth munita degli emblemi massonici con indosso il tradizionale grembiule[3]. Dopo il conte di Rosse, dal 1731 Gran Maestro della Grande Loggia d'Irlanda era diventato Giacomo, signore di Kingston. Il padre era stato un giacobita in esilio al seguito di re

[1] J. Heron Lepper – Philip Crossle, *History of the Grand Lodge of Free and Accepted Masons of Ireland*, Dublin 1925, p. 147, nota 1.

[2] *Burke's Peerage, Baronage and Knightage*, London, Burke's Peerage, edizione del 1840, alla voce *Doneraile*.

[3] *The Transactions of the Quatuor Coronati Research Lodge in London*, n. 2076, United Grand Lodge, vol. 8, 1895, pp. 16-23 riferisce che questo ritratto faceva parte della collezione privata di lady Castletown. Qualcuno ha cercato inutilmente di dimostrare che Elizabeth non sarebbe stata affiliata che nel 1734, dopo la fondazione della Grande Loggia. I diari storici della famiglia attestano invece diversamente. Ad ogni buon conto, qualunque sia la verità, poco importa; la cosa che conta, infatti, è che si trattava di una affiliata, una massone, qualcosa di diverso dalla tradizione consolidata che non accettava le donne nell'organizzazione.

Giacomo Stuart e, una volta fatto rientro in Irlanda nel 1693, si era assunto il compito di reclutare sostenitori della causa degli Stuart.

Il primo accertato riferimento storico relativo alla presenza di una Massoneria irlandese si trova in una discussione di tesi di laurea di uno studente del Trinity College di Dublino e data 1688. Vi si diceva che un nuovo college sarebbe sorto ad opera dei Fratelli della Massoneria[4]. La legge penale voluta da Guglielmo d'Orange (il *Billy Windmills*, appositamente destinato ai sudditi irlandesi) era particolarmente dura nei confronti della gente d'Irlanda, protestanti o cattolici che fossero, che ne era fortemente penalizzata specie a seguito della rovinosa proibizione (1699) di esportazione in Inghilterra della preziosa lana prodotta sull'isola. Molti si sono chiesti come mai i Protestanti d'Irlanda non venissero trattati e considerati con un particolare riguardo dalla monarchia in carica – considerata, oltre tutto, la grande prova di fedeltà data nella decisiva battaglia di Boyne – tenuto conto che la moglie del re, la regina Maria, era anch'essa una convinta protestante; ma la risposta è semplicissima. Il veto all'esportazione data 1699, Maria era già morta da cinque anni ed il re, il marito Guglielmo d'Orange, non aveva certo a cuore i destini dell'Inghilterra o dell'Irlanda, quanto piuttosto cercare di mettere nella migliore condizione possibile la sua patria, l'Olanda, nella dura battaglia dei traffici ingaggiata contro la Francia. Anche nei confronti della Scozia, dove la tradizione templare godeva di un'antichità superiore a quella britannica, il re non mostrava segni di riguardo, sebbene anche in questo caso si trattasse di una nazione di fede protestante con addirittura una propria Chiesa nazionale. Gli Scozzesi erano stati tutti scomunicati come popolo sin da quando il loro re Robert Bruce si era ribellato al re d'Inghilterra, il cattolico Edoardo. Da questo punto di vista è per lo meno singolare che, malgrado il suo accanito comportamento anti-protestante, il re Guglielmo III ancora oggi venga considerato da molti come un vero e proprio campione del Protestantesimo.

Quando, nel dicembre del 1688, il re Giacomo era stato deposto e costretto all'esilio volontario in Francia, gli Scozzesi si erano fortemente seccati per aver perduto la loro dinastia monarchica. Proprio in quest'anno era esplosa la prima sollevazione in favore della restaurazione. Il 27 luglio 1689 il visconte Graham di Claverhouse (meglio noto come Bonnie Dundee) aveva condotto un esercito di Highlander contro le truppe del re Guglielmo in uno scontro avvenuto a Killiecrankie, nei pressi di Perth. Gli Scozzesi avevano avuto la meglio, ma Dundee era stato ferito ed era morto senza avere il tempo di godere della soddisfazione della fresca nomina di generale del re. Qualche settimana dopo, sempre gli Highlander erano stati meno fortunati e avevano subìto una scon-

[4] David Stevenson, *The Origins of Freemasonry*, Cambridge, Cambridge University Press, 1988, capitolo 9, p. 230, nota 34.

Elizabeth St. Leger.

fitta a Dunkeld. Dal monaco benedettino Augustin Calmet (1672-1757) ci arriva il racconto di un fatto particolarmente intrigante. Egli annota che quando il visconte Dundee era caduto mortalmente a Killiecrankie indossava la croce e la fusciacca di Gran Priore dell'Ordine dei Cavalieri Templari, un Ordine di stampo pre-massonico che, stando al parere della maggior parte degli storici ufficiali, avrebbe cessato di esistere dal 1307[5].

Sin dall'inizio del suo regno, il re Guglielmo aveva disposto che tutti i capi delle Highland stringessero un patto d'onore di alleanza con lui, ma, ovviamente, la maggior parte si era dimostrata alquanto riluttante. Da sempre i loro sovrani avevano giurato fedeltà alla patria e non il contrario. Per cercare di forzare la mano su questo fronte e per dare una lezione ai clan dissidenti, a sir John Dalrymple, segretario di stato scozzese, venne dato ampio mandato di mettere in atto un'azione dimostrativa nei confronti di un clan, scelto a caso, che potesse servire da severo monito a tutti gli altri.

Venne individuato il clan dei Macdonald di Glencoe, uno di quelli che non aveva rispettato la scadenza del patto di alleanza, da siglare entro il primo giorno dell'anno 1692. In verità, l'anziano capo del clan, MacIan, il 30 dicembre si era recato a Fort William per ufficializzare il

[5] Michael Baigent – Richard Leigh, *The Temple and the Lodge*, London, Corgi, 1990, capitolo 11, pp. 228, 229 (trad. it. *Origini e storia della Massoneria*, Roma, Newton & Compton, 2004[4]).

proprio impegno di fedeltà alla corona, solo che al suo giuramento non era presente alcun rappresentante governativo e i voti erano stati rinnovati ufficialmente soltanto il 6 gennaio, vale a dire con una settimana di ritardo.

Al pari di tanti altri pur potenti clan, i Macdonald non contavano su una organizzazione militare interna ed erano quindi una facile preda. Erano stanziati fra le torreggianti montagne di Glencoe, un paesaggio pericoloso, una trappola naturale, una fortezza difficile da espugnare. Il primo febbraio Dalrymple aveva dunque inviato due compagnie del Reggimento dell'Argyll, agli ordini di Robert Campbell di Glenlyon, con lo scopo preciso di sterminare completamente il clan. Giunti sul posto sotto le mentite spoglie di una missione di pace e di perlustrazione, i soldati erano stati accolti con generosità dalle numerose famiglie locali. Poi, nella fredda mattina del 13 febbraio era iniziata la carneficina. I soldati fecero strage di tutti i Macdonald che incontravano, uccidendo indifferentemente donne, uomini, vecchi e bambini. Come era logico attendersi, la carneficina ebbe l'effetto opposto a quello desiderato. Invece di intimidire con questa terribile dimostrazione di crudeltà i clan scozzesi, la corona non fece altro che compattare la loro solidarietà, confermandoli nella fedeltà alla Casa Stuart. Riuniti in una confederazione pro giacobiti, i clan si schierarono apertamente contro l'Olandese e il suo governo che non riconoscevano. (Nel capitolo che segue, in cui si prende in esame la lunga secolare storia del Templarismo e della Massoneria scozzesi, avremo modo di approfondire ancora questi fatti).

La Grande Loggia massonica di Scozia venne fondata qualche anno dopo quella inglese e irlandese. Un motivo può essere ravvisato nella finalità più ampia prevista dalla Fratellanza scozzese, che vantava un numero maggiore di logge indipendenti dalle quali ottenere il beneplacito. Delle 100 logge invitate all'incontro della fondazione, soltanto 33 avevano risposto inviando i loro rappresentanti. Gli altri due terzi non concordavano sul punto centrale di dover stabilire un corpo di regole comunitario. Per questo, la Grande Loggia di riferimento di Edimburgo non aveva potuto esercitare la sua notevole influenza nel modo in cui invece era accaduto nel caso inglese e così alle diverse logge scozzesi era stato consentito mantenere le loro proprie procedure, offici e ritualistiche. Ovviamente, anche in seguito, ogni nuova loggia venutasi a costituire dopo il 1736 avrebbe potuto godere di questi stessi privilegi[6]. La situazione si è conservata inalterata fino ad oggi ed anche se le logge scozzesi sono tutte affiliate alla Grande Loggia di Scozia, ognuna continua ad avere pratiche proprie, modi di agire particolari, senza essere necessariamente legate da una ritualistica standardizzata ed unica.

[6] La Grande Loggia della Libera e Accettata Massoneria di Scozia, sito web: http://www.grandlodgeofscotland.com.

La Grande Loggia di Scozia sostiene di essere l'unica al mondo a poter provare concretamente una connessione interna diretta fra la Massoneria operativa e quella speculativa. Indubbiamente, le testimonianze massoniche più antiche sono scozzesi e ancora oggi nei lavori delle logge si ricorre all'uso del maglio sia nella mani del Maestro che in quelle dei Guardiani.

Già sappiamo che il reverendo dottor James Anderson (1680-1739) – colui che nel 1723 redasse la *Costituzione* della Grande Loggia d'Inghilterra – era nato in una famiglia scozzese di impronta massonica. Il padre era affiliato alla Loggia di Aberdeen, anche se non si ha testimonianza che il figlio James lo fosse. La celebre Massoneria scozzese del Settecento vantava fra i suoi ranghi il poeta Robert Burns, l'architetto Robert Adam, lo scrittore sir Walter Scott e John Paul Jones di Kirkcudbright, colui che avrebbe fondato la Marina americana.

L'editto di Roma

Una volta rientrato in Inghilterra, il Gran Maestro Augusto, duca del Sussex, era morto nell'anno 1843. Negli anni Cinquanta del Settecento il Gran Maestro del Galles frequentava la loggia londinese che faceva capo alla taverna *Turk's Head* sita in Greek Street, a Soho (vedi p. 82). Si trattava della Loggia della Antichissima ed Onorevole Fratellanza della Libera ed Accettata Massoneria (in pratica la loggia degli Antichi), che aveva costituito una Gran Loggia nel 1751. Il primo segretario generale era stato l'artista irlandese e mercante di vino Laurence Dermott, che era stato iniziato nella Loggia di Dublino dieci anni prima. Quando nel 1756 Dermott aveva pubblicato la *Costituzione degli Antichi* aveva sentenziato che la prima Grande Loggia (quella dei Moderni) era venuta meno alle tradizioni massoniche ed aveva modellato l'organizzazione della nuova loggia secondo un insieme senz'altro più democratico[7].

Diversamente dai Moderni, il Gran Maestro degli Antichi non disponeva di un'autorità indipendente o decisiva nei confronti delle logge già esistenti o che si sarebbero venute a formare. Ogni atto, ogni decisione doveva essere ratificata dal mutuo consenso dei maggiorenti. Credenziali viaggianti e trasferibili incominciarono a diffondersi presso i reggimenti militari, così che le logge poterono anche sorgere laddove le truppe erano costrette a muoversi, sia in patria che all'estero. Questo escamotage permise ben presto alla Grande Loggia degli Antichi di crescere e diffondersi molto più rapidamente di quella dei Moderni, che ovviamente non potendo accettare la provocazione fomentava contrasti e frizioni.

In linea con la Grande Loggia di Tutta l'Inghilterra con base a York, la Loggia degli Antichi differiva in modo sostanziale da quella dei Mo-

[7] John Hamill, *The Craft*, London, Crucible, 1986, capitolo 3, p. 51.

derni in quanto le funzioni dell'adepto non erano limitate ai tre gradi della Massoneria inglese tradizionale. Gli Antichi e gli affiliati di York disponevano di un capitolo aggiuntivo per attivare il rituale dell'Arco Reale, oltre ad una struttura organizzativa simile alle unità interne all'Ordine dei Cavalieri Templari. Gli eventi portarono alla chiusura definitiva della Loggia di York nel 1792, mentre, come già sappiamo, le due logge degli Antichi e dei Moderni si fusero in una sola, il 27 dicembre 1813. Prima di questa confluenza, Augusto di Sussex era stato Gran Maestro dei Moderni mentre il fratello Edoardo, duca di Kent, lo era stato degli Antichi. Al momento dell'unione, Edoardo si era ritirato per far spazio ad Augusto, riconosciuto unico e solo Gran Maestro della Grande Loggia Unita d'Inghilterra[8]. Le logge un tempo affiliate a ciascuna delle due diramazioni vennero quindi rinumerate: alla Loggia degli Antichi spettò il numero 1, a quella dei Moderni il numero 2. Le restanti furono numerate alternativamente. Le Grandi Logge Provinciali vennero incaricate di gestire le attività regionali, mentre la *Costituzione* venne ampiamente rivista in una nuova versione datata 1819.

Alla morte di Augusto, Thomas Dundas, conte di Zetland (Shetland) mantenne la carica di Gran Maestro per ben 27 anni, durante i quali il Palazzo della Massoneria in Great Queen Street a Londra venne quasi completamente ristrutturato ed ampliato. A Dundas era poi seguito George Robinson, lord Ripon, figlio di Federico, conte di Grey (primo ministro Whig dal 1830 al 1834). Ma George nel 1874 avrebbe rassegnato le dimissioni da Gran Maestro per unirsi alla fede della Chiesa cattolica e quindi partire alla volta dell'India col titolo di viceré[9].

Da parte sua, sin da quando Anderson aveva formalizzato e dato alle stampe la *Costituzione*, la Chiesa cattolica aveva assunto una posizione nettamente contraria rispetto al movimento massonico. I pronunciamenti vaticani in merito sono alquanto numerosi e solo nel XIX secolo toccano la dozzina[10]. Il primo, conosciuto col titolo *In Eminenti*, è una bolla di papa Clemente XII datata 1738.

La Massoneria viene definita «corrotta e depravata» e si decreta che essa «venga condannata e proibita e questo lo sia per sempre, in eterno, in virtù del presente atto». Si aggiunge che si trattava di un'associazione pericolosa e da condannare da parte delle autorità ecclesiastiche e che i suoi membri «tramano il rovesciamento dell'intero ordine religio-

[8] Ivi, capitolo 3, p. 54.

[9] *The Catholic Encyclopedia*, vol. XIII, alla voce *Marquess of Ripon*.

[10] Clemente XII, *In Eminenti*, 28 aprile 1738; Benedetto XIV, *Providas*, 18 maggio 1751; Pio VII, *Ecclesiam*, 13 settembre 1821; Leone XII, *Quo graviora*, 13 marzo 1825; Pio VIII, *Traditi*, 21 maggio 1829; Gregorio XVI, *Mirari*, 15 agosto 1832; Pio IX, *Qui pluribus*, 9 novembre 1846; Pio IX, *Quibus quantisque malis*, 20 aprile 1849; Pio IX, *Quanta cura*, 8 dicembre 1864; Pio IX, *Multiplices inter*, 25 settembre 1865; Pio IX, *Apostolicae Sedis*, 12 ottobre 1869; Pio IX, *Etsi multa*, 21 novembre 1873; Leone XIII, *Humanum genus*, 20 aprile 1884; Leone XIII, *Preclara*, 20 giugno 1894; Leone XIII, *Etsi nos*, 15 febbraio 1882; Leone XIII, *Ab Apostolici*, 15 ottobre 1890; Leone XIII, *Annum ingressi*, 18 marzo 1902.

so, politico e sociale basato sulle istituzioni cristiane». Clemente conclude:

> Noi desideriamo e comandiamo che sia i vescovi che i prelati e gli altri ordinari locali, come gli inquisitori d'eresia, vigilino e indaghino promovendo processi contro i trasgressori a qualunque stato, grado, condizione, ordine di dignità o preminenza possano essi appartenere, perseguitino e puniscano con pene severe tutti coloro che sono sospettati di eresia.

Come conseguenza di questo vero e proprio editto, i cattolici si ritrovarono all'improvviso e *ipso facto* minacciati di scomunica, impediti ad associarsi o anche soltanto a promuovere il movimento massonico[11].

Nel 1864, dopo numerosi altri pronunciamenti, era venuto il turno di papa Pio IX a condannare la Massoneria, con una lettera enciclica intitolata *Quanta cura*. Si censurano e condannano tutte quelle società che «non fanno distinzione fra la vera e le false religioni». Arrivando dalle alte gerarchie cattoliche, si può tranquillamente dire che questo documento altro non è che la replica di quanto già aveva pensato di fare la Chiesa anglicana quando aveva duramente ammonito il re Giacomo II (VII) per aver manifestato apertamente tolleranza religiosa, affermando che ogni uomo era libero di scegliere il credo che desiderava professare. Nel contesto di questa enciclica, il papa Pio IX afferma che tali organizzazioni osano sostenere che «la libertà di coscienza e di culto costituiscono un diritto della persona... Esse non pensano e non considerano che affermazioni come queste sono un invito alla sedizione».

La cosa strana in tutto questo è che la Massoneria – come tutti i club e le altre società ed organizzazioni simili – non era (né è) una religione e neppure in alcun modo una sorta di istituzione a sfondo religioso. Per questo è aperta a tutti.

Il vero problema che angustiava la Chiesa consisteva nel fatto che la Massoneria, al contrario della maggior parte di associazioni simili, era legata ad un voto di segretezza. Questo era contrario alla dottrina "confessionale" della Chiesa, che obbligava i fedeli a confessarsi al sacerdote. Per farla breve, la Massoneria rappresentava un ambito all'interno del quale la Chiesa perdeva la propria autorità impositiva, cosa che, come ben stava rendendosi conto, già stava accadendo anche in altri aspetti della vita.

In una successiva enciclica di papa Leone XIII questo concetto viene ribadito ulteriormente. Anche se già i precedenti pronunciamenti papali avevano dichiarato a chiare lettere che la Massoneria non si conciliava con la religione, l'enciclica *Humanum genus* si spingeva ancora oltre, arrivando ad affermare che era contro la religione. Parlando di «questa potente e assai diffusa organizzazione che si chiama Massoneria», il papa scrive:

[11] *The Catholic Encyclopedia*, cit., vol. IX, alla voce *Masonry*.

Non facendo più mistero dei loro propositi, ora i massoni si levano irriguardosi contro Dio stesso. Essi stanno pianificando la rovina della Santa Chiesa e lo fanno pubblicamente e apertamente, con questo programma intendendo spogliare le nazioni della Cristianità [...]. Noi vi preghiamo e vi scongiuriamo, venerabili fratelli, di aggregarvi al Nostro sforzo per attivarvi nell'azione di sradicamento di questa piaga terribile e folle.

Per poter meglio valutare questo aspetto della religione all'interno della Massoneria è utile riconsiderare quanto sin dal 1723 stava scritto all'interno della *Costituzione*, che già definiva con chiarezza questa posizione:

A proposito di Dio e della religione. Un adepto massone è obbligato di per sé ad obbedire alla legge morale; e se egli intende alla perfezione l'Arte, non sarà né un cieco ateo né un irreligioso libertino. Ma, anche se i fratelli nei tempi passati erano tenuti a professare la religione in vigore nelle nazioni in cui vivevano, qualunque essa fosse, oggi pare più cauto consentire loro di seguire quella forma di religione che meglio sentono propria, lasciando che ognuno di essi abbia la propria particolare opinione; questo non impedisce d'essere uomini puri e di verità, onesti ed onorevoli, quale che sia la denominazione o la convinzione religiosa che li possa distinguere.

Anche se oggi le definizioni di «cieco ateo» e «irreligioso libertino» sono scomparse, unitamente ad una modernizzazione del linguaggio, questa premessa di fondo continua ancora a prevalere all'interno della Massoneria, che è un'associazione tollerante, ma non è in alcun modo un'istituzione religiosa.

Documenti perduti

Alla scomparsa di George, lord Ripon, nel dicembre del 1874 la Grande Loggia Unita metteva a segno un altro bel colpo, quando Alberto Edoardo, il principe di Galles (colui che sarebbe diventato il re Edoardo VII) accettò la nomina di Gran Maestro, cosa che aggiunse un peso del tutto particolare alla ascendenza massonica:

Antica essa è senza dubbio, sussistendo da tempo immemorabile. In ogni tempo i sovrani sono stati patroni e promotori dell'Arte[12], né si sono sentiti sminuiti nell'impugnare anziché lo scettro del regno la cazzuola, nel partecipare ai nostri misteri e alle nostre riunioni.

Costretto a rassegnare le dimissioni da Gran Maestro quando nel 1901 era salito al tono d'Inghilterra, Edoardo continuò a coprire il ruolo di Protettore dell'Ordine[13], ma durante i suoi 26 anni di direzione la Mas-

[12] Nella versione americana la parola «sovrani» è sostituita da «i più illustri e grandi uomini di ogni tempo».
[13] Hamill, *The Craft*, cit., capitolo 3, p. 57.

Il principe Carlo Benedetto Giacomo Stuart, quarto conte di Albany, in un ritratto di Michele Cammarano, 1868 ca.

soneria aveva compiuto passi da gigante e guadagnato una nuova rilevanza internazionale. Un aspetto, questo, messo particolarmente in evidenza in occasione del giubileo d'oro della madre, la regina Vittoria. Per celebrare questo evento, ma anche per fare il punto della situazione delle Grandi Logge sparse in tutto l'impero britannico sulle quali la loggia madre continuava ad esercitare una sovranità massonica, nel 1897 Edoardo decise di indire il Giubileo della Grande Loggia, affiliando nell'occasione altri due adepti illustri, il fratello Arthur, duca di Connaught, ed il figlio Albert, duca di Clarence (vedi *tav. 14*).

Già da qualche anno si erano compiuti dei passi importanti per cercare di sbarazzare il campo da qualsiasi potenziale oppositore nei confronti della Real Casa degli Stuart, alla quale si doveva, a partire dal 1688, la diffusione delle tradizioni massoniche in Francia e in altre parti d'Europa. Sin dal 1733, appena qualche tempo dopo la fondazione della prima Grande Loggia londinese, si avevano testimonianze degli alti gradi *Ecossais* e della presenza di Grandi Maestri scozzesi nella loggia che si riuniva alla *Devil's Tavern*, a Temple Bar, a Londra[14]. E, per quanto un po' sorprendente in epoca vittoriana, il Circolo Giacobita della Rosa Bianca (vedi p. 82) era stato rivitalizzato nel 1886 da Bertram, quinto conte di Ashburnham. Colleghi in questa impresa erano stati Melville Henri Massue, nono marchese di Ruvigny, e la riconosciuta autorità della lingua celtica Henry Jenner, lo scrittore e editore Herbert Vivian, l'onorevole Stuart Erskine.

Nell'opera *Jacobite Peerage*, scritta da Melville di Ruvigny, si racconta che nell'autunno del 1886 un gruppo di personalità eccellenti aveva

[14] Brig A. F. C. Jackson, *Rose Croix*, London, Lewis Masonic, 1980, capitolo 1, p. 5.

preso a inviarsi pamphlet distinti con il simbolo di una rosa bianca (tradizionale emblema di Giacomo II, duca di York), sigillandoli con la scritta "Privato e Confidenziale"[15]. Il messaggio era questo:

Da tempo è sembrata cosa desiderabile compiere sforzi per poter cercare di riunire assieme tutti coloro i quali, per discendenza ereditaria o comunione di sentimenti, avessero un atteggiamento armonizzato con quella parte della Storia e delle vicende che avevano riguardato la Casa Reale degli Stuart. Si stanno ormai avvicinando i due secoli da quando con la Rivoluzione del 1688 la Casa venne privata del suo diritto al trono d'Inghilterra. La cavalleresca devozione che tanti nobiluomini inglesi e scozzesi hanno da sempre mostrato verso questa Casa, da essi intesa come l'autentica e legalizzata dinastia regnante, non è mai stata abbastanza riconosciuta né ha mai potuto essere gratificata con quel giusto tributo di rispetto ed onore da parte di coloro i quali, con altrettanta affezionata intensità, ammirano e riveriscono la disinteressata lealtà di quei nobiluomini e nobildonne che nel tempo hanno offerto la loro vita per la difesa di una Giusta Causa.

Il sasso lanciato nello stagno aveva dato il destro per una nutrita serie di risposte e subito si erano stesi i programmi per un grandioso revival degli Stuart nel corso di una esposizione londinese. Da tutta l'Inghilterra erano cominciati a confluire reperti e documenti, mentre gli organizzatori riuscivano ad accordarsi per poter esporre ogni cosa presso la New Gallery, nell'anno 1899 scadenza del bicentenario dell'esilio forzato della sovranità Stuart. Già nel 1887 fervevano i preparativi e due anni dopo la grande mostra aveva luogo, ma non "sponsorizzata" dalla Rosa Bianca, come immaginato in origine. Al suo posto, infatti – anche in virtù di alcune manovre strategiche compiute dalle segreterie della corte reale – si era sostituito niente meno che l'alto patronato della regina Vittoria. Per gratificare lord Ashburnham, leader riconosciuto della Rosa Bianca, la regina gli riconobbe la presidenza onoraria della grande mostra, ritenendo un suo diritto escludere dai riconoscimenti ufficiali altri membri illustri come Ruvigny, Erskine, Vivian e Jenner. La decisione venne sofferta soprattutto da Henry Jenner, il quale, nella sua qualità di curatore della sezione manoscritti del British Museum, si era dato un gran daffare per raccogliere gli antichi documenti esibiti nell'esposizione, molti dei quali, detto per inciso, non avrebbero mai più fatto ritorno nelle mani dei rispettivi proprietari.

Ben sostenute da Marie, vedova reggente della Contea di Caithness, anche in Francia, per iniziativa di Anne, duchessa di Roxburghe (dama di compagnia della regina) e di altre nobildonne, si era incominciato a pensare di organizzare un evento coincidente con quello londinese da portare in terra di Scozia. Fra gli illustri invitati si contava anche Carlo Benedetto Stuart, quarto conte di Albany nella discendenza del principe

[15] Melville Henri Massue, nono marchese di Ruvigny e Raineval, *The Jacobite Peerage, Baronetage, Knightage and Grants of Honour* (1921), London, Charles Skilton, 1974, introduzione, pp. IX-XXI.

Carlo Edoardo, in soggiorno in Italia. Il nobiluomo aveva accettato l'invito, ma qualche tempo dopo era stato trovato morto in circostanze per lo meno ambigue, tanto da far sorgere il forte sospetto che fosse stato assassinato[16].

Ufficialmente si disse che Carlo era caduto da cavallo, ma padre Torquato Armellini (postulatore dei Gesuiti a Roma) era pronto a giurare che le ferite riportate mal si conciliavano con la presunta, prospettata causa della morte. Ed in effetti, la successiva autopsia, rivelò che lo sfortunato nobiluomo era deceduto per soffocamento[17].

Il *Jacobite Peerage* dell'edizione 1904-21 afferma che i molti documenti legati alla storia degli Stuart che letteralmente si volatilizzarono alla conclusione della grande esposizione londinese non erano i soli ad essere andati perduti in era hannoveriana. Nel 1817 (durante il regno di re Giorgio III), un certo dottor Robert Watson divenne celebre per aver messo insieme una notevole raccolta di documenti relativi alla dinastia Stuart. Ad un certo momento Watson li aveva portati a Roma, dove sarebbero passati in proprietà del cardinale Henry Stuart, il fratello più giovane di Bonnie Prince Charlie. In cambio Watson avrebbe ricevuto 23.000 sterline (pari a circa mille odierne), ma mentre si apprestava a predisporre il catalogo delle opere, la raccolta gli era stata sottratta e portata a Londra.

Dopo qualche tempo gli era pervenuto un pagamento *ex gratia* da parte del Parlamento di Westminster, in cui lo si ringraziava per essersi spontaneamente privato della sua raccolta. Ovviamente del tutto sbalordito, Watson aveva voluto vederci chiaro, reclamando la sua proprietà, ma qualche tempo dopo (1838) era stato trovato misteriosamente morto (si disse si fosse suicidato). Da quel momento i documenti non sono mai più apparsi in pubblico e dove siano realmente finiti resta ancora oggi un bel mistero da risolvere.

A seguito dell'esposizione rivelatasi alla fine un fiasco, Ruvigny, Vivian ed Erskine fondarono la Legittima Lega Giacobita d'Inghilterra e Irlanda. Nel 1892 i tre chiesero di apporre un serto alla testa della statua di re Carlo I in Charing Cross, a Londra, ma ancora una volta vennero frenati dalla regina Vittoria, che dispose un discreto spiegamento di polizia al fine di impedire la celebrazione della cerimonia non autorizzata. In questi frangenti, intanto, Herbert Vivian era vissuto per molto tempo all'estero come corrispondente di importanti giornali quali il «Morning Post», il «Daily Telegraph» ed il «Daily Express». Da parte sua, invece, Henry Jenner, indefesso difensore della tradizione e della cultura celtiche, pubblicò il celebre *Handbook of the Cornish Language* e, divenuto Bardo del Gorsedd Bretone, spese il resto della vita a

[16] Prince Michael of Albany, *The Forgotten Monarchy of Scotland*, Shaftesbury, Element Books, 1988, capitolo 18, p. 274.

[17] Armoises, madame Olivier des, *Un rapport sur la mort etrange du 4ieme Comte d'Albanie le Prince Charles Benoix Stuart à Monsieur le Ministre des Affaires Etrangères à Paris*, Paris 1898.

promuovere la cultura e le arti dell'antica Britannia. Quanto a lord Ashburnham e al marchese di Ruvigny, abbandonata la scena politica dedicarono il loro interesse alla cavalleria ed all'araldica. Nel 1908 Ruvigny venne eletto Gran Maestro dell'Ordine Stuart del Regno di Salomone, una sorta di prosecuzione dell'Ordine scozzese del Cardo (equivalente a quello inglese della Giarrettiera), il cui titolo era stato usurpato dalla corona inglese. Questo movimento a livello internazionale ebbe poi a mescolarsi con altre associazioni similari, come, per esempio, i Cavalieri Protettori del Sacro Sepolcro e l'Ordine del Sangréal (Santo Graal), un antico ordine dinastico della Reale Casa Stuart, fondato nel 1689[18].

La grande divisione

Il regno della regina Vittoria, *Regina et Imperatrix*, vede un vero e proprio boom di interesse verso la Massoneria. A Londra il numero delle logge attive aumenta da 100 a 382 e analogo incremento si registra nelle province. In tutto, contando anche i possedimenti imperiali, le logge massoniche di matrice inglese sparse per il mondo, alla fine del XIX secolo, ammontano a 2543[19]. Club e associazioni si moltiplicano quasi per gemmazione spontanea fra la classe medioborghese dell'era vittoriana e indubbiamente alla Massoneria spetta il ruolo di maggiore influenza, se è vero che proprio in questo periodo storico nascono le grandi logge opulente e ricche e si innalzano i palazzi massonici più belli in molte delle città più importanti d'Inghilterra. Anche se non ancora iniziato al tempo del Giubileo della Grande Loggia, quando lo erano stati nel 1897 Edoardo, Arthur e Albert, anche il più giovane dei rampolli reali Leopold (che sarebbe morto da lì a poco) decide di aderire alla Fratellanza, così che la Massoneria diventa sempre più ufficialmente un'autentica istituzione regale. In tutto il paese, i massoni – quasi per definizione – sono i personaggi più illustri, i benefattori, coloro che fanno costruire chiese, inaugurano teatri e fiere, al punto che l'associazione diventa il centro della vita mondana della società che conta, con tanto di sfoggio e paramenti esibiti in pubblico. Per esempio, la posa della prima pietra della costruzione del Memorial Shakespeare Theatre di Stratford-on-Avon si celebra nel 1877 con tanto di apparato massonico dispiegato, artefice lord William di Leigh, Gran Maestro Provinciale del Warwickshire[20]. Con celebrazioni simili vengono inaugura-

[18] Melville Henri Massue, nono marchese di Ruvigny e Raineval, *The Jacobite Peerage, Baronetage, Knightage and Grants of Honour*, cit., introduzione, pp. IX-XXI e nota.

[19] John Lane, *Masonic Record 1717-1894*, London, United Grand Lodge of England, 1895; si veda anche S. Pope, *The Development of Freemasonry in England and Wales*, London, Ars Quatuor Coronatorum, 1956, pp. 129-31.

[20] Una seconda pietra di fondamenta fu anche deposta per la ricostruzione del teatro di Stratford nel 1929 con altrettanta pompa massonica da parte del Gran Maestro Provinciale lord Ampthill, da «The Freemason», 6 luglio 1929, pp. 13, 16.

ti la cattedrale di Truro e lo York Institute nel 1883[21]. Quella di Truro è la prima cattedrale consacrata in Inghilterra dal tempo della Riforma Protestante del XVI secolo; questo gesto del principe Edoardo porterà alla posa di altre prime pietre in celebrazioni massoniche pubbliche, per esempio per le cattedrali di Rochester, Peterborough e Liverpool.

In questo periodo incominciano ad uscire anche le prime riviste massoniche specializzate: «The Freemason» è del 1869, mentre nel 1875 tocca a «The Freemason's Chronicle». Di questi tempi far parte della Fratellanza non è affatto motivo di imbarazzo, anzi, diventa, in pratica, un segno di distinzione, di prestigio sociale. Al punto che persino molte altre associazioni che nulla avrebbero a che vedere con la Massoneria si fanno punto d'orgoglio nel riuscire ad ottenere credenziali per essere accreditate o affiliate.

Da ricordare, per esempio, il Club dei Selvatici, una sorta di scapigliata confraternita di scrittori, artisti e tespiani della realtà bohémienne londinese, affratellata il 18 gennaio 1887 con una gran cerimonia nel palazzo della Massoneria, con l'attore sir Henry Irving riconosciuto Tesoriere[22].

Quando i fratelli massoni di Francia vengono in Inghilterra si rendono ben conto di non poter in alcun modo competere con la pompa e lo sfarzo britannici e neppure di poter gravare in modo così consistente sulle tasche dei soci aderenti. Sin dal tempo della Rivoluzione Francese (1789-99) questo sfoggio di prerogative sociali è diventato solo un lontano ricordo per l'aristocrazia e soprattutto la classe media borghese, senza contare che essendo repubblicani l'immagine della monarchia non era loro affatto gradita.

Per questo – ma anche per una sorta di invidia – il giornale massonico ufficiale francese «Le Monde Maçonnique» inizia una violenta campagna stampa contro lo snobismo della Massoneria inglese che accusa di badare troppo alle forme ed alle cattedrali risplendenti, piuttosto di concentrarsi, come dovrebbe per impegno statutario, su un'architettura moralmente più esemplare. In perfetta linea con questo atteggiamento è il Grande Oriente di Francia, che per bocca dei suoi maggiorenti afferma che la Grande Loggia Unita inglese è simile ad un corpo senz'anima. Sulle pagine di «The Freemason» si risponde per le rime, affermando a chiare lettere che la Massoneria britannica è di gran lunga più solida e fondata che non quella francese, che viene accusata di essere eccessivamente mistica ed esoterica. In effetti, le differenze ci sono ed evidenti, in quanto il sistema franco-scozzese si fondava su tradizioni decisamente antiche, mentre quello inglese, più recente, aveva impiegato quasi due secoli per riuscire ad intravedere la strada da battere e piantare radici. E quando l'aveva fatto aveva preferito orientarsi verso

[21] Ivi, 29 maggio 1880, pp. 238-41; 21 luglio 1883, pp. 370-72.
[22] Ivi, 22 gennaio 1887, pp. 38, 39.

la rinascita di una sorta di benevolenza feudale, uno scenario di aristocratici e nobili facoltosi votati alla beneficenza, un reame alla Robin Hood dove per aiutare i poveri non era necessario rubare ai ricchi, visto che erano gli stessi ricchi a elargire per loro diretta iniziativa.

Non si trattava certo di Massoneria allo stato puro, tuttavia non si poteva disconoscere la validità del principio etico. Proprio su questo si alza la voce della contestazione francese, che sottolinea come dietro l'aspetto fasullo di una grandezza caritatevole che inaugura cattedrali e mostre, si trascurino in realtà le necessità del popolo; perché invece di contribuire con la propria azione a migliorare le condizioni di educazione scolastica, ambientale e di salute del popolo, ciò che la Massoneria inglese persegue non ha altro risultato che quello di incrementare il benessere dei suoi stessi membri associati. Di nuovo, non si può dire che in tutto questo ci sia qualcosa di scorretto. Si trattava, infatti, in buona sostanza, di ciò che fanno oggi le compagnie di assicurazione o le "mutue": chi è in grado di sostenere il costo di una polizza riceve in cambio i benefici che ne derivano. Ma una simile situazione suona come una bestemmia per la Massoneria francese, i cui fratelli prima di considerarsi massoni si considerano, innanzi tutto, cittadini, tutti uguali fra loro.

Da parte loro i fratelli inglesi, nella costituzione della loro associazione, non hanno fatto altro che dare continuità a iniziative nel solco della tradizione di solidarietà delle prime gilde di commercianti, poi cresciute e sviluppatesi nelle logge e quindi nelle Grandi Logge Unite, certo non un segno di malfunzionamento del sistema, tutt'altro.

Alla fine, dal momento che comunque la Massoneria francese non era in alcun modo in grado di competere per organizzazione e ricchezza con quella inglese, asserendo per di più di non essere neppure associazione dedicata all'assistenza pubblica, di tutto ciò la Massoneria britannica non poteva che prendere piacevolmente atto, traendone consolazione e conforto. Va da sé che laddove si intravedevano altri spiragli e margini di miglioramento il movimento inglese non si sarebbe certamente fatto pregare per andare a coglierli e con questo si intendeva chiusa la diatriba.

Ma il rovescio della medaglia di questo modo d'essere del movimento massonico inglese durante l'era vittoriana porta comunque ad una profonda divisione sociale. Anche se il paese è al centro della ricchezza del mondo ed è la guida di un'Europa ricca, la diffusa povertà del popolino è quanto mai concreta e le condizioni dei lavoratori sono tra le peggiori del continente europeo. Per lunghe e terribili giornate di lavoro durissimo un operaio ricava una miseria, le condizioni di sicurezza sono totalmente trascurate ed i posti di lavoro, gli opifici, sono malsani, squallidi e anti-igienici. Nascono i sobborghi, i villaggi dei poveri e lo sfruttamento della mano d'opera infantile sottopagata è una delle chiavi del successo finanziario dell'Inghilterra su tutti i mercati del mondo. Il tasso di mortalità dovuto a povertà, ipotermia, alla disperazione più bieca è altissimo e, se non si ha la buona sorte di appartenere alla classe media e di svolgere un lavoro degno di tal nome, per esempio in qualche ufficio o nell'amministrazione pubblica, la speranza di vivere fino a mezza età è piuttosto ridotta.

Questi, essenzialmente, i problemi della Massoneria dell'era vittoriana, una realtà che, pur nascondendosi dietro un apparente sistema di iniziative caritatevoli, è in effetti snobistica, retta com'è dalla famiglia reale hannoveriana, la stessa che ha in mano le redini dello Stato, la corona. Se dunque, in questo frangente della storia inglese, si può a buon diritto parlare di divisione, la Massoneria si pone dalla parte buona, positiva della frattura, nel senso che viene vista come un'associazione importante, in grado persino di suscitare ripicche ed invidie. La gente non necessariamente desidera diventare un fratello massone o affiliarsi, quello che desidera di più è poter aspirare ad un rango sociale grazie al quale diventi possibile affiliarsi.

Gli anni recenti

Quando, nel 1901, Edoardo sale al trono col nome di Edoardo VII, l'insegna di Gran Maestro passa nelle mani del fratello, il duca di Connaught, carica che egli terrà per ben 38 anni. Con il rapido concludersi del regno di Edoardo (1910), nasce del fermento nelle logge provinciali, che accusano il Gran Maestro di partecipare poco e con scarsa incisività ai lavori della Grande Loggia o al Consiglio londinese di programmazione generale delle attività.

In altre parole, il governo delle logge è troppo centralizzato. Per venire a capo del malumore si stabilisce la nascita di un comitato d'inchiesta che non fa però neppure in tempo a mettersi in azione a causa dello scoppio della prima guerra mondiale nel 1914, che manda all'aria qualsiasi iniziativa. Dopo la buriana, nel 1916 si giunge alla determinazione che in futuro debbano essere modificate le procedure elettorali, con elettori di pari numero fra quelli della loggia centrale londinese e quelli delle logge di provincia, in pratica la situazione attuale[23].

Nel 1919, a guerra finalmente terminata, si prevede il progetto per la costruzione di un nuovo Palazzo della Massoneria, approfittando dell'acquisto di alcuni terreni liberi adiacenti alla vecchia sede. I lavori di costruzione iniziano nel 1927, auspice il duca di Connaught, e durano circa sei anni. L'inaugurazione ufficiale viene fatta congiuntamente dal principe di Galles (futuro re Edoardo VIII e duca di Windsor), dal duca di York (futuro re Giorgio VI) e dal principe Giorgio (futuro duca di Kent). Nel 1939 il duca di Connaught rassegna le dimissioni da Gran Maestro nelle mani del duca di Kent, caduto in giovane età al servizio della RAF

[23] Hamill, *The Craft*, cit., capitolo 3, pp. 57, 58.

nel corso della seconda guerra mondiale (1939-45). Gli succede Enrico, conte di Harewood, Gran Maestro durante il bombardamento di Londra, a cui seguono, nell'ordine, Edoardo, duca del Devonshire, nel 1947 e Lorenzo, conte di Scarborough, nel 1952.

Oggi, dopo due grandi e terribili guerre mondiali e dopo una serie di cariche di Grandi Maestri durate per pochi anni, la Grande Loggia londinese sembra aver trovato una certa stabilità, anche se non è molto che, ancora una volta, l'eterno tema legato alla religione è nuovamente venuto a galla. La Loggia, infatti, ha passato un momento drammatico in cui la grande considerazione di cui aveva ampiamente goduto in tempi vittoriani è praticamente scomparsa. Un colpo violento le è stato inferto nel 1951 a seguito della pubblicazione di un documento intitolato *Darkness Visible* a firma di Walton Hannah, un ministro anglicano, divenuto subito dopo sacerdote cattolico. Il libro, che porta il sottotitolo di *Rivelazioni ed interpretazioni sulla Massoneria*, è un'accozzaglia di stravaganze speculative e religiose, ma ha avuto un grande impatto sull'opinione pubblica, al punto da costringere gli alti organi della Massoneria ad emettere un comunicato ufficiale nel 1962. Ancora una volta si precisa che la Massoneria non è una religione, non è un surrogato né un sostitutivo della religione e neppure un movimento contrario alla religione. Il suo complesso teorico di credenze contempla la figura di un Essere Supremo, ma non per questo un sistema religioso, garantendo la totale libertà di pensiero e di culto a tutti i suoi aderenti, che sono completamente liberi di scegliere. Neppure esiste un Dio della Massoneria e i massoni credono in ciò che vogliono. Il Grande Architetto dell'Universo è la figura emblematica e simbolica della Creazione e la sua concezione può essere diversa in relazione all'atteggiamento di ognuno dei fratelli. La Massoneria, inoltre, non ha alcuna intenzione di creare fratture o di allontanare la gente dalla religione, né, tanto meno, di congiurare contro i movimenti ed i credi religiosi.

In senso pratico, si può dire che la Massoneria non ha nulla più a che vedere con la religione di quanto non l'abbia una riunione, un incontro di preghiera aperto a tutti. Si tratta di pratiche che rispettano l'etichetta di rituali consolidati dalla tradizione, ma esse nulla hanno a che vedere con la vera essenza di quanto viene dibattuto o eseguito all'interno di un'autentica loggia massonica.

Appena un paio di anni fa è venuta a galla un'altra discussione relativa alle punizioni corporali previste dalla regola e dagli obblighi dell'Arte. Il problema ha presentato non poche difficoltà nel confronto con l'esterno, in quanto le punizioni previste per chi rivela i segreti della loggia ad esterni sono simbolicamente espresse in frasi del tipo «che il mio cuore venga segnato e che io possa morire»[24]. Ciononostante, il

[24] Le penalità simboliche dettate dagli obblighi non rispettati sono del tipo «che io abbia la gola recisa, la lingua mozzata e che il mio corpo venga seppellito nelle profonde sabbie del mare».

commento ufficiale del vescovo Herbert ha definito questo genere di cose vere e proprie barbarie, oltre che del tutto illogiche ed assurde nel contesto in cui avvengono, e ne ha richiesto l'abolizione. Da parte massonica si è controbattuto sostenendo che il problema delle penalità (reali o simboliche) esiste solamente sotto forma di richiamo sul metro della storia e della tradizione consolidata, eco di un lontanissimo passato. Ad ogni buon conto, al fine di dare un ulteriore segno di buona volontà, si è acconsentito ad una "variazione permissiva", grazie alla quale all'interno di ciascuna loggia è possibile scegliere la soluzione che si preferisce e che si ritiene più idonea. Con questa dichiarazione di buoni intenti, il dibattito si è quindi concluso.

Il ritiro di lord Scarborough nel 1967 è coinciso con l'anniversario dei 250 anni dalla fondazione della prima Grande Loggia d'Inghilterra, così nel giugno dello stesso anno Edoardo, duca di Kent (nipote di re Giorgio V e cugino della regina Elisabetta II) ha assunto la carica di Gran Maestro nel corso di una cerimonia ufficiale tenutasi alla Royal Albert Hall. Ancora una volta, alla guida della Massoneria inglese sta un altro Gran Maestro regale. Ancora oggi Edoardo mantiene questa carica ed è improbabile – visto l'attaccamento e la costante lealtà dell'attuale dinastia regale nei confronti dell'associazione – che in un futuro prossimo si possa assistere ad un mutamento di rotta, per quanto, come in ogni cosa, tutto sia possibile.

Nel frattempo, i contributi del duca alla causa massonica inglese sono stati tanti e considerevoli. Da quando l'associazione è sotto la sua reggenza il "no comment" che di norma accompagnava l'atteggiamento della Massoneria nei confronti di sfide pubbliche o critiche, si è trasformato in un "limited comment". Resta comunque il fatto che la natura stessa della pratica e del rituale massonico a porte chiuse farà sempre nascere problemi circa la promessa di non rivelare cose segrete. Ma non esiste alcun segreto nella Massoneria da cui possa derivare qualche reale conseguenza.

Le logge massoniche hanno i loro simboli e segni disseminati ovunque nel paese e molti sono diventati così comuni da essere utilizzati anche in questioni pratiche di nullo conto. Il Palazzo della Massoneria di Londra è quasi un luogo pubblico, aperto com'è ai visitatori, mentre riviste e libri specifici sono ampiamente disponibili nella libreria interna. Il vero problema sta nel fatto che la maggior parte di noi è morbosamente attratta dal mistero – soprattutto quello con presunti risvolti sinistri o con sfondo di cospirazione – ed è sempre assai più facile immaginarne l'esistenza là dove, in verità, esso non c'è affatto. La Massoneria continua ad essere ammantata da un'aura di mistero e per quanto le cose vengano dette alla luce del giorno si tende sempre a credere che non siano mai tutte, né complete e che ci sia ancora altro da venire a conoscere e scoprire. In merito, sono ovviamente tanti quelli che hanno da dire la loro in proposito. Eppure non c'è compagnia o società al mondo che non conduca le proprie riunioni a porte chiuse; con questo deve essere sospettata di celare chissà quali segreti cabalistici? Forse, in qualche caso; ma il più delle volte si tratta semplicemente del desiderio di preservare un po' di privacy. Il rituale massonico è reso noto e pubblicato, disponibile a tutti. Non è segreto. E neppure segrete, in senso stretto, sono le attività condotte dalle logge. Si tratta, assai più semplicemente, di attività "private".

Parte seconda

7

I Cavalieri del Tempio

I figli di Salomone

La breve storia della Massoneria moderna, che abbiamo appena finito di raccontare, offre il necessario background alla luce del quale poter esplorare certi suoi aspetti al fine di mettere insieme una conoscenza più precisa e approfondita delle possibili origini e dell'autentica natura di questo movimento. Poco a poco, nel corso di questo processo, il lettore avrà modo di rendersi conto di come il quadro incomincerà a farsi sempre più puntuale e ricco di colori.

Partiamo dalla considerazione del vocabolo "frammassone" (*freemason*). Come già si è visto, neppure la stessa istituzione massonica ne conosce la vera origine, sebbene le ipotesi proposte non manchino di certo. Nel Capitolo 2 si è suggerita una sorta di sincope o abbreviazione delle parole "libero muratore", in relazione a coloro che sapevano lavorare la pietra ed erano liberi di viaggiare per procurarsi delle commesse di lavoro, oppure in riferimento alle Sette Arti Liberali ed alla parola "libero" (*free*). Un'altra ipotesi, partendo da una prospettiva prettamente fisica, porta a considerare la figura dell'architetto (colui che progetta la costruzione), che è "libero" nel senso che sa e può realizzare quel che desidera traendolo dalla pietra, oppure in riferimento al primo grado massonico, quello dell'apprendista, il quale è "nato libero", ammesso che questo possa ancora significare qualcosa in tempi moderni. Alcuni studiosi tendono ad insistere sul concetto di muratori e lavoratori della pietra, anticamente "liberi lavoratori" nel contesto delle loro rispettive città e villaggi. Tuttavia nessuna di queste spiegazioni è del tutto convincente ed è chiaro che almeno fino a prima del XVIII secolo il termine era usato soprattutto come derivato dall'unione di due parole: "libero" e "muratore" (*free mason*). Ciò considerato, può diventare estremamente interessante considerare altre parole massoniche, non escludendo che ci possano offrire qualche spunto diverso nella nostra ricerca della vera origine della parola Massoneria.

Il guardiano di una loggia massonica è detto il custode (*tyler*). Potrebbe associarsi all'idea di un tetto a tegole (*tile*), ma si comprende sin da subito che si tratta di un'associazione spuria e che poco ha a che vedere con la sua funzione. Armato della sua grande spada, il custode è colui che taglia, che recide. In questo senso la parola *tyler* parrebbe derivare da quella francese *tailleur*, da cui quella inglese *tailor* (sarto)[1]. Aggiustamenti di spelling basati su associazioni fonetiche per la creazione di un neologismo sono caratteristici della lingua inglese. Faccio un esempio molto banale. Nel gergo tennistico, il termine per segnalare un punteggio rimasto fermo a “zero” si dice *love* (amore), parola che in apparenza non presenta alcuna attinenza con la situazione indicata, ma che assume credibilità se la si riporta alla parola francese da cui deriva, vale a dire *l’oeuf*, cioè l’uovo, che è notoriamente tondo come lo zero. Anche alcuni nomi di persona e di famiglie hanno seguito lo stesso percorso. Basti pensare, per esempio, a Sinclair (vedi p. 167) – nome di un lignaggio particolarmente rilevante nella storia massonica – originatosi da *St. Clair* (Santa Luce). Nella terminologia massonica, la presenza della sentinella offerta dalla figura del guardiano, del custode significa che la loggia è “adeguatamente custodita”, vale a dire ben protetta.

Alla stessa stregua va considerato il termine massonico e segno di identificazione *due guard*. Anche in questo caso la derivazione è francese e rimanda al gesto eseguito in lontananza per farsi riconoscere, il *geste du garde*, che abbreviato diventa *du garde*. In modo del tutto simile, il prodotto dell’opificio di Nimes, *serge de Nimes*, in inglese è diventato *denim*[2], nato dalla contrazione di *de Nimes*. Sulla scia di queste intuizioni, ho scoperto che il termine massonico “timido” (*cowan*, relativo a una persona inesperta) deriva anch’esso dal francese *couenne* (non sappiamo, ignoriamo) e che lo stesso termine frammassone (*freemason*) ha un’analoga forma di interpretazione fonetica, derivando ancora dal francese *frère maçon* (fratello massone), così come viene ben precisato nei testi propedeutici di letteratura di matrice ugonotta[3]. Questo accade ancora oggi in terminologie moderne quando è presente la matrice linguistica francese: un bell’esempio ci è dato da un libro pubblicato nel 1991 e dedicato alla fratellanza massonica ed alla sua simbologia nell’opera di Mozart *Il Flauto Magico*, il cui titolo suona *Mozart Frère Maçon*[4].

Dal momento che la parola inglese *freemason* non compare che nel XIV secolo, è evidente che il suo uso nella forma francese era già in auge. Poiché la tradizione massonica ha origine scozzese, prima che in-

[1] *The Oxford Concise English Dictionary* (a cura di Della Thompson), Oxford, Oxford University Press, 1995, alla voce *Tailor*.

[2] L’applicazione di queste variazioni linguistiche basate principalmente sull’assonanza fonetica ad alcune parole del vocabolario massone, è analizzata con grande attenzione da John Robinson, *Born in Blood*, London, Guild Publishing, 1989, capitolo 17, pp. 224-34.

[3] J. Parnell Mc Carter, *Reformed Historical Studies on the Enlightenment Era and its Aftermath – A Teacher’s Manual,* Jenison, MI, Historicism Research Foundation, Puritan’s Home School Curriculum, capitolo 3, p. 20 e sommario, p. 56.

[4] Jacques Henry, *Mozart Frère Maçon – La symbolique maçonnique dans l’œuvre de Mozart*, Éditions Alinea, Aix-en-Provence, 1991.

glese, scozzese, ne consegue chiaramente che prima ancora di essere la sua matrice era transalpina o, per lo meno, che il modello dell'associazione doveva fondarsi su qualche organizzazione francese. Assodato che in quell'epoca in Inghilterra non esistevano ancora gilde di maestri tagliatori della pietra e scalpellini, la questione si riduce a verificare se, al contrario, in Francia ne esistessero già. Ed in effetti la risposta è "sì". Fra le testimonianze più accreditate riscontriamo la indubitabile presenza dei Figli di Salomone, la gilda di coloro che realizzarono la cattedrale di Notre Dame a Chartres. Altre fratellanze massoniche del tempo comprendevano i Figli di Padre Soubise ed i Figli di Mastro Jacques[5]. Nel corso della loro prolungata attività in quel di Chartres, le gilde massoniche di lavoratori fecero dono alla fabbrica della chiesa delle loro finestrature. Nelle immagini trasmesse in questi meravigliosi vetri legati a piombo, le gilde fecero rappresentare gli strumenti della loro fratellanza (livelle, squadre e compassi), oggetti destinati a diventare le Grandi Luci e gli Strumenti di Lavoro della Frammassoneria (*tav. 28*).

Evidentemente, nessun'altra organizzazione meglio poteva richiamarsi al Tempio di re Salomone – la fonte originaria più importante della tradizione massonica moderna – che una gilda originaria che aveva nome Figli di Salomone, risalente addirittura al XII secolo d.C. Ma la cosa si fa ancora più intrigante nel momento in cui scopriamo che questa congrega di fratelli – presenti nella realizzazione di molte altre cattedrali gotiche del tempo – era sotto la guida e la protezione di san Bernardo (1090-1153), l'abate cistercense di Chiaravalle. Sin dal 1128 egli fu patrono e protettore dell'Ordine dei Poveri Cavalieri di Cristo e del Tempio di Salomone, altrimenti noto come Ordine dei Cavalieri Templari. Esiste persino un notevole manoscritto del XIV secolo in cui si raffigura san Bernardo intento a stilare il Capitolo della Loggia di Chiaravalle (vedi *tav. 17*).

Il collegamento scozzese

Si dice che, a seguito del rientro dei Cavalieri Templari in Europa nel 1127 carichi di una cospicua collezione di antichissimi documenti, san Bernardo si sia messo a tradurre i testi relativi alla geometria sacra di re Salomone, sotto la cui podestà il maestro massone Hiram aveva stabilito i gradi di evoluzione e di sviluppo degli adepti. Nel rituale massonico moderno, Hiram (un architetto inviato presso la corte di Salomone dal re della città di Tiro) viene chiamato più compiutamente Hiram Abiff, per quanto la Bibbia lo ricordi soltanto col primo nome (*1 Re* 5). Al terzo grado operativo della loggia si ricorda come Hiram venisse assassinato da alcuni giovani apprendisti ai quali, anche sotto minaccia,

[5] Louis Charpentier, *The Mysteries of Chartres Cathedral*, Wellingborough, Research Into Lost Knowledge Organization and Thorsons, 1992, capitolo 18, pp. 144-51.

non aveva voluto rivelare i segreti del grado ed è a questo proposito che, di nuovo, ci riconfrontiamo con una terminologia di matrice francese. Hiram Abiff, infatti, deriva da *Hiram à biffe*, che significa "Hiram è stato eliminato"[6].

Nel Medioevo, durante le Crociate, nacquero e si stabilirono molti ordini cavallereschi, fra cui l'Ordre de Sion (Ordine di Sion), fondato al tempo della prima crociata dal comandante in capo Goffredo di Buglione nel 1099. Fra gli altri, ricordiamo i Cavalieri Protettori del Santo Sepolcro e i già citati Cavalieri Templari. Dopo aver ricacciato dalla Giudea i Turchi Selgiuchidi, che l'avevano conquistata annientando il preesistente califatto arabo, Goffredo era stato proclamato re di Gerusalemme e difensore del Santo Sepolcro. Ma, appena dopo questo suo trionfo, nel 1100 Goffredo moriva e l'incarico passava a suo fratello più giovane, Baldovino di Boulogne. Dopo 18 anni di regno a Baldovino era succeduto il cugino Baldovino II di Bourg. Stando al racconto ufficiale, l'Ordine dei Cavalieri Templari venne fondato proprio in quest'anno (1118). Si parla di un gruppo di soli nove cavalieri francesi che, fatto voto di povertà, castità ed obbedienza, avevano fatto giuramento di ergersi a protettori della Terra Santa.

Lo storico di matrice franca Guglielmo di Tiro scrisse, al culmine delle crociate (attorno al 1180), che la funzione dell'Ordine dei Templari consisteva nel proteggere le strade dei pellegrini che portavano alla Terra Santa. Ma, considerata l'immensità dell'impegno, è del tutto inconcepibile che soli nove poveri cavalieri potessero assolvere al compito stabilito senza essere integrati da nuove adesioni almeno fino al 1127, anno del loro ritorno in Europa. In realtà, i motivi che portarono alla nascita dell'Ordine esulano anche da quello semplicistico proposto da Guglielmo di Tiro. In effetti i Cavalieri Templari già esistevano da qualche anno prima rispetto alla datazione canonica, fondati da Ugo di Payens, cugino e vassallo del conte di Champagne. E la loro funzione non consisteva certo nella protezione delle grandi vie di pellegrinaggio, così come ben riferisce il cronista del re Fulcherio di Chartres. Si trattava della crema della diplomazia regale, coloro che trattavano e patteggiavano con i Musulmani, tanto che il vescovo di Chartres nel 1114 arriva a definirli *Milice du Christi* (milizia, soldati di Cristo).

A quel tempo, i Templari già si erano installati nel palazzo regale di Baldovino a Gerusalemme, sito nella moschea di El-Aqsa, proprio sul sito dell'antico Tempio di Salomone. Ogni volta che Baldovino si spostava nella vicina cittadella detta la Torre di Davide, il Tempio restava totalmente nella mani dell'Ordine Templare. Al di sotto delle fondamenta della moschea si trovava un intricato complesso di gallerie e di stanze teoricamente rimaste intatte ed inviolate sin dai tempi biblici,

[6] Robinson, *Born in Blood*, cit., capitolo 17, p. 227.

Iniziazione di un Cavaliere Templare.

dove a detta di san Bernardo sarebbero stati custoditi i documenti originali dei testi dell'Antico Testamento.

Il comandante in seconda dopo Ugo di Payens era il cavaliere fiammingo Godefroi Saint Omer, mentre un altro elemento di spicco era André di Montbard, un nobile presso la corte di Borgogna. Nel 1120 Folco, conte d'Angiò (padre di Goffredo il Plantageneta), si era aggregato all'Ordine, seguito nel 1124 dallo stesso conte di Champagne. È evidente che cavalieri di questo rango erano tutt'altro che poveri e in nessun documento si afferma che questo corpo di valorosi fosse sceso in campo per difendere le colonne di pellegrini cristiani che battevano le strade verso la Terra Santa. Questo compito assistenziale era stato sin dal principio demandato ad un'altra organizzazione, l'Ordine degli Ospedalieri di san Giovanni di Gerusalemme. Da parte loro, i Cavalieri Templari si erano costituiti in un Ordine unico e speciale, selezionato, ed avevano fatto voto di obbedienza, ma non al re e neppure al loro capo, bensì a san Bernardo di Chiaravalle.

Risale a questo momento storico il primo collegamento dell'Ordine con la Scozia. Sia il re Davide I di Scozia (1124-53) che sua sorella Maria erano imparentati per legami matrimoniali con la casa fiamminga di Goffredo di Boulogne[7]. Esistevano pertanto dei legami stretti di parentela che univano Davide, Ugo di Payens e la casa reale del regno crociato di Gerusalemme. Quando Davide I aveva accettato il trono, la tradizionale Chiesa celtica di Scozia stava languendo poveramente, al punto che gli anziani avevano deciso che sarebbe stato piuttosto meglio sopravvivere sotto la protezione dell'influente ordine cistercense di san Bernardo. Ovunque nell'Europa d'Occidente si era diffuso il cattolicesimo ed anche la Scozia non riusciva più a sottrarsi alla sua potentissima influenza, anche se il credo cattolico non faceva parte del retaggio storico e tradizionale della nazione.

Il cattolicesimo era stato introdotto dalla principessa ereditaria sassone Margaret Atheling, che nel 1066 aveva seguito Guglielmo di Normandia alla conquista dell'Inghilterra. La donna era stata allevata presso la corte del nonno, il re Stefano di Ungheria, ed aveva trascorso parte della sua vita presso lo zio Edoardo il Confessore. Andando in sposa a Malcolm Canmore (1058-93), Margaret era diventata regina di Scozia con il preciso intento di rovesciare tutto ciò che non si conformasse alle sue abitudini ed alle tradizioni nelle quali era stata allevata, anche a costo di mandare gambe all'aria un'intera nazione. Anche se 150 anni dopo la morte era stata santificata dalla Chiesa di Roma, si può ben dire che Margaret fu una vera sventura per la Scozia, portando la Chiesa celtica sull'orlo del baratro definitivo.

Il potente e ricco Ordine Cistercense non era legato alla Chiesa di Ro-

[7] Il re Davide aveva sposato Maud di Lens, mentre la sorella Maria era stata impalmata da Eustachio III, conte di Boulogne, fratello di Goffredo di Buglione.

ma, dunque era in grado di dare assistenza e protezione. Oggi la vecchia chiesa templare di Dull insiste su un terreno di proprietà cistercense, ereditato dall'Ordine Celtico. Nel 1203 veniva fondato a Iona (sito dove l'originale missione irlandese di santa Colomba era stata distrutta dai Norvegesi nell'anno 807) un nuovo monastero cistercense e dopo qualche tempo tutte le antiche abbazie celtiche in territorio scozzese si trasformarono in centri cistercensi[8]. Ma fu durante il regno di Davide che i Templari misero per la prima volta piede in Scozia, mentre nel 1128 lo stesso Ugo di Payens stabilì una sede per l'Ordine nel South Esk[9]. Ma solo due secoli dopo si era infine insediato in Scozia un vero e proprio movimento templare a tutti gli effetti ed era stato da quel momento che la parola frammassone (*frère maçon*) aveva fatto il suo ingresso nel linguaggio quotidiano.

Un Ordine sovrano

Con l'anno 1127 le ricerche condotte dai Templari nelle segrete del Tempio di Gerusalemme erano terminate ed essi avevano potuto fare rientro in Francia carichi di un tesoro che sarebbe diventato leggendario. Temendo che le autorità vaticane potessero sequestrare il preziosissimo bottino, lo stesso san Bernardo ebbe a scrivere:

> Tutto il lavoro è stato brillantemente svolto senza il nostro aiuto, ed i Cavalieri si sono messi in viaggio attraverso la Francia e la Borgogna, sotto la preclara protezione del conte di Champagne, grazie al quale sono state adottate tutte le precauzioni necessarie affinché non si verifichino interferenze sia di ordine pubblico che ecclesiastico[10].

In tempi più recenti, attorno al 1860, anche l'esploratore inglese sir Charles Warren ha avuto la possibilità di condurre degli scavi archeologici sotto il grande Tempio del Monte[11]. Il team di archeologi di Warren ha portato alla luce una notevole serie di pozzi verticali corredati da gallerie laterali scavate nella roccia, arrivando a individuare le mura delle fondamenta originarie e le loro successive estensioni. Procedendo ancora più a fondo nella roccia calcarea, hanno scoperto inoltre un vero e proprio labirinto di corridoi ventilati e di passaggi segreti. Lungo alcune diramazioni sono state evidenziate grandi stanze utilizzate come depositi e altrettanto estese cisterne per la conservazione dell'acqua potabile[12].

[8] Prince Michael of Albany, *The Forgotten Monarchy of Scotland*, Shaftesbury, Element Books, 1988, capitolo 3, pp. 31, 32.

[9] J. S. M. Ward, *Freemasonry and the Ancient Gods*, London, Simpkin Marshall, 1926, capitolo 13, p. 300.

[10] Charpentier, *The Mysteries of the Chartres Cathedral*, cit., capitolo 8, p. 69.

[11] Palestine Exploration Fund, 2 Hinde Mews, Marylebone Lane, London, W1U 2AA.

[12] Leen e Kathleen Ritmeyer, *Secrets of Jerusalem's Temple Mount*, Washington, DC, Biblical Archaeological Society, 1998, capitolo 5, p. 83.

Nel corso dei lavori erano affiorate anche le grandiose fondamenta originali del Tempio di Salomone. I muri di sostegno posti al livello più basso erano ancora integri e la loro tecnica costruttiva si differenziava nettamente da quella del secondo Tempio realizzato al tempo di Zorobabele e delle costruzioni ancora successive delle ere asmonee ed erodiane, aggiunte sempre allo stesso sito. Attorno al 1894, mentre alcuni ingegneri del genio inglese stavano cercando di tracciare una mappa dettagliata degli intricati labirinti del vasto complesso, le problematiche condizioni politiche ed i sempre più difficili rapporti con i Musulmani li avevano costretti a interrompere il lavoro. Una meta era comunque stata raggiunta dal progetto di rilevamento del 1894: il ritrovamento di una croce templare del XII secolo, una spada templare spezzata ed altri oggetti coevi[13].

In conseguenza del prodigioso, incalzante affermarsi dei Templari lungo tutto il XII secolo, nel gennaio del 1128 nella cittadina di Troyes si tenne un grande concilio, presieduto dal legato cardinalizio di Francia. Nell'occasione venne riconosciuta ai Cavalieri la condizione di appartenenza ad un Ordine Sovrano, mentre il loro quartier generale a Gerusalemme diventava a tutti gli effetti la sede del governo politico e militare della città. Sotto il protettorato e i buoni auspici di san Bernardo, i Templari vennero inoltre riconosciuti come Ordine Cistercense, con alla testa Ugo di Payens.

La scalata al potere ed alla preminenza assoluta dell'Ordine avvenne rapidamente, grazie al coinvolgimento in tutti gli affari più importanti, sia a livello politico che diplomatico ed economico, dell'Europa del tempo, ma anche sul fronte del Medio Oriente. Le proprietà acquisite andavano dalla Palestina alla Britannia. Nell'opera *The Anglo-Saxon Chronicle* si legge che il Gran Maestro del Tempio Ugo di Payens fece visita in Normandia al re d'Inghilterra Enrico I: «Il re lo ricevette con grandi onori, facendogli dono di un tesoro in oro e argento»[14]. Il re di Spagna, Alfonso d'Aragona, arrivò addirittura a concedere un terzo del suo regno ai Templari e, in pratica, anche tutto il resto della cristianità regnante d'Europa era ai loro piedi.

Ufficialmente riconosciuto patrono e protettore dell'Ordine dei Cavalieri Templari nel concilio di Troyes, san Bernardo di Chiaravalle si assunse il compito di redigere la Costituzione dell'Ordine (detta comunemente Regola)[15]. Alla Regola era seguita una lettera di esortazione al Gran Maestro Hugues, dal titolo *A lode del Nuovo Ordine*, in cui si as-

[13] Questi oggetti sono ora in possesso dell'archivista dei Templari Scozzesi, signor Robert Brydon, a Roslin presso Edimburgo. Si veda Christopher Knight – Robert Lomas, *The Hiram Key*, London, Century, 1996, capitolo 13, p. 267.

[14] Michael Swanton (traduzione a cura di), *The Anglo-Saxon Chronicle*, London, J. M. Dent, 1997 – Peterborough MS (E) 1128, p. 259.

[15] La Regola nel testo latino viene proposta tradotta nel libro di Malcolm Barber e Keith Bate, *The Templars*, Manchester, Manchester University Press, 2002, pp. 31-54.

seriva in modo inequivocabile che gli adepti sarebbero stati dei monaci-guerrieri[16], mentre la versione tradotta della geometria sacra di re Salomone veniva assegnata in dotazione all'Ordine.

Nel 1128 un giardino con annessa una piccola chiesa venivano donati all'Ordine in località Holborn, a Londra; mentre nel 1161 i Cavalieri costruivano la loro chiesa rotonda a Fleet Street (*tav. 8*). Dopo varie manipolazioni e accrescimenti, la chiesa è giunta fino a noi ed è conosciuta come Tempio o Chiesa dei Templari. E sin dal XIV secolo la sede del quartier generale dei Templari a Londra nei pressi di Temple Bar era il sito di due insediamenti, l'Inner Temple e il Middle Temple.

Nel 1139 il papa Innocenzo II (pure lui un Cistercense) garantiva all'Ordine l'affrancamento internazionale da ogni obbligo nei confronti di qualsivoglia autorità, fatto salvo, ovviamente, il Vaticano. Grazie a quanto veniva stabilito nella bolla papale *Omne Datum Optimum*, i Templari non dovevano rendere conto a nessuno, che si trattasse di re, cardinali o governi, ed erano sollevati dal pagamento di ogni genere di tasse e balzelli. A questo primo atto nel 1144 ne era seguito un altro a firma del papa Celestino II, intitolato *Milites Templi* e un anno dopo un terzo garantito da papa Eugenio II, *Militia Dei*, che oltre a ribadire quanto già garantito cementavano ulteriormente i diritti ed i privilegi riconosciuti all'Ordine Templare, possessore di vasti territori dai quali era legittimato a riscuotere rendite e tassazioni.

Col trascorrere del tempo, la Regola incominciò a mostrarsi inadeguata per contemplare tutte le estese attività dell'Ordine militare nei tanti campi in cui entrava in azione. Senza contare, poi, che la stragrande maggioranza degli adepti non era in grado di leggere e comprendere il latino. E così alcuni aspetti della Regola vennero emendati e rettificati, per poter poi essere pubblicati in lingua francese nell'anno 1165[17].

Il segreto reale

Fra i molti documenti che Hugues ed i suoi Cavalieri avevano portato da Gerusalemme, ve ne erano alcuni che nel corso della ribellione della Giudea (66-77 d.C.) contro la dominazione romana erano stati, per precauzione, segretamente nascosti e messi al sicuro. Il contenuto di questi documenti era considerato così esplosivo da essere in grado di mettere in ginocchio la dottrina della Chiesa di Roma e l'interpretazione del Nuovo Testamento.

Per questo i Templari si erano rifiutati di portare sulla loro veste la classica croce latina ed avevano preferito una croce rossa dai bracci pari, la cosiddetta *croix patee*, divenuto loro emblema sin dal 1146, tra-

[16] Il testo di questa lettera compare tradotto nel lavoro di Conrad Greenia, *Bernard de Clairvaux Treatises*, Kalamazoo, MI, Cistercian Publications, 1977, vol. 3, pp. 127-45.

[17] Barber – Bate, *The Templars*, cit., pp. 67-73.

sformatasi poi in croce di Malta dalle otto punte. L'emblema doveva in tutti i casi avere un aspetto ottogonale ed essere contenuto all'interno di un cerchio, per focalizzare l'attenzione sul suo centro, come a dire un punto dentro a un cerchio ⊙.

Tra i tanti manoscritti rinvenuti in siti posti anche al di fuori delle fondamenta del Tempio, ve n'erano provenienti dall'Oriente, alcuni salvati dal disastroso incendio della biblioteca di Alessandria d'Egitto avvenuto nel 391 d.C. Vi erano saggi della comunità essena precedenti il tempo di Cristo e volumi delle opere di filosofi e pensatori greci ed arabi, destinati ad essere messi all'indice dalla Chiesa. Inoltre volumi di numerologia, geometria, architettura e musica, ed altri relativi all'arte della metallurgia, della lavorazione dei metalli e delle leghe di metalli[18]. Nel complesso, si può dire che i Templari tornarono in Europa dopo aver acquisito la completa conoscenza della summa di alcune migliaia di anni di studi e di ricerche dell'umanità, lasciata loro in eredità preziosa. Queste conoscenze, a volte inedite e rivoluzionarie, permisero loro, fra le altre cose, di inventare i pagherò cambiari e di instaurare in tutto il continente la prima efficiente rete bancaria che la storia ricordi, fondata sulla equipollenza di un valore cartaceo riconosciuto rispetto ad un intrinseco corrispondente valore in metallo pregiato. Grazie a questo – ma soprattutto alle consistenti e continue donazioni – l'Ordine divenne in breve tempo l'organizzazione finanziaria più potente e straordinaria che la storia avesse mai conosciuto. In pochissimo tempo, i Templari si trasformarono nei finanziatori e banchieri di sovrani e governi dell'intera Europa e del Levante.

All'epoca in cui Robert Bruce veniva incoronato re degli Scozzesi, vale a dire nel 1306, l'influenza internazionale dei Templari incominciava a venire seriamente minacciata dall'operato del papa Clemente V, che negli anni a venire si sarebbe dato da fare a tal punto da eliminare fisicamente il potente Ordine. In questo ricevette forte ispirazione dal re di Francia, Filippo IV detto il Bello, al quale la fortuna dei Templari avrebbe fatto molto comodo, in questo spalleggiato anche dal genero Edoardo II Plantageneto re d'Inghilterra (1307-27), acerrimo nemico di Robert Bruce.

Quando nel 1947 vennero riportati alla luce i celeberrimi Rotoli del Mar Morto di Qumrân, nella Giudea, e, col tempo, si venne a conoscere la traduzione di uno di essi (1956) detto *Rotolo di Rame* (in cui si narrano le alterne fortune di Gerusalemme), si seppe che oltre ad una grande quantità di preziosi di ogni genere era stato sepolto anche «un tesoro incommensurabile». Alcuni rituali della massoneria francese medievale sostengono che la conservazione di questo tesoro costituiva una specifica e precisa responsabilità dell'Ordine Templare dei Cavalieri di sant'Andrea, fondato dal re Baldovino II, insediatosi nel 1118.

[18] Prince Michael of Albany, *The Forgotten Monarchy of Scotland*, cit., capitolo 5, p. 61.

Questi cavalieri scelti erano anche detti Principi Guardiani del Segreto Reale. In questa citazione troviamo per la prima volta nella storia la parola "segreto" abbinata alla protezione e custodia da parte di un Ordine cavalleresco appositamente costituito[19].

Stando all'analoga tradizione scozzese, i Cavalieri di sant'Andrea sarebbero stati gli eredi diretti dei Magi samaritani, considerati gli autentici antenati della Massoneria speculativa. Una storia che si spinge indietro nel tempo con la Guardia del Tempio di Gerusalemme al 586 a.C. Mentre regnava il re Giosia, l'alto sacerdote Hilkiah avrebbe appositamente costituito questa guardia speciale, prevedendo che il Tempio di Gerusalemme sarebbe stato distrutto dall'esercito babilonese di Nabucodonosor. Hilkiah, sacerdote della dea Anath, godeva di grande fama e prestigio per aver avuto il merito di riscoprire il Libro della Legge di mosaica memoria[20]. Capitano della Guardia era Geremia, figlio del sacerdote, conosciuto soprattutto per le sue profezie (*Geremia* 1:1). Il suo compito, alla guida della Guardia scelta, sarebbe stato quello di mettere al sicuro da ogni pericolo l'Arca dell'Alleanza e, con essa, tutti i grandiosi, inestimabili tesori dell'Ebraismo, sottraendoli al saccheggio dei Babilonesi invasori.

Persecuzione

La triste storia della persecuzione dei Cavalieri Templari è oggetto di molti libri, ma ritengo sia egualmente utile, a beneficio del lettore che ancora non sa, offrire qui di seguito una sintesi dei fatti. Attorno al 1306 l'Ordine Templare era diventato così potente da suscitare le gelosie e le mire ambiziose di Filippo IV re di Francia, che teneva d'occhio i Cavalieri con una certa apprensione. Era debitore nei loro confronti di una vera e propria fortuna e sarebbe bastato uno sgarbo da parte loro per fargli fare bancarotta, inoltre temeva la loro politica ed esoterica, che considerava ben più salde delle sue.

Fino a quel momento i Templari avevano operato senza subire alcuna interferenza papale, ma Filippo stava tramando contro di loro e aveva intenzione di cambiare le cose. In seguito ad un editto vaticano che gli proibiva di imporre tasse al clero, Filippo cospirò per catturare e quindi eliminare papa Bonifacio VIII. Il successore, Benedetto XI, venne tolto di mezzo altrettanto celermente, assassinato da Guglielmo di Nogaret[21], avvocato presso la corte francese. Al posto di Benedetto, sul soglio pontificio le macchinazioni di Filippo avevano quindi portato nel 1305 un suo protetto, Bertrand de Got, arcivescovo di Bordeaux che divenne papa Clemente V. Garantito dall'aver a fianco un nuovo papa francese, per

[19] Brig A. C. F. Jackson, *Rose Croix*, London, Lewis Masonic, 1980, Appendice III, p. 250.
[20] 2 *Re* 22: 8; 2 *Cronache* 34: 15.
[21] *The Catholic Encyclopedia*, vol. II, alle voci *Benedict XI* e al vol. XIV *Toulouse*.

di più tenuto sotto stretto controllo, Filippo si era sentito sufficientemente protetto nel dare il via alla sua azione persecutoria nei confronti dei Templari, accusati apertamente. Fra le tante, l'accusa più grave e pesante era quella di eresia[22], dal momento che era notorio come i Templari non condividessero le dottrine della nascita virginale del Cristo e, ancor più grave, della sua Resurrezione. Era anche altrettanto noto che i loro ambasciatori in terre lontane tenevano rapporti amichevoli e di libero scambio di affari e di opinioni con Ebrei, Gnostici e Musulmani. Con l'appoggio del papa, quindi, Filippo di Francia diede il la alla persecuzione dei Templari nella sua terra, con il preciso scopo di arrivare alla loro definitiva estinzione.

Venerdì 13 ottobre 1307, la vendetta del sovrano si concretizzò durissima, con una vera e propria caccia al Templare per tutta la Francia. I cavalieri catturati venivano messi in prigione, interrogati, torturati, condannati e bruciati vivi. Testimoni prezzolati si presentavano ai processi per confermare le accuse contro l'Ordine e tramite la tortura vennero ottenute non poche, per quanto bizzarre, attestazioni e confessioni. I Templari erano accusati di svolgere pratiche religiose blasfeme assolutamente da condannare come la negromanzia, l'aborto, la blasfemia e le arti della magia nera.

Una volta che al malcapitato cavaliere veniva, con qualunque modo e mezzo, estorta una confessione, il poveretto era condannato e spariva dalla circolazione, senza più lasciare traccia di sé. Tuttavia, il re non riuscì lo stesso a cogliere l'obiettivo cui puntava con maggiore accanimento, perché il tanto decantato tesoro templare non venne rintracciato. I suoi sgherri avevano setacciato in lungo e in largo le regioni dello Champagne e della Linguadoca inutilmente; una gran parte del tesoro, infatti, era stata messa in salvo nelle cripte segrete dalla Casa Capitolare dell'Ordine a Parigi. In un dipinto conservato nel Palazzo di Versailles si vede il Capitolo Templare di Parigi in cui compare l'Arca dell'Alleanza (*tav. 32*).

Nel XIV secolo la maggior parte delle famiglie dell'aristocrazia francese fiamminga aveva dei rappresentanti all'interno della Chiesa: se non vescovi per lo meno rettori ed abati, disseminati nei vari ordini clericali. Il Cappellano del Maniero di La Buzadière era uno di questi nobiluomini. Quando la trappola dell'editto papale era scattata a danno dell'Ordine, il Maniero era diventato ricettacolo e dimora di almeno sette ospiti templari. Venuti a conoscenza con un certo anticipo dei piani dell'Inquisizione e della vendetta che Filippo stava per far consumare, questi cavalieri avevano raggiunto rapidamente Parigi, per mettere sull'avviso i maggiorenti dell'Ordine. Poi, aiutati da altri compagni,

[22] La parola "eresia" viene definita come credenza o pratica che è contraria alla dottrina ortodossa, in realtà deriva dal greco *hairesis* che significa "scelta". Così accusare qualcuno di eresia significava accusarlo di non aver fatto la scelta giusta.

avevano raggiunto il porto di St. Malo al fine di andare in giro per l'Europa a diffondere la brutta nuova. I sette epici cavalieri rispondevano al nome di Gastone de la Pièrre Phoebus, Guidone di Montanor, Gentile da Foligno, Enrico di Montfort, Luigi di Grimoard, Pièrre Yorick de Rivault e Cesare Minvielle[23].

All'epoca Gran Maestro dell'Ordine era Jacques de Molay. Sapendo perfettamente che il papa era un fantoccio nella mani del re di Francia, Filippo, Molay fece appena in tempo a rimuovere tutti i beni dell'Ordine trasferendoli da Parigi su una flotta di ben 18 galee alla fonda nel porto di La Rochelle. La maggior parte delle navi aveva fatto rotta verso la Scozia, il resto in direzione del Portogallo. Ma di tutto questo Filippo era stato tenuto all'oscuro ed aveva continuato a perseguitare i Templari in Europa. Una volta messo al sicuro il tesoro e la tradizione templare, Molay ed altri sommi responsabili dell'Ordine avevano deciso di non fuggire e di restare in Francia per proseguire la loro opera, un aspetto importante della quale era quello di far conoscere a tutti i cavalieri sparsi per l'Europa che cosa stesse esattamente capitando e preservarli, qualora fosse stato possibile, dalla persecuzione in atto. Vennero così inviati corrieri e messi in lungo e in largo, anche se in molti casi essi giunsero troppo tardi e solo per constatare amaramente che i compagni e fratelli erano stati catturati e molti già giustiziati.

Alcuni cavalieri vennero arrestati sul suolo di Inghilterra, ma non in Scozia dove la bolla papale non aveva effetto. Questo era dovuto al fatto che al tempo del re Robert Bruce, lui e con lui tutta la nazione della Scozia erano stati scomunicati per aver preso le armi contro il re cattolico Edoardo II d'Inghilterra[24]. Dapprincipio, Edoardo si era mostrato riluttante ad agire contro i Cavalieri Templari ma, come genero di Filippo il Bello, si trovava in una posizione difficile, tenuto anche conto che era contemporaneamente obbligato a dare seguito alle disposizioni dell'Inquisizione. E così anche i Templari d'Inghilterra erano stati arrestati, le loro terre e precettorie confiscate dalla corona e in un secondo momento passate all'Ordine degli Ospedalieri di san Giovanni. In Scozia, invece, la storia era andata molto diversamente dal momento che la nazione aveva da tempo sottoscritto un patto di solidarietà con l'Ordine, sin da quando il re Davide aveva garantito a Hugues ed ai suoi cavalieri le terre di Ballantradoch nei pressi del Firth of Forth (ora il villaggio del Tempio).

Una cosa importante da ricordare è che in quel tempo non esisteva alcuna barriera linguistica fra Scozia e Francia. Le due nazioni, infatti, era-

[23] Prince Michael of Albany, *The Forgotten Monarchy of Scotland*, cit., capitolo 5, pp. 61, 62.

[24] La scomunica alla Scozia, intesa come intera nazione, non sarà rimossa che nel 1323. L'atto venne a seguito della vittoria ottenuta da Robert Bruce nel 1314 a Bannockburn contro Edoardo con la successiva proclamazione della Costituzione scozzese (la cosiddetta *Declaration of Abroath*) avvenuta nel 1320. In seguito, nel 1328, il Trattato di Northampton avrebbe ribadito l'indipendenza e la sovranità di Bruce.

no unite da cospicui commerci e da un'alleanza militare antica che risaliva a qualche centinaio di anni prima, all'epoca della cosiddetta *Auld Alliance*[25]. Il trattato (formalmente pattuito a scopi di difesa e di offesa) era stato sottoscritto dall'imperatore dei Franchi Carlo Magno e dal re Eochaid IV di Scozia nell'807. Era in virtù di questo accordo che la Guardia Scozzese (la *Garde Ecossais*) era stato scelto come guardia del corpo della corona presso la corte reale francese dei Valois sin dal tempo della dinastia capetingia, quella stessa cui apparteneva Filippo IV. In questa prospettiva, un ruolo importante aveva avuto la Guardia Scozzese nelle battaglie sostenute da Giovanna d'Arco, specie nell'assedio della città di Orléans, contro gli Inglesi nel 1429. La principessa Maria Stuarda, figlia di Giacomo V ed in seguito regina di Scozia, era andata in sposa al delfino di Francia e per questo aveva anche potuto assumere nella sua persona il titolo di regina dei Francesi.

La Rosa Croce

Al seguito di quella parte di flotta templare che si era diretta in Scozia, nel paese approdarono circa 50 Cavalieri Templari francesi, facendo scalo al promontorio di Kintyre. Più tardi, il 24 giugno del 1313, venuti a sapere che il loro Gran Maestro, de Molay, era stato brutalmente arso sul rogo, questi stessi cavalieri si erano fatti parte attiva per approvare la Regola dell'Ordine rivista nella *Costituzione* del 1307 e quindi onorare Pièrre d'Aumont come Gran Maestro di Scozia[26]. Nella vicina isola di Islay e sulla terraferma a Kilmartin si possono trovare numerose tombe templari sulle cui lastre sono rappresentati alcuni dei cavalieri che erano giunti in Scozia a bordo della flotta templare.

Sotto gli auspici protettivi del re Robert Bruce e di tutto il suo clero scomunicato dal Vaticano, l'Ordine venne ricostituito in una Chiesa, con tanto di gerarchia completamente indipendente da Roma. La Chiesa Templare vantava abati, preti e persino vescovi, ma non cardinali e certamente non un papa. In vista di un conflitto con l'Inghilterra, i Templari incominciarono a farsi maestri d'armi per preparare l'esercito scozzese alle tattiche di guerra, messe da loro ben a frutto nel corso delle Crociate. Nel frattempo, una parte delle loro ricchezze veniva impegnata in Irlanda per la produzione di armi[27].

In una seduta dell'Inquisizione tenutasi nel 1309, il vescovo William Lamberton di St. Andrews, su esplicita sollecitazione edittale del papa Clemente V e del re d'Inghilterra Edoardo II, era stato chiamato a de-

[25] La *Auld Alliance* franco-scozzese era uno degli accordi di Stato fra i più antichi d'Europa, in base al quale (fino all'abrogazione nel 1906) i Francesi potevano entrare in Scozia come cittadini scozzesi e viceversa.

[26] Ward, *Freemasonry and the Ancient Gods*, cit., capitolo 13, p. 303.

[27] A partire dal 1314, Edward Bruce, fratello di Robert, era diventato re dell'Irlanda, titolo che aveva conservato fino alla morte, avvenuta nel 1318.

nunciare tutto il movimento templare scozzese; ma nel dicembre dello stesso anno, presso la casa templare di Holyrood, egli strinse un patto che era proprio l'opposto.

L'accordo prevedeva la cessione all'Ordine dei santuari in tutto il paese, in cambio di prestazioni d'opera da parte dei cavalieri, impegnati a fare da maestri d'armi e di strategia alle schiere scozzesi. Ed infatti il loro apporto fu decisivo. Non per nulla il re Edoardo continuava a lagnarsi presso la Santa Sede in merito alle attività sovversive scozzesi e in terra d'Irlanda, da dove la Scozia importava armi di prima qualità. Alla fine il papa se n'era risentito e nel 1312 aveva scomunicato ancora una volta l'Ordine. Resta negli annali storici il giudizio che John di Soleure, legato papale, intentò nel 1309 contro due cavalieri inglesi della commenda di Holyrood. Si trattava di Walter di Clifton, precettore di Ballantradoch, e di William di Middleton, tenuti ambedue agli arresti domiciliari presso la casa templare per tutto il tempo della visita dell'inviato del papa. Il motivo di una così ristretta presenza constava nel fatto che tutti gli altri compagni erano impegnati attivamente nell'esercito scozzese del re Bruce[28].

Se mai la reale casa inglese dei Plantageneti poteva vantare qualche progetto sul regno di Scozia, questi piani vennero drammaticamente svelati con il sopraggiungere in Scozia dei Templari e dopo il disastroso esito che la battaglia di Bannockburn del 1314 aveva avuto per la corona britannica. Questo terribile scontro si era consumato soltanto tre mesi dopo che il Gran Maestro templare Jacques de Molay era stato bruciato vivo in Francia, per essersi rifiutato di svelare i segreti dell'Ordine agli aguzzini del re di Francia Filippo il Bello[29]. Dopo il trionfo di Bannockburn, i Templari entrarono a far parte della Guardia Reale di Scozia, in qualità di corpo speciale a protezione del palazzo e della famiglia reale. Col tempo l'Ordine venne poi continuamente sostenuto anche dagli altri, successivi sovrani scozzesi. Ai Cavalieri Templari furono concessi vasti possedimenti terrieri (soprattutto nel Lothians e nei dintorni della città di Aberdeen), e l'Ordine arrivò a possedere anche beni immobili nelle regioni occidentali dell'Ayr, Lorn e Argyll.

Il 1317 segna tuttavia una data importante nella gestione dell'Ordine in terra di Scozia. Molti cavalieri erano caduti nella battaglia di Bannockburn e, visti i ranghi a tal punto ridotti, la corona aveva pensato bene di far confluire nell'ordine decimato della nuova linfa, offerta dai compagni frammassoni. Lo stesso re di Scozia veniva insignito del titolo ereditario di Gran Maestro Superiore e, da questo momento, l'incarico sarebbe toccato a tutti i suoi successori, con il titolo di Conte o Principe di St. Germain. Inoltre, Bruce decise di costituire un nuovo Ordi-

[28] Ward, *Freemasonry and the Ancient Gods*, cit., capitolo 13, p. 300.
[29] Il Gran Maestro dei Templari, Jacques de Molay, venne mandato al rogo il 18 marzo del 1314.

ne, che pensò di chiamare della Rosa Croce[30]. La bolla papale di scomunica per tutta la nazione scozzese non poteva ovviamente durare in eterno e così nel 1323 venne revocata, con il congiunto riconoscimento da parte del papa Giovanni XXII della legittimità del trono di Scozia di Robert Bruce. In virtù di questo atto, alcuni autori ritengono che da quel momento i Templari venissero banditi anche dalla Scozia, ma non fu così. L'escamotage fu semplice: Robert Bruce stabilì che l'Ordine si sarebbe chiamato con un altro nome. I suoi confratelli della Rosa Croce erano quelli che si erano comportati in modo eroico a Bannockburn contro gli Inglesi e quelle stesse persone avrebbero offerto un'ottima e preziosa copertura agli ex Templari.

Fu in questo periodo di forte presenza templare nel paese che il sistema nazionale scozzese delle banche si affermò, consolidando la sua posizione grazie alle esperienze che l'Ordine da tempo aveva maturato nella gestione delle risorse finanziarie a livello internazionale. Questa notevole ricchezza diffusa fu uno dei tanti motivi dell'accanimento della corona inglese nei confronti della Scozia[31]. Durante un celebre banchetto tenuto a Parigi dal re Giacomo V di Scozia (1513-42) e dalla sua consorte Maddalena di Francia, gli oltre 300 invitati vennero tutti omaggiati di un calice in oro puro istoriato con l'emblema araldico della nazione scozzese. La corona scozzese (composta com'è di gemme stupende, comprese alcune perle del fiume Tay) è realizzata con oro locale ed ancora oggi la tradizione dell'oro in questo paese è perpetuata dalla presenza di almeno due miniere attive nel Perthshire[32].

Nei termini dell'antica Massoneria, l'Ordine Reale che in Scozia si andò ad aggregare a quello della Rosa Croce sarebbe stato quello di Heredom (monte santo) di Kilwinning, nell'Ayrshire – forse fondato addirittura dal re Davide I –, di cui Giacomo Stuart, quinto High Steward (morto nel 1309), era stato Gran Maestro. È per questo motivo che il grado parallelo massonico attuale di Cavaliere della Rosa Croce si dice scaturisca dalla stessa costituzione dell'associazione, per quanto lo sia soltanto in teoria.

Il Grande Ordine Rosacrociano di St. Germain legittimato risale al 1688, all'epoca dell'esilio in Francia degli Ordini cavallereschi facenti capo alla Casa Stuart. In seguito il re Giacomo II (VII) avrebbe costituito il Nobile Ordine della Guardia di St. Germain, il 18 giugno 1692 a Parigi.

Il grado di Heredom di Kilwinning e il Cavalierato della Rosa Croce sussistono tutt'oggi all'interno dell'Ordine Reale di Scozia. Dimentico di tutto questo passato, l'Ordine decise di apparire formalmente ed ufficialmente la prima volta soltanto nel 1730 presso il pub *Thistle and*

[30] Keith B. Jackson, *Beyond the Craft*, London, Lewis Masonic, 1980, p. 61.
[31] Prince Michael of Albany, *The Forgotten Monarchy of Scotland*, cit., capitolo 8, pp. 125, 126.
[32] «The Mail on Sunday», 20 giugno 1997.

Crown di Chandos Street a Londra[33], adottando uno statuto riconosciuto più tardi, il 22 luglio del 1750. Immediatamente dopo, era stato stilato un documento in cui si parlava di un affratellamento con una loggia domiciliata nella città dell'Aia, iniziativa corroborata con atto steso in Edimburgo nel 1753, per poi diventare finalmente la Grande Loggia dell'Ordine nel luglio del 1776. Da quel momento in avanti, il re di Scozia otteneva il titolo ereditario di Gran Maestro ed il suo seggio (drappeggiato con un manto porpora, e sormontato da una riproduzione della corona aperta di Giacomo IV) sarebbe rimasto vacante in occasione di tutti gli incontri.

I costruttori di cattedrali

Non possiamo assolutamente chiudere la prima parte della storia templare senza accennare a quegli aspetti operativi strettamente legati alla nascita della Massoneria in senso concreto. Si tratta, infatti, di uno dei grandiosi apporti culturali e scientifici trasmessi nella geometria sacra di re Salomone e che san Bernardo aveva avuto cura di tradurre, unitamente ad altri risvolti arcani e della tradizione ermetica; spunti di conoscenza che i Cavalieri Templari avevano portato con sé rientrando in Europa da Gerusalemme. Nelle pagine che seguono viene indicato il progetto che condusse alle realizzazione delle fantastiche cattedrali di Notre Dame nel territorio francese.

Queste gigantesche costruzioni venivano realizzate grazie all'opera delle gilde di costruttori e muratori, i gruppi di *frères maçons* come i Figli di Salomone. Quando, in pieno XIV secolo, l'Inquisizione era nel macabro fulgore del suo atto persecutorio verso i Templari, anche queste gilde correvano non pochi rischi. I loro componenti, infatti, erano coloro che mettevano in pratica i princìpi dell'Arte, grazie a conoscenze antiche e privilegiate e secondo un rigido schema gerarchico di gradi differenziati di conoscenza ed esperienza. Vi erano sostanzialmente tre gradi: apprendista compagno, compagno e maestro, esattamente come ancora oggi accade nella corrente della moderna Massoneria. In aggiunta, le diverse gilde di costruttori erano anche conosciute come *Compagnons de Devoirs* (dove la parola *devoir* stava a significare un dovere, un compito da svolgere)[34].

Nello stesso modo in cui i Templari erano stati costretti a sfuggire agli attacchi del re di Francia Filippo il Bello, così gli aderenti a queste gilde di costruttori di cattedrali dovevano stare costantemente all'erta per non incorrere nei fulmini dell'Inquisizione. Ma è proprio dagli atti di alcuni interrogatori cui furono sottoposti alcuni rappresentanti di queste corporazioni speciali che siamo riusciti ad ottenere le informazioni

[33] R. F. Gould, *Gould's History of Freemasonry*, London, Caxton, 1933, introduzione.
[34] Louis Charpentier, *The Mysteries of the Chartres Cathedral*, cit., capitolo 18, p. 145.

più significative sul cosiddetto "terzo grado", un modo di dire usato ancora oggi a significare un fuoco di fila di domande stringente e incalzante.

Strategicamente collocate per tutta la Francia, come specchio in terra della costellazione della Vergine[35], queste magnifiche cattedrali continuano ancora oggi a stupire architetti ed addetti ai lavori. L'architettura è, a dir poco, fenomenale, e, a dispetto delle tonnellate e tonnellate di pietra riccamente decorata, l'impressione che si ricava è sempre quella di un'incredibile, quasi eterea, leggerezza. Questi colossi di pietra vennero eretti pressappoco nello stesso arco di tempo, anche se per alcune di esse occorse almeno un secolo per arrivare alla conclusione definitiva dei lavori. Notre Dame a Parigi venne iniziata nel 1163, quella di Chartres nel 1194, quella di Reims nel 1211 e quella di Amiens nel 1221. Altre coeve sono quelle di Bayeux, Abbeville, Rouen, Laon, Evreux ed Etampes. Ma, fra tutte, è soprattutto a proposito della cattedrale di Notre Dame di Chartres che si è soliti parlare di elevazione in un sito sacro.

Pare che in questo luogo le correnti sotterranee telluriche raggiungano il loro apice, al punto che il posto era conosciuto come particolare sin dai tempi antichi dei Druidi. (Fenomeno che sarebbe provocato dai continui cambiamenti del campo magnetico terrestre con la manifestazione di correnti telluriche a bassissima frequenza che verrebbero a generarsi naturalmente nel sottosuolo).

Il sito dove sorge la cattedrale di Chartres è a tal punto venerato da essere la sola cattedrale a non avere sepolto nelle sue cripte alcun re, vescovo, cardinale o canonico che sia. Nell'antichità era già un sito pagano riconosciuto e dedicato, come tradizione imponeva, alla Grande Madre Terra, un luogo di pellegrinaggio dove i fedeli si spingevano ancora prima dell'avvento di Gesù. L'altare originale era realizzato proprio al di sopra della cosiddetta "Grotta dei Druidi" dove si conservava un antichissimo dolmen[36] e si immaginava ci fosse il ventre della Madre Terra.

Lo stile di queste chiese è unico, nel senso che la volta – sostenuta da possenti archi rampanti e costoloni – si regge miracolosamente soltanto sulle azioni di spinta e controspinta delle diverse membrature architettoniche che la compongono. Adornate con motivazioni tratte da immagini della natura organica, queste chiese vennero dette in stile "gotico", un termine derivato dalla *Langue Argotique*, così come venne sa-

[35] Il piano progettuale di Notre Dame insisteva sulle linee "ley", ossia le linee telluriche, energetiche di forza del pianeta Terra, ubicate in quei punti della superficie terrestre dove le energie sono amplificate da profonde caverne o sorgenti e corsi d'acqua sotterranei.

[36] Un dolmen era solitamente costituito da due pietre verticali sulle quali poggiava un'altra lastra di pietra orizzontale, come si vede a Stonehenge. In ere preistoriche i dolmen erano utilizzati come giganteschi risonatori (un po' come gli amplificatori elettronici che vengono usati oggi per esaltare la musica) al fine di catturare la forza vitale delle correnti telluriche della terra.

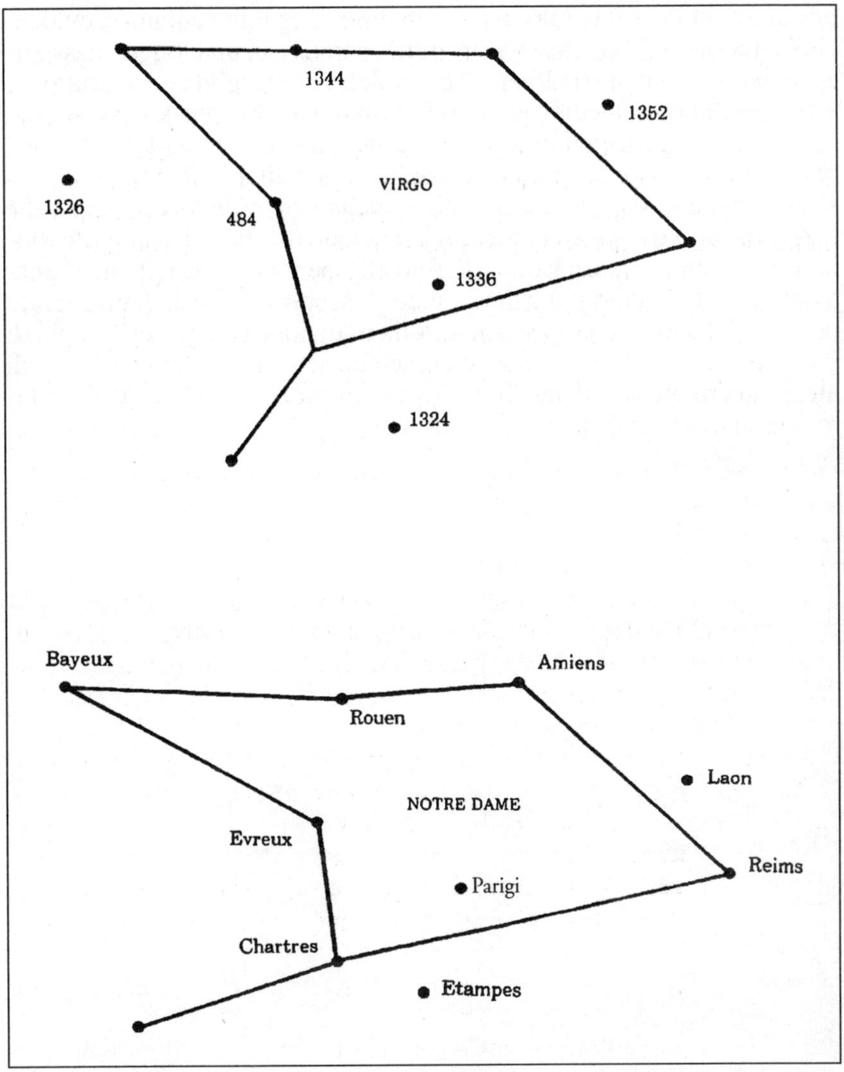

La costellazione della Vergine e l'ubicazione delle varie cattedrali Notre Dame in Francia.

pientemente spiegato nel XIX secolo dall'ermetista francese Fulcanelli, ultimo custode del linguaggio di trasmutazione alchemica[37].

La seicentesca Royal Society voluta dal re Carlo II derivò in forma diretta dall'Ordine della Rosa Croce del XIV secolo dei Cavalieri di Robert Bruce, a sua volta scaturito dai Cavalieri Templari di due secoli

[37] Mary Sworder (a cura di), *Fulcanelli: Master Alchimist: Le Mystère des Cathédrales*, Albuquerque, NM, Brotherhood of Life, 1986, capitolo 3, p. 42.

prima e dai Figli di re Salomone. Tuttavia, un fattore comune si evidenzia in queste associazioni. La struttura operativa di una loggia massonica si basava fondamentalmente sul modello di una gilda di costruttori e muratori di epoca medievale, ma il motivo della esistenza di segni, parole e gesti segreti non aveva alcuna attinenza con mortai e cazzuole, neppure con i diversi gradi di capacità personali ed efficienza nel costruire. Eppure, si è sempre cercato di mantenere protetta la scienza che scorreva sotto traccia ed era in qualche modo legata a questa professionalità, dal tempo di san Bernardo fino all'opera mirabile di Christopher Wren. Come avremo più avanti modo di scoprire, il cosiddetto segreto perduto della Massoneria si fonda sulla tradizione arcana del Tempio di Salomone che si rivela di per sé come una sorta di forma sofisticata di alchimia ermetica. Fulcanelli vi faceva riferimento come al Vello d'Oro dell'antica sapienza.

8

La leggenda hiramica

Il grembiule massonico

Il Vello d'Oro viene attualmente citato nel primo grado dell'Arte, ma in un contesto cavalleresco, non nel senso indicato e descritto da Fulcanelli. Quando il Maestro operativo di una loggia presenta il bianco grembiule della tradizione massonica ad un adepto gli dice:

> È più antico del Vello d'Oro o dell'Aquila romana, più onorevole della Stella e della Giarrettiera o del simbolo di qualsivoglia altro Ordine che ti possa essere conferito oggi o in qualsiasi altro tempo in futuro da re, principi, potentati o qualsiasi altra persona, eccetto un fratello massone.

In primo luogo, si tratta di un'informazione sbagliata, in secondo estremamente naif. Appartiene esattamente a quel tipo di affermazioni che rendono la Massoneria così facilmente criticabile ed attaccabile dall'esterno. Stando ai *Verbali* della Loggia di Ricerca Quatuor Coronati: «Le prime raffigurazioni del grembiule massonico compaiono nel ritratto scolpito di Anthony Sayer, il primo Gran Maestro della Massoneria moderna (1717)»[1]. Sempre nei *Verbali* si precisa che il grembiule è il retaggio di quello che veniva usato nel Medioevo dai lavoratori, riprodotto nell'illustrazione del frontespizio della prima versione della *Costituzione* di James Anderson (1723), dove un guardiano è raffigurato sulla sinistra mentre sta portando un certo numero di grembiuli all'interno della sala degli incontri (*tav. 5*). Si tratta però di grandi grembiuli da lavoratore e non dei piccoli grembiulini di identificazione in uso oggi. Nel testo si afferma che dal 1731 il lungo grembiule già si era accorciato alle ginocchia, assumendo una forma triangolare, con la punta rivolta verso il basso. Poi, a partire dal 1764, alcuni massoni avevano incominciato ad indossarlo al contrario con la punta del triangolo che veniva ripiegata sul bordo superiore per convincere i presenti che «in mezzo a loro non si trovava un massone operante». Il testo continua semplicemente affermando che dal 1784 il grembiule aveva subito un

[1] Ars Quatuor Coronatorum, *The Transactions of Quatuor Coronati Lodge N° 2076*, United Grand Lodge of England, vol. 74, 1961, pp. 133-37.

drastico ridimensionamento nelle misure, usanza che i fratelli irlandesi già avevano adottato da qualche tempo.

Se la presunta nobiltà del grembiule (così come descritto nel primo grado) significava un tempo ricordare e correlarsi ad un'altrettanto nobile attività, con il finire del Settecento questa tradizione sembra decisamente venir meno, a causa della scarsa compatibilità che la Massoneria sembrava ormai provare nei confronti di quel genere di attività. E così, era incominciata la moda di decorare il grembiule massonico con ogni genere di rifinitura: simboli e insegne ufficiali, ma anche laccetti, frange dorate, rosette, nodi, tassellini ricamati e così via. Insomma, niente che avesse più a che fare con i simboli del lavoro, al punto che il grembiule della Fratellanza ad un certo momento era una sorta di elemento di abbigliamento ad indicare lo status symbol per un immediato riscontro a livello sociale. Ma per quale riconoscimento? Semplice: essere distinto come un elemento della classe media borghese o della classe alta che, in quei giorni, poteva permettersi di essere iscritto ad un'associazione del rango della Massoneria.

Il grembiule massonico è un oggetto che vanta per lo meno 300 anni di storia e, nel peggiore dei casi, non meno di 200. Affermare che si tratta di qualcosa di più antico del Vello d'Oro è semplicemente ridicolo. L'Illustrissimo Ordine del Vello Dorato – il più elevato Ordine della corte di Spagna – venne costituito il 10 gennaio 1429 da Filippo il Buono, duca di Borgogna. Sostenere che il grembiule massonico è più onorevole della Stella e della Giarrettiera, l'ordine sovrano più prestigioso della corte d'Inghilterra, fondato da Edoardo III nel 1348 come Nobilissimo Ordine della Giarrettiera, è altrettanto ridicolo.

Come la maggior parte degli strumenti di lavoro e degli oggetti legati alla ritualistica massonica, anche il grembiule ha una data di introduzione relativamente moderna. È un elemento successivo al 1717, un'invenzione dell'era giorgiana, nel tentativo di emulare un'istituzione che aveva lasciato il paese in esilio, un'istituzione i cui precetti e i cui comandamenti (così come fissati da Anderson nel 1723) erano andati perduti con l'incalzare dell'establishment hannoveriano. In termini pratici, il grembiule è come un vessillo di riconoscimento istantaneo, questo è indubbio, tuttavia non è certamente più antico ed onorevole degli elementi fondanti della Massoneria come vengono citati nella ritualistica delle logge.

Ciononostante, esiste una modalità legittimata di collegare un simbolismo rilevante ed antico al grembiule massonico e anche coloro che hanno redatto la dinamica dei rituali sembrano non essersene accorti. Ai tempi dell'Antico Testamento, il gran sacerdote era solito indossare un particolare grembiule, tutto ornato e imbastito di gemme preziose, l'*ephod*[2]. In particolare, era la tunica indossata dai sacerdoti leviti che

[2] Giuseppe Flavio, *Antichità giudaiche*, libro III, capitolo VII: 5. Vedi anche *1 Samuele* 2: 18.

avevano in cura la custodia dell'Arca dell'Alleanza e quando lo ripiegavano sull'orlo superiore veniva effettivamente a somigliare a un corto grembiule in tessuto di lino[3]. In *2 Samuele* 6: 13-15 si dice che il re Davide (padre del futuro re Salomone), vestito con l'*ephod* di lino, si era messo a danzare al cospetto dell'Arca.

Il figlio della vedova

Non esiste alcuna altra parte del rituale massonico meglio conosciuto dai fratelli di quello riguardante la leggenda di Hiram Abiff, anche se per gli esterni i dettagli della storia non sono sempre chiari. Il racconto hiramico si conviene al terzo grado della scala massonica ed è propedeutico al conseguimento della condizione di maestro. L'adepto partecipa alla funzione vestendo i panni di Hiram ed anche se si tratta di una vicenda relativa ad un personaggio biblico, non si può certo affermare che sia ben conosciuta da tutti.

Hiram ci viene presentato nell'Antico Testamento, all'interno del primo libro dei *Re* 7: 13-14, come il figlio di una vedova della tribù di Neftali, mentre il padre defunto era un uomo della città di Tiro. Hiram diventa il capomastro nella costruzione del Tempio di Salomone a Gerusalemme e viene descritto come uno abile «nel lavorare il bronzo, ed egli era un uomo industrioso e intendente che sapeva fare ogni lavoro in bronzo. Ed egli venne al re Salomone e fece tutto il suo lavoro». (La parola "intendente" sta per esperto, vale a dire una persona che "conosce").

Malgrado l'apparente genericità di *1 Re* 7, il lavoro che Hiram è chiamato a svolgere è ben specificato: due colonne di bronzo, con tanto di capitelli sempre in bronzo; un mare gettato in bronzo (una sorta di gigantesco lavacro), buoi, leoni, cherubini e svariate altre creature in bronzo, melograni, gigli e palme decorati in bronzo, dieci carri bronzei, ornati con numerose palle gigantesche, badili e catini «tutto in bronzo». Oltre a tutto questo troviamo anche la descrizione di un altare, una tavola per il pane della presentazione, dei candelieri, incensieri, turiboli ed ogni altro genere di oggetti questi però eseguiti in oro.

In *2 Cronache* 2: 14, si torna a parlare di Hiram nel testo di una lettera da parte di Huram, re di Tiro, che introduce e presenta Hiram a re Salomone. Nella lettera vengono elencate le formidabili, ineguagliabili capacità del grande capomastro. Si dice che egli è «un uomo intendente nel lavorare in oro e in argento, in bronzo e in ferro e in porpora e in scarlatto e in violetto ed anche capace di lavorare d'intagli e di disegni di qualunque cosa gli sia proposta, egli e gli altri uomini esperti del mio signore Davide, tuo padre...». (L'importanza di porpora, violetto e scarlatto fa riferimento ai pigmenti coloranti che Hiram era abile nell'uti-

[3] James Hastings, *Dictionary of the Bible*, Edinburgh, T & T, 1909, alla voce *Dress-item: Apron*.

lizzare, tipici ed unici della regione canaanita. La fonte maggiore per questo genere di colorante era la conchiglia del murice, dalla quale nel mondo antico si otteneva il famoso color porpora[4]).

Per farla breve, Hiram emerge come la figura di un artigiano capace di ogni cosa, di trattare qualsiasi materiale decorativo ed è più che evidente che diventa lui il primo, autentico maestro del re Salomone. Forse è possibile rintracciare nel testo biblico un errore nell'uso del termine "bronzo". La traduzione forse non è del tutto rispettosa e al posto di bronzo (una lega composta da rame e zinco) sarebbe forse meglio proporre simile al bronzo, come il bronzo[5].

In *Antichità giudaiche* Giuseppe Flavio non si dilunga troppo sulle notevoli capacità di Hiram e si limita ad affermare che «egli era abile in ogni genere di lavoro, in tutte quelle attività manuali che servivano alla realizzazione del Tempio»[6]. Nella descrizione di questi numerosi lavori si cita anche la realizzazione da parte di Hiram di un paio di colonne per il porticato del Tempio, quella di destra era detta *Jachin*, mentre l'altra era chiamata *Boaz*. Il resto viene enumerato come nella Bibbia, compresi il grande braciere in bronzo, un altare e tutte le altre cose che già abbiamo elencato prima. Tuttavia sembra chiaro, da ambo i racconti, che l'architetto capo nella costruzione sia comunque Salomone e non tanto Hiram.

Richiamandosi ai tanti errori di traduzione tipici della versione biblica, Albert Mackey nella sua opera intitolata *Encyclopedia of Freemasonry*[7] asserisce che il testo di *2 Cronache* dell'Antico Testamento è stato, quasi certamente, frainteso e mal tradotto. In merito all'abilità di Hiram nel lavorare i metalli, nel testo originale ebraico non si parla delle sue qualità nel trattare la pietra e le travi, usando l'accezione di pietra per indicare le gemme preziose e quindi l'arte orafa, e di trave per indicare il legno e quindi la scultura[8]. Per cui non esiste alcun cenno al fatto che Hiram fosse un bravo mastro pietraio e neppure che abbia partecipato così attivamente ed in modo tanto decisivo alla realizzazione del Tempio di Salomone, come invece viene trasmesso all'interno della Massoneria. In verità, uno studio attento di quanto compare scritto in *1 Re* ci rivela pressoché la cosa opposta. Si dice a chiare lettere che Salomone impiegò la bellezza di 13 anni per costruire il suo Tempio e nei versetti 1-12 se ne descrivono gli aspetti più importanti come gli edifici componenti, il grande porticato e il cortile, mentre è soltanto ad opera completata che, al versetto 13, Salomone entra in contatto e collaborazione con Hiram della città di Tiro. Se ne dovrebbe pertanto dedurre

[4] Werner Keller, *The Bible as History*, London, Hodder & Stoughton, 1956, p. 72.
[5] J. Hastings, *Dictionary of the Bible*, cit., alla voce *Brass*.
[6] Giuseppe Flavio, *Antichità giudaiche*, libro VII, capitolo III: 4.
[7] Albert Mackey, *Encyclopedia of Freemasonry* (facsimile dell'edizione del 1909), Kila, MT, Kessinger, 2003.
[8] Le parole sono *Baabanim* e *Vebagneisim*.

Il re Salomone, costruttore del Tempio (xilografia di Julius Schnoor von Carolsfeld, 1794-1872).

che questi non era né un architetto né, tanto meno, un maestro massone; egli spicca solamente come un bravo artigiano, una sorta di capo decoratorc di tutti i manufatti aggiuntivi di abbellimento della costruzione edile del Tempio.

La morte di Hiram non viene ricordata nel testo biblico, né nel primo e secondo grado massonico, ma diventa la parte centrale portante del conseguimento del terzo grado. Il suo nome compare però nella *Costituzione* di Anderson del 1723, anche se non viene narrata la leggenda della sua triste fine. Altrove, Hiram viene menzionato (sebbene solo di passaggio) in un oscuro catechismo massone noto col titolo *Manoscritto di Graham* datato 1726[9] e nel lavoro di Samuel Pritchard dal titolo *Masonry Dissected* del 1730. Ricompare nuovamente nella revisione aggiornata della *Costituzione* di Anderson del 1738. Il terzo grado dell'Arte massonica sappiamo per certo che non venne introdotto prima del 1724, mentre la figura di Hiram non comparve per tutto il decennio.

[9] Questo documento porta la data del 14 ottobre 1726. Venne scritto da un non bene identificato Thomas Graham ed è intitolato *The Whole Institutions of Free Masonry Opened and Proved by the Best of Tradition and Still Some Reference to Scripture*.

Queste osservazioni suggeriscono che la storia dell'assassinio di Hiram, una delle leggende portanti che hanno contribuito a creare un clima di segretezza e mistero attorno alle pratiche ed alle attività della Massoneria, potrebbe al massimo avere un'anzianità di circa 267 anni.

La morte del costruttore

L'uomo che introdusse concretamente il personaggio di Hiram nella prima linea della tradizione massonica fu il prelato francese reverendo Jean Theophilus Desaguliers, Gran Maestro della Grande Loggia d'Inghilterra dal 1719 al 1722, nonché autore delle cosiddette Regole Generali della *Costituzione* del 1723. Membro della giorgiana Royal Society, Desaguliers era un eminente filosofo, scienziato ed aveva inventato il planetarium. Prima che introducesse Hiram sulla scena massonica, la figura più rilevante atta a rappresentare l'operosa costruttiva attività della loggia era quella del patriarca Noè, il costruttore dell'arca.

La storia di Noè è intimamente legata anche a quella dei tre figli Sem, Cam e Jafet. Si racconta che, alla morte di Noè, i tre si erano recati sulla sua tomba per vedere di disseppellire un grande segreto che era stato inumato con lui, ma, con loro grande sorpresa, non avevano trovato che il corpo del padre[10]. Quando avevano tentato di tirarlo fuori dal sepolcro afferrandolo per un dito del piede, il cadavere era ricaduto. Quando lo avevano fatto afferrandolo per un polso era accaduta la stessa cosa e lo stesso, di nuovo, era capitato legandolo per le spalle. Alla fine ce l'avevano fatta afferrandolo saldamente in cinque punti, conosciuti, per l'appunto, in Massoneria come i Cinque Punti della Fratellanza, che costituivano una specie di abbraccio: piede con piede, ginocchio con ginocchio, petto con petto, guancia con guancia e mano sulla schiena. La strana leggenda racconta che uno dei fratelli ebbe a dire: «In quest'osso c'è del midollo», al che gli altri gli avrebbero risposto: «Eppure è un osso secco», dopo di che avrebbero deciso di battezzare questo singolare evento con la parola priva di logica *Mahabyn*.

Qualsiasi fosse lo scopo originale di questa strana storia, mancava certamente degli elementi chiave per farne una buona storia e così, col tempo, erano stati via via aggiunti altri particolari, quelli del tradimento, dell'assassinio, del martirio e della vendetta. Grazie a tutte queste aggiunte ed arricchimenti, Desaguliers poteva disporre di una trama decisamente più accattivante, anche se avvertiva che sarebbe stato opportuno cambiare la figura del protagonista centrale per assumerne una di un personaggio associato alla costruzione architettonica e non tanto, come nel caso di Noè, alla realizzazione di un pur grandioso manufatto ma di legno. E così la leggenda di Noè si era traslata, mutatis mutandis,

[10] Alex Horne, *King's Solomon Temple in the Masonic Tradition*, London, Aquarian Press, 1971, capitolo 14, p. 341.

in quella di Hiram Abiff avente come degnissimo sfondo la costruzione del Tempio di Salomone.

In breve, la storia di Hiram parla di due apprendisti muratori, Jubela e Jubelo, i quali, una volta portata a termine la costruzione del Tempio, desiderano venire a conoscenza dei segreti dell'Arte e diventare quindi maestri massoni. Alla loro richiesta Hiram si rifiuta di svelare gli arcani ed allora Jubela lo colpisce con una riga lunga 60 cm, mentre Jubelo fa altrettanto ma con una squadra. Hiram non riesce a sfuggire ai suoi assassini perché i cancelli del cortile del Tempio, dove avviene l'uccisione, sono sbarrati. A questo punto entra in gioco un terzo rivale, Jubelum, che lo incalza con la stessa domanda. Avendo ricevuto lo stesso diniego riservato agli altri due, Jubelum si accanisce contro Hiram colpendolo alla fronte con una mazza, finendolo. I tre nascondono il suo cadavere in un angolo lontano, ricoprendolo con la polvere del cantiere del Tempio. Poi, angosciati dal rimorso, lo spostano e lo seppelliscono lungo il crinale di una collina, dandogli una sepoltura più acconcia, e segnano il posto della terra rimossa piantando un ramoscello di acacia.

Il giorno dopo, l'assenza non giustificata di Hiram mette subito in apprensione gli altri lavoratori del Tempio. Re Salomone viene quindi avvicinato da 12 adepti muratori i quali gli riferiscono di sapere che cosa potrebbe essere accaduto. Per prima cosa essi fanno l'appello al quale mancano i tre assassini Jubelo, Jubela e Jubelum. Inizia immediatamente la caccia, con i 12 uomini che si dividono in quattro gruppi per cercare ovunque: a nord, sud, ovest ed oriente. Per puro caso, per evitare di cadere, uno dei tre cercatori che si era diretto verso occidente si era aggrappato alla pianticella di acacia che se n'era venuta subito via dal terreno, scoprendo il sito dove Hiram era stato sepolto. Nel frattempo, anche gli assassini vengono rintracciati, catturati e tenuti sotto custodia. Salomone in persona li giudica, li condanna e li fa giustiziare; quindi invia gli altri indietro per recuperare il cadavere di Hiram.

È a questo punto che si inserisce la preesistente storia di Noè, in quanto Salomone invita gli uomini a perlustrare la fossa di Hiram al fine di rintracciare il suo grande segreto. Si rammenta che il segreto può essere violato solo a patto di conoscere una parola chiave che si spera possa aver accompagnato Hiram nella tomba. Una volta tornati nel punto in cui era stato infisso il ramoscello di acacia, gli inviati di Salomone, rimossa la terra che ricopriva il cadavere, avevano prelevato ed esaminato la veste di Hiram per poterlo identificare. Ma, riferendo tutte queste operazioni a Salomone erano stati costretti a confessargli che non avevano trovato alcun segreto. Al che il re aveva ordinato di andare comunque a disseppellire il corpo e che la prima parola che fosse uscita dalle labbra di uno di quelli che stavano eseguendo quel triste compito sarebbe diventata la nuova parola d'ordine massonica al posto di quella che era andata perduta. (Anche se oggi è assai comune, riferendosi a questo episodio, parlare di parola del massone o parola dei massoni, in verità in origine, nella letteratura pre-settecentesca, l'accezione non aveva alcun risvolto possessivo né era al plurale; si trattava solo e soltanto della parola massonica, e niente di più).

A questo punto viene organizzata una grande processione verso la tomba, dove gli addetti tentano di trarre fuori il cadavere di Hiram con le prese (strette di mano) del primo e del secondo grado, che però si rivelano inefficaci.

All'unisono i muratori esclamano: «Oh Signore, mio Dio, non c'è dunque alcun aiuto per il figlio della vedova?». Al che il Maestro del rituale (nel ruolo di Salomone) afferra la mano di Hiram con la stretta o presa del maestro (detta la "zampata del leone") e ne solleva il cadavere tramite i Cinque Punti della Fratellanza. Con il corpo di Hiram sopra di lui egli pronuncia la parola massonica sostituita, *Mahabyn* così come era data nella leggenda di Noè[11]. Ora la parola viene sussurrata nell'orecchio dell'adepto al terzo grado, il quale, nella dinamica del racconto, si è trovato a recitare la parte di Hiram.

Il Tempo e la Vergine

I Cinque Punti della Fratellanza fanno riferimento ad aspetti grazie ai quali l'adepto può servire, pregare per mantenere saldo il segreto, aiutare e consigliare gli altri fratelli. Si tratta di precetti meritevoli, ma che in realtà non hanno alcuna rilevanza pratica nel modo in cui sono rappresentati. Non è come se Hiram morto torni a rivivere resuscitato; egli è morto e in tale condizione rimane. Nel prosieguo della sua storia si racconta che dopo essere stato disseppellito venne nuovamente sepolto nel Tempio, dove in suo ricordo venne innalzato un monumento, una bellissima giovane che piange sopra una colonna spezzata che rappresenta il Tempio incompiuto. La giovane sfoglia il libro dei buoni propositi di Hiram, nella mano sinistra stringe una piccola urna che contiene le sue ceneri, nella destra un ramoscello di acacia. Dietro di lei, nelle sembianze di un vecchio dalla lunga barba, il Tempo, osserva, mentre le accarezza i capelli riccioluti. Malgrado le inesattezze del disegno riprodotto nella pagina seguente, si può egualmente dire che rappresenti un'immagine evocativa (conosciuta in Massoneria come il "riposo del fratello") alquanto usata un tempo nei cimiteri per distinguere immediatamente la tomba di un compagno della Fratellanza.

Anche se la Massoneria non è una società segreta, ma, più semplicemente, una società che custodisce dei segreti, la misteriosa parola massonica *Mahabyn* (sebbene pubblicizzata e resa nota soltanto ai nostri giorni) rimase un punto di magica segretezza massonica fino ad almeno

[11] In merito alle battute «L'osso ha del midollo» e «Puzza», altre possibili interpretazioni della parola *Mahabyn* potrebbero essere «Che cosa? Il costruttore», o l'accezione del catechismo massone irlandese che parla di "Matchpin". Vedi David Stevenson, *The Origins of the Freemasonry*, Cambridge, Cambridge University Press, 1988, capitolo 6, p. 149.

Il Tempo e la Vergine ("il riposo del fratello").

la metà del Settecento. Senza dubbio Hiram Abiff è il personaggio della tradizione massonica più riverito di tutti i tempi, anche se non era un massone e neppure si chiamava Abiff. Il suo lavoro e la sua etica massonica sono riconosciuti dai fratelli di tutto il mondo, sebbene non presentino alcun fondamento a livello storico.

Nel corso degli anni sono stati fatti non pochi tentativi di dare giustificazione alla leggenda hiramica cercando di collegarla in modo più stretto a qualcosa di più saldo sotto il profilo storico o religioso. Per esempio, la si è accostata al mito egizio di Osiride, alla cacciata di Adamo dal Paradiso Terrestre, alla morte e resurrezione di Gesù, all'assassinio di Thomas Becket, alla morte sul rogo del Gran Maestro templare Jacques de Molay, persino all'esecuzione del re inglese Carlo II. A ben guardare, in ognuno di questi episodi i punti di comunione non sono soltanto difficili da rintracciare, ma in caso affermativo sono anche rari e per nulla convincenti volendo loro attribuire una qualche connotazione hiramica di base[12]. Per di più, facendo solo eccezione per Gesù, tutti

[12] Per i dettagli relativi alle varie interpretazioni, rimando a Manly P. Hall, *The Secret Teachings of All Ages*, Los Angeles, CA, Philosophical Research Society, 1989, pp. LXXVIII, LXXIX, al paragrafo *Hiramic Legend*.

questi personaggi non sono venerati a livello mondiale o tenuti in particolare conto da movimenti o associazioni dal respiro internazionale. Al pari di Jacques de Molay, anche Hiram Abiff venne ucciso per essersi rifiutato di rivelare i segreti da lui posseduti a dei non iniziati. Si racconta che egli preferì perdere la vita piuttosto che venire meno al suo giuramento – «una dimostrazione di forza ed integrità raramente eguagliata» – ma, al contrario della vicenda del Gran Maestro arso vivo sul rogo, la storia di Hiram è un'invenzione e pertanto non può essere costruttiva sotto il profilo dell'esperienza di vita vissuta.

Alla fine, la leggenda si chiude con l'impegno assunto dai suoi compagni di assisterlo anche dopo la morte. Allo scopo deve essere scelto un candidato:

> [...] volgiamo lo sguardo verso la benedetta immortalità [...] ben venga l'implacabile tiranno della Morte, riceviamola come un messaggero inviato dal nostro Supremo Gran Maestro per trasformare in noi ciò che è imperfetto in perfetto, per accedere alla gloriosa Loggia che sta nei cieli, dove presiede il Supremo Architetto dell'Universo.

La Massoneria non è una religione, nel senso evidente che non vanta alcun aspetto formale di una religione; tuttavia, va da sé che con sentimenti ed atteggiamenti tipo quello a cui si è appena fatto cenno diventa difficile affermare che comunque non si fondi, almeno in parte, su precetti religiosi. San Paolo sarebbe stato felicissimo di pronunciare un atto di contrizione come questo, quando predicava il suo messaggio di immortalità.

Il maestro dell'Arte

Gli studiosi massonici hanno speso molto tempo e profuso un mucchio di ingenuità nel tentativo di riuscire a scoprire, anche solo per tracce, la possibile origine del mito hiramico, ma ogni sforzo è fallito[13]. La sola cosa certa è che la leggenda della tomba di Hiram deriva da una tradizione precedente, una storia che riguardava i figli di Noè, anche se pure la vicenda del disseppellimento del patriarca è mera invenzione. In realtà, sembra più che evidente che le due storie intendano essere la rappresentazione simbolica di un altro fatto ancora, come la scoperta di qualcuno o qualcosa che sta proprio nel cuore della più antica tradizione massonica.

Se proviamo a riconsiderare il manoscritto pre-hiramico in cui si narra della tomba di Noè, le cose tendono a chiarirsi un po' di più. In questo stesso documento biblico troviamo anche la storia di Bezaleel, il costruttore dell'Arca dell'Alleanza, voluta da Mosè ai piedi del Monte

[13] Horne, *King Salomon's Temple in the Masonic Tradition*, cit., capitolo 14, pp. 280-345.

Horeb, nel Sinai. È interessante osservare come anche per questo artefice l'Antico Testamento spenda parole di grande precisione, proprio come nel caso di Hiram. Parlando di Bezaleel in *Esodo* 31: 1-5 si trova:

> Ed il Signore parlò a Mosè dicendogli: «Vedi, ho chiamato per nome Bezaleel, il figlio di Uri, della tribù di Giuda. E lo ho colmato dello spirito di Dio in saggezza e comprensione, e in conoscenza, ed in tutte le abilità dell'uomo, per svolgere lavori con destrezza, per lavorare l'oro e l'argento e il bronzo. E nell'arte di tagliare la pietra, e acconciarla, e nella scultura e in tutte le attività dell'uomo».

Oltre alla realizzazione dell'Arca dell'Alleanza (*Esodo* 37: 1-9), tocca sempre a Bezaleel costruire tutto quanto necessario per l'installazione del Tabernacolo nel bel mezzo del deserto, guarda caso una lunga lista di cose e approntamenti che ricordano ciò che è scritto in *1 Re* in relazione alla storia di Hiram, fra cui anche un altare, un lavacro, dei candelieri, la tavola per il pane della presentazione, le grandi palle e le pale. Curiosamente, il Tabernacolo presenta gli stessi rapporti dimensionali – compreso il quadrato del Sancta Sanctorum destinato ad accogliere l'Arca – che verranno poi replicati nelle dimensioni del Tempio di Salomone. Sempre in *Esodo* veniamo a scoprire che Bezaleel è anche coinvolto nella realizzazione dell'abito del Sommo Sacerdote mosaico e, soprattutto, del pettorale o grembiule, l'*ephod*[14].

Sembra evidente, a questo punto, che il modello cui si ispira la figura di Hiram non sia tanto Noè ma il vero primo maestro dell'Arte, il fratello Bezaleel. Tuttavia, ammesso di aver assodato questo, ecco manifestarsi subito un'apparente anomalia. Il Tabernacolo (in ebraico *Mishkan*, ossia, luogo della dimora) era in realtà qualcosa di enorme. Le pareti perimetrali erano realizzate con tavole alte 4 m e spesse 69 cm. Conteneva 4 dozzine di larghe plance con tanto di parti terminali ad angolo, nel rispetto di un rapporto di 3:1 (con dimensioni di 13,7 × 4,6 m e altezza pari a 4,6 m)[15]. Tutto questo spazio era poi coperto con un drappo di lino pesante e con delle pelli di capra, mentre, ulteriormente drappeggiato e difeso, all'interno stava il santuario, recinto destinato alla conservazione dell'Arca (uno spazio di circa 50 mq)[16]. Tutto l'insieme della costruzione (più simile ad un edificio retto da travi che non a una semplice tenda) era collocato in uno spazio detto il cortile della

[14] Questo oggetto, l'*ephod*, viene ricordato parecchie volte nel libro dell'*Esodo*.

[15] Nella Bibbia tutte queste misure sono date in cubiti, una misura alquanto imprecisa che, grosso modo, corrispondeva alla distanza fra il gomito e la punta delle dita. Si trattava, ovviamente, di un valore molto variabile, che poteva andare dai 46 ai 56 cm. All'interno di questo range stavano le diverse misure dei cubiti dell'antichità, quello egizio, ebraico e dei popoli sumerici. Alcune variabili erano il cubito reale, il cubito sacro ed il cubito angelico. Ai nostri scopi abbiamo assunto il valore minimo del cubito, vale a dire quello pari a 46 cm.

[16] È stato fatto notare che la traduzione che parla di "plance" potrebbe essere sostituita con la parola "cornici", anche se in effetti l'antico termine ebraico che compare nel testo sotto il profilo tecnico è alquanto oscuro ed è dunque difficile stabilire o meno la validità di questa puntualizzazione. Si veda, inoltre, James Hastings, *Dictionary of the Bible*, cit., alla voce *Tabernacle*.

dimora, con dimensioni analoghe, tanto per dare un'idea, a quelle di una bella piscina olimpica (45,6 × 22,8 m). Era circondato, tutto attorno, da 60 pali in legno dalle basi di bronzo e per racchiuderlo veniva utilizzato un tendaggio lungo 137 m per un'altezza di 2,28 m. Trasportare un simile apparato per ingombro, dimensioni e peso doveva in effetti essere un'impresa non da poco, per non dire quasi formidabile, tuttavia gli Israeliti se lo portarono via con sé, una volta lasciatasi alle spalle la terra del Sinai. Ricompare nuovamente nel libro di *Giosuè* 18: 1 quando viene eretto a Shiloh dopo la battaglia di Gerico ed è citato in *1 Re* 8: 4 dove si dice che si trovava a Gerusalemme quando Salomone aveva inaugurato il grande Tempio.

La questione che nasce è questa: d'accordo, il Tabernacolo e l'Arca vennero portati a Gerusalemme, ma che ne fu di tutto il resto? L'altare d'oro, la tavola del pane della presentazione, i candelabri e tutto il corredo di attrezzature e strutture integrali al Tabernacolo che gli Ebrei non si erano comunque portati dietro, nel deserto del Sinai. In *1 Re* 8: 4 si precisa anche che Salomone aveva con sé «tutti i sacri vassoi che erano nel Tabernacolo». Per quale motivo, allora, avrebbe dovuto pregare il re Hiram (o Huram) di Tiro di fargliene degli altri? Probabilmente Hiram realizzò le colonne *Jachin* e *Boaz*, forse anche il grande bacile, i cherubini ed i carri del Tempio, ma quasi certamente non fece tutto il resto che gli viene normalmente accreditato.

Tornando ora al *Manoscritto Graham*, notiamo che comprende anche un riferimento extra biblico a Bezaleel. Parla di due giovani principi che gli chiedono istruzioni e informazioni. Alla loro richiesta Bezaleel risponde che li potrebbe accontentare a patto che promettano di non rivelare a nessun altro i suoi segreti. I due giurano solennemente e vengono in tal modo iniziati ed istruiti dal maestro. Dopo la sua morte, molti andavano dicendo che i suoi segreti erano andati sepolti con lui, ma in verità erano stati messi in salvo e preservati grazie alla trasmissione fatta ai due giovani principi[17].

Attorno al 1730 il nobiluomo Jean Desaguliers e James Anderson provarono ad amalgamare il racconto biblico di Hiram di Tiro con le storie manoscritte di Bezaleel e Noè. Così facendo, misero insieme una leggenda composita, che aveva al centro la figura di Hiram Abiff. Ma per quale motivo sentirono la necessità di inventarsi una storia nuova? Le singole storie erano belle per loro conto. Perché costruire ex novo una nuova vicenda, mettendo per di più in ambasce i fratelli massoni che non avevano mai sentito parlare del presunto maestro costruttore? E per quale motivo mettere in disparte la figura autentica e legittimata dal testo biblico di Bezaleel se non per seguire una deliberata intenzione, autentico scopo di quella miscellanea? Va da sé che se mai questa fosse stata la vera mira, difficilmente i ricercatori delle origini e dei perché

[17] Horne, *King Salomon's Temple in the Masonic Tradition*, cit., capitolo 14, p. 340.

avrebbero potuto puntare nella giusta direzione (come già è accaduto da 267 anni a questa parte), mentre avevano già il loro bel da fare nel districarsi con l'incomprensibile mistero di Hiram Abiff.

Il fatto che sia Anderson che Desaguliers fossero ambedue convinti Protestanti (rispettivamente Presbiteriano e Calvinista) potrebbe avere qualcosa a che vedere con la strategia di iniziazione al terzo grado nei movimentati giorni in cui la Grande Loggia dei Moderni era ai ferri corti con quella rivale degli Antichi. Forse nella storia di Mosè e del suo artefice Bezaleel c'erano dei particolari affini alla tradizione seguita dagli Antichi e per questo si cercava di distogliere l'attenzione della corrente dei Moderni. Come avremo modo di vedere più avanti nel Capitolo 20, forse questo è esattamente il caso, ma ne riparleremo.

Le tavole di tracciamento

Avendo esaminato con attenzione il contenuto del terzo grado massonico (il grado corrispondente a Maestro), è bene ora dare un'occhiata ai due gradi che lo precedono, il primo dell'apprendista ed il secondo del compagno.

A parte le cerimonie rituali come l'apertura e la chiusura delle porte della loggia e atti relativi alla vera e propria iniziazione dell'adepto, ciascun grado veniva ampiamente descritto e spiegato anche con l'ausilio di tavolette sinottiche (chiamate tavole di tracciamento), veri e propri quadri di sintesi, collage riassuntivi (esempi di questi quadri di sintesi per il primo, secondo e terzo grado si trovano rispettivamente alle tavole 18, 19 e 20). A seconda della loggia, i disegni potevano variare ed alcuni quadri erano più ricchi di altri, ma, alla fine, vertevano tutti sugli stessi temi individuali. I primi esempi di questi strumenti ausiliari comparvero verso la fine del XVIII secolo, per trovare un discreto sviluppo con il sorgere del nuovo secolo. Oltre a svolgere una importante funzione di insegnamento e indottrinamento, servivano anche come elementi di arredo e di decorazione delle logge.

Quando fa il suo ingresso per la prima volta in una loggia, l'apprendista massone è paragonato ad una grande pietra grezza (il cosiddetto concio grezzo) che dovrà diventare ben liscia e levigata. È soprattutto a questo livello che la prospettiva di essere ammesso ai «misteri e privilegi dell'antica Fratellanza» risulta potenzialmente come qualcosa di alquanto eccitante. La progressione attraverso i tre gradi termina però nella misteriosa, quasi irritante, leggenda hiramica ed è soltanto approdando al Capitolo dell'Arco Reale che la precedente eccitazione risorge nuovamente, ma questa volta per il conseguimento di una realtà diversa.

Lo scopo del primo grado è quello di introdurre il fratello alla consapevolezza della sua psiche, mentre prende poco alla volta confidenza con l'organizzazione della loggia. I sette officianti sono collegati ai sette livelli della coscienza: il maestro celebrante; i sovrintendenti, il vecchio ed il giovane; i diaconi, il vecchio ed il giovane; il custode e la guardia interna. Le tre colonne che compaiono raffigurate sul quadro di sintesi simboleggiano i tre principali agenti che operano attraverso i sette livelli di consapevolezza. La prima colonna (quella in stile corinzio) concerne l'attività, l'esuberanza e la creatività. La seconda (quella in stile dorico) è collegata alla passività, alla riflessione ed alla natura tradizionale. Infine la terza (quella in stile ionico) è correlata all'equilibrio[18]. Il pavimento a scacchi (come quello delle vere logge) rappresenta il contatto a livello della terra, del mondo fisico, mentre le colonne riflettono la psiche o l'anima nel momento in cui si trova a metà del cammino che la porterà alle porte dei cieli. La quarta dimensione è indicata nel pannello di sintesi come la Gloria che si trova al centro, simbolo della divinità dello spirito.

Il quadro sinottico del primo grado iniziatico contiene anche altri simboli. Vanno ricordati, in particolare, il compasso con le due punte che segnalano l'asse est-ovest, la direzione dell'allineamento della coscienza. Vi compare anche la scala di Giacobbe, una strada che conduce verso l'alto grazie ai tre scalini principali che sono quelli della Fede, della Speranza e della Carità. A turno ciascuno di questi è anche associato nella progressione dei tre livelli. Nel simbolismo della scala troviamo incorporato il Libro della sacra legge e la solita figura di punto che sta nel centro di un cerchio ⊙. Non mancano, poi, gli attrezzi di lavoro dell'apprendista: un comune martello, la riga e lo scalpello.

Per una parte del cerimoniale di iniziazione l'adepto viene tenuto al buio, gli occhi bendati, e gli vengono tolte di dosso tutte le cose metalliche e preziose, a significare la condizione di povertà e di inermità. Il braccio destro, la parte sinistra del petto (per la distinzione del sesso) ed il ginocchio sono scoperti, soltanto il tallone destro è calzato – per simboleggiare la condizione di essere "né nudo né vestito; né scalzo né calzato" – e l'attenzione deve essere posta sul concetto di profonda umiltà. Prima di guadagnarsi la completa accettazione, la guardia pone sul petto dell'iniziato un oggetto pesante e contundente e quindi gli lega al collo un collare e lo costringe a procedere così guidato. Tutto questo rientra nella solennità della cerimonia, riguarda i suoi obblighi verso la Fratellanza e gli rammenta le penalità conseguenti alle possibili violazioni delle promesse e degli impegni da lui sottoscritti ed accettati divenendo un apprendista.

Riportato alla luce, rimossa la benda dagli occhi, il candidato viene introdotto alle Tre Grandi Luci: il volume della sacra legge, la squadra ed il compasso, ma anche alle Luci Minori che sono il sole, la luna ed il Maestro della loggia. Nel pannello compaiono sovente anche i gioielli della loggia: la livella ed il filo a piombo, la squadra. Tante le allusioni simboliche legate a questa serie di oggetti; per esempio, l'intento di pro-

[18] W. K. MacNulty, *Freemasonry*, London, Thames & Hudson, 2003, p. 16.

Tavole di tracciamento del primo e del secondo grado della iniziazione massonica.

gredire lungo i diversi gradi tramite passi diritti e svolte ad angolo retto, perché ogni azione deve essere guidata ed ispirata dal desiderio di comprendere e conoscere, tramite la perfezione e la disciplina assoluta. Poi all'iniziato si parla dell'amore, della solidarietà e dell'unione della Fratellanza, doti che si perseguono con l'aiuto della temperanza, della fortezza, della prudenza e della giustizia e culminano nei segni, nelle strette e nelle parole caratteristiche del grado.

Trattandosi di un percorso di progressione, il quadro sinottico che riassume le peculiarità del secondo grado o livello rappresenta, giocoforza, una continuità rispetto al precedente. La scala di Giacobbe diventa una scalinata a spirale (o curva), mentre il candidato viene paragonato ad una spiga di grano. A questo livello egli deve essere in grado di governare la sua personalità, ma soprattutto essere pronto a salire verso stadi nuovi e più elevati di consapevolezza[19]. L'andamento della scala volge da est verso ovest, ma in realtà sottintende qualcosa di assai più complesso, il movimento del corpo fisico che, per il tramite dello spirito, tende verso la divinità, attraversando i sette livelli di coscienza. È anche legato all'idea delle Sette Arti Liberali. Gli strumenti operativi del grado sono la livella (simbolo della giustizia), il filo a piombo (sim-

[19] Ivi, pp. 22, 23.

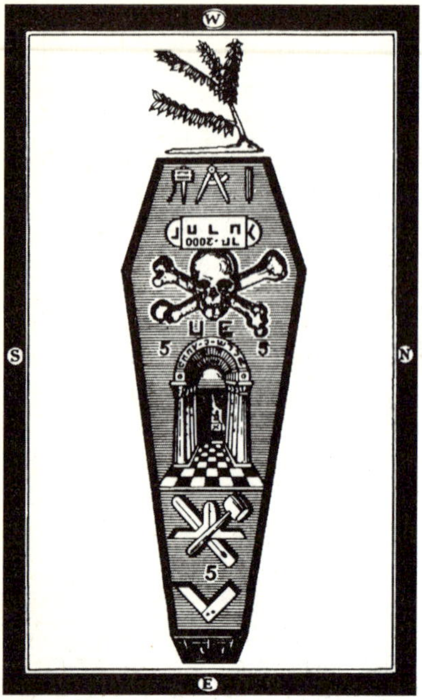

Tavola di tracciamento del terzo grado della iniziazione massonica.

bolo della carità) e la squadra (simbolo della verità). Lo sforzo concettuale va incentrato sulla moralità e tutti gli strumenti hanno la finalità di porre l'ego del singolo a confronto con un criterio assoluto.

Il grado sottintende il ricordo di quanto accadde durante la costruzione del Tempio di Salomone, quando alcuni artefici dell'Arte salirono nella camera intermedia per ricevere la loro paga. L'immagine si lega all'idea del giusto compenso a seguito del lavoro onestamente eseguito, che va riconosciuto ovviamente a chi lo ha meritato. Il simbolo della camera intermedia viene rappresentato dalla lettera "G" (iniziale della divinità) oppure come un occhio che tutto vede. Nella tavola di tracciamento del grado compaiono anche le colonne del Tempio salomonico, *Jachin* ("in forza") e *Boaz* ("per fondare"), destinate a sorreggere il globo terrestre e la volta celeste, a significare l'universalità della Massoneria. I due pilastri insieme rappresentano il concetto globale di "stabilità".

Nel corso della iniziazione al secondo grado, all'adepto viene ricordato che le colonne del Tempio sono cave, così da poter essere utilizzate come depositi dei tesori massonici e l'iniziato compie un ulteriore, importante passo avanti acquisendo le informazioni relative alla geometria sacra euclidea. Anche in questo caso, la cerimonia si conclude, infine, insegnando all'adepto dei nuovi segni, delle prese e delle parole segrete tipiche del livello raggiunto.

A questo punto del percorso iniziatico massonico si è già compiuto un bel tratto di strada. Molte informazioni riguardavano le attività ed il protocollo di prassi della loggia, mentre altri aspetti si riferivano alla consapevolezza spirituale e all'anelito verso il raggiungimento di virtù morali e caritatevoli. A questo processo si associava anche la lettura di brani e di istruzioni operative, alcuni tratti dall'Antico Testamento o relativi alle Arti Liberali. Da più di un punto di vista, questo tipo di istruzioni appaiono come estremamente ingenue e superficiali e le sezioni bibliche risultano in genere interpretazioni di una natura alquanto dubbia. Ciononostante, si intuisce una sorta di anticipazione, perché l'adepto deve ancora raggiungere il terzo grado della sua progressione iniziatica. Tutto quello che è stato fatto e costruito prima tendeva a questo obiettivo, perché è proprio col grado di maestro che i grandi segreti massonici vengono rivelati. Eppure, paradossalmente, questo è il livello in cui tutto l'apparato "scivola", essendo il grado vincolato alla leggenda falsificata e costruita della morte di Hiram Abiff.

Se davvero in questo grado si cela un grande e soverchiante mistero, ebbene in queste condizioni è destinato a restare ben al di là dell'umana comprensione. Tante volte è stato detto che «il grado che porta al titolo di maestro è di spinosa e difficile interpretazione, in quanto il rituale descrive e rappresenta un processo psicologico che si verifica ed attua assai raramente nel contesto della nostra società»[20]. Ma se gli stessi maestri dell'Arte che sono stati preparati a lungo e con intensità, nel tempo e nell'impegno, tramite un tirocinio particolare basato sulle conquiste già acquisite da chi li ha preceduti, non sono in grado di cogliere l'essenza del grado, significa allora che c'è qualcosa che non funziona.

Il perché, a questo livello, venga proposta la leggenda esemplare, ma dalla incomprensibile natura, della morte di Hiram Abiff diventa, a questo punto, quasi facile da intuire. Lo ha fatto con grande perspicacia, prima ancora che questa prassi diventasse operativa, il grande Isaac Newton, il quale, profondamente coinvolto nella ricerca del grande segreto filosofale, ebbe a scrivere:

> Un uomo può immaginare delle cose che sono false;
> ma può comprendere soltanto quelle che sono vere.

[20] Ivi, p. 28.

9

La transizione

Le prime gilde

Avendo ormai assodato la scarsa consistenza della leggenda hiramica con la quale culmina la progressione iniziatica dell'adepto massonico, diventa interessante cercare di scoprire che cosa in verità le fosse preesistente prima della sua introduzione nella prassi delle logge, avvenuta attorno agli anni Trenta del Settecento. Viene spontaneo domandarsi: ma che cosa poteva mai attrarre personaggi del calibro di Elias Ashmole o Christopher Wren? È per questo che diventa assolutamente necessario separare l'assetto che la Massoneria assunse sotto la corona degli Hannover da tutto quello che c'era stato prima. Quando James Anderson fa riferimento a Wren e alla sua affiliazione alla Grande Loggia, sembra che voglia sottolineare che egli fu massone quasi per moda, per adeguarsi. Ma, al di là di queste più o meno precise osservazioni, credo che quello che conta davvero sia riuscire a tracciare una linea di separazione fra ciò che la Massoneria "è" e ciò che "era" un tempo.

Nei tempi antichi i Cavalieri Templari parlavano di sé come di "fratelli massoni" (*frères maçons*) e la tradizione è rimasta salda nella Massoneria francese al punto da esistere ancora oggi, tanto che quando ci si riferisce alla Massoneria francese si parla di *Franc Maçon*. Il concetto secondo il quale la Massoneria speculativa sarebbe derivata dalle corporazioni o gilde medievali dei muratori e degli scalpellini, lavoratori della pietra, come la congrega dei Figli di Salomone, è senz'altro corretto, ma solo fino ad un certo punto. All'epoca, nelle isole britanniche non esistevano gilde del genere e anche se la strutturazione in logge venne introdotta in Scozia dai Cavalieri Templari sin dal 1307, questo non significa che quegli stessi cavalieri fossero fratelli massoni, operativi o speculativi che si voglia.

Le logge e tutto l'apparato massonico iniziano a comparire in Scozia a partire dal XV secolo, quando i lavoranti delle corporazioni vennero inquadrati all'interno di un documento regale, anche se, nella fattispecie, si trattava soprattutto di gilde di commercianti e di altri mestieri, non necessariamente legate alla costruzione e alla lavorazione delle pietre. Nemmeno si trattava di istituzioni di impronta filosofeggiante. Nel 1474 il re Giacomo III riconosceva le gilde dei tessitori, calzolai (lavoratori del cuoio), fabbri (lavoratori dei metalli), muratori (lavoratori della pietra), vetrai, pittori, costruttori di archi, tappezzieri, tegolai, vagliatori (costruttori di vagli e ceste) e bottai (costruttori di botti). Nel 1483 si andavano ad aggiungere le gilde dei lavoratori col martello (fabbri, costruttori di coltelli e di armature), dei sellai e dei carnai (macellai). Con il giungere del nuovo secolo, Giacomo IV aveva aggiunto alla lista la corporazione dei barbieri e dei chirurghi; mentre dal 1530 il suo successore, Giacomo V, aveva ulteriormente incrementato l'elenco riconoscendo le gilde dei fornai, dei modellatori di copricapo e dei maniscalchi e fabbri ferrai. Intanto, i Capitoli Templari si sviluppavano in parallelo, comunque sempre indipendenti da queste corporazioni professionali.

Al di fuori del Sigillo Reale

Nel 1312, dopo che anche nella cattolica Inghilterra i Cavalieri Templari erano stati perseguitati, tutte le loro terre, le precettorie ed ogni loro possedimento furono confiscati per passare sotto la proprietà dell'Ordine dei Cavalieri Ospedalieri di San Giovanni (vedi oltre). In realtà in Scozia, a partire dal 1317, i Templari continuarono ad essere attivi, rappresentati dalla Fratellanza della Rosacroce, tuttavia restava il problema dei tanti beni immobili da amministrare. La bolla del papa Clemente V era chiarissima ed imponeva il loro passaggio agli Ospedalieri ed anche se la direttiva in Scozia non aveva peso per via della scomunica alla nazione, gli Ospedalieri scozzesi si prestarono egualmente a fornire un'ottima copertura ai "cugini" Templari nella gestione di interessi e proprietà.

A nord della linea di confine fra Inghilterra e Scozia, le amministrazioni dei due ordini gemelli continuarono per molto tempo una collaborazione informale molto proficua, almeno fino a quando, con un atto datato 19 ottobre 1488, il re Giacomo IV di Scozia non formalizzò la faccenda una volta per tutte. I possedimenti che rimanevano in terra di Scozia restavano proprietà templare, ma sarebbero stati gestiti da quel momento in avanti da William Knollis, Precettore degli Ospedalieri scozzesi a Torphichen, nel Lothian occidentale. Il 18 giugno 1488 Knollis era stato promosso tesoriere dallo stesso sovrano e si era installato con il titolo di governatore nel Castello Nero, nei pressi di Bowness sul Firth of Forth. Il 19 ottobre, dunque, ogni possedimento templare passava sotto il patronato e la gestione amministrativa degli Ospedalieri. Tre anni dopo, il 10 gennaio 1491, per gli alti meriti conseguiti, a Knollis veniva riservato un seggio al Parlamento scozzese, con il titolo di lord St. John.

L'Ordine dei Cavalieri Ospedalieri era stato fondato in Terra Santa appena prima dei Templari e sotto la guida del Gran Maestro, Raimond Dupuy, aveva assunto il gravoso impegno di assistere sotto il profilo medico e del benessere i pellegrini diseredati e le famiglie delle vittime delle Crociate. In realtà il loro ospedale a Gerusalemme esisteva già da prima dell'inizio delle Crociate, essendo stato fondato nel 1050 da un nobiluomo francese conosciuto come Gerardo il Santo. A partire dal 1530 gli Ospedalieri sarebbero stati rifondati cambiando anche nome e diventando l'Ordine dei Cavalieri di Malta, visto che ormai avevano lasciato la Terra Santa sin dal 1291.

Per distinguerla dalla croce rossa ad otto punte che costituiva l'emblema dei Templari, i Cavalieri di Malta portavano sul petto una croce bianca (una successiva diramazione dell'Ordine venne istituita nel 1888 dando origine alla Britain's St. John Ambulance Association). Oltre ad avere un simbolo differente, i cavalieri dei due Ordini indossavano anche tuniche che li distinguevano immediatamente: quella bianca dei cistercensi per i Templari, quella nera dei benedettini per gli Ospedalieri.

Nel 1560, senza tenere in alcun conto quanto stabilito in precedenza, i Tre Stati del Parlamento scozzese[1] decretarono che qualunque ordine cavalleresco che avesse pagato tributi al papa si sarebbe visto confiscare ogni bene. Ovviamente gli Ospedalieri ricadevano in pieno nei rigori dell'editto. Come ricompensa per la formidabile sottrazione, Maria, regina di Scozia, pensò bene di garantire a titolo ereditario al loro Precettore, James Sandilands, lord St. John, i possedimenti della baronia di Torphichen.

Prima ancora Enrico VIII Tudor re d'Inghilterra aveva preso letteralmente d'assalto l'establishment della Chiesa romana, sconsacrando di sua iniziativa tutte le chiese del regno. Anche se, in effetti, monaci e frati dei rispettivi ordini non facevano parte integrante della struttura ecclesiastica vaticana, Enrico aveva dato ordine di distruggere i loro monasteri, le abbazie e le chiese e di dare alle fiamme le loro biblioteche, procurando un danno materiale e culturale alla storia ed alle tradizioni britanniche che non ha paragoni. In questa brutale opera di pulizia, Enrico aveva anche messo gli occhi sugli Ordini cavallereschi che in qualche modo erano collegati, più o meno intimamente, ai monasteri, bandendoli dal suo regno. Da parte loro i Templari resero al sovrano pan per focaccia, provocando l'affondamento della sua nave ammiraglia, la *Mary Rose*, al largo di Spithead[2].

Dal 1560 i Templari passarono sotto la leadership di David Seton. Questi era un parente di lord George Seton e della sorella Maria, una delle celebri Quattro Marie che nel 1548 avevano accompagnato Maria Stuarda in Francia e con lei avevano fatto ritorno in Scozia nel 1561. Al fine di salvaguardare ancora una volta i beni templari dalla confisca sempre incombente da parte degli Ospedalieri, Seton pensò di costitui-

[1] Il Parlamento scozzese era composto da tre rappresentanze: baroni, cittadini e nobili, e per questo era detto dei Tre Stati.

[2] Prince Michael of Albany, *The Forgotten Monarchy of Scotland*, Shaftesbury, Element Books, 1988, capitolo 6, p. 94.

Sigillo dei Cavalieri Templari e dei Canonici di Sant'Antonio di Leith.

re i Templari di Scozia sotto una nuova identità: l'Ordine dei Cavalieri Templari di Sant'Antonio[3].

Nel *Registro del Sigillo Reale di Scozia* si precisa che a partire dal 1590 si contavano almeno due concessioni terriere del re Giacomo VI ai Templari di Sant'Antonio, beni concessi con la clausola che in uno dei siti l'Ordine avrebbe fondato un ospedale. Nell'altro, invece, garantito nel 1593, sarebbero dovuti sorgere una cappella, un monastero e l'ospedale di Leith. Terminato nel 1614, l'ospedale, realizzato per l'assistenza ai poveri ed agli infermi diseredati, venne chiamato Ospedale di re Giacomo e sfoggiava lo stemma nobiliare del re. In questo stesso periodo, i possedimenti templari nella regione di Edimburgo che appartenevano all'Ordine di Sant'Antonio venivano trasferiti dallo stesso re Giacomo alla Chiesa secessionista di Sant'Antonio a Leith, anche al fine di sostenere la struttura ospedaliera che, per l'appunto, portava il suo nome.

Dunque, anche se nell'opinione pubblica era ormai diffusa l'idea che i Templari avessero cessato di esistere con l'inizio del 1300, il registro del *Sigillo Reale* in merito alla Casa di Edimburgo prova diversamente[4]. Il sigillo originale del XVII secolo della precettoria monastica dei Cavalieri Templari e dei Canonici di Sant'Antonio è arrivato fino a noi, conserva-

[3] Sant'Antonio Abate aveva portato il Cristianesimo in Egitto, attorno al 300 d.C.

[4] Gli Uffici del Registro Generale di Scozia si trovano presso la New Register House, 3 West Register Street, Edinburgh EH1 3YT.

to nella biblioteca della Facoltà di Legge della città di Edimburgo[5]. Vi è effigiata la figura di sant'Antonio Abate (ca. 300 d.C.) vestito con il suo saio, con un libro in una mano ed una campanella attorno al collo. Al di sopra della testa del santo spicca la lettera "T", la *Tau*, emblema dell'Ordine dedicato al santo, che i cavalieri erano soliti portare in blu sopra i gonnellini neri[6]. Il grande monastero – ben 99 m di lunghezza lungo l'asse est-ovest – venne costruito poco a sud di Leith, a sinistra rispetto alla precettoria di Wynd, fuori Kirkgate, dove i Templari disponevano anche di una cappella, un cimitero e dei giardini. Questi beni e tutti i terreni che stavano attorno alla precettoria vennero riconosciuti all'Ordine dal re Giacomo VI durante la sessione della Chiesa di Scozia, tenutasi a Leith nel 1614. La casa templare e l'ospedale vennero demoliti nel 1822 ed ancora oggi il sito è ricordato come «il luogo e il pezzo di terra dove una volta sorgevano la chiesa e la precettoria di Sant'Antonio».

Undici anni prima che l'ospedale di Leith gli venisse dedicato, Giacomo VI re degli Scozzesi era diventato re d'Inghilterra, assumendo il nome di Giacomo I (1603). E così la tradizione templare scozzese si era trasferita con la sua corte a Londra, unitamente al titolo ereditario di Gran Maestro di St. Germain dei Cavalieri della Rosacroce. Nel 1613 la figlia Elisabetta era andata sposa a Federico V, elettore del Palatinato del Reno, cementando in tal modo un legame rosacrociano con la fratellanza di Heidelberg. A questo punto, nel 1660 la scena era ormai pronta affinché il nipote di Giacomo, salito al trono come Carlo II, diventasse patrono della istituzione voluta da Christopher Wren per la promozione dell'insegnamento teorico e pratico delle scienze fisico-matematiche con sede presso il Gresham College. Immediatamente dopo, nel 1662 e 1663, il re Carlo concedeva il suo sovrano beneplacito così che la Royal Society londinese, nata per lo sviluppo delle scienze naturali, poteva essere ufficialmente battezzata ed inaugurata[7]. Uno degli scopi iniziali del gruppo era quello di analizzare e studiare con attenzione i lavori e le idee del maestro rosacrociano Francesco Bacone. Ed è per questo motivo che il ritratto di Bacone compare sulla stampa inaugurale della Society (*tav. 12*)[8].

La ricchezza di Salomone

In base ai documenti massonici dell'era hannoveriana, e come detto nelle pagine precedenti, risulta che sir Christopher Wren sarebbe stato iniziato alla Massoneria il 18 maggio 1691 nel corso di una grandiosa

[5] L'indirizzo della Biblioteca della Facoltà di Legge dell'Università scozzese è il seguente: Advocates Library, Parliament House, Edinburgh EH1 1RF.
[6] Il sigillo del XVII secolo dell'Ordine dei Cavalieri Templari e dei Canoni di Sant'Antonio può essere visto al seguente sito informatico: http://www.graal.co.uk/affiliates.html.
[7] L'attuale indirizzo della Royal Society è: 6-9 Carlton House Terrace, London SW1 5AG.
[8] Thomas Sprat, *History of the Royal Society*, London, J. Allestry and the Royal Society, 1667.

cerimonia pubblica tenutasi nella cattedrale di St. Paul (vedi p. 72), peccato che in quegli anni della cattedrale non restavano che rovine e resti o al massimo le impalcature della ricostruzione, dal momento che era andata completamente distrutta nel grande incendio di Londra. In realtà, a partire dal 1660, la loggia informale di Wren era la stessa Royal Society, un insediamento di stampo rosacrociano basato sul modello delle logge scozzesi di gran lunga precedenti al 1688, anno della deposizione della Casa degli Stuart dal trono d'Inghilterra. Nella concretezza dei fatti, non esisteva alcun collegamento fra i membri della Society che si applicavano allo studio delle scienze fisiche e matematiche e della filosofia naturale e gli adepti massoni che si ritrovavano presso le taverne e le locande, del tutto insoddisfatti del modo in cui l'associazione era rinata ed era stata riformata nel 1717. Tutto di quella Massoneria di matrice hannoveriana era da rivedere se non da reinventare, ed era stato proprio per questo e in questo contesto di incertezza che era stata elaborata la leggenda hiramica.

Durante questo periodo di confusione ma anche di fermento, alcune storie e resti di informazioni tratte dalla tradizione massonica scozzese, che aveva da sempre fatto capo agli Stuart, erano state in qualche modo raccolte da Wren e colleghi; fra queste godeva di particolare importanza la storia di re Salomone e del suo grandioso Tempio. Da questi anni in avanti la vicenda avrebbe occupato il centro, il fulcro dell'attività esoterica massonica, ma non nel modo in cui era stata importante per lo studio di Wren, Newton e colleghi. In verità, il nuovo establishment massonico rifondato non conosceva pressoché nulla degli aspetti scientifici e dei princìpi alchemici legati alla costruzione del Tempio. In compenso, quello che i maggiorenti della Grande Loggia si erano inventato altro non era che pura mitologia.

Il presidente della Royal Society, sir Isaac Newton, era fortemente interessato alla storia di Salomone, al punto da arrivare a stabilire con precisione le vere dimensioni e le caratteristiche del Tempio, basandosi su quanto stava scritto nella Bibbia in *1 Re*, insistendo nel dire che Salomone aveva realizzato l'opera sotto la guida divina (vedi p. 26). Newton era convinto che la geometria sacra non costituiva soltanto un progetto di costruzione, ma era anche una sorta di cornice degli avvenimenti temporali della storia umana e per buona parte della vita egli tentò con tutto il suo impegno intellettuale di emulare la grandezza e la sapienza del re dell'Antico Testamento, carismatica figura alla quale si ispirava[9].

Unitamente al compagno Robert Boyle e agli altri della Society, Newton sapeva perfettamente che il grande segreto di Salomone e degli artefici dei tempi biblici come Tubalcain, Bezaleel e Hiram era una sorta di scienza alchemica unitaria e potentissima che si fondava sulla cele-

[9] Michael White, *Isaac Newton, the Last Sorcerer*, London, Fourth Estate, 1997, capitolo 7, pp. 158-62.

bre, quanto sfuggente, sostanza di cui era anche composta la Pietra Filosofale. Newton scrisse a lungo anche a proposito del reale santuario dell'Arca dell'Alleanza, sostenendo che non doveva trattarsi di un luogo terreno come il Sancta Sanctorum all'interno del Tempio di Gerusalemme e che le sue dimensioni lineari erano diverse. Egli precisò il concetto secondo cui «con la forza dell'inevitabile, l'espressione quantitativa della superiorità prese possesso del santo dei santi»[10]. Che cosa esattamente intendesse significare con questa perentoria affermazione non è chiaro, ma poiché il Sancta Sanctorum era la residenza a forma di cubo destinata ad ospitare l'Arca dell'Alleanza, è evidente che il "Sancta Sanctorum" era l'Arca stessa che, come si legge nell'*Apocalisse* 11: 19, era destinata a dimorare nel Tempio dei Cieli[11].

Nei suoi studi correlati a questi argomenti, Newton era particolarmente interessato al trattato di un alchimista anonimo che gli era stato procurato da Ezechiel Foxcroft, un membro del King's College di Cambridge. Foxcroft era il traduttore inglese dell'opera di Johann Valentin Andreae dal titolo *Lo sposalizio alchemico* (1690), un documento rosacrociano allegato ai manifesti della confraternita, la celebre *Fama Fraternitatis* del 1614 e la *Confessio Fraternitatis* dell'anno successivo, trattati scritti in lingua tedesca e per l'appunto noti come *Manifesti della Rosacroce*. Il testo che Foxcroft aveva procurato a Newton si intitolava *Manna – Una discussione sulla natura dell'alchimia*[12]. Nel 1675 Newton aggiunse di suo pugno alcune annotazioni a margine del testo, fra cui la seguente:

> Questa filosofia, ora speculativa ora attiva, non si trova solamente nel libro della natura, ma anche nelle sacre scritture come in *Genesi*, *Giobbe*, *Salmi*, *Isaia* e altri. Nella conoscenza di questa filosofia, Dio fece di re Salomone il più grande filosofo di ogni tempo[13].

Nell'opera di Francesco Bacone intitolata *La Nuova Atlantide* (scritta nel 1623 ma pubblicata solo quattro anni dopo), egli si riferisce alla "Casa di Salomone" mentre discute il suo concetto di Stato ideale. In questa concezione – che, si badi bene, anticipa di quasi un secolo la Rivoluzione industriale – la visione del futuro e del progresso tecnologico che Bacone propone è a dir poco strabiliante nella sua lungimiranza. Parla di viaggi aerei, di sottomarini, di motori propulsivi e di razzi, fornendo agli studiosi e scienziati della Royal Society una lista di temi da

[10] Frank E. Manuel, *The Religion of Isaac Newton – The Freemantle Lectures 1973*, Oxford, Clarendon Press, 1974, capitolo 4, pp. 93, 94.

[11] Alcune considerazioni e teorie proposte da Newton, e in particolare quelle secondo cui il Tempio di Salomone sarebbe stato un modello del microcosmo, vengono discusse nel libro di Betty J. T. Dobbs, *The Janus Face of Genius: The Role of Alchemy in Newton's Thought*, Cambridge, Cambridge University Press, 1991.

[12] MS 33 (SL 44/R19) della Collezione di manoscritti Keynes, Cambridge, King's College Library.

[13] White, *Isaac Newton, the Last Sorcerer*, cit., capitolo 7, p. 140.

indagare e di nuovi progetti da affrontare davvero incredibile. Per Bacone queste immagini visionarie erano la "Ricchezza di Salomone" e descriveva ogni cosa come se fosse realmente esistita perché il problema stava nel cercare di riscoprirla. Nei circoli rosacrociani quando si alludeva alla Casa di Salomone si faceva riferimento al Tempio della Rosacroce[14].

È interessante a questo proposito segnalare come nel corso della storia non sia mai esistita una società segreta chiamata "I Rosacroce" o "Rosacrociani"[15]. Il rosacrocianesimo costituiva soltanto una vasta e indefinita tradizione filosofica. Vi erano delle singole persone che potevano dirsi rosacrociane (fra cui molti degli aderenti alla Royal Society) e si poteva, in qualche modo, parlare di movimento rosacrociano, ma non esisteva un'organizzazione formale, una società costituita. In pratica, si trattava di un mito utopico capace però di sponsorizzare un ideale per il conseguimento del quale vennero compiute alcune fra le scoperte scientifiche più importanti della storia dell'uomo. Senza la forza trainante di questo ideale, che Bacone sostenne per tutta la sua vita, gli uomini di scienza non avrebbero saputo dove orientare le proprie energie, come muoversi per fare scoperte e, di conseguenza, non avrebbero mai potuto raggiungere gli obiettivi e le clamorose conquiste intellettuali e pratiche che riuscirono ad ottenere. Da questo punto di vista si può ben dire che i *Manifesti della Rosacroce* vanno intesi come pronunciamenti programmatici di una illuminazione di là da venire.

Tuttavia sarebbe scorretto sostenere – come invece qualcuno ha fatto – che dopo il 1717 la Massoneria di matrice hannoveriana si è evoluta all'interno della Rosacroce. La sola cosa che tentò di fare fu quella di emularla, ed entro certi limiti ci riuscì pure. La Massoneria moderna contempera un approccio esoterico alla religione con un insegnamento a forte impronta etica e pone l'accento sulla filantropia – lo stesso può dirsi per alcuni aspetti del movimento rosacrociano –, ma le somiglianze finiscono qui. Al contrario della filosofia della Rosacroce, la Massoneria inglese non ebbe mai a cuore la riforma o il progresso delle arti e delle scienze, né sotto il profilo pratico delle conquiste scientifiche né dal punto di vista della filosofia naturale. Queste invece furono le formidabili spinte che vivificarono il flusso di energie messe in campo nei primi anni dalla Royal Society di Christopher Wren e dei suoi compagni scienziati. A questo punto, che Wren fosse oppure no un fratello massone poco conta ed è del tutto irrilevante. Nella sua figura si concentrava comunque quello che nelle intenzioni di Anderson, teorico della nuova Massoneria, avrebbe dovuto essere il perfetto fratello massone.

[14] Frances A. Yates, *The Rosicrucian Enlightenment*, St. Albans, Paladin, 1975, capitolo 9, pp. 165, 166.
[15] Ivi, capitolo 15, p. 250.

Wren, al pari di Newton, era letteralmente entusiasta della straordinaria magia matematica che riteneva racchiusa nel Tempio di Salomone. Niente da stupirsi pertanto se anche il movimento massonico hannoveriano nella figura del Desaguliers – che nel frattempo, nel 1719, era stato eletto Gran Maestro della Loggia dei Moderni – vi si era buttato a capofitto. In qualità di membro della Royal Society era sempre al corrente dei progressi nelle ricerche e negli studi che venivano compiuti all'interno della Society e pubblicati regolarmente sui bollettini dei *Verbali*. A ben guardare, dunque, la leggenda salomonica era senz'altro meritevole di attenzione e non per nulla, a partire dal 1724, essa divenne un aspetto fondamentale della dinamica massonica, trasformandosi nel cosiddetto terzo grado dell'iniziazione. Purtroppo l'iniziativa risultò infelice sin dall'inizio, perché invece di dare giusta continuità ai due precedenti gradi inserendo nel terzo livello i nuovi orizzonti aperti dalle ricerche di Newton e compagni, la formulazione del terzo grado si congelò sulla leggenda inventata e manipolata di Hiram Abiff, facendo perdere a questa innovazione tutto lo slancio di aggiornamento e rinnovamento che, al contrario, avrebbe potuto possedere.

Intanto, un terzo grado decisamente più adeguato già esisteva. Era qualcosa di assai più vecchio e si era sviluppato indipendentemente dall'Arte massonica grazie alle testimonianze documentali di matrice scozzese risalenti almeno al 1590 in quel di Stirling. Fu Laurence Dermott, gran segretario della Loggia degli Antichi, a rivelare ai Moderni che egli sapeva dell'esistenza di un nuovo grado, qualcosa che si era evoluto quasi in forma indipendente dalla Fratellanza e che, a suo dire, poteva benissimo essere considerato «la radice, il cuore e il midollo della Frammassoneria», di cui, purtroppo, non si conosceva nulla. Molto più tardi, nel 1772, gli Antichi lo includeranno come aspetto formale della loro ritualistica. Da parte sua, invece, la Loggia dei Moderni cedette soltanto nel 1813, quando l'avvenuta fusione delle due logge portò molti iniziati Moderni a richiedere a gran voce un adeguamento del terzo grado che si ponesse come una prospettiva migliore rispetto a quella della poco convincente leggenda hiramica, fino a quel momento difesa strenuamente dai maggiorenti dei Moderni.

Questa opera aggiuntiva era detta Arco Reale e Dermott aveva proprio ragione quando ne aveva parlato, seppure in modo misterioso, ed era realmente qualcosa di assai più consistente del terzo grado vigente. Ma ormai era troppo tardi per poter mettere in atto una sostituzione, visto che da tempo si era proclamato che non potevano sussistere più di tre gradi e cambiare politica avrebbe certamente demotivato molti. E così si pensò bene di "aggiungere" l'opera dell'Arco Reale come un ampliamento del capitolo del terzo grado, dando alla Fratellanza un ultimo, conclusivo obiettivo da raggiungere. Torneremo all'Arco Reale più avanti, un livello in cui è Bezaleel giustamente a prevalere su Hiram e si considera anche il termine correlato *Manna*, che, come abbiamo visto, compariva nel titolo del misterioso manoscritto alchemico posseduto da Isaac Newton.

Statuti e documenti

Il fatto che sir Robert Moray venisse iniziato in una loggia massonica nel 1641, seguito nel 1646 da Elias Ashmole (vedi Capitolo 3), testimonia e prova che, parallela all'attività di Templari e Rosacroce, esisteva in Inghilterra una forma di Massoneria operante sin dai tempi degli Stuart. A questo merito, in alcune righe del suo diario Ashmole sembra quanto mai esplicito:

> 1646, 16 ottobre, ore 4,30 pm. Sono stato iniziato alla Massoneria a Warrington, nel Lancashire dal colonnello Henry Mainwaring di Karincham nel Cheshire.

Se non suona strana la citazione di Moray come della prima iniziazione in terra inglese, subito seguita da quella di Ashmole, diverso è il caso per Mainwaring, che non si ritrova praticamente più in alcun altro documento di storia massonica. Ma questi era il suocero di Ashmole e, a quanto pare, venne lui stesso accolto nella Fratellanza in quel medesimo giorno[16]. Parrebbe che la loggia di Warrington fosse particolarmente attrezzata per questo genere di iniziazioni, trattandosi di una di quelle definite "logge occasionali" o temporanee, che, al limite, esistevano per una sola giornata. In merito non disponiamo di altri riferimenti a questa loggia. Cinque anni prima, sir Robert Moray era stato iniziato a Newcastle presso una loggia militare di stanza a Edimburgo, dove era generale capo del dipartimento amministrativo e alloggiamenti dell'Esercito scozzese. Ed è per questo che anche se protagonista e apparato appartenevano alla matrice scozzese si è soliti riconoscere in questa iniziazione la prima della storia della Massoneria inglese, visto che l'atto venne compiuto su territorio inglese. Qualcosa di simile dovette accadere per la celebrazione legata all'ammissione di Ashmole, poiché non è rimasta alcuna traccia nella diaristica inglese di alcuno dei sette uomini affiliati che in quell'ottobre del 1646 costituivano la loggia di Warrington.

Ovviamente, i militari che verso la metà del Seicento aderivano alle logge da campo massoniche non erano fratelli operativi. Pare tuttavia che prima del 1590, pur essendo le logge massoniche organizzate operativamente come delle gilde, ammettessero egualmente degli aderenti non operativi. Anche se il confine che separa l'operatività dalla speculazione è alquanto sfumato, è comunque certo che questa differenza si registrò nell'ambito massonico di tradizione scozzese.

Fra le più importanti famiglie scozzesi del tempo vi era l'antichissimo

[16] John Hamill, *The Craft*, London, Crucible, 1986, capitolo 2, pp. 30, 31.

lignaggio normanno dei St. Clair, i quali erano arrivati in Scozia nell'XI secolo ancora prima del 1066, anno della conquista normanna dell'Inghilterra, tanto che già nel 1057 la famiglia aveva ricevuto la Baronia di Rosslyn (qualche chilometro a sud di Edimburgo) dal sovrano Malcolm III Canmore. Un successivo sir William di St. Clair, sceriffo di Edimburgo, era stato uno stretto collaboratore del re Alessandro III (1249-86). Al tempo di re Giacomo II di Scozia (1437-60) il nome St. Clair si era trasformato in Sinclair e William Sinclair, conte di Caithness, grande ammiraglio di Scozia, era stato riconosciuto nel 1441 patrono e protettore ereditario dei massoni scozzesi proprio dal re. Il documento di tale investitura, a firma autografa del sovrano, viene conservato presso la Grande Loggia di Scozia, assieme alla documentazione inerente l'affidamento ereditario, come registrato dal gran segretario della loggia, Alex Lawrie, nel 1804[17]. Da parte sua, William Sinclair era un cavaliere del Vello d'Oro e cavaliere della Conchiglia di San Giacomo (l'Ordine di Santiago di Compostela)[18], un Ordine fondato nel XII secolo con forti connessioni templari.

Nel 1583 il latifondista del territorio di Aberdeen, William Schaw, veniva incaricato dal re Giacomo IV di fare un censimento dei fratelli massoni di Aberdeen e delle regioni limitrofe. Nel 1598, nominato Maestro dell'Opera da parte di Giacomo, Schaw dava alla stampa il primo dei suoi celebri *Statuti*, nei quali si precisano i doveri dei fratelli verso le logge e verso la popolazione. (Schaw ed il suo assistente e braccio destro James Boswell erano stati affiliati nel 1598 e sono considerati fra i primi massoni non operativi della storia massonica). Da quel momento in avanti avevano incominciato a fiorire delle piccole logge. Fra le prime vanno ricordate quelle di Aitchinson, Edimburgo e subito dopo Haddington. Nel 1599 usciva il secondo *Statuto* di Schaw, dove si identificavano altre logge, fra cui quelle di Kilwinning, Edimburgo ancora, Stirling e St. Andrews[19]. È all'interno di questi *Statuti* che per le prime volte si allude velatamente ad una qualche forma di segreta conoscenza esoterica abbinata all'Arte massonica, con gli affiliati istruiti alla pratica "dell'arte della memoria".

Kilwinning viene considerata la "madre" delle logge scozzesi, anche se i documenti più antichi affermano che la prima sarebbe stata quella di Aitchinson nel Midlothian, fondata il 9 gennaio 1598. I verbali della Loggia di Edimburgo (la St. Mary's Chapel), cui era stato assegnato il n. 1, datano come anno di fondazione il 31 luglio 1599, facendo di questa istituzione la più antica fra quelle ancora esistenti. Dopo questa,

[17] Vedi anche Alex Lawrie, *History of Freemasonry*, London, Longman & Rees, 1804.

[18] I Templari che oggi entrano in questo Ordine si devono presentare vestiti come pellegrini in arrivo dal santuario di Compostela, portando ai fianchi attaccata alla cinta la conchiglia del riconoscimento, quella detta di Santiago (*Sant Iago* = San Giacomo).

[19] David Stevenson, *The Origins of Freemasonry*, Cambridge, Cambridge University Press, 1988, introduzione, p. 8.

Schaw ebbe a indicare al n. 2 la Loggia di Kilwinning. Di questo gli affiliati di Kilwinning non si mostrarono contenti, al punto da non prendere in considerazione il secondo *Statuto* di Schaw nei loro registri e verbali[20]. Al di fuori dei circoli direttamente interessati, il termine "frammassone" (libero massone) non era comune in Scozia, anche se compare occasionalmente nei registri del XVII secolo. La loggia di Melrose, per esempio, annota nel 1674 in uno dei verbali l'affiliazione di un nuovo aderente chiamandolo *frie mason*. Sin dal 1600 le logge attive scozzesi si erano date una certa struttura e organizzazione, incorporando segnali e rituali. Inoltre, a seguito della diffusione degli *Statuti* di Schaw, anche la terminologia in uso si era andata evolvendo: troviamo così i maestri dell'Arte, i compagni, gli apprendisti, la definizione delle regole relative a quanti maestri dovevano essere presenti all'interno di una loggia.

Dopo l'intenso lavoro di redazione degli *Statuti*, Schaw si attendeva un sollecito riscontro da parte del re, ma l'approvazione non sarebbe stata imminente. Il motivo stava soprattutto nel fatto che Schaw aveva previsto delle forti garanzie nei confronti delle logge massoniche, grazie alle quali queste ultime venivano esentate da ogni sorta di autorizzazioni e permessi da parte delle autorità cittadine competenti. Si stabiliva, inoltre, che la casa reale – re Giacomo – non avrebbe potuto minacciare l'ereditarietà del sommo patronato della Casa dei Sinclair di Rosslyn, che dovevano continuare a restare i protettori della Massoneria scozzese.

William Sinclair manteneva pertanto la sua posizione di preminenza, anzi gli veniva anche arrogato il diritto di dirimere processi giudiziari. Ma gli eventi incalzavano. Nel 1602 Schaw moriva e l'anno dopo il re Giacomo era chiamato a Londra per assumere la corona unita d'Inghilterra e di Scozia.

Nel 1617 William Sinclair si era trasferito in Irlanda, passando le baronie di Rosslyn e Pentland al fratello magistrato – pure lui di nome William – che proprio in quell'anno era stato fatto cavaliere ed era diventato sceriffo di Edimburgo. Un documento dei Sinclair datato 1628 si rivela di particolare importanza in quanto, oltre a trovare applicazione presso i fratelli massoni, valeva anche per i martellatori, categoria che comprendeva anche i fabbri, i ferraioli e tutti gli artigiani che avevano a che fare con la lavorazione dei metalli. È in questo momento ed in questo contesto che l'importanza assegnata alla parola "pietra" declina, mentre la geometria e l'uso di strumenti geometrici diventano fattori determinanti nella costituzione di una loggia. Sotto lo stesso stendardo si schieravano poi anche altre corporazioni come quelle dei vetrai, dei tegolai ed altre ancora, tutti artigiani che erano chiamati per svolgere il loro mestiere dovevano usare «la squadra retta, la riga ed il

[20] Ivi, capitolo 3, p. 47.

compasso, secondo i princìpi della geometria»[21]. Il passaggio, la transizione verso la cosiddetta Massoneria speculativa stava ormai muovendo i suoi primi passi e, grazie ad un atto finalizzato a questo obiettivo a firma di re Giacomo VI, relativo alla confraternita di Dundee datato 1592, sir William Sinclair ebbe l'opportunità di creare un contesto massonico in cui aveva una parte predominate l'arte della geometria sacra, ma non necessariamente collegata all'arte concreta della costruzione e della lavorazione della pietra.

Se i fratelli massoni delle logge di Fife, del Lothian, di Stirling, Dundee e di altre località si erano mostrati d'accordo nel sottoscrivere il documento elaborato da Sinclair, quelli aderenti alla loggia di Kilwinning non erano affatto convinti di dover accettare la nuova concezione proposta. Il rifiuto, oltre tutto, era ancora dettato dallo scontento di essere stati numerati al secondo posto. Nel 1628 James Murray (successore di Schaw al titolo di Maestro dell'Arte) per dirimere la questione aveva chiesto ed ottenuto di incontrare Sinclair a Rosslyn, ma l'abboccamento non aveva dato alcun esito. E così le due fazioni rimasero in contrasto fra loro, fino a quando Sinclair non aveva ottenuto, nel 1631, il definitivo placet da parte del re Carlo I. Nell'occasione Murray si era subito affrettato ad incontrare il re per vedersi garantita la sua posizione così come era avvenuto per quella di Sinclair, ma nel corso dell'incontro la discussione era degenerata. Alla fine si era arrivati a dire che le due posizioni – quella di Maestro dell'Arte e di Patrono della Massoneria – erano ambedue cariche stabilite dal re a cui facevano capo incarichi non del tutto ben chiari e definiti. Pertanto la questione la si sarebbe dovuta sbrogliare fra i due diretti interessati, ciascuno impegnato per la sua parte a far valere le proprie decisioni e la propria influenza in seno al consesso ed all'organizzazione.

Nel 1634 la carica coperta da Murray era toccata ad Anthony Alexander, il quale giocando d'astuzia pensò bene di aggregarsi alla loggia di St. Mary's Chapel, guadagnandosi in tal modo l'influente appoggio di altri gruppi massonici nella sua personale gara contro il potere di lord Sinclair. E così Alexander aveva esteso la sua autorità, al punto da arrivare addirittura a coinvolgere il re Carlo in una disputa con il suo stesso cancelliere, senza riuscire a stabilire chi godesse dell'autorità decisiva e finale all'interno delle logge scozzesi. Mentre accadeva tutto questo, sia Alexander che Sinclair morivano, ma anche i loro successori non riuscirono a venir fuori dal conflitto e a risolvere in qualche modo la spinosa questione. Ad interrompere la diatriba ci aveva poi pensato la Guerra Civile, che aveva immediatamente relegato le contese massoniche nel dimenticatoio, ultima delle preoccupazioni che da quel momento potessero interessare re Carlo I.

Per tutta la durata dell'era cromwelliana il silenzio scese sulla disputa

[21] Ivi, capitolo 4, p. 59.

massonica, passando decisamente fra gli argomenti di seconda linea. Tuttavia con la Restaurazione di re Carlo II del 1660, il sovrano aveva deciso che la materia avrebbe dovuto essere regolata dalla sua autorità. I nuovi maestri della geometria sacra ora non erano più i massoni operativi, ma i giovani, rampanti accademici della Royal Society, emersi dal grigiore del Protettorato con un profondo, spiccato interesse per tutte le discipline come la matematica, la fisica, la scienza in genere, l'alchimia e l'astronomia. Era ormai giunta l'era di Christopher Wren, Robert Boyle e Robert Hooke, in altre parole era nata la Royal Society.

Sin dal suo apparire, sir Robert Moray aveva convinto il re ad approvare la Society come istituzione reale e, su questa strada, Carlo aveva riconosciuto il fratello di Moray, sir William Moray di Dreghorn, come supervisore delle attività svolte al di là del confine scozzese, coadiuvato nell'opera da sir John Veitch di Dawyck. Poco alla volta sulle spalle dei due era caduta la responsabilità di verificare ogni genere di attività, da quella commerciale e dei traffici economici, a quella edile ed urbanistica. Se mai, intanto, avesse dovuto esserci una risoluzione finale all'annoso conflitto di cui si è detto prima, ebbene questo non avrebbe potuto che sopraggiungere in virtù di una nuova svolta, di un atteggiamento nuovo che avrebbe finalmente scardinato le ingessate posizioni che quasi da un secolo continuavano ad essere contrapposte fra loro, nella tradizione della diatriba fra Anthony Alexander e William Sinclair. Ed infatti, proprio in questo periodo, senza che ne venisse ratificata l'esistenza in qualche atto ufficiale, qualcosa era per davvero accaduto: la Massoneria speculativa si era fatta largo, proprio come già era successo nelle logge londinesi. Nel 1736 nasceva la Grande Loggia di Scozia ed il suo primo Gran Maestro era un discendente omonimo di William Sinclair.

L'arte della memoria

Ciò che era accaduto nei cento anni di relativo silenzio massonico era stato il propagarsi di una formidabile ondata di Neoplatonismo che si era diffusa in Inghilterra come in tutto il resto d'Europa. (Ricordo che il movimento neoplatonico era sorto attorno al 250 a.C. come una forma di sincretismo fra la filosofia di Platone e il misticismo orientaleggiante di Plotino. Il concetto di fondo sosteneva che l'intelletto umano non era da correlarsi al mondo materiale e che la spiritualità di ciascun individuo si affinava quanto più forte era il distacco ed il rifiuto nei confronti delle cose materiali del mondo). Nel Rinascimento non solo si era registrato un importante ritorno di fiamma dell'interesse verso le discipline classiche come l'architettura e la letteratura, ma una forte passione per la saggezza delle antiche filosofie, l'esoterismo e altri temi come la magia, l'alchimia e l'astrologia. Contemporaneamente, la religione incominciava ad essere vista con un occhio di sospetto e nuove branche teologiche avevano incominciato a prendere piede. Una nuova era, insomma, di ricerca, sperimentazione e pensiero. Se, dunque, il Rinascimento (come lo stesso nome definisce) era stato una vera e propria "rinascita" dei valori artistici, l'era che lo seguì pose l'accento sulla rinascita delle virtù morali e spirituali dell'uomo, ma vide anche nascere un desiderio sempre più impellente di conoscere sempre più a proposito del mondo e di tutti i fenomeni naturali.

È in questo contesto pieno di fermenti che inizia ad emergere il concetto di segretezza associato al chiuso delle logge massoniche. Gli studi esoterici riguardavano le cose segrete, come le misteriose forze occulte della natura e gli enigmi dell'universo. Gli appassionati incominciarono a studiare per proprio conto, privatamente, oppure a formare gruppi di discussione che ben presto divennero rivali e competitivi, assumendo le conclusioni e le conquiste alle quali riuscivano ad approdare come fossero questioni private, segrete e che, come tali, dovevano a tutti i costi essere mantenute nel riserbo del gruppo. Ed anche se non si arrivava ad alcuna conclusione, la faccenda doveva restare segreta! Molti gruppi vennero a crearsi in seno a circoli ed associazioni già esistenti, fra cui, in particolare, vanno ricordate le corporazioni dei commercianti e dei costruttori: nascevano le logge massoniche. Se alcuni aspetti della conoscenza erano unici e particolari (come unica e particolare era l'abilità di un artigiano specializzato), era normale che venissero tenuti segreti come esclusive informazioni a disposizione del gruppo o delle loggia. Ciò che, sin da subito, distinse l'operato e l'attività della Royal Society fu che la conoscenza non venne mai intesa come qualcosa di ingessato e chiuso, ma come un prodotto che doveva essere divulgato, reso noto e pubblicato.

Dovendo conservare e gelosamente proteggere i loro segreti (qualunque essi fossero, anche cose di nullo valore), i membri delle congreghe e delle associazioni incominciarono a prendere l'abitudine di scambiarsi segni e simboli, come espressione di mutuo riconoscimento. Più l'intimità era garantita, maggiore in importanza doveva essere il segreto custodito ed il suo potenziale valore. Fra le categorie di simboli preferite si contavano senz'altro i geroglifici dell'antico Egitto, che si ritene va fossero l'ideale, in quanto pur nella loro apparente semplicità erano carichi di valenze mistiche e misteriose. Prima che la scoperta avvenuta nel 1799 della Stele di Rosetta li rendesse comprensibili al mondo, i geroglifici costituivano un grande mistero; questo li rendeva simboli magici per eccellenza e, di conseguenza, furono abbondantemente utilizzati. È in parte anche per questa ragione che non di rado quando si parla di Massoneria la si collega ad antichissime origini egizie. In realtà nelle descrizioni degli antichi costruttori del Nilo non si trova un solo riferimento che possa in qualche modo intendersi come massonico. Le varie società segrete succedutesi nel tempo non furono eredi della sapienza egizia, molto semplicemente si limitarono a copiarne il rigoglio-

Il Wedjat, *l'Occhio di Horus*.

so simbolismo, trattandosi di segni disponibili e perfettamente idonei allo scopo. Lo stesso si può tranquillamente dire di tutti i segni e simboli delle altre antiche culture, come per esempio la civiltà celtica, anch'essa ricchissima di simbologie, immediatamente assunte come segni distintivi, senza dimenticare altre forme particolari come, per esempio, il pentacolo e simili.

Ciò che in realtà era stato ereditato dall'antico Egitto in forma abbastanza consapevole (per il tramite storico della Grecia alessandrina) era il pensiero ermetico, con il quale dare significato a molte delle simbologie in gioco. La parola "alchimia" deriva dai vocaboli arabi *al* (la) e *khame* (oscurità). L'*Alkhame* era definita come la scienza che riusciva a dissipare le tenebre, l'oscurità, o, viceversa, capace di portare l'illuminazione della percezione intuitiva. L'occhio che tutto vede – divenuto presto un simbolo massonico – in origine era stato associato dagli alchimisti all'oscurità (o al nulla), alla capacità di chi opera di riuscire a vedere nelle tenebre, a percepire l'ordine che si nasconde dietro il caos apparente. Questo simbolo ha subito molte variazioni, fra cui il celebre Occhio di Horus (il cosiddetto *Wedjat*) e l'occhio all'interno del triangolo, a volte detto l'Occhio di Dio, molto utilizzato nell'arte cristiana (vedi *tav. 4*).

William Schaw aveva insegnato che la Massoneria scozzese avrebbe dovuto, fra l'altro, praticare l'Arte della Memoria. Nel suo bel libro intitolato *The Origins of Freemasonry*, David Stevenson, professore di storia scozzese presso l'Università di St. Andrews, scrive che molti maggiorenti scozzesi dell'epoca di Schaw erano profondamente interessati allo studio dell'ermetismo e che il re Giacomo VI aveva personalmente sostenuto il lavoro dell'alchimista italiano Giovanni Damiano[22]. Questo interesse aumentò ancora dopo il matrimonio di Elizabeth, la figlia di Giacomo, con l'Elettore del Palatinato, aggiungendo il filone del movimento rosacrociano all'interno della corrente di pensiero dominante in Scozia.

L'Arte della Memoria consisteva in una particolare tecnica evolutasi sin dai tempi dell'antica Grecia. Vi ricorrevano avvocati e pubblici oratori come strumento utilissimo per tenere a mente lunghi discorsi e sappiamo che veniva utilizzata da Shakespeare e da certi attori del periodo Tudor per ricordare le diverse parti da recitare. Funzionava nello stesso modo in cui oggi un oratore o un conferenziere fa uso delle slides e della proiezione di immagini su uno schermo, dove ad ogni sequenza che compare chi parla abbina un contesto di idee da esporre, evitando in tal modo di perderne qualcuna strada facendo. Colui che nell'era dei Tudor aveva riportato in auge questa tecnica era il filosofo italiano Giulio Camillo (1479-1544). La sua opera *Il Teatro di Memoria* era diventata un classico, scelta a modello dal Globe, il grande teatro di Londra, che era stato costruito in modo tale che soppalchi, logge, sedili ed ingressi costituissero già di per sé un meccanismo mnemonico per gli attori della corte elisabettiana. Una copia dell'opera del Camillo intitolata *L'Idea del Teatro* era conservata nella biblioteca del consigliere astrologico della regina, il celebre John Dee (vedi p. 54)[23]. Vi si diceva che grazie alla scelta di particolari immagini allusive ed ornamenti dislocati in modo strategico all'interno del Globe, chiunque «sarebbe stato in grado di discorrere su qualsiasi argomento in modo tanto fluente come Cicerone»[24]. Un altro illustre esponente dell'Arte della Memoria era stato Giordano Bruno, che era vissuto in Inghilterra dal 1583 al 1585 e che certamente aveva esercitato una forte influenza su William Schaw.

L'Arte della Memoria era ritenuta importante presso la Fratellanza perché si applicava in modo particolare alle costruzioni ed il suo apprendimento veniva naturale a coloro che si dedicavano a questa professione. Ancora oggi, come diretta conseguenza di tutto ciò, uno degli aspetti primari della ritualistica di una loggia consiste nell'abilità di memorizzare lunghe sequenze e ricordare a memoria tutti i particolari dei quadri e delle tavole di tracciamento dei diversi gradi iniziatici. All'interno di una loggia, riuscire a ritenere bene a memoria era dunque considerato altrettanto importante quanto riuscire a comprendere i diversi passaggi iniziatici previsti dei vari gradi di progressione.

[22] Ivi, capitolo 5, p. 86.

[23] Il soggetto dell'opera sul teatro del Camillo viene ampiamente discusso nel libro di Frances A. Yates, *Theatre of the World*, Chicago, Chicago University Press, 1969.

[24] Frances A. Yates, *The Art of Memory*, Chicago, Chicago University Press, 1966, pp. 130, 131.

Il modo in cui il sistema mnemonico agisce è del tutto simile allo schema interno di una costruzione perfetta. Visualizzare l'immagine e la sequenza delle stanze che la compongono, dei corridoi e delle scale deve diventare per il fratello massone una cosa naturale e, in pari modo, egli deve saper sviluppare un metodo che lo porti, stanza dopo stanza, a visitare mentalmente ogni elemento dell'edificio. Una volta memorizzato il metodo, questo vale per sempre, perché è una costante, dal momento che può essere applicato ad ogni costruzione, per quanto diversificata. Una volta mandati a memoria i vari passaggi di una situazione commerciale oppure le sezioni separate che concorrono a comporre un'oratoria, è sufficiente collocare mentalmente ogni singola fase all'interno di una stanza, seguendo lo stesso cammino progressivo che si farebbe nel visitare la costruzione che si è realizzata idealmente e si è ben fissata nella memoria. Nel caso degli ospedali e degli edifici ad essi simili, dove già esistono dei reparti contraddistinti da denominazioni specifiche, il processo è ulteriormente agevolato, potendosi assegnare alle diverse sezioni della costruzione ideale i diversi reparti (soggetti tematici da affrontare nel discorso) così contrassegnati. Nel momento in cui l'oratore è chiamato all'opera, verbalmente o per iscritto, non deve fare altro che immaginare di eseguire la prestabilita visita all'interno dell'edificio modello, ideale, costruitosi nella fantasia e consolidato nella memoria. Mano a mano che accede alle diverse stanze, corrispondenti ai differenti momenti ed argomentazioni del suo discorso, ecco che, come d'incanto, il ricordo di ciò che deve dire gli sovviene, nel rispetto del percorso mentale precostituito. Lo stesso processo mentale ci accompagna quando ci muoviamo con regolarità all'interno di una città, di un tessuto urbano, che si tratti del tragitto che ci porta a scuola oppure al lavoro. Gli angoli delle strade, gli incroci, le case, i cartelli, le insegne e i vari punti di riferimento che incontriamo ci diventano familiari nella loro sequenza caratteristica e ad essi, volendo, possiamo attribuire una valenza conoscitiva particolare, legata alla sequenza con cui si presentano alla nostra vista.

Fondamentale per la rinascita del Neoplatonismo seicentesco fu l'opera dell'architetto romano del I secolo a.C. Vitruvio[25], ammirato e stimato dallo stesso Leonardo da Vinci. Proprio Vitruvio avrebbe avuto un'influenza determinante nella svolta massonica che avrebbe contrassegnato il XVII secolo, perché la sua idea di architetto trasferiva direttamente e ineluttabilmente la concezione della fratellanza corporativistica operativa a quella di una Massoneria altrettanto operativa. Nel suo contesto più autentico il fratello massone era dunque un muratore operativo. Era stato solo col sopraggiungere del XVIII secolo, con l'avvento della moda dei circoli e delle associazioni, che la Massoneria aveva preso una piega speculativa, riflessiva, così che l'adepto si ritrovava ad essere né

[25] Si tratta di Marco Vitruvio Pollone, autore del trattato *De Architectura*.

un muratore né un architetto. Eppure sin dai lontani tempi di Giulio Cesare, il grande Vitruvio, così come compare scritto nel primo libro della sua opera *De Architectura* asseriva che: «...l'architetto dovrebbe possedere conoscenze in vari rami del sapere e in molti tipi di discipline, perché è a seguito del suo giudizio che vengono messi alla prova tutti i lavori svolti dagli artefici delle altre arti». Poi puntualizzava continuando col dire che il vero architetto era colui che aveva familiarità con la pietra così come l'aveva con la penna per il disegno. Egli doveva conoscere la teoria ma anche la pratica ed era in virtù della sua esperienza (e non quella del costruttore) che un edificio era stabile oppure no. Scrive Vitruvio:

> L'architetto deve esse colto, esperto con il disegno, avere buone nozioni di geometria, conoscere la storia, aver ascoltato attentamente i filosofi, avere dimestichezza con la musica, non ignorare la medicina e la fisica, conoscere le opinioni degli uomini di legge e dei giuristi, avere ben in mente l'astronomia e la teoria del corso degli astri.

Ciò che il grande architetto Vitruvio aveva scritto la bellezza di 1600 anni prima era stato raggiunto da Christopher Wren, professore di astronomia e il più illustre fra gli architetti dell'epoca degli Stuart. Egli emerse fra la metà del Seicento ed i primi vent'anni del secolo successivo come l'epitome, la sintesi del massone ideale, nel suo aspetto prettamente operativo. Desaguliers, Anderson e tutti i loro colleghi erano ben consapevoli di tutto questo, ma Wren era morto senza riunirsi a loro nella solidarietà della Fratellanza ed essi questo sgarbo non glielo perdonarono mai. Anche se Wren era stato il primo Gran Maestro d'Inghilterra, aveva sempre preferito tenere le distanze dagli atteggiamenti speculativi di circoli ed associazioni, che a suo avviso adombravano solamente la realtà massonica. Di conseguenza, appena se n'era andato, Anderson non aveva esitato ad accusarlo di essere stato colui che aveva affossato la Fratellanza, impedendone il progresso per la sua smania di tenerne occultati i segreti. A ben guardare, il più grande segreto di questo grand'uomo non costituiva affatto un segreto. Egli era semplicemente la manifestazione vivente dell'uomo ideale teorizzato da Vitruvio e questo, anche volendo, non era certamente un patrimonio che avrebbe potuto condividere con qualcun altro.

10

Rosslyn

L'eredità dei Sinclair

Fra il XII ed il XIII secolo, durante i regni di Davide I, Malcom IV e Guglielmo il Leone, la politica scozzese di assegnare territori a coloni fiamminghi venne fortemente incrementata. La nazione si stava velocemente sviluppando e i Fiamminghi erano notoriamente esperti ed abili nei commerci, nell'agricoltura e nell'organizzazione dello sviluppo urbano.

Molte delle più antiche famiglie scozzesi che vantavano una discendenza normanna in realtà originavano dalla Fiandre, tanto è vero che emblemi araldici tipicamente fiamminghi si potevano riscontrare negli stemmi delle Case dei Balliol, Bruce, Comyn, Douglas, Lindsay, Fleming, Hay, Graham e molte altre[1].

La comune idea che l'origine di questi ceppi fosse normanna deriva da una manipolazione e da una revisione da parte inglese dei registri nobiliari scozzesi eseguita in epoca vittoriana. I Normanni facevano parte delle genti vichinghe che, dopo essersi impossessate della Neustria, nella parte settentrionale della Francia, nel 1066 avevano conquistato l'Inghilterra. Sposando Giselle, la figlia del re francese Carlo III (893-922), Rollone il Vichingo aveva ottenuto il dominio della Neustria, il nuovo nome dato alla Normandia. Il suo discendente, Guglielmo il Conquistatore, aveva poi messo in atto l'invasione dell'Inghilterra a danno della Casa di Wessex, ma in nessun momento l'invasione si era spinta fino alla terra di Scozia. Di conseguenza i Normanni che avevano messo piede oltre il confine con l'Inghilterra lo avevano fatto pacificamente, con il consenso della monarchia scozzese.

Fra le più illustri famiglie normanne della Scozia medievale si contava quella dei St. Clair, che aveva ottenuto in via ereditaria l'alto patronato della Massoneria scozzese nella figura di William Sinclair, eletto primo Gran Maestro della Fratellanza nel 1736 (vedi p. 161). Tornando indietro nel tempo, nell'XI secolo Henri di St. Clair (da St. Clair-sur-El-

[1] Una lettura consigliata riguardante l'araldica medievale delle grandi famiglie fiamminghe e scozzesi è il libro di Beryl Platts, *Scottish Hazard*, London, Proctor Press, 1985 (parte 1), 1990 (parte 2).

le sulla Manica)[2] era stato un crociato che aveva seguito Goffredo di Buglione in Terra Santa e oltre due secoli dopo un suo discendente – un altro Henri di St. Clair – era stato il comandante del contingente dei Cavalieri Templari scesi sul campo di battaglia di Bannockburn nel 1314. La famiglia dei St. Clair (poi divenuta dei Sinclair conti di Caithness) vantava una doppia eredità vichinga, la prima per il tramite dei duchi di Normandia e la seconda attraverso il lignaggio dei conti delle isole Orcadi. Dopo gli anni delle persecuzioni contro i Templari, i St. Clair erano diventati ambasciatori di Scozia sia in Inghilterra che in Francia. Henry di St. Clair (figlio dell'Henri crociato) era diventato consigliere reale e la sorella Richilde era andata sposa ad un membro della famiglia dei Chaumont, imparentata con quella di Ugo di Payens, il primo Gran Maestro dell'Ordine dei Cavalieri Templari[3].

Il retaggio templare dei St. Clair è particolarmente evidente a Roslin, nei pressi di Ballantradoch, il centro originario dell'Ordine in Scozia. Qui, a pochi chilometri a sud della città di Edimburgo, si erge l'affascinante Cappella di Rosslyn, risalente al XV secolo. A prima vista sembra una cattedrale gotica in miniatura, con gli archi acuti e gli elaborati pinnacoli che svettano in verticale. Ma, non appena la si osserva più da vicino e con maggiore attenzione, essa si rivela una strana miscellanea di stili nordico, celtico e gotico. All'epoca, la città del Midlothian di Saint-Clairs era detta Roslin, anche se la Cappella ha sempre mantenuto la tradizionale versione di Rosslyn. In epoca celtica il posto si chiamava Ross Lyn, in relazione al promontorio roccioso (*ross*) da cui discendeva una cascata (*lyn*). Oppure, secondo un parere espresso nel 1916 dalla Royal Celtic Society, il nome avrebbe potuto anche significare il bosco (*ross*) del lago (*lyn*), a seconda che si voglia dare prevalenza all'accezione irlandese oppure gallese sullo scozzese gaelico che si parlava al tempo[4].

La più accreditata autorità a proposito di Rosslyn e della Casa dei St. Clair è considerato padre Richard Augustine Hay, canonico di St. Genevieve a Parigi e priore di St. Piermont. Nel 1690 egli diede alle stampe un'opera in tre volumi intitolata *Una genealogia della famiglia Sainteclairs di Rosslyn*[5]. L'opera venne ristampata nel 1835 ed essendo completamente basata su carteggi, documenti ed archivi della famiglia è considerata la più importante e affidabile.

[2] Sir Iain Moncrieffe, *The Highland Clans*, London, Barrie & Jenkins, 1982, p. 219. Si veda anche G. W. S. Barrow, *The Kingdom of the Scots*, London, Edward Arnold, 1973, capitolo 11, p. 318.

[3] Una dettagliata mappa genealogica della Casa dei Sinclair dal VII al XIV secolo compare nel libro di Laurence Gardner, *Bloodline of the Holy Grail*, Shaftesbury, Element Books, 1996, appendice V, pp. 427-31 (trad. it. *La linea di sangue del Santo Graal*, Roma, Newton & Compton, 2005[5]).

[4] Le Rhind Lectures del 1916 della Società Antiquaria di Scozia vennero pubblicate sotto gli auspici della Royal Celtic Society e dell'Università di Edimburgo da William J. Watson col titolo *The History of the Celtic Place Names of Scotland*, London, William Blackwood, 1926.

[5] Richard Augustine Hay, *The Genealogie of the Sainteclairs of Rosslyn* (a cura di R. L. D. Cooper, traduzione di J. Wade), Edinburgh, Grand Lodge of Scotland, 2002.

La Cappella di Rosslyn.

La famiglia St. Clair aveva ricevuto la baronia di Rosslyn dal re Malcolm III Canmore nel 1057 e nel secolo successivo aveva innalzato il proprio castello. Nel 1304, non distante dal primo maniero, ne realizzava un altro in una postazione strategicamente più appropriata. Correva voce che nelle cripte segrete di questa fortezza fossero conservati alcuni fra i prestigiosi tesori portati in Europa dai Cavalieri Templari al termine delle Crociate e sottratti alle grinfie dell'Inquisizione della Chiesa[6]. Oggi per lo più in rovina, sebbene ancora con una parte abitabile, il castello fortezza sorgeva su un promontorio a picco sulle acque del fiume West Esk. Per questo veniva sovente preso di mira dagli attacchi inglesi, tenuto anche in conto della posizione che lo poneva come punto obbligato di passaggio per raggiungere la città di Edimburgo. Poiché i Sinclair erano sostenitori della Casa Stuart, il maniero andò incontro a un brutto destino: nel 1650, nel corso della Guerra Civile, i cannoni dell'esercito cromwelliano del generale Monk lo distrussero pressoché completamente.

Quando la flotta templare nel 1307 aveva lasciato la costa dell'Inghilterra con il suo carico di favolosi tesori e ricchezze, il maggior numero delle navi era approdato in Scozia, Irlanda e nelle isole occidentali; ma alcune avevano fatto rotta verso il Portogallo, dove i Templari non erano stati perseguitati ed erano confluiti in un nuovo ordinamento, l'Ordine dei Cavalieri di Cristo. Il navigatore portoghese Vasco de Gama, co-

[6] *Knights Templar and Freemasonry*, brochure edita a cura degli Amici di Rosslyn, 1993.

lui che per primo tracciò la via verso l'India nel 1497, era, per l'appunto, un Cavaliere di Cristo. Tempo prima, il principe Enrico il Navigatore (1394-1460) era stato Gran Maestro dell'Ordine. Lo storico e biografo Andrew Sinclair ha scritto bene e a lungo a proposito delle eccezionali imprese marinare di alcuni antenati della famiglia e in modo particolare di alcuni viaggi oltreoceano compiuti nel 1398, molti decenni prima della scoperta ufficiale dell'America da parte di Cristoforo Colombo[7].

Da quando il territorio di Rosslyn era passato alla proprietà dei St. Clair quasi tutti i membri eminenti della famiglia vi erano stati sepolti con la sola eccezione di Rosabelle, la moglie del barone Enrico il Crociato. La donna, infatti, era annegata lungo la costa, lasciando il costante ricordo indimenticabile, come rievoca sir Walter Scott molto tempo dopo, nel XIX secolo. Nella sua ballata dal titolo *Il lamento dell'ultimo menestrello* scrive:

> E tutti i Sinclair qui furono sepolti,
> con candele, libri e rintocchi di campana;
> ma le grotte del mare echeggiano,
> ed il vento ancora trasporta,
> il cupo lamento della dolce Rosabelle.

Nel giro di pochi anni i baroni di St. Clair divennero una delle famiglie più illustri della nobiltà scozzese, nominati fra i più fedeli sostenitori ed alleati dei re. Nel XIII secolo, sir William di St. Clair, sceriffo di Edimburgo e giudice di Galloway, era anche sceriffo di Lothian, Linlithgow e Dumfries. Era così fedele alla casa reale che il sovrano Alessandro III lo aveva prescelto fra i pochi padri putativi protettori della corona del principe di Scozia.

Dopo la morte di Robert Bruce, avvenuta nel 1329, un successivo William di St. Clair, vescovo di Dunkeld, era partito alla volta della Terra Santa, portandosi dietro, chiuso in uno scrigno d'argento, il cuore di Bruce da seppellire in Oriente[8]. Accompagnato da sir James Douglas e altri due cavalieri, aveva il compito di portare il cuore del re a Gerusalemme.

Una volta arrivati in Andalusia, nel sud della Spagna, il gruppetto era stato assalito dai Mori. Non avendo alcuna via di scampo ai quattro non era restato che accettare un combattimento disperato che li aveva visti soccombere. Tuttavia i Mori erano rimasti così impressionati dal nobile coraggio di quegli uomini da rispedire in Scozia lo scrigno d'argento con dentro il cuore del re Robert Bruce. In seguito il cuore di Bruce ven-

[7] Andrew Sinclair, *The Sword and the Grail*, New York, NY, Crown, 1992, capitoli 9-11, pp. 108-50.

[8] Michael Baigent – Richard Leigh, *The Temple and the Lodge*, London, Corgi, 1990 (trad. it. *Origini e storia della Massoneria*, Roma, Newton & Compton, 2004[4]).

ne sepolto nell'abbazia di Melrose, intrisa di tradizioni templari sotto il governo dei cistercensi.

Era stato un altro William Sinclair, conte di Caithness, grande ammiraglio e cancelliere di Scozia, a fondare la Cappella di Rosslyn nel 1446 nel sito dove un tempo sorgeva il primo castello nobiliare della famiglia. I St. Clair (che verso la fine del 1300 avevano trasformato il nome in Sinclair) erano all'epoca i rispettati custodi difensori dei re di Scozia. Poiché il re Giacomo II aveva concesso a William la carica ereditaria di gran patrono e protettore dei massoni scozzesi, egli poteva circondarsi con facilità dei più abili muratori e costruttori del tempo, oltre agli artigiani più illustri d'Europa. Una volta gettate le fondamenta della Cappella, nel 1450 si era dato il via ai lavori e l'opera venne completata nel 1486 dal figlio di William, Oliver Sinclair. Avrebbe dovuto far parte di una grande chiesa collegiata che però non venne mai costruita, anche se ancora oggi se ne possono distinguere le fondamenta.

Il mistero della Cappella

A dispetto della venerabile età, la Cappella di Rosslyn è tutt'oggi regolarmente utilizzata, anche se nel corso di questi ultimi anni è stata oggetto di imponenti lavori di restauro e conservazione. La costruzione misura 10,7 × 21 m per un'altezza di circa 13,4 m. Alcune centinaia di pietre scolpite fregiano pareti e soffitto. Le immagini si ispirano alla cultura biblica e contengono simbolismi e iconografie prettamente massoniche. Vi si trovano spade, compassi, cazzuole, squadre e mazze in grande abbondanza, con non poche allusioni al Tempio di re Salomone. Nel suo complesso, la piccola costruzione costituisce un'esperienza visiva a dir poco stimolante ed eccitante.

Messa da parte l'evidente ispirazione esoterica di matrice giudaica, l'influsso cristiano spicca ben visibile in un assortimento variegato di sculture. Fra di esse si notano tracce ricorrenti e richiami all'Islam, mentre il tutto è come avvolto da un contesto, una cornice paganeggiante di serpenti, draghi e fogliame. Dappertutto, in mezzo al copioso modularsi delle foglie che decorano archi e colonne, compare la faccia dell'Uomo Verde, simbolo ancestrale delle forze elementari della vita e del ciclo della vita stessa.

Ogni immagine è avviluppata in un rigoglio di frutti, erbe, foglie, spezie, fiori, pampini e nei rami dei misteriosi alberi del paradiso terrestre. Palmo dopo palmo, la Cappella di Rosslyn si offre indubbiamente come la più stravagante e curiosa, inquietante chiesa decorata di tutta l'Inghilterra, anche se nessuna delle sue infinite sculture potrebbe essere considerata come un'opera d'arte di per sé. Ogni scultura sembra avere uno scopo preciso, e ciascuna di esse richiama quella successiva, ed anche se tutto appare ambiguo, di difficile interpretazione, è innegabile che una sorta di magica armonia regna ovunque, in ogni angolo. L'archivista di

Rosslyn, Robert Brydon, ha descritto la Cappella come un «allegorico libro di storia»[9].

La Cappella di Rosslyn non può essere paragonata nello stile a nessun'altra chiesa. Sebbene sia nata come sacrario religioso, non venne mai destinata a scopi religiosi in senso canonico. Venne costruita da gente cristiana su un terreno ritenuto sacro, un lembo di terra dedicato a san Matteo (nei pressi dell'altrettanto famosa fonte di san Matteo), ma non contiene alcuna immagine della Madonna, né di Gesù e neppure degli apostoli. Abbastanza stranamente, compare invece la raffigurazione di un evento non testamentario, vale a dire l'episodio del velo della Veronica, il fazzoletto sul quale la leggenda tramanda che Veronica avrebbe scoperto impresso il volto di Gesù, dopo che la donna, impietosita, si era chinata su Cristo per asciugargli il viso mentre stava percorrendo la Via Crucis che lo portava al Calvario (tra l'altro il nome Veronica deriva da *vera icon*, cioè immagine autentica). Fra i personaggi dell'Antico Testamento, invece, si riconosce Mosè, scolpito nello sguincio di una finestra, un Mosè munito di corna, proprio come lo immaginò Michelangelo (1475-1564) nella mirabile statua che fa parte della tomba di papa Giulio II[10]. Sin dai tempi dell'antica tradizione mesopotamica l'attributo delle corna segnalava che chi le portava era in comunicazione con la divinità. Più avanti nel tempo, corna o piccole ali diventarono ornamento delle persone regali e dei grandi guerrieri, attaccate agli elmi come nel caso dei Vichinghi[11] e dei re merovingi del V secolo, come Clodoveo re dei Franchi[12].

Un altro personaggio dell'Antico Testamento ritratto nello scorcio di una finestra è il grande sacerdote Melchisedec, re-sacerdote di Salem. Egli fu colui che per primo offrì il calice della comunione ad Abramo all'atto della consacrazione del pane e del vino, dopo che Abramo ed i suoi uomini avevano sconfitto alcuni sovrani locali ribelli (*Genesi* 14: 18-20). È proprio nell'Ordine di Melchisedec che il Nuovo Testamento registra l'avvenuta iniziazione di Gesù, sei mesi dopo la sua Resurrezione (*Lettera agli Ebrei* 3: 1 e 5: 6). In alcuni frammenti di un rotolo trovato a Qumran intitolato *Documento del Principe Melchizedek*, si afferma che questi e l'arcangelo Michele erano la stessa persona, tanto che viene chiamato il Celeste ed anche il Principe della Luce[13].

[9] Robert Brydon, *Rosslyn and the Western Mystery Tradition*, Roslin, Rosslyn Chapel Trust, 2003, introduzione.

[10] Una bella fotografia della statua del *Mosè* di Michelangelo è compresa fra le tavole fuori testo a corredo del libro di Laurence Gardner, *Genesis of the Grail Kings*, London, Transworld/Bantam, 1999 (trad. it. *Le misteriose origini dei re del Graal*, Roma, Newton & Compton, 2004[4]).

[11] Il termine inglese *viking*, da cui l'italiano "vichingo", deriva da *Wiking* perché nell'alfabeto latino non esistevano le lettere "w" e "u", ma soltanto la "v". La sillaba "Wi" significa "bellicoso" o "guerriero". In tal modo i Vichinghi erano dei *Wi-kings* (re), vale a dire dei re guerrieri. Si veda l'*Oxford Compact English Dictionary* alle voci *Vikings* e *Wi*.

[12] Hargrave Jennings, *The Rosicrucians – Their Rites and Mysteries*, London, Routledge, 1887, capitolo 12, p. 107.

[13] Geza Vermes, *The Complete Dead Sea Scrolls in English*, London, Penguin, 1998, p. 85.

Stemma araldico della Grande Loggia Unita d'Inghilterra (si noti l'Arca dell'Alleanza in cima allo scudo araldico).

Nel portale scolpito di Rosslyn, Melchisedec tiene in mano un calice, mentre nella prima sua raffigurazione di cui si ha memoria, quella della cattedrale di Chartres (realizzata dai massonici Figli di Salomone) nel suo calice è contenuta una pietra, che si pensa sia la Pietra Filosofale o la *Manna*[14]. I due personaggi, Mosè e Melchisedec, sono uniti da questo stesso simbolismo, anche se è all'interno di una coppa dorata che il racconto dice Mosè abbia posto la manna, conservata poi nell'Arca dell'Alleanza (*Esodo* 16: 33). In un rituale massonico dell'Arco Reale del 1744, Mosè viene indicato come il primo biblico Grande Maestro[15], tanto che la sua Arca dell'Alleanza (costruita con perizia dal sommo artigiano Bezaleel) si trova ancora oggi in cima all'emblema araldico della Grande Loggia.

I gradini della scala che conduce alla piccola cripta della Cappella di Rosslyn hanno patito l'usura del tempo ed oggi sono stati sostituiti per motivi di sicurezza. Un tempo si dice ci fosse anche un braciere, sebbene non si sappia con precisione a che cosa potesse servire. I turisti si affollano a gruppi nella cripta, sperando di vedere chissà che cosa. Qualcuno ha ipotizzato che questo piccolo locale sotterraneo, più che una cripta per la conservazione di qualche reliquiario[16], sarebbe stato una

[14] Una bella fotografia della statua di Melchisedec del portale di Chartres è compresa fra le tavole fuori testo del libro di Laurence Gardner, *The Magdalene Legacy* (trad. it. *I figli del Graal*, Roma, Newton & Compton, 2005).

[15] Brydon, *Rosslyn and the Western Mystery Tradition*, cit.

[16] Philip Coppens, *The Stone Puzzle of Rosslyn Chapel*, Enkuizen, NL, Frontier, 2004, capitolo 8, p. 77.

specie di ufficio amministrativo ad uso dei costruttori, ma non sembra il caso visto che è umida, stretta e scomoda. E se fosse stato veramente questo il suo uso, non si capisce come mai abbia continuato ad essere frequentata e visitata anche dopo la chiusura dei lavori e l'abbandono della Cappella da parte dei suoi costruttori. Ben sigillata nella pietra, al di là della cripta, esiste una camera, sempre al di sotto dell'area della Cappella, ed è qui che si racconta sarebbero state conservate le preziose reliquie di Rosslyn e le insegne araldiche dei baroni di Rosslyn. Sarebbero stati interrati nella stanza all'atto della costruzione e ovviamente prima della sua sigillatura ermetica. Il già citato *Lamento* di sir Walter Scott vi fa riferimento:

> Sembrava infuocata quella fiera cappella,
> dove i grandi di Roslin giacciono nei sepolcri:
> ciascun barone, avvolto in un sudario di zibellino,
> deposto con la propria panoplia ferrata.

Da più parti la Cappella di Rosslyn è stata accostata al Tempio di Salomone, ed anche conosciuta come la Cappella del Santo Graal. La tradizione secondo la quale questo piccolo edificio nasconderebbe un grande e prezioso tesoro è antichissima, ma di che cosa esattamente possa trattarsi nessuno lo sa. Quel poco che sappiamo è che Maria di Guisa (moglie del re Giacomo V) era stata messa al corrente del segreto dal nipote di William Sinclair e aveva promesso che sarebbe rimasta fedele alla consegna e non avrebbe mai rivelato a nessuno quello di cui era venuta a conoscenza.

Secondo alcuni, sia il Santo Graal che l'Arca dell'Alleanza sarebbero proprio custoditi a Rosslyn; mentre altri preferiscono orientarsi sull'idea di un rotolo segreto scritto da Gesù o, più realisticamente, portato da Gerusalemme dai Cavalieri Templari di ritorno dalla Terra Santa[17]. Tutte queste illazioni hanno fatto della Cappella di Rosslyn il sito ideale per i cacciatori di tesori, anche se la questione pare prestarsi più ad uno sfondo letterario e teorico che non strettamente pratico. Da qualche anno a questa parte la Cappella è stata strategicamente presidiata e protetta ed anche nel corso delle opere di restauro non sono state date concessioni agli scavi. Peccato che queste opere di ristrutturazione siano state fatte in modo alquanto superficiale, al punto da costringere l'associazione degli Amici di Rosslyn a sottoporre progetto e qualità degli interventi all'attenzione ed al giudizio dell'autorità statale che si occupa di proteggere i beni e la storia della Scozia.

Ciononostante, nel 1992 Andrew Sinclair, membro fondatore del Churchill College di Cambridge, ha reso noto che qualche tempo prima aveva ricevuto una autorizzazione a intraprendere una campagna di sca-

[17] Christopher Knight – Robert Lomas, *The Hiram Key*, London, Century, 1996, capitolo 15, p. 307.

vi esplorativi[18]. Nel suo resoconto si dice che, tanto per iniziare, l'intera area della Cappella era stata scandagliata con dei sonar. Da questo primo esame erano state segnalate alcune cavità sotterranee ed i radar avevano pure indicato la presenza di materiali metallici, probabilmente le armature dei cavalieri che vi giacevano sepolti, ma anche qualcosa che dava l'impressione di essere una specie di sepolcro metallico. Al di sotto della pavimentazione erano poi emersi i resti delle fondazioni di una più grande chiesa cruciforme, che non era mai stata realizzata. Si potevano anche distinguere discese e vani segreti, ma una volta rimosse alcune lastre pavimentali era risultato assolutamente impossibile procedere se non a fronte di ulteriori consistenti scavi. Si era così deciso di provare a scandagliare queste cavità utilizzando delle microcamere da far passare attraverso piccoli fori ottenuti, senza alcun danno, nelle pietre e nel terreno con speciali trapani. Il tentativo però era abortito in quanto la polvere delle trapanazioni si infilava nelle telecamere rendendole opache e pressoché inutili. Reiterati tentativi avevano continuato a non dare buon esito e così i lavori di ricerca erano stati sospesi.

Fra i tanti misteri che gravitano attorno a Rosslyn vale la pena ricordare anche la leggenda dell'assassinio di un apprendista muratore, del tutto analoga alla storia mitica della morte di Hiram Abiff. Racconta la vicenda di un maestro massone al quale il suo protettore aveva assegnato il compito di riprodurre una colonna di mirabile fattura. Piuttosto che lavorare su un modello, il maestro aveva preferito andare sul posto, lontano e all'estero, per vedere con i suoi occhi la colonna originale. Ma al suo ritorno aveva scoperto che uno dei suoi allievi muratori aveva scolpito con rara maestria una colonna ancora più bella che gli era apparsa in sogno. Il maestro, invidioso, in uno scatto d'ira aveva colpito ed ucciso l'allievo con un mazzuolo. La cosiddetta Colonna dell'Apprendista resta tutt'oggi una delle curiosità della Cappella di Rosslyn ed è effettivamente il pezzo artistico più rilevante dell'intero complesso.

Sebbene lungi dall'essere vera, la storiella doveva risultare alquanto utile per frenare gli slanci degli apprendisti cui fosse venuto in mente di cimentarsi in pezzi di bravura al di là delle loro possibilità, come aveva fatto l'apprendista della leggenda poi finito male. Agli apprendisti non era permesso portare la barba. Si racconta che uno dei tanti visi scolpiti a Rosslyn avesse la barba e che questa fosse stata immediatamente scalpellata via da qualche maestro. Un particolare che altro non fa che aggiungere un pizzico di ulteriore mistero e curiosità alla storia. È difficile pensare che quel volto raffigurasse veramente quello di un apprendista, tuttavia ancora oggi la sua identità (ammesso che si riferisse ad una persona reale) non è conosciuta. La celebre colonna, invece, con i due bellissimi draghi intagliati alla base, è stata più volte accostata a

[18] Sinclair, *The Sword and the Grail*, cit., capitolo 7, pp. 86-88.

Yggdrasil, l'albero del mondo della mitologia nordica: l'albero che costituiva l'asse del mondo con le fronde in cielo, il tronco in terra e le radici nel regno degli inferi, l'albero della vita[19].

La Verità e il Tempio

Un segreto che la Cappella di Rosslyn nasconde è segnalato all'interno di un'iscrizione voluta da William Sinclair stesso, fondatore e architetto della costruzione. Niven Sinclair, un altro erede della gloriosa stirpe, ne ha scritto di recente a lungo. Anche se la Cappella viene considerata un frammento di storia scolpito nella pietra, fra il rutilante scenario di angeli caduti, un campionario incredibile di bestie ed animali, volti dell'Uomo Verde ed il Tempio di Salomone, cornucopie vegetali e draghi che si avvinghiano alle colonne, in tutto il complesso esiste una sola iscrizione. È siglata in lettere latine di stile longobardo e compare su un fregio della navata meridionale. Vi si legge:

> *Forte est vinu; fortior est Rex; fortiores*
> *Sunt mulieres' sup on vincit veritas.*
>
> (Forte è il vino; più forte è il Re, più forti
> ancora le donne, ma su tutto è la verità che prevale).

Per quel poco che sappiamo a proposito di William Sinclair, è certo che egli – come Isaac Newton molti anni dopo – era un profondo conoscitore delle storie bibliche ed era molto affascinato dalla tradizione e dalle leggende. Era di credo cristiano – così almeno parrebbe –, ma il suo punto di vista (in linea con quello templare) non abbracciava la dottrina standardizzata. Riempiendo fino all'inverosimile la sua Cappella di vegetazione e di animali, invece che con immagini di santi e di apostoli, è evidente che William avesse maggiore reverenza verso Dio e la Natura. Nella tradizione dottrinale giudaico-cristiana (derivata da quella ebraica), la Natura (compresi il sole e le stelle) era vista come serva di Jehovah, l'essere supremo che tutto aveva creato[20]: «I cieli cantino la gloria di Dio ed il firmamento esalti la sua opera» (*Salmi* 19: 1).

Nel contesto di questa cultura religiosa panteistica, Dio trascendeva anche la Natura stessa e in virtù di questo processo di evoluzione del pensiero, l'antica autentica armonia fra Natura e uomo era andata smarrita. Al contrario, nella tradizione delle civiltà mesopotamica, cananea ed egiziana l'inesplicabile, l'ineffabile divino trovava manifestazione nella Natura ed in essa erano compresi ed inglobati gli dèi e l'umanità. Un concetto questo che era stato cancellato nel tempo da tutti coloro

[19] Tim Wallace Murphy – Marilyn Hopkins, *Rosslyn*, Shaftesbury, Element Books, 1999, capitolo 1, p. 17 (trad. it. *Rosslyn: il misterioso tempio dei segreti del Santo Graal*, Roma, Newton & Compton, 2000).
[20] Henri e H. A. Frankfort, *Before Philosophy*, London, Penguin, 1951, pp. 240-48.

che avevano preferito abbracciare un atteggiamento di sottomissione e reverenza piuttosto che quello dell'armonia e della libertà. Con questo, il rapporto tra umanità e mondo fenomenico era stato compromesso per sempre e ciò che alla fine era andato smarrito era stata l'integrità.

La Natura (a cui ci si riferisce sempre in termini femminili) era stata da sempre venerata come madre benefica, ma ad un tratto la madre era stata soppiantata da una società maschilista che in un essere di sesso maschile aveva incominciato a riconoscere il suo dio supremo, un essere inavvicinabile, invisibile, solitario, il cui nome non poteva neppure essere pronunciato o sussurrato. Al tempo di re Salomone, il sommo sacerdote del Tempio di Gerusalemme era il solo che potesse proferire il nome divino e questo accadeva, per di più, una sola volta l'anno, nel giorno detto della Espiazione. Egli poteva pronunciare il sacro nome solo nell'intimità del Sancta Sanctorum (la parte più sacra del Tempio) e anche in questa condizione lo doveva fare semplicemente sussurrandolo, lontano dalle orecchie di tutti i partecipanti[21].

Per tutto il tempo della discendenza biblica di Abramo, il potere di Jehovah venne temuto oltre misura ed il concetto della sua potenza divenne così terrificante da ritenere che trascendesse tutto il mondo, materiale e immateriale. Dio non esisteva più nel contesto della Natura, perché era stato lui stesso l'artefice della sua creazione. Scrivendo per l'Università di Chicago, negli anni Quaranta, lo studioso di civiltà orientali Henri Frankfort fa la sintesi di questo pensiero con le seguenti parole:

> ...l'antico legame fra l'umanità e la Natura venne distrutto, scomparve. Coloro che presero a servire Jehovah abbandonarono la ricchezza, la pienezza e la soddisfazione intima di vivere una vita che si muoveva in perfetta sintonia con i grandi ritmi della terra e dei cieli[22].

Certamente William Sinclair non condivideva in alcun modo questa convinzione giudaico-cristiana. Egli credeva che Dio (il Padre) e la Natura (la Madre) fossero coesistenti. Anzi, ancora di più: essi erano l'Uno, e l'uomo (come la vegetazione e il mondo animale) era una parte di questa grandiosa unità. La venerazione dei Druidi nei confronti della Natura non si scostava dalla venerazione del Dio di stampo giudaico-cristiano. Le due entità erano considerate separate, perché a prescindere dal fatto che il ruolo femminile della Natura era inteso soltanto a livello simbolico, il ruolo maschile del Dio nel contesto della loro unione era stato manipolato al fine di dare l'impressione che quello stesso Dio fosse in tutto simile ad una persona, una figura divina in grado di creare le cose.

[21] Robert Graves, *The White Goddess*, London, Faber & Faber, 1961, capitolo 16, pp. 286, 287 (trad. it. *La dea bianca*, Milano, Longanesi, 1962).

[22] Henri Frankfort, *Kingship and the Gods,* Chicago, Chicago University Press, 1948, epilogo, p. 343.

Ma, viene ora da chiedersi, che cosa c'entra allora l'iscrizione voluta da sir William in cui si esalta la verità che tutto sovrasta, scolpita nelle pieghe di pietra di una cappella che egli stesso amava definire la "Cappella nel Bosco"? In primo luogo voleva essere un richiamo ai fedeli convinti, per ricordare che anche nelle sacre scritture bibliche la Verità è posta al di sopra di ogni cosa, della dottrina e della sua interpretazione (l'iscrizione, infatti, ha derivazione biblica). In secondo luogo, è una citazione con chiari risvolti di natura massonica.

Al tempo di sir William Sinclair era in piena attività l'Inquisizione, che non badava troppo a dare alle fiamme come eretici documenti scritti e volumi che andavano irrimediabilmente distrutti. Altra cosa era scolpire una frase, un monito nella pietra all'interno di una cappella. Eventuali accusatori ecclesiastici non avrebbero osato disporre della sua distruzione. Il suo giudizio in merito all'opinione clericale ortodossa non era tanto sbagliato. I registri del presbiterio di Dalkeith rivelano che il reverendo William Knox di Cockpen (fratello del riformista presbiteriano John Knox) era stato duramente censurato per aver «battezzato l'erede del proprietario e signore di Rosling nella Cappella avita». Infatti l'opinione ufficiale della Chiesa era che in realtà Rosslyn fosse «una casa di idolatria, e non un luogo dove poter insegnare la parola divina o somministrare i sacramenti»!

Oltre a questo, la onnipresente e potente Chiesa romana ebbe a ripetere più volte ai St. Clair il forte monito che la loro casa era idolatra, intimando che entro il 17 agosto 1572 l'altare della Cappella doveva essere demolito. L'ufficiale governativo locale George Ramsay, il 31 agosto scriveva nei suoi registri: «gli altari della Cappella di Rosslyn sono stati abbattuti». E così, egualmente, lo scaltro sir William era riuscito a gabbare la Chiesa. Distruggessero pure un altare, ma la sua iscrizione segreta non l'avrebbero toccata, anche perché, molto probabilmente, non ne avrebbero inteso né il senso né lo scopo.

La frase incisa nella pietra da sir William riprende versetti dei Capitoli 3 e 4 del libro *1 Esdra* dell'Antico Testamento. Si trattava di un libro che nella versione dei testi canonici uscita nella traduzione inglese del 1611 non era stato contemplato, ma che al tempo di sir William era stato riammesso nel corpus della Bibbia, una volta ricompreso nella versione autorizzata detta dei *Settanta* sulla quale si era basata l'ultima traduzione autorizzata[23]. Il momento storico a cui si riferisce la frase risale al VI secolo a.C. e al Principe Zorobabele di Giuda, al quale spettò il compito della ricostruzione del Tempio di Gerusalemme, dopo che, a 70 anni di distanza, il popolo ebraico aveva fatto ritorno nella Terra Promessa dalla cattività babilonese. Il rituale dell'Arco Reale verte proprio su questo particolare aspetto della storia di Israele. Basato su *1 Esdra*,

[23] Sir Lancelot C. L. Brenton (traduzione a cura di), *The Septuagint*, London, Samuel Bagster, 1851.

L'iscrizione di Zorobabele voluta da sir William Sinclair.

contempla la distruzione del primo Tempio, quello fatto innalzare da re Salomone, da parte del re babilonese Nabucodonosor e racconta come Zorobabele (presentato come un antenato di Gesù nel Vangelo di *Matteo* 1: 12-14) ottenesse il permesso dal re persiano Dario di farne costruire un altro, il secondo Tempio. Ottenuto il placet, era sorta una violenta discussione fra lo stesso Zorobabele ed altri due sacerdoti per stabilire chi fra loro fosse il più saggio; una sorta di competizione, giudice della quale sarebbe stato il re, con il semplice impegno di scrivere quale, a loro giudizio, potesse essere considerata la cosa più forte ed influente.

Il primo uomo scrisse che riteneva il vino la più forte delle cose perché faceva uscire di senno l'uomo ubriaco. Il secondo riteneva invece che la cosa più forte fosse il re, in quanto regnava al di sopra di tutti gli altri uomini. Il terzo sfidante, Zorobabele appunto, scrisse che a suo giudizio la cosa più forte di tutte era la donna, perché era tramite la donna che anche i re venivano al mondo, quegli stessi re potevano impiantare la vite da cui trarre il vino. Ma, aveva aggiunto, ciò malgrado anche la donna non poteva competere con la Verità che «conquistava ogni cosa» (*1 Esdra* 4: 41). Coloro che erano stati chiamati a giudicare si erano ritenuti d'accordo ed avevano esclamato «Grande è la Verità!», mentre il re Dario aveva chiesto a Zorobabele di confessargli un suo desiderio. E questi gli aveva ricordato che quando era salito al trono gli aveva promesso che gli avrebbe concesso di ricostruire il Tempio di Gerusalemme che era stato distrutto e che proprio questo era il suo più ardente desiderio, ciò che voleva fortemente poter realizzare.

L'11 dicembre 1688, dopo che Guglielmo d'Orange era sbarcato in Inghilterra per ricevere la corona inglese usurpata agli Stuart, la Cappella era stata oggetto di ampie devastazioni da parte dei suoi sostenitori. In stato di abbandono era rimasta fino al 1736, quando James Sinclair aveva dotato di vetri, per la prima volta, le finestre della Cappella ed aveva fatto rinnovare la pavimentazione. Ma era stato solo nel 1861 che la Cappella era tornata al servizio ecclesiastico, nuovamente inaugurata e riconsacrata il 22 aprile 1862 dal vescovo di Edimburgo in persona.

Eppure, malgrado i danni subiti nel tempo, fino almeno al 1954 la Cappella di Rosslyn era riuscita a scampare agli assalti più proditori e drammatici. Nel maggio di quell'anno, infatti, il Dipartimento dei beni architettonici del Ministero del lavoro annunciò che l'intero edificio sarebbe stato completamente ripulito, utilizzando nuovi materiali protettivi verso l'esterno e ricoperto internamente con uno speciale gel di silice magnesiaca al fluoro. Niente di più deleterio avrebbe potuto compiersi, perché questa è la causa di ciò che in questi ultimi anni si è rivelata un'autentica sventura per le strutture dell'edificio con l'erosione delle cavità, l'arrotondamento di tutti gli spigoli di pietra che, fra l'altro, da liscia si è fatta scabrosa e la creazione di veri e propri buchi laddove esistevano semplici incavi.

Gli anni Cinquanta sono stati gli anni della sperimentazione di molti prodotti plastici e sintetici, specie nel campo dell'edilizia, e il particolare gel utilizzato era una sorta di cemento semiliquido, melmoso verrebbe da dire. La presunta protezione venne spalmata tutta all'interno per essere quindi asciugata con un ulteriore strato di vernice resistente all'acqua e all'aria. Il risultato è stato un grosso disastro, perché a quel punto la struttura della Cappella ha incominciato ad assorbire l'umidità, non potendo più respirare e scambiare il giusto bilanciamento idrico con l'ambiente. All'interno si sono così manifestate le prime macchie di umidità e muffa, dal momento che la condensazione dell'aria si era ormai fatta molto rilevante. In poche parole, la Cappella di Rosslyn, l'antica Cappella del Bosco, era stata rovinata per sempre, aveva subito l'ultimo, forse definitivo oltraggio.

A parziale rimedio, nel 1995 sono stati varati dei progetti per salvare il salvabile e da quell'anno la struttura della chiesa è circondata da impalcature e ponteggi di ristrutturazione con grandi teli di stoffa incerata messi a proteggere le parti vitali dalla pioggia e dalle possibili infiltrazioni. Dal 1997 sono state eseguite alcune riparazioni esterne sui muri perimetrali, i pinnacoli, i contrafforti, la copertura e le canaline di scolo dell'acqua piovana.

Tuttavia, malgrado i continui dibattiti e le discussioni, il problema dell'umidità interna ancora non è stato risolto. Sembra che nessuno sia in grado di ovviare all'inconveniente e così ogni volta che, di anno in anno, questo prezioso monumento architettonico è sottoposto alle insidie degli elementi naturali, il processo di saturazione dell'umidità riprende e ancora oggi continua.

I Sinclair in America

Le guide che accompagnano il visitatore all'interno della Cappella di Rosslyn segnalano che fra le tante forme di vegetazione che vi sono scolpite ve ne sarebbero alcune decisamente particolari[24]: «Si trovano sculture di piante [mais, agave e cactus] tipiche e caratteristiche del Nuovo Mondo, la cui rappresentazione porterebbe ad anticipare la data della scoperta ufficiale dell'America da parte di Colombo di almeno un

[24] *The Hystoric Enigma: Rosslyn Chapel*, guida della Cappella di Rosslyn ad uso dei turisti, Roslin, Associazione Amici di Rosslyn, s.d.

secolo». Si sa per certo che alcuni antenati nordici dei Sinclair avrebbero esplorato l'oceano Atlantico a partire dal X secolo, tanto che nel Libro di Hauk intitolato *La saga islandese* (la copia che resta è del 1320) si racconta come Leif Ericsson, attraversato l'Atlantico, fosse approdato a Vineland la Buona nel 999 d.C. Inoltre, i pescatori delle isole Orcadi si diceva che avessero anch'essi raggiunto delle terre lontane poste ad occidente sotto la guida di Henri Sinclair già nel XIV secolo. Nei loro resoconti di viaggio si parla di un posto lontano chiamato Estotiland dove si coltivava il grano e da dove si esportavano pellicce di animali e zolfo in Groenlandia.

Forse Estotiland poteva essere la terra che sarebbe poi stata chiamata Nuova Scozia, in Canada. Sempre gli ardimentosi pescatori parlavano di un'altra terra posta a sud chiamata Drogio. I nativi di Drogio stavano completamente nudi, accarezzati da venti caldi, ma al di là del mare c'erano popolazioni estremamente raffinate. La loro terra era ricca di oro e possedevano delle grandi città con meravigliosi templi dedicati alle loro divinità. Questi racconti erano stati confermati dai viaggiatori che tornavano dai Caraibi, dalle coste della Florida e del Messico, la patria della civiltà degli indios Aztechi. Del tutto indifferente a queste importantissime testimonianze, la maggior parte degli studiosi continua a sostenere che l'impero azteco non venne a contatto con la civiltà europea che nel 1519, quando il conquistatore Hernán Cortés aveva messo piede nel Nuovo Mondo.

Dal 1391 il capo della flottiglia di Henry Sinclair era il veneziano e capitano di mare Antonio Zeno[25]. Gli Zeno appartenevano ad una delle più antiche famiglie di Venezia e sin dall'VIII secolo erano stati degli abili ammiragli e intrepidi uomini di mare. Prima che Sinclair e Zeno compissero la traversata atlantica, Henry aveva predisposto un accordo con la figlia Elizabeth e suo marito, lord John Drummond. Il patto era stato siglato a Rosslyn il 13 maggio 1396 e prevedeva il diritto dei coniugi di reclamare le terre norvegesi nel caso in cui il padre Henry e con lui i suoi figli maschi non avessero fatto ritorno dall'ardita spedizione oltreoceano[26].

Nel maggio del 1398 la flotta era salpata. Consisteva di 12 navi e di un equipaggio complessivo di 100 uomini, alcuni reduci da altri analoghi viaggi. Il primo porto toccato era stato nel territorio della Nuova Scozia, dove avevano attraccato a Cape Blomidon nella Baia di Fundy. Ancora oggi gli indiani Micmac ricordano la storia delle navi e del grande dio bianco che chiamavano Glooscap, che aveva parlato ai loro antenati delle stelle e di come pescare i pesci con le reti. Fatto ritorno a Venezia, Antonio Zeno scrisse nei suoi diari che nei luoghi che aveva visitato c'erano dei fiumi di roccia liquida che scivolavano nelle acque del

[25] Moncrieffe, *The Highland Clans*, cit., p. 220.
[26] Sinclair, *The Sword and the Grail*, cit., capitolo 7, pp. 77, 78.

mare e che dall'incontro di quelle due forze si sprigionavano delle nuvole di fumo altissime. La Nuova Scozia è ricca di carbone e vi si possono trovare delle rocce che strapiombano sul mare lungo le quali scende del carbone liquido simile all'asfalto, senza contare il riaffiorare di residui oleosi dal sottosuolo che sgorgano ai piedi dei monti di Capo Smokey. A Louisburg, presso Cape Breton, nel 1849 venne ritrovato una specie di cannone primitivo del tipo veneziano usato dai fratelli Zeno, di una fattura ormai superata al tempo dei viaggi di Colombo.

Dalla costa della Nuova Scozia, Sinclair aveva proseguito il suo viaggio verso sud. Le prove del suo itinerario ci sono confermate dalle preesistenze di Rhode Island, nel Massachusetts. A Westford, dove un marinaio di Henry era morto, si trova ancora la sua lastra funebre incisa. Scalfita su una pietra di circa un paio di metri, si riesce ancora a scorgere la tipica effigie di un cavaliere del XIV secolo con indosso un elmo, una cotta di maglia ed una lunga veste. L'uomo sfoggia una spada del Trecento ed uno scudo che porta le insegne araldiche dei Pentland. La spada è spezzata al di sotto dell'impugnatura, a segnalare la spada spezzata che si inumava, come consuetudine, assieme al cadavere del cavaliere.

A Newport, a Rhode Island, sono rimasti i ruderi, assai ben conservati, di una torre di evidente fattura medievale. La sua costruzione (una forma ottagonale racchiusa in un cerchio con otto archi tutt'attorno) si basa chiaramente sul modello delle chiese templari. Resti del tutto simili si possono osservare presso il sito della Cappella di Orphir nelle isole Orcadi, risalente al XII secolo. L'architettura dei resti di Newport è scozzese, tanto che lo stesso disegno si ripete nella chiesa di St. Clair di Costorphine, dove la figlia di Henry Sinclair ha la tomba. Il centro di Rhode Island non venne stabilito che nel 1636, ma la sua fondazione non fu certo un evento casuale. All'ufficio del pubblico registro di Londra, in un documento datato quattro anni prima, si descrive una «torre rotonda» che sta a Newport. Vi si dice che la torre era utilizzata come guarnigione per i soldati di sir Edmund Plouden, colui che stava colonizzando quel territorio.

Più di 50 anni dopo la spedizione di Sinclair, nasceva Cristoforo Colombo, colui che avrebbe dato il via ufficiale all'era delle grandi spedizioni navali. Quando si trovava in Portogallo, era diventato un Cavaliere di Cristo affiliato all'Ordine Templare riorganizzato, così come avrebbero fatto i suoi contemporanei e rivali di avventure oceaniche Vasco de Gama, Bartolomeo Diaz e Ferdinando Magellano. Inoltre, Colombo apparteneva all'Ordine della Mezzaluna (fondato dal re Renato d'Angiò), anche conosciuto come l'Ordine della Nave. I cavalieri della Mezzaluna erano particolarmente introdotti alla conoscenza delle cose del mare e della navigazione, ma erano stati condannati dalla Chiesa di Roma perché insistevano nel sostenere che la terra era rotonda!

Grazie a John Drummond e ad altri come lui, Colombo sapeva perfettamente dove si stava dirigendo, che non era affatto l'Asia, come i libri di testo continuano a farci credere, ma qualche altra e ben diversa terra. All'interno dei gruppi che gravitavano attorno ai Cavalieri Templari, le mappe transoceaniche del Nuovo Mondo circolavano liberamente. In modo particolare, è pressoché certo che Colombo riuscì a consultare il Mappamondo che era stato completato proprio nel 1492, esattamente l'anno in cui decise di tentare l'avventura. Questo prezioso strumento nautico, e non solo, era stato messo a punto dal cartografo di Norimberga Martin Behaim, un commerciante molto attivo, partner in affari di un certo John Affonso Escorcio, quasi certamente un altro nome di John Drummond, il cui nonno aveva partecipato alla spedizione di Sinclair nel 1398[27].

John Drummond era imparentato con i conti Drummond di Perth, dove antichi documenti confermano che egli era presente al fianco dei sovrani Ferdinando ed Isabella di Spagna quando Colombo ricevette il loro alto patronato per il viaggio del 1492. Sia Colombo che Drummond avevano vissuto per un certo periodo nell'isola di Madeira, dove il padre di Drummond, John lo Scozzese, si era stabilito sin dal 1419 unitamente al padre acquisito del navigatore genovese, Bartolomeo Perestrello.

Il padre di John lo Scozzese era sir John Drummond di Stobhall, giudice di Scozia. Sua sorella, Anabella, era la moglie del re Roberto III di Scozia. La moglie di sir John era invece Elizabeth Sinclair, il cui nipote, William Sinclair, sarebbe stato il fondatore e costruttore della magica Cappella di Rosslyn. I tragitti di navigazione marittima conosciuti e in parte compiuti da Henry Sinclair di Rosslyn, conte delle isole Orcadi, avvenuti prima del viaggio di Colombo sono tutt'oggi materia di estremo interesse ancora da definire; tuttavia è molto probabile – per non dire certo – che la scoperta del grande navigatore genovese non sarebbe forse potuta avvenire senza gli ardimentosi spostamenti oltreoceano compiuti da sir Henry Sinclair almeno un secolo prima della sua avventura.

[27] La catena completa degli avvenimenti riguardanti Colombo, Drummond e i Sinclair viene ben raccontata da Ian F. Brown in *The Sinclair/Columbus Connection – The Drummonds of Medira and Christopher Columbus* in una edizione speciale della *Genealogia dei Sinclair*, estratto da «Glasgow and West of Scotland Family History», bollettino informativo di primavera, Glasgow 1993, pp. 4-9.

11

Una scienza misteriosa

La loggia trasferibile

La potente tradizione massonica dei Sinclair di Rosslyn abbraccia due culture distinte eppure fortemente interconnese fra loro, quella delle gilde dei costruttori e dei lavoratori della pietra e la Frammassoneria. L'architettura e la composizione della piccola Cappella di Rosslyn è l'epitome della prima, mentre le decorazioni che la illustrano sono un chiaro esempio della seconda. Come abbiamo visto, la Cappella del XV secolo è ricca di immagini scolpite di un gran numero di oggetti, strumenti e simboli destinati a diventare vere e proprie icone nella tradizione delle logge massoniche, quegli stessi attrezzi dell'Arte che abbiamo visto venivano sintetizzati assieme nei quadri sinottici e riassuntivi, vere e proprie tavole di istruzione e di esercitazione mnemonica per gli aspiranti adepti ai vari gradi (vedi p. 143).

Si è sovente affermato che il mezzo precursore di queste tavolette di sintesi sarebbero stati dei tappeti che venivano srotolati sul pavimento della loggia. Forse era davvero così, ma non sembra del tutto corretto sostenere che le tavole di sintesi abbiano soppiantato i tappeti, anche se pure i quadri sinottici venivano messi a terra e ciascuno ne faceva l'uso che meglio riteneva opportuno nel corso dei diversi rituali officiati. Insomma, oggetti con storie parallele piuttosto che sostitutive l'una dell'altra.

Anche se il termine loggia viene usato per indicare un incontro massonico convocato, il più delle volte il riferimento va al luogo, al tipo di sala destinata ad ospitare l'incontro. Tuttavia, anche se una loggia il più delle volte ha una sua propria sede fisica, può lo stesso esistere senza. Molti incontri massonici avvenivano spesso all'interno di semplici stanze non previste in modo specifico alla bisogna, oppure nel retro o nelle camere superiori di una locanda o di una taverna, addobbata per l'occasione. Queste sale però dovevano essere predisposte e decorate con quanto necessario, dotate dei drappi e del mobilio richiesto. Al termine dell'incontro tutto doveva essere ritirato e la stanza rimessa in ordine, facendo sparire tutto ciò che era attinente alla seduta appena conclusasi, creando in tal modo quella che potremmo definire una sorta di loggia portatile.

Uno dei primi compiti spettanti al custode era quello di segnare col gesso sul pavimento il contorno ideale della loggia, la cui forma era detta in modo alquanto sibillino “quadrato allungato”. A volte questa era la forma, altre volte si trattava di un rettangolo (detto anch’esso stranamente *parallelopipedon*) all’interno del quale si collocavano i vari simboli della Fratellanza. Naturalmente, alla fine di tutto, sussisteva l’incombenza di ripulire.

Col trascorre del tempo questa scomoda prassi era stata genialmente superata semplicemente tracciando su dei grandi teli o tappeti tutta l’organizzazione ed i contenuti della loggia, così che alla fine dell’incontro per smontare la loggia non restava altro che arrotolare la stoffa sulla quale era riprodotta. Mano a mano che questa usanza si era diffusa, ai tracciamenti originari si era andata ad aggiungere una pletora di altri simboli massonici, con il confezionamento di teloni specifici per i diversi gradi e livelli di iniziazione all’Arte. Era però accaduto che gli artisti chiamati a eseguire queste opere avevano incominciato a competere fra loro e a farsi sempre più ambiziosi, al punto da arrivare a realizzare vere e proprie opere d’arte che però poco avevano ormai a che fare con lo scopo primario per le quali erano state commissionate. In alcuni casi questi grandi tappeti massonici erano così belli e preziosi che non venivano neppure più utilizzati né distesi sul pavimento per paura che calpestandoli potessero rovinarsi. Succedeva così che venissero appesi alle pareti come degli arazzi, il che fece sorgere un dilemma di ordine pratico. Dove si trovava la loggia? La loggia era appesa al muro!

Dal momento quindi che non si poteva poi stare all’interno della loggia, questa veniva considerata attiva, operativa fintanto che il suo telo massonico restava aperto; tuttavia, poiché erano predisposti tappeti diversi per ogni tipo di grado differente, era anche impossibile tenerli appesi tutti quanti in modo continuo. Anche l’aspetto della trasportabilità non era da trascurare, pure se, in molti casi, la loggia consisteva in un locale di proprietà della Fratellanza. E poi c’era soprattutto il problema delle dimensioni. Di necessità questi teli massonici erano solitamente piuttosto ingombranti. La pratica più diffusa, per toglierli dal pavimento evitando però di appenderli, era di disporli su tavole sorrette da cavalletti, da cui il termine “Tavola da cavalletto”. Dopo aver quindi sistemato il tutto come in un bazar o in una fiera, si potevano sistemare sopra alle figure tracciate sul telo tutti gli oggetti necessari alla ritualistica da svolgere. In breve però questo nuovo modo di predisporre la loggia deviò dall’obiettivo originario, in quanto la loggia veniva solo considerata in relazione alla qualità ed alla quantità degli oggetti che venivano esibiti a corredo del telo sui cavalletti. Per averne un esempio si veda la tavola 7 che riporta il frontespizio di una riedizione della *Costituzione* di Anderson datata 1784.

Oltre tutto, questo spiegamento di oggetti costituiva un impaccio nelle logge più piccole, senza dimenticare, come sempre, il problema del trasporto e del continuo riassettare.

E così, ad un certo momento, si era pensato bene di tornare, come dire, alle origini, ma questa volta concetti, idee ed oggetti incominciarono ad essere riprodotti su delle tavole di legno, dei pannelli sinottici. Si trattava sempre di oggetti di dimensioni infinitamente inferiori a quelle dei teli, facili da usare in posizione verticale, diritta, a volte semplicemente appoggiati su un cavalletto. Il che portò all'uso di sintetizzare sulla tavola dipinta le caratteristiche della loggia, nello stile dei pannelli in uso ancora oggi.

Il coesistere in parallelo dei teli e delle tavole massoniche si verificò perché, mentre i primi si evolvevano a favore delle seconde, la richiesta di teli continuava a sussistere in molti casi. Ancora oggi vi sono logge che non dispongono di una sede fissa, stabile. Sovente ci si ritrova in luoghi, come anticappelle di chiese e così via, il cui pavimento deve essere ricoperto da quello previsto per la loggia, che consiste in un largo tappeto dal classico motivo a scacchi. Questo accadeva e accade anche in logge permanenti dove è più comodo ed economico rivestire il pavimento esistente con quello prescritto, per mezzo di un tappeto amovibile. Senza scordare che, nel caso del terzo grado, occorre poter disporre di un telo nero, disposto sul pavimento a forma di bara, a simulare la tomba in cui è stato sepolto Hiram Abiff.

Non vennero mai definite regole precise per la realizzazione dei teli e delle tavole massoniche, la cosa fondamentale era che assolvessero a quanto era richiesto dalle rispettive funzioni in relazione ai gradi rappresentati. Per questo ci si trovava di fronte a variazioni anche consistenti, sebbene il tema di fondo venisse sempre rispettato (qualche esempio, come già ricordato, è visibile nelle tavole 18, 19, 20). A volte le tavole si presentavano complete così come erano, in altre occasioni, invece, dovevano essere arricchite o modificate con l'aggiunta di qualche linea o disegno in relazione a quanto veniva discusso e affrontato nell'incontro. Questa era una complicazione aggiuntiva che portò sovente alla definizione di tavole realizzate in cera, così da poterle manipolare con facilità, tipo gli antichi calendari sui quali i mastri muratori erano soliti annotare l'impegno e i giorni di lavoro dei loro addetti e apprendisti. In epoca vittoriana, quando l'aspetto artistico delle opere della loggia rivestiva un'importanza tale che persino i grembiuli erano oggetto di lavori raffinati, le tavole massoniche si trasformarono a volte in veri e propri libri con fogli sovrapposti. Sul primo pannello (quello che aveva la funzione di frontespizio, per intenderci) era rappresentato il primo grado dell'iniziazione, voltando si rivelava un altro pannello dedicato al secondo grado, cui seguiva un terzo pannello per il terzo grado conclusivo.

Nel 1813, quando la Loggia degli Antichi e quella dei Moderni si unirono per dare vita alla Grande Loggia Unita d'Inghilterra, si pensò addirittura di istituire una Loggia della Riconciliazione, avente, fra gli altri, anche il compito di regolamentare una forma standardizzata ed unica di rituali, cosa ratificata ed adottata tre anni dopo. Poi nel 1823 venne ratificata la Loggia Emulativa per lo Sviluppo, per consentire ai fratelli che avevano conseguito il grado di maestro di acquisire la preparazione necessaria per poter affrontare il grado successivo di venerabile maestro. La Loggia Unita si incontrava alla Freemasons' Hall a Londra ed al fratello che riusciva a celebrare un rituale in perfetta sintonia con le indicazioni standardizzate scaturite dal lavoro della Loggia di Emulazione, senza incorrere in alcun errore o dimenticanza, era costume donare come premio e riconoscimento una scatoletta di fiammiferi in argento. La prova doveva essere alquanto severa se a tutto il 1897 soltanto 340 scatolette erano state dispensate. Forse le tavole di tracciamento più belle e rifinite furono proprio quelle usate all'interno della Loggia di Emulazione[1].

Il Rotolo di Kirkwall

Fra i teli o tappeti massonici più rinomati non si può non citare il cosiddetto Rotolo di Kirkwall, così chiamato perché sebbene molti lo ritengano, a tutti gli effetti, un tappeto massonico da distendere sul pavimento, molti altri studiosi pensano sia nato già di per sé come un telo decorativo da appendere alle pareti, una sorta di arazzo, per intenderci. Qualunque sia stato lo scopo per cui venne realizzato, si tratta comunque del più antico manufatto di questo genere pervenutoci ed anche se non fu il primo ad essere eseguito è certamente unico nel suo genere.

Questo telo di spesso lino (dimensioni 5,6 × 1,7 m) si trova appeso alle pareti della Loggia Kirkwall Kilwinning n. 38 in quel di Kirkwall, nelle isole Orcadi, un tempo, come il lettore ricorderà, dominio dei conti Sinclair. Sotto certi aspetti – senza troppa irriverenza – questo telo è per la Massoneria equiparabile alla Sacra Sindone conservata nel Duomo della città di Torino: la provenienza è dibattuta e contestata, l'origine ignota e persino l'età presunta sono oggetto di astiose discussioni fra le diverse scuole di pensiero che intendono imporre la data che desiderano. Come è accaduto per la Sindone, anche in questo caso le analisi dei laboratori scientifici hanno già espresso un parere ed una data, ma anche in questo caso c'è chi contesta senza mezzi termini la bontà di questo genere di valutazioni e così tutto ricomincia e resta al palo.

Non esiste alcuna testimonianza né alcun documento in cui si precisi come, perché e quando il Rotolo venne in possesso della Loggia di Kirkwall, ma esistono fondati motivi per ritenere che vi arrivò diretta-

[1] Alcune bellissime immagini di tavole e quadri riassuntivi della Loggia di Emulazione possono essere visionati nella sezione apposita nel sito della Grande Loggia della British Columbia al seguente indirizzo: http://freemasonry.bcy.ca.

mente dal castello di Kirkwall. Costruito nel XIV secolo da lord Henry Sinclair, il castello di Kirkwall era andato incontro a gravi danneggiamenti ed era stato utilizzato pochissimo fino al 1600, per essere poi definitivamente demolito nel 1865. Il primo rapporto riguardante il Rotolo venne pubblicato appena un paio di anni dopo a cura di George W. Speth, il fondatore della Loggia di Ricerca Quatuor Coronati di Londra. Ma le notizie sono scarne. La sola cosa certa è che più di un secolo prima, attorno al 1786, un tappeto o telo massonico, donato da William Graeme, era usato per la celebrazione dei rituali nella loggia, ma non è affatto chiaro se possa oppure no trattarsi del Rotolo in questione. Persino nel libro che si occupa della storia della loggia di Kirkwall non si azzarda un'ipotesi conclusiva. Era forse questo telo, il Rotolo di Kirkwall?

Nel 2001 Andrew Sinclair ha rivelato che, grazie al collegamento con un ispettore del Criminal Investigation Department del distretto settentrionale, aveva ricevuto dei piccoli campioni del Rotolo che si era premurato di sottoporre ad analisi presso l'acceleratore del Dipartimento di Spettrometria di Massa dell'Università di Oxford[2]. Il Rotolo consiste di una larga parte centrale affiancata da una più stretta sezione laterale cucita ai lati; i campioni per le analisi erano stati prelevati dalla parte inferiore delle due strisce laterali di bordatura. Mentre le analisi di questi campioni non avevano dato riferimenti conclusivi, altre condotte su un frammento della parte centrale trattato con la tecnica del radiocarbonio hanno rivelato una datazione relativa al XV secolo, il periodo in cui venne innalzata la piccola Cappella di Rosslyn.

Non appena è stata data questa notizia, un gran numero di storici ed antiquari hanno ribattuto che la cosa era impossibile. La loro contestazione si basa essenzialmente sul fatto che un disegno molto simile allo stemma della Loggia degli Antichi compare in una sezione del Rotolo e siccome la loggia venne fondata nel 1751 il Rotolo non potrebbe essere antecedente, tanto meno precedente di due secoli. Tuttavia questo equivale ad affermare che poiché la Loggia dei Moderni non risale che al 1717, prima la Massoneria non esisteva. Questo genere di argomentazioni sono la prova lampante della difficoltà mostrata dagli storici e dagli addetti ai lavori nel riconoscere la possibilità che la Frammassoneria abbia radici che si spingono ben più indietro nel tempo di quelle che la fanno risalire all'attività della taverna *Goose and Gridiron* e che si trattasse di una istituzione promossa dalla Casa degli Stuart (cosa che persino Anderson ammetteva), prima che il rinnovamento portato dagli Hannover la ristrutturasse e riformasse completamente. Per dirla in termini romantici, è come se il conflitto giacobita del XVIII secolo fra le famiglie Stuart e Hannover continuasse idealmente ancora oggi, avendo come campo di battaglia la provenienza e le origini autentiche del Rotolo di Kirkwall.

[2] Andrew Sinclair, *The Secret Scroll*, London, Birlinn, 2002, capitolo 15, pp. 203-205.

Altro punto di forte dibattito riguarda le sezioni laterali che fanno da ala al pezzo centrale del Rotolo: per molti non sarebbero affatto cucite lateralmente alla sezione principale, ma le profonde scanalature altro non sarebbero che i segni, accentuati dal trascorrere del tempo, dovuti alla piegatura del Rotolo quando veniva riposto. Questa ipotesi sembra alquanto debole, tuttavia non esistendo alcuna altra piega simile in orizzontale qualcuno ipotizza che il Rotolo venisse soltanto ripiegato in parte lungo i due fianchi e quindi riposto nella sua intera lunghezza senza altre piegature. La qual cosa è abbastanza improbabile, per quanto non impossibile, e potrebbe forse venire risolta una volta per tutte, analizzando la parte retrostante del Rotolo. Anche se le sezioni laterali appaiono costituite della stessa tela di quella centrale, pure questo è oggetto di discussione, perché alcuni studiosi non escludono l'eventualità che i due fianchi possano essere stati aggiunti in un secondo tempo, andando a completare il più grande telo centrale.

Si ritiene che il disegno naif che compare sul Rotolo sia stato eseguito con colori ad olio, ma nessun esperto sembra essere in grado di dirlo con certezza, e dunque si potrebbe anche trattare di tempere o di qualche altro tipo di colore.

Ammesso che la stoffa con cui è realizzato il telo risalga al XV secolo e che il disegno gli sia stato tracciato sopra nel XVIII, ciò vorrebbe dire che qualcuno, non sappiamo chi, si sarebbe tenuto in casa, ben ripiegato, questo grande ed ingombrante pezzo di stoffa per la bellezza di circa 300 anni. Ancora una volta siamo di fronte ad un'eventualità improbabile, seppure non impossibile, e dunque la sola via per arrivare a definire l'età di questo manufatto non può essere che quella di considerarlo con gli stessi criteri con cui si valuta e si cerca di stabilire la datazione di un dipinto. In questo senso, ciò che deve essere scientificamente datato non è la stoffa ma il dipinto, perché dalla struttura e dalle componenti organiche dei pigmenti non credo sia impossibile risalire ad una datazione più o meno corretta e certa. Ma a quanto pare, tutto questo sembra interessare ben poco, perché sono il mistero e il fascino dell'ignoto legati al Rotolo le componenti dominanti; in loro nome, infatti, si preferisce non assumere alcuna decisa iniziativa che consenta in breve di arrivare in qualche modo a capo del problema, con buona pace di tutti.

Nella descrizione di Speth datata 1897[3], si sostiene che nella fascia che sta a sinistra di chi osserva sarebbe rappresentata la peregrinazione del popolo ebraico dalla Mesopotamia all'Egitto attraverso la terra di Canaan, con i fiumi Tigri ed Eufrate disegnati nella parte bassa e il Nilo in alto. Nel bordo di destra, invece, si vedrebbe l'esodo degli Ebrei dalla terra d'Egitto, il deserto del Sinai con le figure di Mosè e Giosuè

[3] George William Speth, *The Kirkwall Scroll*, in «Ars Quatuor Coronatorum», vol. 10, London, Quatuor Coronati Lodge, 1897.

e l'arrivo alla Terra Promessa. In questa sezione ci sarebbero anche l'Arca dell'Alleanza, la manna e il vitello d'oro costruito ai piedi del monte Horeb.

Le sezioni laterali andrebbero "lette" dal basso verso l'alto, e al contrario i vari segmenti che compongono il lembo centrale più grande, dall'alto verso il basso. Essi partono con l'episodio di Adamo ed Eva nell'Eden e terminano nella sezione finale in basso con la raffigurazione di simboli massonici. Nel mezzo si possono notare il Tabernacolo con il Sancta Sanctorum e scene relative all'Arca dell'Alleanza (*tav. 16*). Molti sono gli aspetti comuni alla tradizione massonica scozzese, alcune iscrizioni sono dipinte in codice massonico con l'uso dell'alfabeto edochiano. Indubbiamente, si tratta di particolari meritevoli di uno studio approfondito, comprensivo però di un'altra analisi per la corretta datazione.

Tuttavia l'attuale atteggiamento, la linea ufficiale a questo riguardo è quella di non agire, e di lasciare il prezioso Rotolo di Kirkwall appeso ad una parete in piena luce diretta del sole, perché, sembra si dica, «è meglio lasciarlo tranquillo nella sua misteriosa solitudine».

La filosofia dell'oro

Le pittoresche immagini dipinte sul Rotolo di Kirkwall ci riportano indietro nel tempo all'epoca sinaitica di Mosè e Bezaleel, alla manna, al vitello d'oro e all'Arca dell'Alleanza. Anche se lo studio analitico dell'Esodo degli Ebrei esula dai confini di analisi della Massoneria contemporanea, doveva invece essere un tema di grande importanza e interesse nell'epoca in cui il telo venne realizzato e dovette avere un significato profondo per uomini illustri quali Newton, Robert Boyle e tutti i loro compagni aderenti alla Royal Society (vedi p. 26). In aggiunta, la loro ricerca era anche orientata sulla figura del gran sacerdote Melchisedec, sull'enigma della Pietra Filosofale e sull'antica tradizione alchemica, parte decisiva della cultura della Rosacroce prima della Rivoluzione del 1688 e della conseguente riorganizzazione, rifondazione, del movimento massonico nel 1717.

Poiché stiamo cercando di rintracciare quali fossero i segreti perduti della Fratellanza, ritengo che, giunti a questo punto della nostra ricerca, sia arrivato il momento di fare una sorta di sintesi. L'operazione riesce meglio seguendo la dinamica di una serie di domande importanti:

– Con che cosa era realizzata l'Arca dell'Alleanza?[4]
– Con che cosa era stato ottenuto il vitello d'oro?[5]
– A che cosa era associata la Pietra Filosofale?
– Qual è l'argomento fondamentale trattato dall'alchimia?

[4] *Esodo* 37: 2-15.
[5] Ivi, 32: 2-4.

– Che cosa portò in dono a re Salomone la regina di Saba?[6]
– Che cosa si racconta che Salomone possedesse in abbondanza?[7]
– Di che cosa trattava il manoscritto di Newton intitolato *Manna*?

Ebbene, sempre e in tutti i casi la materia è la stessa: oro! Questa constatazione incomincia a tratteggiare uno scenario certamente più misterioso ed intrigante di qualsiasi argomento oggetto della moderna Massoneria. A questo punto del ragionamento sembra difficile intuire che cosa possa avere a che fare l'oro con i princìpi della Fratellanza, ma il lettore non abbia fretta e proseguiamo con un'altra serie di interrogativi:

– Che cosa presentò il gran sacerdote Melchisedec ad Abramo?[8]
– Come viene descritta la *manna* nell'Antico Testamento?[9]
– Come veniva chiamata la dinastia di re Salomone?[10]
– Che cosa veniva collocato sulla sacra tavola del Tempio di Salomone?[11]
– Con che cosa Salomone corrispose il re Huram in cambio dell'oro che gli aveva mandato?[12]
– A che cosa Gesù equipara la santità del suo corpo?[13]

Anche per queste domande la risposta è sempre una sola: pane! (La dinastia di re Salomone era detta Casa del Pane). Sotto questo punto di vista pare che il pane fosse considerato alla stessa stregua dell'oro, tenuto anche conto che Salomone aveva saldato il suo debito nei confronti di Huram che lo aveva rifornito di oro dandogli in cambio del pane. Nell'Antico Testamento, nel libro di *Giobbe*, in 28: 5-6 si legge:

> Dalla terra, da essa esce il pane; e dentro e sotto essa si rivolta e si rigira come fuoco. Le pietre che germina sono lo zaffiro e la polvere dell'oro.

E proprio la polvere d'oro (con il fuoco, quello stesso citato da Giobbe) compare in *Esodo* 32: 20, quando Mosè, preso il vitello dorato che Aronne e il popolo avevano costruito in sua assenza, «lo bruciò nelle fiamme fino a ridurlo in polvere».

Sia Nicolas Flamel che Ireneo Filalete (un già citato mentore della Royal

[6] *1 Re* 10: 10-11.
[7] Ivi 10: 14-21.
[8] *Genesi* 14: 18. In linea con la celebrazione della comunione avvenuta nel corso dell'Ultima Cena, Melchisedec presentò ad Abramo il pane e il vino dell'alleanza.
[9] *Esodo* 16: 15.
[10] Salomone era il figlio del re Davide di Betlemme. In ebraico *Beth-le-hem* significava Casa del Pane, da cui Davide della Casa (dinastia) del Pane. Si veda anche James Hastings (a cura di), *Dictionary of the Bible*, Edinburgh, T & T, 1909, alla voce *Bethlehem*.
[11] *1 Re* 7: 48.
[12] Bibbia dei Settanta – *3 Re* 5: 7 e 10: 11 si conferma che il re Huram di Tiro aveva rifornito Salomone con oro proveniente dalle miniere di Ophir, nei pressi di Saba, e che aveva richiesto come compensazione per questo e per tutti i favori ed i lavori eseguiti che Salomone gli concedesse «pane per la sua casa».
[13] *Matteo* 26: 26.

Society) descrivono la Pietra Filosofale come una polvere d'oro (vedi p. 51). Robert Boyle annota nei suoi scritti come questa misteriosa, esotica, sostanza possedesse delle qualità straordinarie, cosa che era ampiamente confermata negli antichi testi alessandrini. L'altrettanto prodigiosa sostanza (il pane) che gli Israeliti mangiarono alla falde del monte Horeb e che chiamavano *manna*, nel manoscritto di alchimia in possesso di Newton e, guarda caso, intitolato *Manna*, veniva proprio associata sia all'oro che alla Pietra Filosofale. La *manna* doveva essere in effetti qualcosa di molto importante per la tradizione e la cultura ebraica, se è vero che Mosè in persona decise di riempirne una coppa d'oro da conservare all'interno dell'Arca dell'Alleanza[14].

Tutto questo fa pensare che uno dei grandi segreti perduti dell'antica Fratellanza massonica potesse essere qualcosa che aveva a che fare con la scienza e l'utilizzo di queste due venerate sostanze, una scienza poi conosciuta dai Cavalieri Templari ma infine dimenticata e caduta nell'oscurità. In questo contesto assume un significato particolare una testimonianza ancora anteriore all'epoca, già antichissima, di Mosè. Si tratta di un bassorilievo facente parte del vasto complesso del Tempio di Karnak del faraone Thutmosi III (ca. 1450 a.C.). Nella lunga lista in cui si elencano i tesori in metallo dell'Egitto compaiono anche degli oggetti a forma di cono semplicemente etichettati come "abile lavoro" (esattamente come la Bibbia identifica le attività in cui Bezaleel ed Hiram erano insuperabili maestri)[15]. Si specifica che tali oggetti erano fatti «uno in argento e trenta in oro», ma l'iscrizione che li contrassegna parla semplicemente di "pane bianco"[16].

Noè e l'arca

Un altro personaggio di spicco che rientra nella tradizione della ritualistica massonica, anche se non gli è assegnato alcun grado, è il patriarca Noè. Compare solo in un grado conosciuto come Arco Reale della Marineria, di cui la prima testimonianza certa arriva dalla loggia di Bath in data 1790. Nel 1816 questo livello confluì sotto l'ala di una branca di Massoneria detta del Marchio, un grado laterale alquanto popolare posto però al di là dell'Arte e accessibile solamente al livello di maestro. La Massoneria del Marchio si era installata basandosi sull'idea che i capi mastri medievali avevano stabilito dei marchi privati di riconoscimento, dei segni particolari grazie ai quali era immediatamente possibile distinguere il loro lavoro da quello degli altri. Il principio essenziale di questo ramo massonico era che l'educazione e l'onestà fossero di per sé la vera ricompensa per il lavoro svolto e che l'inganno

[14] *Lettera agli Ebrei* 9: 4.
[15] *Esodo* 31: 3-4 e *1 Re* 7: 14.
[16] Parlando di Bezaleel e dell'Arca si fa riferimento a questo bassorilievo egizio da parte di Immanuel Velikovsky, *Ages of Chaos*, London, Sidgwick & Jackson, 1952, capitolo 4, p. 160.

1. William Blake (1757-1827), *The Ancient of Days* (Dio), 1794.

2. William Blake, *La scala di Giacobbe*.

3. Biagio d'Antonio da Firenze (1445-1510), *Allegoria delle Arti Liberali*.

4. Jacopo Carucci, detto il Pontormo (1494-1556), *La cena di Emmaus*, 1525.

5. Frontespizio del libro di James Anderson dal titolo *Costituzione della Framassoneria*, 1723.

6a-6b. L'obelisco prelevato ad Alessandria d'Egitto e trasferito a New York (*a sinistra)* e il suo "gemello" di Londra (*a destra)*. Entrambi provenivano da Heliopolis.

7. Frontespizio della nuova edizione rivista della *Costituzione della Framassoneria* di James Anderson, 1784.

8. *In basso*. La chiesa circolare dei Cavalieri Templari a Londra (XII secolo).

9-10. *A sinistra*. Immagine rosacrociana in cui compaiono le colonne *Boaz* e *Jachin* assieme a molti altri simboli comuni alla tradizione massonica. *A destra*. Foglio del XVIII secolo per la convocazione dei membri della Globe Lodge di Fleet Street a Londra.

11-12. A sinistra. Immagine rosacrociana in cui compaiono il punto al centro del cerchio ed altri simboli massonici. A destra. Frontespizio della History of the Royal Society of London di Thomas Sprat, del 1667, commemorativo della fondazione dell'associazione.

13. Charles Mercereau. *La Massoneria che istruisce il popolo* (la Marianna massonica), 1875.

14. Edoardo, Principe di Galles, presenzia al Giubileo Vittoriano della Grande Loggia Massonica di Londra nel 1897.

15. Simeon Solomon, *Salomone, re di Giuda*, 1854.

16. Il Rotolo di Kirkwall (particolare in cui si vede l'Arca dell'Alleanza).

17. San Bernardo e la Loggia della Casa Capitolare dell'Abbazia di Chiaravalle nel XII secolo.

18-19. *A sinistra*. Tavola di tracciamento del primo grado massonico. *A destra*. Tavola di tracciamento del secondo grado massonico.

20-21. *A sinistra*. Tavola di tracciamento del terzo grado massonico (leggenda di Hiram Abiff). *A destra*. Edward Burne-Jones, *Re Salomone e il Tempio*, vetrata artistica, 1890.

22-23. *A sinistra*. Obelisco egizio a Luxor. *A destra*. Torre rotonda a Glendalough, in Irlanda.

24. *In basso*. Blaise Nicolas Le Sueur, *L'Arca dell'Alleanza a Gerusalemme*, 1747.

25. Il monumento del XVII secolo in Fish Hill Street, a ricordo del grande incendio di Londra.

26. Il locale che ospitava la taverna *Goose and Gridiron* in una foto del 1870, prima della demolizione dell'edificio.

27. Bartolo Nazari (1699-1758), *Sir Francis Dashwood – La conversazione*.

28. Livella e compasso nella vetrata artistica della Cattedrale di Chartres del XII secolo, chiamata la "finestra massonica".

29. Ignaz Unterberger, *Scena di iniziazione presso la Loggia Massonica di Vienna* (Mozart è seduto all'estrema sinistra), 1784.

30. La placca che compare alla base del monumento in Fish Hill Strett, eretto in memoria del grande incendio di Londra.

31. Thomas Hudson (1701-79), *Il Benn Club*, i maggiorenti giacobiti dell'amministrazione londinese.

32. François-Marius Granet, *I Cavalieri Templari nella Casa Capitolare di Parigi, il 22 aprile 1147*, Castello di Versailles, 1844.

33. William Brassey Hole (1846-1917), *Il Principe Carlo Edoardo Stuart a Edimburgo, 1745*.

34-35. *A sinistra*. L'Arca dell'Alleanza. Stanza dell'Arco Reale al George Washington Masonic National Memorial ad Alexandria, Virginia. *A destra*. Jean Leon Jerôme Ferris (1863-1930), *La stesura della Dichiarazione di Indipendenza, 1776* (da sinistra: Benjamin Franklin, John Adams e Thomas Jefferson).

36. Robert Edge Pine (1730-88), *Benjamin Franklin alla corte di re Luigi* XVI *e Maria Antonietta* (*Il serto di alloro*).

37. *George Washington in abito da massone*, opera di scuola americana, XIX secolo.

38. *Il Tea Party di Boston*, stampa di anonimo del XVIII secolo.

39. *Allegoria del sostegno massonico ai bisognosi*, scuola inglese, 1810.

40. Samuel Jennings per la Library Company di Filadelfia, *La Libertà dispensatrice di Arti e Scienze*, 1792.

e la frode non dovessero mai accadere[17]. La qualifica necessaria ai fratelli per candidarsi all'Arco Reale della Marineria era che prima fossero già stati iniziati al grado di maestro nella Massoneria del Marchio[18].

Il grado considerava la storia di Noè e del Diluvio Universale così come narrata in *Genesi* 6-9. Il cuore del rituale consisteva nell'accettare un nuovo inizio e nel ricominciare adottando un nuovo stile di vita, un nuovo modo di vedere le cose del mondo. Grazie a Noè ed ai figli che assemblano l'arca per affrontare il Diluvio, il tema della costruzione (come per il Tempio di Salomone) è presente, anche se nel rito non occupa il posto preminente. Il concetto principe è che il giudizio dell'uomo non può mai essere confrontabile con quello divino, a meno che da questo non venga ispirato. È in questa dimensione che andava letta la ricerca dei figli del patriarca, quando si recano al suo sepolcro per riportare alla luce i segreti che il vecchio aveva portato con sé nella tomba.

Il termine arca si presta a confusioni, in quanto nel testo dell'Antico Testamento compare sia per indicare l'imbarcazione costruita da Noè, sia per indicare il cofano che costituiva l'Arca dell'Alleanza di Mosè. Nella definizione della Oxford World Library, la parola *arca* sarebbe in realtà un'obsoleta forma della lingua greca ad indicare l'attuale parola "arco", equivalente del latino *arca*, una cesta o una grossa scatola. Se al suo interno veniva custodito qualcosa di oscuro o di segreto, gli veniva dato il nome di "arcano", mentre un profondo mistero era l'*arcanum* (*arcana* nella forma plurale) dell'alchimia e dei Tarocchi. Un deposito dove conservare dei documenti è un "archivio", mentre un oggetto di grande antichità viene detto "arcaico", da "archeologia" nel senso di studio ed analisi di oggetti antichi. La parola ebraica biblica per "arca" compare nella traduzione canonica della Bibbia dei Settanta[19] (del III secolo d.C.), trovando corrispondenza in *ãron*, intesa anche in questo caso come una grossa scatola o un cofano come proposto in *Genesi* 50: 26 oppure come contenitore capiente in *2 Re* 12: 10[20]. Ma l'arca veniva anche identificata sovente come qualcosa che galleggia o che fluttua, come quelle di Noè e Mosè, tanto che ancora oggi la nave ammiraglia del-

[17] Keith B. Jackson, *Beyond the Craft*, London, Lewis Masonic, 1980, pp. 13-16.
[18] Ivi, p. 18.
[19] Nella sua forma originaria l'Antico Testamento venne scritto in ebraico, una lingua che non prevede vocali, ma solo consonanti. In parallelo, attorno al 270 d.C., incominciò a diffondersi una versione in greco, a beneficio dei tanti Ebrei ellenisti che parlavano questa lingua. Questa versione divenne nota col nome *Septuaginta* (dalla parola latina *septuaginta*, settanta) per via del fatto che nella traduzione si erano cimentati ben 72 esperti e studiosi. Qualche secolo dopo, comparve la versione latina detta *Vulgata* (per via del suo uso comune), redatta attorno al 385 da san Gerolamo ad uso della Chiesa cristiana (versione che comprendeva anche il Nuovo Testamento). In seguito una revisione del testo originario ebraico dell'Antico Testamento venne redatta dalla scuola masoretica attorno al 900 (ed è su questa versione che si basano le attuali edizioni bibliche dell'Antico Testamento). Tuttavia fu l'antica e originaria versione della Bibbia dei Settanta che venne utilizzata nella edizione della Bibbia datata 1611, e tradotta su specificio incarico da parte del re Giacomo, la cosiddetta edizione inglese autorizzata.
[20] Hasting, *Dictionary of the Bible*, cit., alla voce *Ark*.

la Marina inglese (ed è ben la quinta nave a portare questo nome) si chiama *Ark Royal*.

Come è ormai risaputo, molti dei racconti compresi nella *Genesi* – fra cui quello di Adamo ed Eva, dell'arca di Noè e del Diluvio e della Torre di Babele – derivano da storie originali scritte molto tempo prima della redazione del testo biblico, risalente al VI secolo a.C. Nate nel terzo millennio prima della nostra era, queste storie erano conservate nelle grandi biblioteche di Ninive e Babilonia, per essere riscoperte e reinterpretate dai sacerdoti ebrei durante la cattività del loro popolo in Babilonia a partire dal 586 a.C.

Uno dei racconti paralleli più intriganti fra la saga mesopotamica e quella ebraica è quello del Diluvio Universale, evento in merito al quale disponiamo di informazioni molto antiche. È forse per questo che nella *Genesi* gli viene concesso molto spazio, visto che occupa non meno di 80 versetti. Se si confronta la storia mesopotamica con quella biblica ci si accorge immediatamente delle numerose somiglianze; la differenza più evidente sta nel cambiamento della cornice temporale operata dal cronista biblico, così da rendere il Noè rivisitato come l'autentico eroe di questa saga dell'antichità. I fatti narrati nella *Genesi* non sono che un rimpasto di quelli più antichi nati fra il Tigri e l'Eufrate, dove si racconta di un solo, eroico uomo che mette in salvo la razza umana e le specie animali e vegetali grazie alla sua lungimiranza.

Per essere più precisi, la versione più completa della storia del Diluvio è quella che compare nei dodici testi che compongono l'ormai celebre *Epopea di Gilgamesh*[21]. L'intera opera si compone di ben 20.000 tavolette in caratteri cuneiformi riportate alla luce verso la metà del XIX secolo fra le rovine della città assira di Ninive, ritrovamenti a cui ne sono seguiti altri a getto continuo. Vi si raccontano le mitiche avventure di Gilgamesh (re della città di Uruk, nell'anno 2650 a.C.), il quale intraprende un viaggio periglioso per poter incontrare Uta-napishtim, re da molto tempo defunto della città di Shuruppak all'epoca del grande diluvio[22]. Da qui parte un racconto che, a sua volta, riprende una storia ancora più antica, quella di un paritetico Uta-napishtim di epoca sumera. Anche le principali tavolette della saga di Gilgamesh sono databili attorno al 2000 a.C., e sappiamo per certo che le storie che raccontano sono di molto precedenti e, ad essere prudenti in difetto, datano almeno al 3000 a.C.[23].

Una fra le tante assonanze con il racconto della *Genesi* riguarda l'approdo dell'arca, una volta placata la grande pioggia. Mentre Uta-napishtim approda sui contrafforti del monte Nisir, l'imbarcazione di Noè

[21] Questa saga si intitola *Sa nagba imurur* (Colui che ha visto ogni cosa). Si veda anche Leonard Cottrell, *The Land of Shinar*, London, Souvenir Press, 1965, p. 42.

[22] Utanapishtim, re di Shuruppak, regnò attorno al 4000 a.C.

[23] Alexander Heidel, *The Gilgamesh Epic and Old Testament Parallels*, Chicago, IL, University of Chicago Press, 1949, capitolo 1, p. 15.

Noè e i suoi figli mentre costruiscono l'arca (incisione in legno di Julius Schnoor von Carolsfeld, 1794-1872).

lo fa sul monte Ararat (*Genesi* 8: 4). La catena montuosa dell'Ararat (che significa "picco elevato")[24] si trovava a settentrione della terra di Mesopotamia e nel libro ebraico dei *Giubilei* in 5: 26 si dice che l'arca si sarebbe arenata sull'Ararat presso il monte Lubar[25].

Fra il vastissimo materiale reperito si conta anche un altro testo intitolato *Il diluvio*, venuto alla luce nel sito archeologico di Nippur[26]. Quasi del tutto scollegato con il filone principale delle avventure di Gilgamesh (scritto in accadiano), questo poema sumero racconta soltanto del tempo del diluvio e quando parla di Uta-napishtim lo chiama Zi-u-sudra. Si tratta, come è facile immaginare, della versione più antica di questa narrazione e in essa troviamo un particolare di grande importanza che differisce in modo decisivo dal racconto biblico, una narrazione che ci allontana dalle coppie di esseri viventi a cui siamo abituati a pensare

[24] Peter Lemesurier, *The Great Pyramid Decoded*, Shaftesbury, Element Books, 1977, capitolo 9, p. 261 (trad. it. *La piramide svelata*, Milano, Mondadori, 1984).
[25] Reverendo George H. Schodde (traduzione a cura di), *The Book of Jubilees*, Oberlin, OH, E. J. Goodrich, 1888.
[26] Samuel Noah Kramer, *History begins at Sumer*, London, Thames & Hudson, 1958, pp. 214, 260.

quando si parla di Noè. In questo antichissimo, originario, racconto, Zi-u-sudra non salva coppie di esseri viventi, bensì il seme della vita[27].

Zi-u-sudra porta con sé sull'arca qualche animale: un bue, alcune pecore e qualche uccello; ma lo fa per garantirsi delle provviste, non per salvare delle specie viventi. Il modo in cui lo fa viene ben precisato da un testo babilonese in cui si specifica che Zi-u-sudra fa costruire un natante ben chiuso dove poter «raccogliere e preservare il seme vitale di ogni creatura vivente»[28]. Di nuovo, la parola chiave è "seme" (come nella saga di Gilgamesh) e, ancora, ci viene detto che l'imbarcazione di Zi-u-sudra (il primo Noè del mondo) non è uno zoo galleggiante per la salvezza di tutte le creature viventi, ma una sorta di nave-clinica dove poter conservare in totale sicurezza il seme vitale della razza umana e quello degli animali.

Torna di particolare importanza osservare come il rituale dell'Arco Reale della Marineria, pur basandosi sulla leggenda di Noè, vada oltre sostenendo di fondarsi su un'antica tradizione massonica che si collocherebbe, in pratica, in una posizione distinta, distaccata da quella del filone principale insegnato nelle logge. Al pari di Mosè e di Bezaleel, anche Noè assume una posizione di preminenza nel contesto massonico, ma sembra detenere una chiave di accesso a qualcosa di assai più importante di quanto sarebbe mai stato celebrato nella ritualistica massonica del dopo riforma, del dopo 1717.

La questione sta nel fatto che figure come Mosè e Noè, unitamente ad altre come quella di Nimrod – di cui già si è detto come colui che stabilì gradi e incarichi (vedi Capitolo 2) – e Tubalcain, il grande fabbro e artificiere della *Genesi*, detenevano un posto d'onore all'interno del movimento massonico pre-hannoveriano, decisamente più orientato ad un approccio scientifico-filosofico. Senza una ragione specifica, però, questi personaggi erano stati messi da parte, nelle pieghe marginali del nuovo ordinamento massonico. Storie come quella del Diluvio e della Torre di Babele (come citate nel *Matthew Cooke Manuscript*), pur presentando evidenti agganci con gli antichi misteri e le scienze passate, avevano inesorabilmente ceduto il posto ad altri racconti, in specie quello della costruzione del Tempio di Gerusalemme da parte del re Salomone.

Sono ovviamente molti i fratelli massoni (ma non solo loro) a sapere che un tempo la Fratellanza aveva a che fare con qualcosa di molto concreto e sostanzioso, tenuto conto che i suoi prodromi rosacrociani avevano avuto a che fare con la grandiosa rivoluzione scientifica dell'era Stuart. E non si trattava, di sicuro, di Hiram Abiff, il cui nome non era quasi neppure citato nei tempi precedenti al regno di Giorgio II (1727-60). Si trattava, al contrario, di aspetti importanti dell'antica saggezza,

[27] Heidel, *The Gilgamesh Epic and Old Testament Parallels*, cit., capitolo 2, p. 105.
[28] *La saga di Gilgamesh*, tavoletta XI: 19-31.

preservati nel trascorrere delle ere, e riportati all'onor del mondo in Occidente con il rientro in Europa dalla Terra Santa dei Cavalieri Templari nel 1127. E ben sappiamo che una di queste preziose conoscenze riguardava l'oro, una scienza mosaica che affondava le sue origini in terra d'Egitto; come sappiamo che fu proprio Mosè a trascinare via dall'Egitto il popolo degli Israeliti, destinato ad essere il popolo eletto.

Vista da un diverso punto di osservazione, è evidente che la storia di Noè assume anch'essa un contorno prettamente scientifico che non concerne né l'alchimia o la fisica legate a sostanze come la manna o la Pietra Filosofale, ma la scienza biologica, basata niente meno che sulla ingegneria genetica. In merito, credo valga la pena farci un'altra domanda. Tornando al Rotolo di Kirkwall (indubbiamente di matrice massonica, a prescindere dall'età), come mai la parte centrale del pannello di mezzo è dedicata alla figura di Eva, la prima donna? Eva non dovrebbe avere nulla a che fare con la Massoneria. Oppure sì?

Semi di vita

Nell'antichità la Mesopotamia (nome che significa "terra fra due fiumi"), la terra di Canaan e l'Egitto non erano affatto aride e sabbiose come si presentano oggi. Questo pur vasto territorio infatti (oltre al Mar Mediterraneo che lambisce le coste dell'Egitto e di Canaan) è solcato da tre grandi fiumi: ad ovest il Nilo che scorre verso nord; ad est il Tigri e l'Eufrate, con quest'ultimo che si indirizza a sud verso il Golfo Persico. A partire dal 10.000 a.C., alla fine dell'ultima Era Glaciale, questo grande territorio mediorientale si presentava particolarmente predisposto all'irrigazione, specie lungo i margini e le pianure fluviali e nelle regioni del delta nilotico. Per questo si prestò assai bene a fungere da culla delle primissime civiltà umane, sia sotto il profilo di una vasta applicazione delle tecniche agricole sia sotto il profilo dello sviluppo culturale. In poche parole, nasceva la civiltà passata alla storia come quella della Mezzaluna Fertile. Quando l'esploratore inglese sir Charles Leonard Woolley, negli anni Venti, diede inizio agli scavi archeologici della sua spedizione fu molto sorpreso nel rintracciare del suolo vergine molto fertile ed un ampio segmento argilloso al di sotto dello strato superficiale di sabbia.

Nell'Antico Testamento il Diluvio viene indicato come un atto punitivo da parte di Dio, una sorta di vendetta contro l'umanità. Le tavolette originali mesopotamiche (da cui, come detto, deriva senza alcun dubbio il racconto biblico) tramandano pressoché la stessa vicenda, anche se fanno riferimento non ad un dio solo, ma a tanti dèi. Si aggiunge, inoltre, che mentre le piogge dilavavano la terra portandosi via tutto, in una specie di clinica genetica viaggiante i semi della vita erano stati messi al sicuro.

In un testo accadico risalente al 1460 a.C. – intitolato *L'epica di Atrahasis* – sembra di intuire sperimentazioni relative a tecniche *in vitro* di fertilizzazione, tanto che in un passo ben preciso si parla di madri surrogato, dette non a caso «creatrici del destino»[29]. La donna scienziato che si occupa di questo strabiliante progetto genetico si chiama Nîn-kharsag, mentre la stanza in cui si crea la vita, ospitata a *E-Gal* (la Grande Casa), viene detta la Casa di Shimtî, dalla parola sumerica *sh-im-tî* che significava "soffio vitale". Nel racconto si spiega che nel corso degli esperimenti condotti con le forme di vita umane, Nîn-kharsag tentava anche test di fertilizzazione incrociata su animali e nel mondo vegetale ed era particolarmente abile negli incroci delle varie sementi.

Nîn-kharsag era indicata come la Signora della Vita ed il suo emblema (ritrovato sia sulle tavolette che sulle immagini impresse sui sigilli cilindrici) era un utero simbolico, dalla sagoma molto vicina alla lettera greca omega (Ω)[30]. La dea era anche chiamata Colei che costruisce, Colei che dà forma, la Signora dell'embrione; mentre in un'altra composizione intitolata *Enki e l'ordine del mondo* è soprannominata Levatrice della Terra.

> Nîn-kharsag, la sola e la grande,
> fa contrarre l'utero.
> Nîn-kharsag, essendo una grande madre,
> avvia il processo della nascita[31].

Dopo il Diluvio – che aveva ricoperto la terra con uno strato di limo e argilla – i raccolti erano stati reimpiantati e coltivati, mentre le pianure erano nuovamente state invase dalle grandi mandrie di pecore e mucche, gli animali domestici ai quali gli dèi della Casa di Shimtî avevano preferito dare la precedenza nel rinnovamento della vita sul pianeta. Stando al resoconto di una tavoletta (ricomposta con molta pazienza rimettendo insieme ben 17 frammenti)[32], a questo punto le questioni relative allo stanziamento dei fattori e all'agricoltura erano passate sotto la sovraintendenza di Ashnan e del di lei fratello Lahar, già essi stessi prodotti genetici della "camera della creazione"[33]. A loro era toccato l'impegno di insegnare l'agricoltura e la pastorizia all'uomo, campi da coltivare e mandrie da allevare[34].

All'epoca di Newton e Wren, il professor Charles Rollin (1661-1741), presidente del Collège di Beauvais, diede alle stampe un'opera gigante-

[29] *L'epica di Atra-hasis*, frammento della tavoletta IV, colonna 4.

[30] Ivi, p. 107.

[31] Thorkild Jacobsen, *The Treasures of Darkness – A History of Mesopotamian Religion*, New Haven, CT, Yale University Press, 1976, capitolo 4, p. 108.

[32] Samuel Noah Kramer, *Sumerian Mythology*, New York, Harper Bros., 1961, capitolo 2, p. 53 e capitolo 5, p. 115 alla nota 53.

[33] Ivi, pp. 164, 165.

[34] La storia di Nîn-kharsag, del Diluvio e alcune altre dell'Antico Testamento, come narrate nella loro forma originale nei testi mesopotamici compaiono nell'opera di Laurence Gardner, *Genesis of the Grail Kings*, London, Transworld/Bantam Books, 1999 (trad. it. *Le misteriose origini dei re del Graal*, Roma, Newton & Compton, 2004[4]).

sca composta da più volumi in cui raccontava la storia del mondo antico (*Histoire Ancienne*) nella quale descriveva su come «arti e scienze siano state inventate, coltivate e sviluppate». La sua opinione getta luce su un argomento importante: la maggiore comprensione rispetto ad oggi che in quel tempo la scienza mostrava nei confronti delle culture passate e delle loro conquiste. Rollin affermava:

> Più ci avviciniamo allo studio delle civiltà che anticamente vennero abitate dai figli di Noè, più perfetta e certa riscontriamo la loro arte e la loro scienza... Per questo credo che ogni volta che l'uomo intenda rivedere queste arti e queste scienze sia moralmente obbligato a ritornare al passato, alla sorgente originaria da cui ogni cosa, ogni comprensione è scaturita.

Recentemente, in un articolo importante apparso sulla rivista «Scientific American» si è parlato di alcune tavolette mesopotamiche in caratteri cuneiformi relative ad uno studio sulla genetica delle sementi. Prendendo seriamente in esame interventi ed attività come quelli ascritti a Nîn-kharsag, l'articolista scrive: «Se si confrontano i genomi delle principali specie conosciute di cereali si evidenziano incroci genetici indubitabili, cosa che indica come sin dall'antichità l'uomo fosse già in grado di indirizzare il loro sviluppo e la loro evoluzione». Poi, continua:

> Nel momento in cui i nostri progenitori incominciarono a domesticare queste piante, ebbero a creare le sementi che noi oggi conosciamo e sfruttiamo, secondo un processo molto simile alla coltivazione selezionata. Dalle specie selvatiche, infatti, essi furono in grado di agire selettivamente incrociando fra loro quelle specie diverse che vantavano caratteristiche desiderabili, come per esempio spighe con più chicchi oppure spighe di maggiori dimensioni... è pressoché certo che la modificazione genetica delle piante di cereali ha seguito un evidente percorso selettivo operato dall'intuito dell'uomo ed iniziatosi senza dubbio in tempi preistorici[35].

Che dire: la scienza moderna l'ha ormai assodato; Charles Rollin si può dire l'abbia intuito, gli antichi testi ce lo raccontano da più di 4000 anni. La modificazione genetica non è un prodotto dell'era moderna, quanto, piuttosto, una scienza fra le più antiche esercitate dall'uomo. Circa il 99% delle sementi oggi conosciute e in uso deriva da una piattaforma di partenza di non più di 24 diverse specie di piante, sviluppatesi sul nostro pianeta sin dai tempi più antichi. Perfettamente in linea con queste illazioni il professor Daniel Zohary dell'Università Ebraica di Gerusalemme, ricercatore indipendente per la Patrick Foundation, ha dichiarato che lo studio del DNA attesta che l'incrocio genetico fra specie, la selezione e la domesticazione attiva da parte dell'uomo nei confronti dei vegetali utili sono senza dubbio iniziati in coincidenza con l'epoca in cui le tavolette raccontano agisse Nîn-kharsag[36]. E questa

[35] *Tapping Crops' Genetic Wealth*, in «Scientific American», agosto 2004, pp. 28-33.
[36] The Patrick Foundation, PO Box 72, Cirenchester, Gloucestershire, GL7 6YG.

scienza non trovava applicazione solo sulle piante, ma anche sugli animali e persino sugli stessi esseri umani.

La figura di Eva sta in posizione preminente nel Rotolo massonico di Kirkwall proprio perché essa ebbe un ruolo decisivo e determinante in questo genere di ricerche, e questo era ben noto agli studiosi ed ai filosofi naturali dell'era pre-hannoveriana. D'altro canto, lo stesso nome Eva significa "vita" e, come già sappiamo, Nîn-kharsag era detta Signora della Vita[37].

Nei testi si ricorda come all'inizio delle sue ricerche Nîn-kharsag avesse dato vita ad un clone, un bambino impiantato, alimentato e cresciuto in un embrione da laboratorio. L'esperimento era stato realizzato utilizzando l'ovulo di un'altra donna fertilizzato dal seme del marito di Nîn-kharsag, il grande sovrano del posto, Enki. Il figlio nato da questo straordinario ed ardito esperimento era stato chiamato *Adâma* (il mortale, il terrestre)[38], appositamente fatto crescere per fare da tramite fra gli uomini e le divinità[39]. A Eridu, nel sud della Mesopotamia, gli viene dato in custodia il tempio, così che egli diventa il primo sacerdote dell'umanità e del mondo.

Le tavolette in cui si narra la storia di Adâma (oppure Adâpa) vennero scoperte per la prima volta, unitamente a quelle relative alla saga epica di *Enûma Elish*, fra le rovine della grandiosa biblioteca appartenuta al re Assurbanipal (668-31 a.C.)[40]. In un secondo tempo la storia venne anche ritrovata fra gli archivi del faraone Amenhotep III, che regnò sull'Egitto attorno al 1400 a.C. Si racconta che Adâma era un uomo potente (un *hu-mannan*), a cui erano state concesse capacità straordinarie di controllo ed era stato consacrato nella regalità.

Seguendo le preziose indicazioni del primo grande assiriologo della storia, l'inglese sir Henry Creswicke Rawlinson, il quale aveva portato alla luce nel corso della campagna archeologica del 1845 le rovine della biblioteca del re Assurbanipal, era poi stato un altro inglese, sir Austen Henry Layard, durante una campagna fra il 1848 ed il 1876, a scoprire le prime tavolette del ciclo di *Enûma Elish*. Il testo venne quindi pubblicato da George Smith del British Museum nel 1876 con il titolo *Il racconto caldeo della Genesi*. Altre tavolette e frammenti in cui veniva raccontata la stessa storia epica vennero poi ritrovati nei siti di Ashur, Kish e Uruk (tutte città dell'attuale Iraq), scoprendo grazie a dei rimandi bibliografici che, in realtà, quella non era che una versione

[37] L'affascinante storia della spedizione archeologica di sir Woolley in Iraq per conto del British Museum e della Università della Pennsylvania viene raccontata dallo stesso Woolley nel suo bel libro *Ur of the Chaldees*, London, Ernest Benn, 1929.

[38] E. A. Speiser (a cura di), *The Anchor Bible – Genesis* (traduzione dal testo ebraico), Garden City, NY, Doubleday, 1964, capitolo 2, p. 16.

[39] Georges Roux, *Ancient Iraq*, London, G. Allen & Unwin, 1964, capitolo 7, p. 95.

[40] Il testo dell'*Enûma Elish* è così intitolato per l'incipit, che dice: «Quando nell'alto...». Venne composto circa 3500 anni or sono. Si veda anche Alexander Heidel, *The Babylonian Genesis*, Chicago, IL, University of Chicago Press, 1942, capitolo 1, p. 14.

Nîn-kharsag ed Enki nella Casa di Shimtî, da un rilievo su un sigillo cilindrico sumerico.

successiva di un testo di gran lunga più antico, scritto in una lingua arcaica.

In una tavoletta battezzata *Tavola di Adâpa*[41] si precisa che Adâpa, essendo di origini divine, era nato da un seme divino[42]. Questo significa che la grande importanza attribuita ad Adamo non derivava dal fatto di essere il primo uomo della terra, quanto perché si trattava del primo essere clonato dall'ingegneria genetica dei re sacerdoti della terra di Eden. Khâwa (la biblica Eva) venne creata nello stesso, identico modo, con la stessa tecnica genetica, sempre per opera di Nîn-kharsag, e poiché le genealogie divine e regali si riteneva seguissero la linea di sangue matriarcale (per via del DNA mitocondriale), Eva era diventata la Signora della Vita, la *Nîn Khâwa*.

Il nome Eva compare in *Genesi* (3: 20) con il significato di "madre di tutti i viventi", accezione che viene ripetuta e ribadita nel testo *Antichità giudaiche* dello storico del I secolo Giuseppe Flavio quando puntualizza: «Ora, nella lingua ebraica una donna viene detta *Issa* (essa-uomo); ma il suo vero nome è Eva, che significa madre di tutti i viventi»[43]. In ebraico Eva suonava come Hawah (simile al sumero Khâwa e con la stessa pronuncia), ma la radice verbale della sua derivazione era *hayah* ("vivere")[44]. Per cui Eva era la *Nîn-tî* (Signora della Vita), lo stesso soprannome già una volta assegnato alla sumera Nîn-kharsag.

[41] *Tavola di Adâpa*, frammento IV.
[42] Alexander Heidel, *The Babylonian Genesis*, cit., Appendice, pp. 152, 153, nota 23.
[43] Giuseppe Flavio, *Antichità giudaiche*, libro I, 1: 2.
[44] Robert Alter (traduzione a cura di), *Genesis*, New York, NY, W. W. Norton, 1996, capitolo 3, p. 15.

La parola sumera *tî* (come in *Nîn-tî*) voleva dire “creare la vita”; ma esisteva anche un altro vocabolo sumero che era semplicemente *ti* e che voleva dire “costola”[45]. Ecco che quando il titolo di Nîn-kharsag, *Nîn-tî* (Signora della Vita) era stato passato a sua figlia Eva, i compilatori dell’Antico Testamento lo avevano tradotto correttamente, intendendolo però nella sua accezione di “costola” e così era venuta fuori la storia di Eva (*Genesi* 2: 21-23), generata da una costola prelevata dal fianco di Adamo, un concetto prettamente biblico che non ha nulla da spartire con quello espresso dal racconto originale.

La conoscenza di questa antichissima, ma tecnologicamente assai avanzata, pratica di ingegneria genetica emerge come uno degli aspetti perduti ma poi riscoperti della scienza dell’uomo e, proprio per questo, come uno dei segreti più preziosi dell’antica Frammassoneria. Ma resta ancora molto da dire se solo ci volgiamo nuovamente ad un aspetto appena accennato, vale a dire al grande mistero biblico-massonico del metallo più prezioso: l’oro.

[45] Kramer, *History Begins at Sumer*, cit., p. 210.

12

Il Tempio della Luce

Colonne e obelischi

Perfettamente in linea con l'uso egizio di collocare delle grandi colonne all'ingresso dei templi, Hiram di Tiro pensò di fare lo stesso con il portico del Tempio di Salomone a Gerusalemme. I due pilastri bronzei che egli innalzò stanno nel centro, nel cuore, della Massoneria e, come già detto, hanno un nome: *Boaz* e *Jachin* (*1 Re* 7: 21; *2 Cronache* 3: 17). Boaz era il nonno del trisavolo di re Davide, il padre di Salomone, e in ebraico la parola significava "in forza", Jachin derivava invece da un vocabolo fenicio che stava a significare "egli sarà"[1]. Nella tradizione massonica, i due presi insieme hanno il significato, non corretto ma usuale, di "Nella forza fonderò [questa mia casa che possa durare in eterno]". In questo senso, al nome di "casa" si deve applicare l'accezione di lignaggio, discendenza davidica, piuttosto che di tempio.

In *2 Re* 25: 13 si racconta che nel 586 a.C. il re Nabucodonosor aveva abbattuto i pilastri di bronzo, li aveva privati dei capitelli e fatti portare a Babilonia. Quando i Romani in epoca pre-evangelica avevano preso il comando su Gerusalemme, avevano anche conquistato l'Egitto, all'epoca retto dalla regina Cleopatra VII e dal figlio, ultimo della linea dei faraoni tolemaici. A partire dal 27 a.C. l'imperatore romano Augusto fece dell'Egitto una sua proprietà personale[2] e sin da subito non riuscì a fare a meno di posare i suoi augusti occhi imperiali sugli obelischi[3]. Rimossi quelli di Heliopolis e Karnak, Augusto ne aveva trasferiti alcuni nel suo palazzo di Alessandria ed altri ne aveva fatto portare a Roma. A sua volta, l'imperatore Caligola aveva poi fatto trasferire quelli alessandrini nella capitale nel 37 d.C.

Questa pratica era proseguita coi successivi imperatori, da Domiziano (81-96) ad Adriano (117-38), perpetuandosi con gli altri fino a Costanzo (figlio di Costantino detto il Grande), che ancora nel 355 ne aveva fatto

[1] James Hasting (a cura di), *Dictionary of the Bible*, Edinburgh, T. & T., 1909, alla voce *Pillars*.
[2] Peter A. Clayton, *Chronicles of the Pharahos*, London, Thames and Hudson, 1994, p. 217.
[3] La parola obelisco deriva da quella greca *obeliskos* che significava "spiedo". Erano monumenti a quattro facce, alti e affusolati, che terminavano in cima con il piramidion, da qui l'immagine di uno spiedo.

erigere uno in Laterano. In questo periodo furono almeno 50 gli obelischi fatti arrivare dall'Egitto, da Heliopolis, Tebe (Luxor), Karnak, Menfi, Sais, Tanis e Assuan. Oggi ne restano 13 a Roma, uno a Firenze, uno ad Urbino, uno a Costantinopoli fatto installare nella città dall'imperatore Teodosio nell'anno 390 d.C. In seguito, si registrarono altri massicci movimenti di obelischi, al punto che dei 30 che oggi sono diffusi qua e là in vari paesi, solo 4 dei 6 ancora presenti in terra d'Egitto si trovano nello stesso posto in cui vennero innalzati dai faraoni.

Notizie di obelischi egizi giungono, via via, un po' da ogni località. Ne troviamo a Cesarea, in Israele; a Catania e a New York. La Francia ne conta due, quello di Parigi e quello di Arles; lo stesso vale per l'Inghilterra, uno a Londra e un altro a Wimborne, nel Dorset. Esistono anche obelischi, come dire, moderni, come quello di Washington DC, il Brandywine Monument, in Pennsylvania, ed i monumenti al duca di Wellington a Dublino e nella città di Wellington, nel Somerset. Se, a fronte di tanta razzia, all'Egitto può in qualche modo restare una consolazione, si deve osservare che l'obelisco più antico di tutti – quello fatto erigere dal faraone Senusret I, attorno al 1950 a.C., vale a dire un millennio prima di re Salomone – è tuttora conservato nel sito di Heliopolis. Il più alto si trova invece a Roma, a piazza San Giovanni in Laterano[4]. Era così possente che venne "tagliato" per oltre 4 m al fine di poterlo trasportare con minore fatica; malgrado ciò, resta pur sempre più alto dei due cosiddetti "aghi" che stanno a Londra e New York, che hanno dimensioni pari a circa due terzi rispetto alla sue[5]. All'estremità opposta della scala, il più piccolo è senza dubbio il Kingston Lacy Monument di Wimborne[6], su cui compare inciso il nome della regina Cleopatra.

Ma che cosa avrebbe a che fare tutto questo con la Massoneria? Per questa domanda ci sono almeno tre risposte. La prima è quasi scontata: gli obelischi sono frutto del lavoro artistico degli antichi fratelli massoni. La seconda è legata ai "geroglifici"[7]. Fatta eccezione per pochi obelischi "nudi", la maggior parte è tutta istoriata di segni e simboli pronti per essere utilizzati come codici segreti, ancor prima di venirne a conoscere il vero significato.

Diversamente dai tanti reperti di dimensioni minori che venivano prelevati e quindi racchiusi in qualche museo, gli obelischi stavano all'aperto, al centro delle piazze, e hanno abbellito per secoli grandi città co-

[4] Questo obelisco misura 37 m di altezza, base compresa, e in origine ne contava 36; pesa circa 455 tonnellate.

[5] Ma il più grande ed alto obelisco che si conosca non venne mai innalzato e si trova ancora oggi nelle cave di Assuan, lì abbandonato dagli architetti egiziani a causa delle fessurazioni e delle venature che stavano affiorando nella viva roccia.

[6] Questo piccolo monumento è alto solo 6,7 m e pesa circa 6 tonnellate. In questa speciale classifica non si deve dimenticare l'altare obelisco di Amenhotep II (1,80 m) conservato presso il Museo dell'Università di Durham.

[7] David Stevenson, *The Origins of Freemasonry*, Cambridge, Cambridge University Press, 1988, capitolo 5, p. 79.

Le due colonne della tradizione massonica: Boaz *e* Jachin.

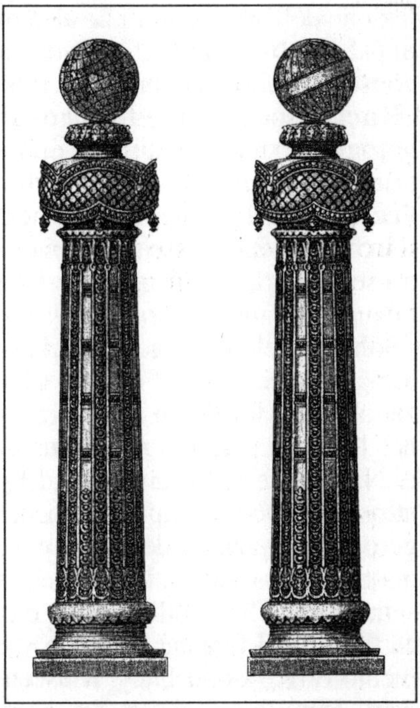

me Roma. A partire dalla fine del XVI secolo, il numero dei gruppi esoterici ed occultistici che incominciò a fare uso dei pur sconosciuti geroglifici divenne così imponente che il papa Sisto V si sentì in imbarazzo nel permettere che nella sua città sorgessero così tanti obelischi. Credendo di trovare una soluzione, Sisto diede ordine di "mozzare" tutte le cime di questi particolari monumenti e di sostituirle con una bella ed evidente croce o con qualche altro simbolo cristiano, modifiche che sussistono ancora oggi in alcuni di essi. Quando, nel 1587, lo stesso Sisto diede ordine di trasferire l'obelisco che oggi troneggia in piazza San Pietro (operazione che Michelangelo si rifiutò di eseguire, considerandola troppo rischiosa), prima di dare il via alle operazioni aveva fatto celebrare un esorcismo, nel caso che qualche demone si fosse potuto destare da qualche sonno millenario.

In Inghilterra, la passione per i geroglifici non si radicò perché tutti coloro che amavano il mistero si erano almeno una volta recati a visitare Roma, ma soprattutto grazie ad una pubblicazione divenuta molto popolare in quegli anni. Scritto nel 1643 dall'erudito padre gesuita Athanasius Kircher, il libro si intitolava *Lingua Ægyptiaca Restituta*[8]. Kircher era docente di matematica presso il Collegio di Roma ed aveva collaborato con l'architetto della fabbrica di San Pietro, il Bernini, per l'instal-

[8] Un fedele resoconto della vita di Kircher e dei suoi tempi si trova nell'opera di Paula Finden, *Athanasius Kircher: The Man Who Knew Everything*, London, Routledge, 2003.

lazione dell'obelisco egizio al centro del piazzale[9]. Gian Lorenzo Bernini (1598-1680) si meritò la fiducia dei papi Paolo V ed Urbano VIII ed è considerato in modo unanime il più illustre scultore del XVII secolo.

Kircher sosteneva di fondare la sua presunta comprensione dei segni geroglifici su un misterioso, dubbio, lavoro in lingua greca antica, intitolato *Hieroglyphica*, scritto dal mago del V secolo Orapollo Nilota[10]. Peccato che il problema stava nel fatto che né Orapollo né, tanto meno, Kircher avevano in realtà la più pallida idea in merito a che cosa stavano scrivendo. Non leggevano i segni egizi, ma liberamente li interpretavano, filtrandoli attraverso la cultura del loro tempo.

Soltanto nel 1822 i geroglifici erano stati finalmente decifrati dall'egittologo francese Jean François Champollion. Questi ce l'aveva fatta grazie all'aiuto fornitogli dalla oggi celeberrima Stele di Rosetta, rinvenuta nel 1799 nei pressi di Alessandria dal luogotenente Bouchard, al seguito di Napoleone nella campagna d'Egitto[11]. La pietra di basalto nero, datata attorno al 196 a.C., riporta il medesimo testo scritto in tre lingue diverse: geroglifici egiziani, demotico egizio (il modo corrente di scrivere nella quotidianità) e greco. La stele era approdata in Inghilterra nel 1801, consentendo a Champollion ed al medico Thomas Young di confrontare il cartiglio[12] del faraone Tolomeo V con quello di Cleopatra VII sul monumento di Kingston Lacy. Riuscendo a identificare i simboli corrispondenti, le porte del mistero dei segni geroglifici si erano alla fine spalancate alla comprensione. La successiva comparazione dei tre idiomi scolpiti sulla Stele di Rosetta aveva poi permesso di scardinare definitivamente ogni dubbio: i geroglifici erano stati vinti. La preziosa stele (alta 114,5 cm) è ospitata nel British Museum londinese sin dal 1802.

A seguito della campagna napoleonica, furono moltissimi gli studiosi, i ricercatori ma anche i semplici curiosi europei che all'improvviso si sentirono attratti ed affascinati da quell'antica civiltà misteriosa e così tre fra gli obelischi che avevano maggiormente impressionato gli osservatori continentali non tardarono molto ad essere accostati all'opera della Massoneria e a trovare una rapida strada verso l'Europa. Il primo – uno del celebre paio fatto erigere dal faraone Ramesse II (ca. 1279 a.C.) – era approdato a Parigi direttamente da Luxor nel 1833. L'agente che ne curò il trasferimento fu lo stesso Champollion. Il 22 ottobre 1836 il meraviglioso monumento veniva eretto in Place de la Concorde[13].

Un altro obelisco venne collocato lungo il Tamigi a Londra il 12 set-

[9] *The Catholic Encyclopedia*, vol. VIII, alla voce *Athanasius Kircher*.

[10] Quest'opera è disponibile in traduzione inglese ad opera di G. Boas col titolo *The Hieroglyphics of Horapollo*, Princeton, NJ, Princeton University Press, 1993.

[11] La Stele di Rosetta si rivelò fondamentale per la decifrazione dei geroglifici.

[12] Il cartiglio era una iscrizione geroglifica ornamentale dalla sagoma ovale contenente un nome regale.

[13] Per saperne di più non solo a proposito di questo obelisco, ma sugli spostamenti e sulle vicende degli altri, rimando al lavoro di Burn Dibner, *Moving the Obelisks*, New York, NY, Burndy Library, 1950.

*Il battello che trasporta l'obelisco detto l'*Ago di Cleopatra *nel porto di Londra (*a sinistra*); l'erezione dell'obelisco di New York (*a destra*).*

tembre 1878. Assai romanticamente, venne battezzato l'Ago di Cleopatra, sebbene preceda la nascita della celebre regina (51-30 a.C.) di circa un millennio. Eretto dal faraone Thutmosi III (ca. 1468 a.C.), l'obelisco proveniva dal Tempio del sole di Heliopolis ed era uno dei due fatti rimuovere da Augusto nel 12 a.C. Alto 20,88 m, pesante circa 186 tonnellate, il manufatto aveva lasciato Alessandria all'interno di un contenitore appositamente realizzato per il trasporto a cui era stato dato il nome di Cleopatra (da cui l'originale soprannome di Ago di Cleopatra). Nel Golfo di Biscaglia si era verificato un disastroso incidente: un vento fortissimo aveva separato la chiatta dalla nave che la trainava. Il prezioso carico era così rimasto in balìa del mare fino a quando, fortunatamente, l'equipaggio di un battello a vapore di Glasgow non lo aveva incrociato e condotto in salvo.

Il legame massonico con il faraone Thutmosi III sta nel fatto che si tratta proprio di quel faraone in merito al quale i geroglifici di Karnak parlano di "bianco pane d'oro". L'incisione non venne scoperta e letta che nel 1800, ma era comunque evidente che molte fra le iscrizioni che ornavano l'Ago di Cleopatra erano molto affini al simbolismo rosacrociano dei tempi di sir Francesco Bacone. Tuttavia, soltanto nel 1878 i fratelli della Massoneria londinese dell'era vittoriana avevano preso visione diretta e interessata dell'originale di Thutmosi, antico di oltre 3000 anni.

Il secondo obelisco della splendida coppia di Thutmosi, tre anni dopo aveva invece imboccato la strada che conduceva a New York. Anche questo venne soprannominato l'Ago di Cleopatra e il 22 febbraio 1881 era stato eretto a Central Park con una cerimonia ufficiale piuttosto pomposa. Anche se oggi molti obelischi, rovinati ed erosi dagli agenti atmosferici, non suscitano forse più il fascino e le emozioni visive di un tempo, essi continuano ad essere oggetti dalla natura intrigante, molti collegati senza dubbio al simbolismo massonico[14].

[14] Michael Howard, *The Occult Conspiracy*, London, Rider, 1989, capitolo 1, p. 10.

Mosè d'Egitto

Il finire dell'era vittoriana in Inghilterra fu un periodo particolarmente intenso di ricerche quando, in piena esplosione della Rivoluzione industriale, molti romantici si auguravano un sollecito ritorno alla passata Età dell'Oro. I romanzi d'appendice e le grandi leggende erano in auge e la gente si commuoveva per gli scritti di lord Alfred Tennyson o davanti ai dipinti della scuola pre-raffaellita. La mitologia greca e romana divenne popolarissima e in un momento in cui l'archeologia stava letteralmente esplodendo come disciplina di indagine e di studi, anche la storia antica viveva un frangente di grande adesione, specie quella biblica ed egizia. Per far fronte, almeno in parte, a queste esigenze gli editori Milner & Sowerby di Londra pensarono bene di pubblicare per la prima volta in edizione inglese le opere maggiori dello storico ebreo del I secolo Giuseppe Flavio: *Antichità giudaiche* e *Guerre giudaiche*, accompagnate da un'opera minore intitolata *Contro Apione*.

Singolarmente, proprio quest'opera ebbe a rivelarsi particolarmente interessante in quanto si portavano a conoscenza del vasto pubblico gli scritti di Manetone, un sacerdote greco-egizio della sacra città di Heliopolis, portavoce e consigliere del faraone Tolomeo I (ca. 305-281 a.C.). Fino agli Settanta dell'Ottocento, ciò che si sapeva a proposito della figura di Mosè era solamente quello che si poteva leggere nel testo biblico, laddove nell'Antico Testamento in *Esodo* 11: 3 si dice: «Mosè era in grande considerazione nel paese d'Egitto, agli occhi dei servitori del faraone e agli occhi del popolo». Ma nella storia d'Egitto (*Ægyptiaca*) di Manetone si dicevano molte altre cose; per esempio che Mosè era anche lui uno dei grandi sacerdoti di Heliopolis[15]. A questa notizia, già di per sé sconvolgente, Giuseppe Flavio aggiungeva quella che lo aveva visto anche nei panni di comandante in capo dell'esercito egiziano nella guerra contro gli Etiopi[16]. Inoltre, a sostegno di quanto affermato da Manetone, anche in *Esodo* 2: 19 Mosè era detto "egiziano".

Si trattava soltanto di un modo di dire, di un soprannome, oppure fra il grande condottiero ebraico e il faraone Thutmosi esisteva una qualche parentela? Le risposte finali vennero date attorno agli anni Trenta del Novecento con le ipotesi di Sigmund Freud e di James Henry Breasted dell'Università di Chicago. Dopo aver a lungo indagato sul nome Mosè, nel 1934 Breasted affermò che derivava dalla parola *mose* (in greco: *mosis*), in riferimento a "lignaggio" o "linea di sangue"[17]. Thutmosi invece significava "erede di Thot", e Amenmose "erede di Amen". In se-

[15] Giuseppe Flavio, *Contro Apione*, I: 26-27.

[16] Id., *Antichità giudaiche*, libro II, 10: 2.

[17] James Henry Breasted, *The Dawn of Consciousness*, New York, NY, Charles Scribner's Sons, 1934, p. 350. Si veda anche Ahmed Osman, *Moses, Pharaoh of Egypt*, London, Grafton/Collins, 1990, capitolo 6, p. 66.

guito, percorrendo lo stesso filo etimologico, Freud dimostrò che Mosè non era in alcun modo nome appartenente alla tradizione israelita, ma quand'anche lo avesse voluto riportare in ebraico sarebbe stato *Mosheh* (in derivazione dal verbo "disegnare")[18]. In accordo con Manetone e con il professor Georg Steindorff, docente di Egittologia all'Università di Lipsia[19], venne affermato che il nome Mosè indicava il rampollo di una dinastia nobiliare egizia, in pratica un discendente della linea di sangue di Thutmosi.

Tornando per un momento a questo faraone, scopriamo che la città di Heliopolis (in origine chiamata On, in riferimento alla luce del dio Sole, così come compare anche in *Genesi* 41: 45)[20] era il centro della Fratellanza Bianca, vale a dire dei maestri artigiani agli ordini di Thutmosi III. Il supremo Concilio di Karnak si componeva di 39 membri[21]. Qui il faraone in persona aveva dato ordine di innalzare ben 9 obelischi e la Fratellanza derivava il proprio nome dal fatto di essere intimamente collegata con una misteriosa polvere bianca. Questa occulta confraternita di sacerdoti si trasformò nel tempo in quella meglio nota col nome di Terapeuti, quel gruppo che si dice abbia esercitato un forte influsso sulla comunità di Qumrân, nei pressi di Gerusalemme, dove nel 1947 furono ritrovati i famosi rotoli detti del Mar Morto[22]. A partire dal tempo della regina Cleopatra, questa comunità incominciò a essere conosciuta come quella degli Esseni, dal greco *essenti* che significava "terapeuti", "medici". La cosa viene ampiamente confermata da Giuseppe Flavio nella *Guerre giudaiche*, con la precisazione che si trattava di uomini particolarmente versati nella difficile arte della guarigione[23].

Nella Bibbia si dice (e le scoperte archeologiche lo hanno poi confermato) che i patriarchi israeliti e gli antichi Ebrei come luoghi di venerazione e sacrificio facevano uso di semplici pietre d'altare. Alcuni esempi sono quelle costruite da Noè (*Genesi* 8: 20) ed Abramo (*Genesi* 22: 9). Era stato con Mosè che si era arrivati alla configurazione del concetto di tempio dove celebrare i riti, quando, ormai fuori dall'Egitto, aveva commissionato a Bezaleel la realizzazione del Tabernacolo ad uso del popolo nella desolazione del Sinai.

Il potere di Tchãm

La terza ragione per cui gli obelischi possedevano una qualità unica e speciale consisteva nel fatto che si richiamavano ad un'antica scienza filosofica. Questo è stato scoperto solo negli anni Cinquanta a seguito del-

[18] Sigmund Freud, *Mosè e il monoteismo*, Torino, Boringhieri, 1979.
[19] Sir W. M. Flinders Petrie, *Researches in Sinai*, London, John Murray, 1906, capitolo 14, p. 200.
[20] *The Oxford Concordance Bible*, Oxford, Oxford University Press, alla voce *On*.
[21] Spencer H. Lewis, *The Mystical Life of Jesus*, San Jose, CA, Ancient and Mystical Order Rosae Crucis, 1982, capitolo 11, pp. 191, 192.
[22] Barbara Thiering, *Jesus the Man*, London, Transworld/Doubleday, 1992, capitolo 9, pp. 51, 55.
[23] Giuseppe Flavio, *Guerre giudaiche*, libro II, VIII: 6.

la installazione da parte dell'Air Force americana di un sofisticato sistema di radionavigazione a bassa frequenza nel Pacifico del sud.

Tutti gli obelischi portati via dall'Egitto sono stati innalzati sopra basamenti o podi e sovente ornati con statue e fontane; ma non era questo, in origine, il loro autentico aspetto. Anche se alcuni svolgevano effettivamente la funzione di monumenti commemorativi, la maggior parte degli obelischi egizi aveva lo scopo di rappresentare un oggetto che, affondando le radici nella terra, si slanciava al di fuori di essa verso l'alto. Per garantirne la stabilità venivano inseriti dentro a basamenti interrati e non visibili. Non dobbiamo farci fuorviare dal plinto di sostegno alto più di 2 m che oggi regge l'obelisco del faraone Semusret ad Heliopolis. L'ex responsabile delle antichità egizie, Labib Habachi, precisa che l'obelisco era stato risollevato da terra e collocato sul grande piedistallo negli anni Cinquanta per opera di un team di ingegneri tedeschi, a nome della Krupp di Essen, per evitare che le continue inondazioni del Nilo potessero erodere la base del meraviglioso manufatto[24]. Dove parte dei blocchi di fondazione e sostegno erano visibili risultavano sempre realizzati con la stessa pietra dell'obelisco, così da evitare che l'oggetto potesse risentire del contatto diretto col terreno. Lavori artistici di epoca vittoriana come quelli di Amelia Edward ci raccontano e spiegano in che modo gli antichi obelischi egizi si conciliassero e sposassero con la modernità delle città europee. Nella immagine che compare nella tavola 6 si vede l'Ago di Cleopatra americano, così come stava ad Alessandria, messo a confronto con il gemello trasferito a Londra, ma collocato su un evidente plinto di appoggio.

Molto simili agli obelischi egizi sono senz'altro le torri rotonde d'Irlanda, anch'esse alte e appuntite. La differenza maggiore sta nel fatto che queste sono strutture circolari, rotonde, mentre i manufatti egizi erano tutti squadrati, a quattro lati. Esistono 64 torri rotonde e sembrano essere un elemento architettonico tipico solo della terra d'Irlanda, con gli esempi più interessanti nei siti di Cashel, Kilmacduagh, Clondalkin, Devenish, Kells e Glendalough (*tav. 23*).

Ogni singola torre veniva generalmente eretta nelle vicinanze di un monastero, dove la comunità dei frati praticava una sorta di agricoltura ecologica, legata alla rotazione delle colture. Ciascuna torre risultava allineata con una stella al tempo del solstizio d'inverno. La maggior parte erano costruite in arenaria o travertino e, assai stranamente, rivelano delle caratteristiche paramagnetiche molto evidenti, ossia non sono elettrostatiche, ma centrali di potente magnetismo. La stessa cosa è stata riscontrata per gli obelischi egizi, solitamente realizzati in granito rosso, e anch'essi collegati in modo diretto alle lavorazioni agricole che si attuavano nelle vicinanze dei templi. Come abbiamo sottolineato nel precedente capitolo, l'Egitto era all'avanguardia nel campo dell'inge-

[24] Labib Habachi, *The Obelisks of Egypt,* London, J. M. Dent, 1978, capitolo 3, p. 49.

gneria biologica e dell'incrocio di sementi nel territorio della Mezzaluna Fertile e, malgrado tutte le altre scienze, la produzione del cibo (esattamente come accade oggi) era quella maggiormente legata alla sanità ed alla medicina.

Philip Callahan, l'uomo che ha progettato il sistema di navigazione aerea giapponese, spiega che, a suo avviso, il vero segreto degli obelischi e delle torri rotonde può facilmente essere svelato costruendo un piccolo modello in scala in carta vetrata. Mediante semplici esperimenti ci si può accorgere come funzioni da antenna magnetica[25]. Sotto questo aspetto, il modello si comporterebbe come un superconduttore, che, diversamente da un normale conduttore, non trattiene in sé alcun potenziale voltaggio né, di conseguenza, alcun campo magnetico indotto. Si tratterebbe, in sostanza, di un isolante perfetto, eppure allo stesso tempo sensibile a campi magnetici di entità infinitesima, pronto a rispondere alla sollecitazione di forze magnetiche estremamente piccole. Questo avrebbe l'effetto di attrarre le radiazioni cosmiche, incrementando il magnetismo proprio della terra ed arricchendo il terreno circostante, guarda caso appositamente votato all'agricoltura. Test di laboratorio hanno ampiamente dimostrato che coltivare delle semplici piante nei cui vasi sono stati impiantati dei piccoli modellini di torre rotonda in carta vetrata (oppure dei minuscoli obelischi) dà risultati migliori rispetto alle piante che non hanno questo accorgimento[26].

Il motivo autentico per cui le torri rotonde d'Irlanda assomigliano così tanto agli obelischi deriva dal fatto che condividono la stessa matrice storica e la stessa cultura. Nel Medioevo l'Irlanda venne fortemente influenzata dall'Egitto. Le antichissime leggende gaeliche tramandano che i sommi sovrani d'Irlanda sorsero in due riprese fra la XVIII e la XXVI dinastia dei faraoni d'Egitto, unitamente allo sviluppo delle tecniche di agricoltura ad opera dei sacerdoti sino almeno dal 570 a.C.

Fu per il tramite di due matrimoni regali fra il popolo scita e quello egizio che la civiltà scoto-gaelica avrebbe avuto inizio. Il primo avvenne nel 1360 a.C., quando Niul, principe di Scizia[27] e governatore supremo del Capacironto presso il Mar Rosso, aveva impalmato la figlia del faraone Smenkhkare[28], che nella lista dei re compilata da Manetone compare con il nome di Achencheres[29]. Grazie a questa unione la figlia del faraone era diventata principessa della Scizia, assumendo il nome di Scota, vale a dire "conduttrice di genti".

Ad essere precisi, il vero nome del faraone era Smenkh-ka-ra ("vigo-

[25] Philip S. Callahan, *Paramagnetism*, Metairie, LA, Acres, 1995, capitolo 7, pp. 61-72.

[26] Id., *Ancient Mysteries, Modern Visions,* Austin, TX, Acres, 2001, capitoli 3 e 4, pp. 26-52.

[27] La Scizia era una vasta regione che si affacciava sulle sponde del mar Nero.

[28] Geoffrey Keating, *The History of Ireland,* 1640, ristampato (traduzione a cura di D. Comin e del rev. P. S. Dinneen) a Londra dall'Irish Texts Society, 1902-14, vol. II, pp. 20, 21.

[29] Il nome venne in seguito storpiato dallo scrittore del IV secolo Eusebio da Cesarea in Chencheres e trasformato nei registri storici irlandesi in Cincris. Si veda Clive Carpenter, *The Guinness Book of Kings, Rulers and Statesmen,* Enfield, Guinness Superlatives, 1978, p. 68.

rosa è l'anima di Râ")[30]. Alternativamente, poiché Râ era il dio del sole della Casa della Luce di Heliopolis, chiamata anche On[31], Smenkh-ka-ra poteva anche essere chiamato Smenkh-ka-on, presentando la stessa chiusa fonetica dalla quale deriva anche il nome ebraico di Aaron. Nelle antiche cronache irlandesi si legge che per virtù di questo matrimonio «Niul ed Aronne strinsero un'alleanza e divennero amici»[32]. I testi proseguono affermando che Gaedheal (Gael), il figlio della regale coppia, nacque in Egitto «nel tempo in cui Mosè incominciò ad agire come un capo popolo nei confronti dei figli di Israele»[33]. Poiché il Mosè rinomato (*Moses* erede reale) era il fratello di Aronne – come documentato nell'Antico Testamento in *Esodo* 4: 14 – a partire dagli anni Trenta, grazie ai lavori di Freud e Breasted, molti ricercatori hanno incominciato a ritenere che Mosè possa essere identificato con il faraone Akhenaton[34], diretto discendente di Thutmosi III.

La seconda principessa Scota, fautrice del legame irlandese-egizio, era la figlia del faraone Necao (Necanebo, ca. 610-595 a.C.). La giovane andò in sposa al principe Galamh di Scizia (un discendente della schiatta generata dal primo matrimonio incrociato). Dalla loro unione era nato Eire-ahmon, l'ancestrale patriarca dei re scoti d'Irlanda, un ramo di nobiltà che avrebbe fondato la Scozia.

Ma torniamo ora alle proprietà paramagnetiche degli obelischi. A quanto pare nei remoti tempi del faraone Thutmosi III (ca. 1450 a.C.) l'Egitto possedeva un'altra forma di tecnologia già non più conosciuta dagli Irlandesi o dagli Egizi del VI secolo a.C. Qualcosa che per 750 anni era stata come celata e nascosta. All'inizio, la parte terminale degli obelischi, il piramidion, era ricoperto con una speciale sostanza detta *tchãm*. Nel IV secolo d.C. sant'Efraim di Antiochia la descriveva come una specie di «rame bianco»[35]. Scrivendo in merito allo *tchãm* nel 1924, sir Ernest A. Wallis Budge, curatore delle antichità egizie presso il British Museum, confermava che non se ne era mai trovata traccia e che il prezioso elemento era stato tutto rimosso dopo la XVIII dinastia di Thutmosi e Akhenaton, quando alcuni aspetti della cultura tradizionale erano stati messi in disparte da un regime meno illuminato[36].

Conosciuto sin dall'antichità come un composto dell'oro o elettro[37], la moderna ricerca alla scoperta della vera natura dello *tchãm* ha portato a

[30] Clayton, *Chronicles of the Pharahos*, cit., p. 120.

[31] Sir Ernest A. Wallis Budge (traduzione a cura di), *The Book of the Dead*, New York, NY, University Books, 1960, p. 201.

[32] Keating, *The History of Ireland*, cit., vol. II, p. 17.

[33] Ivi, vol. I, p. 233.

[34] Si veda, in particolare, Ahmed Osman, *Stranger in the Valley of Kings*, London, Souvenir Press, 1987 ed anche l'altra opera dello stesso autore *Pharaoh of Egypt*.

[35] Habachi, *The Obelisks of Egypt*, cit., cap. 3, p. 48.

[36] Sir Ernest A. Wallis Budge, *Cleopatra's Needle and Other Egyptian Obelisks* (1926), ristampa New York, NY, Dover Publications, 1990, pp. 26-38.

[37] Pierre Lacau, *L'Or dans l'architecture égyptienne*, in «Annales du Service des Antiquités de l'Egypte», Il Cairo 1956, n. 53, pp. 241-47.

Una torre rotonda in miniatura, realizzata con della carta vetrata.

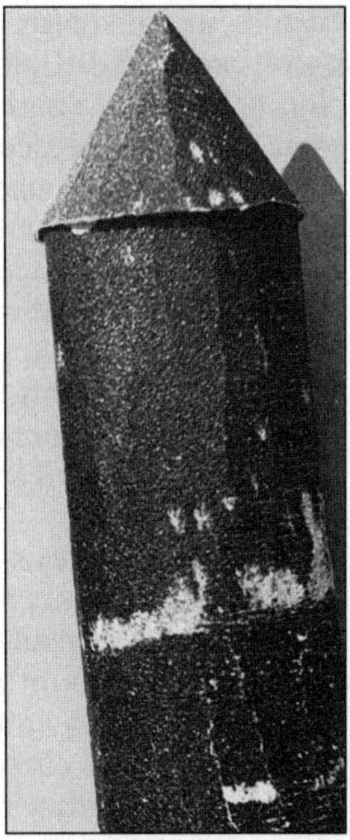

riconoscerlo come una forma brillantissima di oro in una condizione o stato simile al vetro. Si tratta, inoltre, di una sostanza superconduttrice, usata anche negli apici delle piramidi. Parleremo più avanti con maggiore dettaglio di questo oro-vetro, per ora basti sapere che ha poteri di superconduttività ed è in grado di trattenere onde luminose ad alta energia. Le particolari sostanze che appartengono a questo gruppo di transizione (soprattutto se sagomate in forme ad apice o coniche) presentano la capacità di essere sensibili alle onde radio, esattamente come una lente è in grado di convogliare e focalizzare la luce, rendendola più brillante. Abbinate ad una struttura ad obelisco funzionante come antenna paramagnetica, le onde cosmiche possono essere individuate ed esaltate dalla presenza dello *tchãm* ed essere quindi immagazzinate come energia elettromagnetica. Dunque, proprio come oggi la scienza sta cercando di realizzare strutture superconduttrici al fine di raccogliere, immagazzinare e quindi distribuire energia sotto la comoda forma di onde luminose, sembra che anticamente questo facesse parte di una tecnologia similare, messa in atto nei siti in cui si ergevano gli obelischi al fine di migliorare la produzione agricola.

La Casa dell'Oro

Un rituale massonico del 1744 legato al Santo Arco Reale menziona Mosè come primo biblico Gran Maestro (vedi p. 173). Sin dai tempi più remoti, Mosè era considerato uno dei grandi saggi e dei più illustri custodi, guardiani (da cui *argus*) della sapienza ermetica, che si era portato appresso dall'Egitto. Lo scrittore romano e scienziato Plinio il Vecchio (23-79 d.C.) parla di Mosè come di un potente mago, mentre l'ebraica *Midrash* lo ricorda nei panni di un formidabile stregone. Viene menzionato come maestro dell'Arte Reale in un trattato del III secolo d.C. intitolato *L'alchimia domestica di Mosè* e in questa veste era venerato dal monaco greco Zosimo del secolo successivo. Nell'VIII secolo lo studioso arabo Jãbir ibn Hayyãn scriveva che Mosè aveva posseduto la scienza divina e la stessa cosa era sostenuta nel famoso *Kitãb al-fihrist* (catalogo) di Ibn-al-Nadîm. Ma è anche ricordato come discepolo di Hermes nell'opera *Turba Philosophorum* (Il convivio dei filosofi), un testo in latino del XII secolo, tradotto da fonti arabe ed ebraiche molto antiche[38].

Studiosi europei e asiatici hanno letteralmente versato fiumi di inchiostro nel domandarsi come Mosè fosse riuscito a bruciare il vitello d'oro con il fuoco ottenendone una polvere, dal momento che, come ben si sa, l'oro, essendo un metallo, non brucia ma fonde. La questione era sorta per la prima volta nel XII secolo nel commentario biblico *Mirqraot G'dolot* dell'ebreo ispanico Abraham Ibn Esra[39], e la trasmutazione dell'oro incominciò ad essere conosciuta come l'arte ermetica mosaica. Più tardi, in *Alchemica*, opera del filosofo tedesco Johann Kunckel della Académie Royale, il dibattito a proposito del vitello d'oro era proseguito e lo stesso aveva fatto Olars Borrichius in due suoi lavori datati 1668 e 1675.

Sempre nel 1668, Johannes Helviticus dichiarava che la trasformazione biblica del vitello d'oro di Mosè costituiva «il prodigio più raro ed incomparabile»; a questo parere si univa Georges Wolfgang Wedel (1645-71) che faceva asserzioni analoghe nel suo lavoro dal titolo *De Moses Chemico* (Mosè l'alchimista). Poi, nel 1742, era stato l'abate Lenglet de Fresnoy a trarre delle conclusioni, che diceva di aver raggiunto dopo lunghi studi e meditazioni, nel suo *Histoire de la philosophie hermetique*:

> Mosè era stato cresciuto ed educato in tutte le scienze degli Egizi, comprese quelle più segrete, e al tempo stesso le più essenziali, fra cui, ad esempio, la trasmutazione dei metalli [...]. Questa veniva chiamata dagli Egizi l'Arte Sacra, la Scienza Divina.

Alla maggior parte della gente poco importa dell'episodio del vitello d'oro, in quanto nella lettura del testo biblico è l'aspetto religioso e non quello scientifico che interessa. La dottrina giudaico-cristiana, infatti, si concentra sul fatto nodale, vale a dire la distruzione di un idolo, di

[38] Raphael Patai, *The Jewish Alchemists*, Princeton, NJ, Princeton University Press, 1994, capitolo 2, pp. 30-40.
[39] Ivi, capitolo 11, p. 150.

Mosè brucia il vitello d'oro presso il Monte Horeb (xilografia di Julius Schnoor von Carolsfeld, 1794-1872).

un'immagine scolpita, un anatema per la fede ebraica in quel momento di importante evoluzione storica. Ma la questione intrigante sta invece nel fatto che Mosè non distrusse l'idolo, ma lo trasformò, seguendo un processo che ha sfidato per millenni i ricercatori e gli studiosi, perché all'apparenza impossibile da realizzare. Un processo alchemico che era partito da una statua d'oro e, per il tramite del fuoco, era terminato dando come prodotto una polvere sottile, esattamente quello che le scuole ermetiche e gli insegnamenti di Flamel, Filalete, Fludd, Boyle e i newtoniani sostenevano fosse la Pietra Filosofale, una polvere.

Ma perché Mosè l'aveva poi fatta ingerire al suo popolo? Perché, forse, si trattava di quello stesso pane bianco ricavato dall'oro cui si fa riferimento nel bassorilievo di Karnak del tempio del faraone Thutmosi III, quella sostanza misteriosa sulla quale la Fratellanza Bianca aveva fondato il collegio ermetico conosciuto come i Terapeuti.

Passiamo, ora, a considerare il travolgente entusiasmo dei pensatori dell'era vittoriana e degli albori di quella edoardiana successiva, tesi nello sforzo di arrivare ad una soluzione del mistero del vitello d'oro, un aspetto in grado di cementare collegamenti fra personaggi carismatici come Mosè e il faraone Thutmosi, e con lui tutta la cultura e la tradizione egizia. Nelle pagine che seguono il lettore troverà il resoconto di una straordinaria scoperta archeologica compiuta all'inizio del Novecento e della quale ho a lungo parlato in un'altra mia opera[40], la cui rilevanza ai fini della comprensione del movimento massonico è però determinante. Si tratta di un evento importante che merita in tutti i casi di essere nuovamente ricordato, non solo a beneficio di chi non ha letto il mio precedente libro, ma perché rappresenta una delle rivelazioni bibliche più eccitanti.

Tanto per inquadrare ciò che stiamo per dire nel giusto contesto massonico, dobbiamo rivolgerci al quadro sinottico relativo al primo grado e, in particolare, alle ritualistiche che devono essere officiate al fine di raggiungere e conquistare l'obiettivo. Nella tavola 18, alla base della scala, proprio di fronte alle Tre Grandi Luci della Fratellanza (la squadra, il compasso e il libro della legge sacra), si può osservare un disegno sul quale spicca il simbolo di un cerchio con un punto nel centro ⊙.

Questo stesso motivo, ancora più evidente, compare nella tavola di sintesi del terzo grado, verso la parte bassa del disegno (*tav. 20*). Nell'ambito di tutti e tre i gradi si parla sempre della necessità di trovare una luce, con chiaro riferimento simbolico a quella dell'illuminazione del progresso personale. Sembra, dunque, quanto mai pertinente il fatto che nei testi della biblioteca dell'Ashmolean Museum relativi ai geroglifici egizi si affermi con certezza che il simbolo in questione (un cerchio con un punto nel centro) sia l'ideogramma, ovvero la raffigurazione simbolica, della Luce[41], un simbolo eterno, tanto da tornare con insistenza.

Appena dopo il trasferimento e l'innalzamento degli obelischi egizi nelle città di Londra e New York, l'archeologia incominciò ad essere soggetta ad una serie di nuove linee guida comportamentali e divenne l'oggetto principale delle finalità di alcune importanti associazioni e fondazioni di ricerca. Una di queste fu l'Egypt Exploration Fund, con base a Londra, ed uno dei suoi primi, entusiasti e competenti, pionieri fu sir W. M. Flinders Petrie (1853-1942). Fu soprattutto grazie alle sue straordinarie scoperte che il British Museum riuscì a organizzare il prestigioso Dipartimento delle antichità egizie e sudanesi e che, nel 1892, il vicino Petrie Museum venisse aperto a vantaggio degli studiosi e degli studenti universitari dell'University College di Londra.

All'epoca, la penisola del Sinai era praticamente sconosciuta e inesplorata. Si tratta di quel particolare territorio dell'Egitto, arido e sabbioso, che si trova al di sopra del Mar Rosso, compresso fra il delta del Nilo ed il fiume Giordano. Questo era stato il territorio che gli Israeliti avevano attraversato quando avevano lasciato l'Egitto per raggiungere

[40] Laurence Gardner, *Lost Secrets of the Sacred Ark,* London, HarperThorsonsElement, 2003 (trad. it. *I segreti dell'Arca perduta*, Roma, Newton & Compton, 2005²).

[41] Alan Gardiner, *Egyptian Grammar,* Oxford, Griffith Institute, Ashmolean Museum, 1957, 24: 32.

la Terra Promessa, sotto la guida prima di Mosè e poi di Giosuè, così come viene dettagliatamente descritto nei libri dell'Antico Testamento di *Esodo*, *Levitico* e *Numeri*. Ottenuti tutti i permessi e le autorizzazioni necessari agli scavi, Petrie ed il suo team di collaboratori avevano incominciato ad esplorare la penisola nel gennaio del 1904.

Sin dal principio del IV secolo, un ordine di monaci greci aveva fondato ai piedi di una montagna a sud del Sinai la missione del monastero di Santa Caterina, battezzando il posto *Gebel Musa* (Monte di Mosè). Era però evidente che si trattava di una conclusione sbagliata, dal momento che quella identificazione gratuita e un po' romantica non corrispondeva alla descrizione biblica del monte Horeb. Nel libro biblico dell'*Esodo* si descrive con una certa precisione il lungo tragitto compiuto da Mosè e dal suo popolo: la partenza da Goshen nel delta del Nilo, il passaggio delle acque del mar Rosso in direzione della terra di Midian. Seguendo questa traiettoria attraverso la regione desertica del Shur, la montagna di Mosè compare in tutti i suoi 800 m di altitudine e con l'evidente plateau di roccia arenaria che costituisce la Piattaforma di Paran. Il luogo è oggi conosciuto col nome di Serâbît-el-Khâdim (La prominenza dei guardiani) ed era stato proprio da qui che nel gennaio del 1904 avevano avuto inizio le operazioni archeologiche di Petrie e dei suoi uomini. In verità, essi non si attendevano granché dalle esplorazioni dei luoghi, ma l'operazione faceva parte del progetto complessivo. Grandissima, pertanto, era stata la loro sorpresa quando, una volta raggiunta la sommità della montagna, si erano trovati al cospetto di una scoperta monumentale.

Costruito su una considerevole lunghezza di circa 70 m, estendendosi dalla grande cava di pietra, avevano rintracciato le rovine di un antichissimo tempio, con iscrizioni che lo facevano risalire in modo preciso alla IV dinastia del faraone Sneferu, che aveva regnato attorno al 2600 a.C.[42]. Petrie scrisse: «Quasi tutto il complesso era sepolto e non avevamo la più pallida idea di che cosa potesse trattarsi. Lo scoprimmo solo dopo aver liberato il sito dalla sabbia»[43]. Di certo non si sarebbero stupiti, gli archeologi, se avessero ritrovato un altare semita e altri segni tipici della tradizione ritualistica e religiosa del posto, ma quello che stava manifestandosi poco alla volta ai loro occhi era qualcosa di completamente diverso, perché era un tempio egizio ed anche di notevole importanza.

Dedicato alla dea Hathor, sembrava che il tempio avesse cessato di svolgere le sue funzioni attorno al XII secolo a.C., nel momento in cui l'Egitto era precipitato nel declino irreversibile sotto l'influsso di elementi esterni, poi sfociati nell'ellenismo e nella dinastia dei Tolomei. Era stato invece pienamente operativo prima ancora che venissero in-

[42] Petrie, *Researches in Sinai*, cit., capitolo 6, p. 72.
[43] Ivi, p. 85.

nalzate le Piramidi di Giza nel 2600 a.C., mantenendosi attivo ai tempi di faraoni come Tutankhamen e Ramesse il Grande. Ma il rebus era questo: che ci faceva un tempio così grandioso ed importante, sperduto sulla cima di un monte desolato, a centinaia di chilometri di distanza dal centro del potere?

La costruzione era stata realizzata prelevando blocchi di roccia arenaria dalle cave della montagna stessa. La struttura consisteva in una lunga serie di stanze, atrii, cortili, piccoli incavi e camere tutte cintate da una chiusura perimetrale. Fra queste, le camere più evidenti e nobili erano la Sala di Hathor, il santuario, il sepolcro dei re ed il cortile porticato. Tutto attorno si trovavano pilastri, stele e colonne a ricordo dei sovrani egizi delle epoche passate, con preminenza assoluta per il faraone Thutmosi III la cui effigie e citazione comparivano più sovente di tutti gli altri. Scrive Petrie: «Credo che non esista alcun altro monumento per il quale ci dispiaccia così tanto non averlo potuto rintracciare in perfette condizioni».

La parte più interna del tempio era stata ricavata nella roccia viva, le pareti piatte erano state accuratamente levigate. Nel centro spiccava un pilastro dedicato ad Amenemhet III (ca. 1841-1797 a.C.). Compariva anche l'effigie del suo ciambellano di corte, Khenemsu, e del suo segretario, colui che portava il suo sigillo, Ameny-senb. Ben dentro la cava, Petrie aveva rintracciato una stele di arenaria dedicata a Ramesse I, una lastra di pietra in cui si vedeva Ramesse (ritenuto da sempre dagli egittologi un fiero oppositore del culto monoteistico del dio Aton, proposto dal faraone Akhenaton) che si autoproclamava «il reggitore di tutte le funzioni del dio Aton»[44]. Inoltre, era venuta alla luce anche una testa-statua della madre di Akhenaton, la regina Tiye, con tanto di personale cartiglio incastrato nella corona regale.

Nelle corti e nelle altre stanze del tempio Petrie rinvenne un gran numero di contenitori rettangolari ricavati nella pietra e dei bacili circolari, assieme a una grande varietà di piccoli altari a mensola con superfici levigate. Ma vi erano anche tavole rotonde, oggetti vari e piatti, vasi e vasellame generico in alabastro, coppe, molte delle quali sagomate a fiore di loto. Ovunque, poi, si trovavano piccole placche di pasta di vetro, cartigli, scarabei e ornamenti sacri, disegni di spirali e rettangoli, contenitori, ceste. E poi, ancora, verghe realizzate con un materiale sconosciuto, mentre nel cortile porticato erano state trovate due pietre coniche, rispettivamente di 15 e 22,5 cm di altezza. Inutile sottolineare come gli archeologi fossero rimasti alquanto interdetti ed incuriositi da tutto questo. Ma non bastava ancora, perché subito dopo erano emersi crogiuoli e arnesi da fonditore e fabbro negli stessi locali in cui si trovava anche una grande quantità di polvere fine ed impalpabile, simile a cenere bianca. Diversamente dalla cenere che si trovava un po' ovun-

[44] Kenneth Anderson Kitchen, *Ramesside Inscriptions*, Oxford, Basil H. Blackwell, 1975, p. 1.

que fra le rovine, quella particolare polvere bianca era perfettamente candida e inalterata. Petrie annota di averne preso un pizzico fra le dita e di averlo lasciato volar via al vento pensando che non aveva mai visto polvere di ossa simile a quella[45].

Nel corso di tutte quelle eccitanti scoperte, venne anche alla luce un simbolo geroglifico misterioso, ma che pareva riferirsi alla polvere. Col tempo, si venne a sapere che era già stato osservato in Egitto dal filologo tedesco Karl Richard Lepsius nel 1845 ed era stato menzionato anche da Champollion, che però non era riuscito a "tradurlo". Anche attraverso un'analisi incrociata con la considerazione di altri simboli (un procedimento di studio che è continuato fino a tutti gli anni Cinquanta), la sola cosa che gli studiosi sono riusciti a fare è un lungo elenco di ciò che non starebbe a significare, mentre non ci si è ancora espressi a proposito di quello che invece potrebbe simboleggiare. Si immagina che il glifo raffiguri la forma di una pietra che era considerata molto preziosa e il massimo cui gli egittologi sono approdati in merito nel 1955 è che la misteriosa sostanza doveva essere un «prodotto minerale molto pregiato»[46].

Fra i tanti motivi di meravigliato stupore cui gli archeologi di Petrie andarono ripetutamente incontro durante questa esplorazione vi sono anche i numerosi riferimenti al "pane", rintracciati dappertutto. Come mai, per quale motivo, una polvere avrebbe dovuto essere descritta come una "pietra" e questa che cosa aveva a che fare con il pane? Ecco che a questo punto entra in gioco un'altra sostanza associata al santuario misterioso di Serâbît-el-Khâdim: l'oro.

Su una delle tante lastre rintracciate all'ingresso della cava si nota la rappresentazione del faraone Thutmosi IV in compagnia della dea Hathor. Davanti al re stanno due tavolette votive ornate con fiori di loto, mentre alle sue spalle si vede un uomo che porta degli oggetti di forma conica detti "pane bianco", la stessa dizione che ritroviamo scolpita a Karnak nel tempio dell'altro Thutmosi. Su un'altra stele è raffigurato il personaggio massonico di Ankhib intento ad offrire due focacce di pane al re.

L'immagine forse più interessante raffigura Hathor e Amenhotep III. La grande dea, munita delle caratteristiche corna e del disco solare, tiene una collana in una mano, mentre con l'altra sembra offrire l'emblema della vita e del potere al suo faraone[47]. Dietro di lei si scorge il tesoriere Sobekhotep, che tiene bene in vista una focaccia conica di "pane bianco". Sobekhotep viene descritto come colui che «presenta la nobile e preziosa pietra a sua maestà»[48]. Inoltre si dice anche che egli è «in-

[45] Petrie, *Researches in Sinai*, cit., capitolo 7, p. 101.
[46] Jaroslav Cerny (a cura di), *The Inscriptions of Sinai*, London, Egypt Exploration Society, 1955, vol. 2, capitolo 1, p. 9.
[47] Ivi, p. 119.
[48] Ivi, p. 205.

timo del sovrano» ed è «il Grandissimo che governa i segreti della Casa dell'Oro». Ma Petrie ed i suoi archeologi non trovarono neppure l'ombra dell'oro nel tempio, cosa d'altra parte ci si doveva aspettare, dal momento che nel Sinai non sono mai state rintracciate miniere d'oro, ma soltanto di rame e turchese, elementi comunque anche questi mancanti fra le rovine templari.

Stando alla lettera del libro dell'*Esodo*, l'Arca dell'Alleanza dal coperchio dorato sarebbe stata costruita in questo luogo, cosa che potrebbe trovare conferma nei numerosi riferimenti all'oro che si riscontrano nelle decorazioni del tempio. Peccato però che le miniere d'oro più vicine si trovassero al di là del Mar Rosso, nella Nubia e nella terra di Kush. Ciò malgrado, esiste un'altra testimonianza legata alla lavorazione dell'oro nel Sinai. Nei tempi antichi, gli Egiziani chiamavano la penisola del Sinai col nome di Bia, e nel British Museum è conservata una stele del Regno Intermedio relativa al tesoriere Si-Hathor. Sulla pietra sono riportate le parole dello stesso tesoriere: «Da piccolo ebbi modo di visitare Bia e vidi i Grandi lavare l'oro»[49]. Ancora, questo non fa che confermare le iscrizioni del tempio relative all'uso che di questo metallo ne facevano i cosiddetti Grandissimi.

Senza che né Petrie né, tanto meno, alcun altro studioso o scienziato lo sapesse, il mentore della Royal Society, Ireneo Filalete, aveva già saputo rispondere sin dal 1667 agli interrogativi legati alla polvere ed alla pietra.

Nel suo celebre trattato alchemico intitolato *I segreti rivelati* spiega l'autentica natura della Pietra Filosofale, precisando che essa era fatta d'oro e che lo scopo dell'arte alchemica era quello di mettere a punto e perfezionare questo processo. Scrive: «La nostra pietra non è altro che oro ridotto però al massimo grado di purezza e sottile fissazione... Questo nostro oro, alla fine non più volgare, è lo scopo ultimo della Natura»[50]. In un'altra opera dal titolo *Breve guida al Rubino Celestiale*, sempre Ireneo scrive:

> È detta pietra in virtù della sua natura fissata; resiste all'azione del fuoco come fanno tutte le altre pietre. Nell'apparenza è simile all'oro, ma il più puro fra i puri; è fissata ed incombustibile proprio come una pietra, ma la sua apparenza è quella di una sottile e impalpabile polvere[51].

I manufatti di Serâbît che potrebbero rivelarsi particolarmente importanti in relazione alla pietra sono due stele rotonde datate al tempo di Thutmosi III e Amenhotep III. Nella prima si osserva la raffigurazione

[49] Ernest A. Wallis Budge, *Hieroglyphic Texts from Egyptian Stelae*, London, British Museum, Parte 1, 1911, stele 569. (Questa bella serie ha continuato ad essere edita ed oggi siamo arrivati alla Parte 12 per l'edizione di M. L. Brierbier del 1999).

[50] Ireneo Filalete, *Introitus apertus ad occlusum regis palatium,* Amsterdam, Musaeum Hermeticum, 1667.

[51] Id., *Tres tractatus de metallorum transformatione*, Amsterdam, Musaeum Hermeticum, 1668.

del sovrano in compagnia del dio Amon-Râ, con la scritta: «Presentazione del pane bianco che dona la vita». Nella sconda si vede sempre il faraone offrire la pietra al dio Sopdu, con la scritta: «Egli dona l'oro della ricompensa; la bocca ne gioisce».

Ma il simbolo finale, quello che governava il misterioso segreto della Casa dell'Oro, venne rintracciato da Petrie nel sacrario dei re. È il cartiglio faraonico emblema di Râ, il dio del sole venerato ad Heliopolis, lo stesso che vediamo disegnato nelle tavole di tracciamento massoniche, ossia il tradizionale ideogramma che simboleggia la Luce: un cerchio con al centro un punto ⊙.

13

La parola perduta

La ricerca

Volendo riassumere in breve che cosa è la Massoneria, si potrebbe parlare di una ricerca, simile a quella del Santo Graal o del Vello d'Oro. In questo caso, però, non si va alla caccia di una reliquia sacra, ma di una parola segreta, chiave mistica per accedere ad antichi segreti. La tradizione massonica rivela che personaggi come Noè, Mosè, Salomone, Hiram di Tiro ed altri maestri del passato la conoscevano e per questo furono considerati i custodi, i guardiani dei segreti.

Già abbiamo visto come la parola apparentemente senza senso *Mahabyn* sia stata introdotta in Massoneria soltanto nel 1720 dal prontuario del manoscritto Sloane, poiché la parola segreta precedente era andata perduta per sempre o dimenticata (vedi Capitolo 8). Qualche tempo dopo, la revisione di un catechismo massonico aveva proposto come alternativa *Machbenah*.

Si trattava di un tentativo di correzione fondato su un richiamo di assimilazione fonetica, anche se, in sé, si tratta di un vocabolo cui non fa capo alcun significato in nessuna delle lingue conosciute. Nei rituali odierni delle logge prevale un elemento di incertezza in merito a quale possa essere considerata la parola migliore e così, per evitare confusione, anche se si continua a parlare di "parola" si preferisce mantenerle attive tutte e due, come se fossero una soltanto: *Mahabyn* o *Machbenah*. Ai nostri fini, comunque, sono ambedue irrilevanti, perché ciò che ci interessa è riuscire a risalire alla parola massonica originaria o, per lo meno, riuscire a rintracciarne l'origine e i legami.

Il concetto di una parola massonica segreta si fa risalire al 1638, quando se ne parla per la prima volta, come se si trattasse però di qualcosa di già esistente, anche se non si precisa da quando. La citazione si trova in un'ode scozzese scritta da un insegnante di Perth, certo Henry Adamsom, intitolata *The Muses' Threnodie*.

Sotto forma di un dialogo immaginario, uno dei personaggi del testo, che è una sorta di lamento, assicura l'interlocutore che lo ascolta che il ponte che scavalca il fiume Tay verrà ricostruito (era andato distrutto a seguito di un'alluvione verificatasi nel 1621), esclamando con sicurezza:

Poiché Fratelli della Rosacroce noi siamo;
la parola massonica e la chiaroveggenza abbiamo.

In questo contesto, le parole di Adamson sembrano riferirsi ad una Massoneria operativa piuttosto che speculativa, se solo si fa eccezione per la citazione della Rosacroce. Un'altra menzione alla parola segreta compare nel diario di un incontro assembleare tenutosi nel 1649 presso una chiesa scozzese. I Presbiteriani della chiesa si dicevano preoccupati dalla citazione nel poema della parola "seconda vista" o "chiaroveggenza", che ai loro occhi puritani sembrava alquanto a sinistra[1]. Erano i giorni del rigore religioso puritano e dei processi per stregoneria, quando tutto ciò che non era ampiamente ricompreso nelle concezioni canoniche della Chiesa veniva guardato con grande sospetto. Esisteva il pericolo evidente che affermare la capacità dei fratelli massoni e rosacrociani di vedere l'invisibile potesse configurarsi in qualcosa di blasfemo e peccaminoso! Nel 1652 correva voce che un certo James Ainslie, candidato al ministero, conoscesse la parola massonica segreta. Le accuse rivolte contro di lui ad un certo punto erano diventate così serie da essere trasferite dal consesso della Chiesa scozzese a quello del Sinodo generale.

Una spiegazione di che cosa potesse voler dire la "seconda vista" venne tentata un anno dopo da sir Thomas Urqhart di Cromarty, il quale, scrivendo per l'appunto a proposito della parola massonica, parlò di identificazione, quindi nient'altro che un sistema per riconoscersi tra fratelli ed iniziati. Questa era la chiaroveggenza della Fratellanza. Nel 1663 un ministro a riposo la confrontò con la frase del Nuovo Testamento: «ciò che intercorre fra Cristo e il suo popolo». Tuttavia era convinzione generale e radicata della Chiesa che se davvero si trattava di una parola segreta, doveva trattarsi di qualcosa di eretico o, quanto meno, pericoloso. Di conseguenza, sulla base di queste semplici illazioni, i massoni erano sospettati di stregoneria ed accusati di comunicare con spiriti e geni.

Per un periodo di oltre 30 anni, non si rintracciano che una dozzina soltanto di altri riferimenti all'esistenza di una parola massonica e tutti hanno una matrice scozzese. Il primo conosciuto, citato da un inglese, compare in un pamphlet satirico a firma di Andrew Marvell intitolato *The Rehearsal Transposed* del 1672. In questo suo palese attacco contro Samuel Parker, arcivescovo di Canterbury, Marvell scrive che «quelli che dispongono della parola massonica si riconoscono vicendevolmente»[2]. Il successivo richiamo si trova in un trattato sul folclore di Robert Kirk. Datato 1691, in esso si fa riferimento ad una lettera indirizzata a Robert Boyle della Royal Society, in cui si precisa che la parola massonica era, come la tradizione rabbinica, collegata ai due pila-

[1] David Stevenson, *The Origins of Freemasory*, Oxford, Oxford University Press, 1988, capitolo 6, p. 128.
[2] John Hamill, *The Craft*, London, Crucible, 1986, capitolo 2, p. 36.

stri del Tempio di Salomone, *Boaz* e *Jachin*[3]. Vi si commenta anche una particolare stretta in uso presso la Fratellanza. Nel giro di soli 53 anni, a partire dal 1638, la parola era quindi passata dalle gilde operative dei frammassoni al contesto più sofisticato della Massoneria speculativa. In seguito – siamo nel 1697 – un turista inglese in Scozia ebbe a scrivere: «La Casa di Roslin ha vantato grandi e celebri architetti costruttori di edifici per molte generazioni e questi erano senza dubbio a conoscenza della parola segreta della Massoneria».

Ma per comprendere appieno i sentimenti che i rappresentanti della Chiesa erano riusciti a costruire contro la Massoneria e i fratelli massoni, è necessario prendere in esame il contesto generale in cui questo sentimento di diffidenza e di paura generalizzata si era fortemente radicato.

Al di là delle porte chiuse

L'ultimo Rinascimento era stata un'era profondamente spirituale, nella quale anche le persone comuni si interessavano di astronomia e delle forze naturali. Non necessariamente si trattava soltanto di studiosi e scienziati; il desiderio di conoscere era qualcosa di diffuso. Gli interessi a sfondo spirituale comprendevano anche quelli verso i fenomeni soprannaturali ed esisteva una passione condivisa per l'ignoto e, in modo speciale, nei confronti della magia e di quelle discipline che erano tanto care ad astrologi e veggenti. Si trattava forse di una specie di richiamo, di grido d'appello del Grande Architetto? La gente in senso lato era alla ricerca di una strada che conducesse alla divinità, alla caccia di mezzi che rendessero perfetta l'esistenza. Da parte sua la Chiesa di Roma aveva un programma chiaro; si era trasformata in un potente organo politico e dogmatico e, sul momento, la ricerca spirituale non sembrava che fosse il suo obiettivo prioritario. Ma, non esistevano forse già gli strumenti della perfezione, racchiusi nel bagaglio del massone iniziato, vale a dire la squadra, il righello e il filo a piombo? Non si trattava già, per il loro tramite, di accedere ad un percorso mistico ed esoterico di conoscenza?

In verità, costruire non doveva più significare assemblare mattoni e calce, ma doveva consistere nella realizzazione di un disegno, un progetto artistico, guidato dai princìpi della geometria sacra. I Massoni impararono così quel che aveva detto Platone, ossia che Dio si esprimeva attraverso il linguaggio della geometria. Nel Medioevo la celebre *Bible Moralisée* descriveva Dio come un architetto e negli anni Trenta del Seicento il filosofo e scrittore sir Thomas Browne aveva definito Dio come il Supremo Architetto del Mondo[4].

[3] Ivi, capitolo 6, p. 133.
[4] Sir Thomas Browne, *Religio Medici and Other Works* (a cura di L. C. Martin), Oxford, Clarendon Press, 1964, pp. 16, 294.

Dio raffigurato come Grande Architetto dell'Universo, illustrazione tratta dalla Bible Moralisée *del 1245.*

In questo ambito i massoni (e con loro le gilde di tutti gli altri artigiani e commercianti) potevano considerarsi fortunati, potendo disporre delle loro associazioni all'interno delle quali si riunivano per discutere dei comuni interessi. È anche per questo che riuscire a cogliere esattamente il passaggio o la differenza fra operativo e speculativo all'interno delle attività di una loggia massonica non è opera agevole. Il fenomeno, ovviamente, non si è manifestato né in un giorno e neppure in un anno, né faceva parte di un qualche piano precostituito, si è semplicemente sviluppato poco alla volta mano a mano che il tenore degli incontri che si tenevano all'interno delle logge cambiava. Intanto, il movimento speculativo della Rosacroce – questo sì autentica entità di stampo filosofico – emergeva allo scoperto, anche senza connotazioni che in qualche modo lo distinguessero o distaccassero dai Cavalieri della Rosacroce. Insomma, mentre il Puritanesimo spingeva come dottrina in una direzione, coloro che tenevano a conservare una mente critica e lucida lo facevano in quella opposta.

Per la maggior parte le logge artigiane erano cristiane. Potevano essere presbiteriane, anglicane o cattoliche, ma il desiderio comune era quello di mantenersi affiatate. Per farlo era necessario che le logge stesse non assumessero un atteggiamento dottrinario e questo era possibile soltanto se si fosse rigorosamente evitato di discutere di religione. (Questo corrisponde al ruolo che il mentore dottor John Wilkins aveva assegnato al Collegio Invisibile, la struttura che sarebbe poi sfociata nella Royal Society). Ciò malgrado, le antiche religioni, che presentavano storie di gran lunga più remote della cristianità, non potevano essere trascurate e ben presto i membri delle logge avevano incominciato ad appassionarsi alle culture dell'antico Egitto e di Israele. Era come se in quelle tradizioni si fosse mantenuto segreto qualcosa di molto importante che era sfuggito alla conquista romana e non era più stato tramandato. Quale re era mai stato più potente, saggio e grande di Salomone? E quale civiltà aveva mai superato quella radiosa dell'antico Egitto?

All'epoca non si sapeva ancora che, in realtà, la civiltà egizia aveva intonato il suo canto del cigno con la fine della XVIII dinastia, quella di Thutmosi III, attorno al XIV secolo a.C. L'era successiva, quella dei Ramessidi, aveva scavato infatti un profondo solco di divisione rispetto alle precedenti dinastie sovrane egizie, portando al potere lignaggi che provenivano dal Libano, dalla Nubia, dalla terra di Kush e dai re persiani, per arrivare infine ai greci Tolomei e alla serie delle regine di nome Cleopatra a partire dal 305 a.C. Era stato in quest'ultima era di faraoni ellenistici[5] che il dio Hermes era stato identificato con Thot e le loro fino a quel momento separate mitologie erano confluite in una soltanto. Era così accaduto che molte delle tradizioni del dio egizio erano state incorporate sotto l'emblema di Hermes, compresa l'arte mistica dell'*al-khame*, l'alchimia, praticata da tempo immemorabile dai sacerdoti dei templi di Karnak, Menfi e Heliopolis.

[5] Mentre gli Egizi si riferivano ai loro monarchi parlando di re, con l'avvento della cultura greca si prese a parlare di faraone. La parola trova radice nel vocabolo *phare* che significava "grande casa".

Il nuovo centro operativo dell'ermetismo era così diventato la città di Alessandria, fondata nel 331 a.C. da Alessandro il Grandc, il Macedone. In breve, Alessandria era diventata il centro culturale più attivo ed importante del mondo antico.

Era un fulcro di attrazione culturale per studiosi e scienziati, dottori, matematici, musici e filosofi, che amavano viaggiare in lungo e in largo per raccogliere documenti e testimonianze da poter raggruppare tutte insieme in un unico posto.

Ma un brutto giorno dell'anno di grazia 391 d.C. un'orda di ferventi, quanto assatanati, cristiani guidati dal vescovo Teofilo, si era mossa verso il Serapeo, il luogo dove era conservata la prestigiosa, straordinaria, unica biblioteca di Alessandria. Era arcinoto che i documenti e gli scritti conservati nella biblioteca rappresentavano uno dei pericoli maggiori per l'ordine costituito della Chiesa di Roma e così, su istigazione ed ordine dell'imperatore Teodosio, la grande raccolta era stata data alle fiamme, completamente distrutta. Più di mezzo milione di papiri e documenti di inestimabile valore, nei quali era sintetizzata la saggezza delle menti più fini dell'antichità, vennero perduti per sempre in modo irrimediabile.

Ciò che ancora era potuto rimanere di questa straordinaria eredità di conoscenze costituiva fin da subito uno dei primi obiettivi che Rosacroce e Massoneria si erano ripromessi di perseguire. Ecco spiegato come mai personaggi del calibro di Robert Boyle e sir Isaac Newton dedicarono molto tempo della loro vita alla ricerca ed al recupero delle tradizioni e della storia delle culture antiche, alla caccia dei certi tesori che esse nascondevano. In parte il loro impegno era stato premiato e non per nulla era stato proprio questo gruppo di scienziati ad approdare ad una serie congiunta e contemporanea di conquiste che non trova precedenti in alcun altro momento storico, anche se diffusa era la convinzione che tutto quanto non era che una "riscoperta" e che quindi ciò che ancora restava occultato e perduto doveva avere dimensioni e grandezze incommensurabili.

Poi era arrivata la Riforma Protestante del XVI secolo che (senza voler togliere i meriti acquisiti) aveva spogliato ogni cosa di interesse e colore, allontanando la più parte della gente dallo studio. In Inghilterra i movimenti religiosi di Presbiteriani e Puritani assunsero atteggiamenti quanto mai rigidi ed austeri per tutto il Seicento, se confrontati con la liberalità dei tempi precedenti, e regimi di questo stampo incoraggiavano davvero poco la curiosità e il desiderio di conoscere. I giorni delle celebrazioni e delle festività vennero bollati come momenti di leggerezza e frivolezza e quindi aboliti, così che il popolo venne privato della celebrazione e della festa. La religione non era più anche un momento di gioia, ma si era fatta solenne ed altezzosa; e non poteva in alcun modo tollerare alcun riferimento o cenno alla magia!

Ecco che la gente aveva allora incominciato a crearsi da sé, in proprio, i riti magici, una propria paganità, specie dal momento in cui per ordine di Oliver Cromwell erano state chiuse tutte le chiese anglicane, perché accusate di essere luoghi in cui si preservava una tradizione di impronta misterica ed occultistica. Nascevano così club, associazioni, confraternite e logge, gruppi di amici, di sodali che si stringevano e si riconoscevano sotto un emblema, un'etichetta, un vessillo, una simbologia inventata, con tanto di appuntamenti che venivano celebrati in rituali dedicati ai santi protettori.

Questa esigenza era stata avvertita in un modo tutto particolare in Scozia dalle gilde e dalle logge massoniche motivate anche a livello filosofico. Per questo, e non per effetto della riforma protestante, le corporazioni di muratori, costruttori, ramai, fabbri, tegolai avevano deciso di non prestare più alcuna attenzione alla Chiesa. Vestiti con gli abiti da cerimonia tipici delle diverse gilde, essi celebravano le antiche festività in modo pubblico, sfilando con tanto di tamburi e cornamuse nelle strade per ricordare il Calendimaggio, il Corpus Domini e qualsiasi altro momento che potesse costituire motivo di aggregazione e festeggiamento.

Non sorprende affatto che nell'Inghilterra cromwelliana la Chiesa si fosse fatta sentire, emettendo bolle e divieti. Le cerimonie pubbliche – persino quelle teatrali – furono bandite. La scusa era che l'attore, pretendendo di entrare nei panni di un altro, violava e calpestava il volere di Dio che gli aveva invece assegnato sulla terra il ruolo per cui era nato. Tutto questo, comunque, non soppresse il desiderio di celebrare che stava nel cuore della gente, così come non riuscì in alcun modo a far scomparire il gusto e il desiderio di ottenere conoscenze arcane. Semplicemente rese la ricerca più difficile, lo scenario più avventuroso, facendo sì che da quel momento in avanti la ricerca dell'illuminazione potesse avvenire solo al riparo di una porta ben chiusa. Erano nate le logge segrete.

Il segreto della pietra

In un modo o nell'altro, è indubbio che la parola massone doveva avere un senso, un significato. Anche nei rituali monchi e spezzettati di oggi, resti di quelli antichi, si intuisce che essa doveva avere avuto una derivazione importante, persino divina. Nel 1605 (non molto prima, quindi, del poema di Adamson), il maestro della Rosacroce, Francesco Bacone, aveva scritto un'opera intitolata *The Proficience and Advancement of Learning* in cui faceva un preciso distinguo fra conoscenza e sapienza, con ciò, in pratica, separando l'umano dal divino, definito «Luce della Natura»[6]. Lo spirito dell'uomo, invece, era la Lampada di Dio e

[6] Francis Bacon, *The Proficience and Advancement of Learning, Divine and Human*, stampato da Henri Tomes per il re, in Londra, 1605, libro II, V: 1.

dalla sua Luce era possibile ricavare la conoscenza universale[7]. In più si affermava senza remore che la saggezza c l'ispirazione più genuine si potevano rintracciare solamente nelle cose più antiche e remote, qualora si fossero rivelate accessibili alla nostra conoscenza. Si trattava di ciò che era accaduto in principio (*b'rei-shêet*), quando la terra era ancora «informe e vuota, e le tenebre coprivano la faccia dell'abisso, e lo spirito di Dio aleggiava sulla superficie delle acque» (*Genesi* 1: 1-2).

Quando ad un candidato, iniziando al primo grado massonico, viene richiesto quale sia il suo desiderio più grande, egli deve rispondere «la Luce». Tutte le cose che non sono in luce giacciono nelle tenebre e, come abbiamo visto, l'alchimia è quella scienza che ha il compito di vincere l'oscurità (*al-khame*).

Esattamente come nei rotoli del Mar Morto rinvenuti a Qumrân si parla della fiera battaglia fra i Figli della Luce e quelli delle Tenebre, allo stesso modo il motivo a scacchi del pavimento di una loggia massonica si ispira, in questo suo contrasto, a tale concetto di contrapposizione di opposti. Curiosamente, questo motivo a scacchi bianchi e neri ricorda lo stendardo dei Cavalieri Templari, detto *Beauceant*, il loro vessillo di battaglia. In un documento conosciuto come *Manoscritto Dundee*, datato 1727, si afferma che, come avviene nella tattica di guerra, il pavimento a scacchi in uso presso le logge massoniche «serve al maestro massone per costruire e disegnare il suo percorso iniziatico»[8], in altre parole la sua tavola di sintesi.

La prima edizione di *Advancement of Learning* di Bacone, conservata al British Museum, contiene alcune citazioni dai *Proverbi* di re Salomone, relative al piano divino: «È gloria di Dio nascondere le cose; ma la gloria dei re sta nell'investigarle» (*Proverbi* 25: 2)[9]. Nel Nuovo Testamento, nel Vangelo di *Giovanni* 8: 12 si legge questa frase di Gesù: «Chi mi seguirà non camminerà fra le tenebre ma avrà la luce della vita». In merito, Albert Pike, dal 1864 onorevole Gran Maestro della giurisdizione meridionale del Rito Scozzese dell'Arkansas, ebbe a scrivere: «La Massoneria e la Fratellanza sono una cerca, un viaggio che deve condurre verso la Luce».

Fatte tutte queste considerazioni, è presumibile ritenere che la parola massonica perduta abbia a che fare con la Luce, in perfetta assonanza con il simbolo che già abbiamo incontrato molte volte del punto che sta nell'esatto centro di un cerchio ⊙, come quello riscontrato anche nel tempio di Mosè in Sinai.

Era stato in questo luogo che il grande condottiero aveva disposto l'erezione del Tabernacolo, aveva trasformato l'oro del vitello ed aveva ispirato la costruzione dell'Arca dell'Alleanza.

[7] Ivi, VI: 5.
[8] Sands – Donaldson – Murray – Cochran, *The Mason's Confession* o *Dundee Manuscript 1727*, in «Scots Magazine», vol. XVII, Edinburgh, marzo 1755, pp. 132-37.
[9] G. V. Tudhope, *Bacon Masonry*, Berkeley, University of California Press, 1954, capitolo 2, p. 8.

Una volta assodato che la parola massonica aveva rivestito un'importanza senza pari per un lasso di tempo così lungo, sembra improbabile, per non dire impossibile, che sia potuta andare perduta per sempre. Purtroppo però, c'è anche da osservare che nessuno fra coloro che la conoscevano l'ha mai scritta e che la sua tradizione è avvenuta soltanto a livello orale, fonetico. Prendiamo, per esempio, *Mahabyn* (così come scritta negli anni Venti del Settecento quando si decise di assumerla come nuova parola massonica); sovente veniva scritta anche come *Mahabone*. Anche in questo caso siamo di fronte ad una parola che non ha senso.

A questo punto è evidente che, quand'anche avessimo avuto a che fare con la trasmissione di una parola segreta che avesse avuto un significato, va da sé che perpetuarla in forme e dizioni sbagliate non ci permetterebbe di dedurre alcunché in merito alla sua origine e al suo valore. È per questo, a scanso di equivoci, che, diffidando della forma scritta, forse la strada migliore e più redditizia per arrivare ad un risultato sta proprio nel cercare di risalire alla parola perduta per il tramite delle assonanze fonetiche, dei suoni. Poiché la parola *Mahabyn* compare solamente nella leggenda di Noè e venne quasi subito sostituita da un'altra parola del tutto analoga a livello fonetico, possiamo dedurre che fosse quest'ultima la parola proposta in sostituzione di quella segreta ed antica andata perduta; partiamo pertanto proprio da questa versione, *Machbenah*.

Da come il percorso iniziatico e la cerca massonica vengono descritti nelle ritualistiche, la prima cosa che emerge è la ricerca costante dell'illuminazione. Quando all'adepto che vuole conseguire il primo grado viene chiesto in quale direzione intende procedere, egli sollecito risponde: «Da ovest, puntando verso est». Quando, subito dopo, il maestro di cerimonia gli chiede il perché di questa scelta, egli risponde: «Alla ricerca della Luce nella Massoneria», con evidente allusione alla luce radiosa ed illuminate del sole che nasce ad Oriente. Questo richiamo ci riporta ancora una volta ai piedi della scala di Giacobbe che compare nelle tavole di tracciamento massoniche, dove il simbolo del sole e quindi della Luce compare evidente nella figura del cerchio con al centro un punto ⊙.

Come già sappiamo, si trattava anche del simbolo di On (Heliopolis), la sede del grande tempio solare dell'antico Egitto, oltre che emblema di Râ, dio del sole. Interessante notare come anche in ambito alchemico questo simbolo sia poi diventato quello che indicava l'oro.

Oltre a tutto questo, anche la simbologia delle due gigantesche colonne o pilastri che si trovavano di fronte all'ingresso del Tempio di Salomone a Gerusalemme richiamava le colonne tipiche dei templi egizi, ma anche gli obelischi, a loro volta sovente dedicati a Râ[10], il cui centro

[10] Labib Habachi, *The Obelisks of Egypt*, London, J. M. Dent, 1978, capitolo 1, p. 3.

Un piramidione benben *su cui compare il disco alato.*

di culto era Heliopolis. Qui l'uccello simbolo dell'illuminazione era la Fenice, conosciuta presso gli Egizi come *benu*, un uccello che giungeva sempre da est come manifestazione fisica e concreta di Râ. Associata a questa tradizione e databile al tempo della I dinastia (3000 a.C.) troviamo anche la pietra *benben* dalla caratteristica sagoma piramidale (la parola *ben* deriva dalla forma verbale *weben*, che significava "risorgere", "levarsi"). In un'iscrizione dedicata al dio del sole ritrovata a Heliopolis si legge: *Ubenek em benben* ("Tu brilli nel *benben*")[11]. Un'altra dedica votiva al sole ci arriva dai celebri *Testi delle Piramidi* del VI secolo a.C., dove si legge: «Tu sorgi come la pietra *benben*, nella dimora della Fenice».

Le colonne erette in onore del faraone Thutmosi ad Heliopolis erano simbolo dell'unità e di un concetto conosciuto come *Ma'at*, traducibile come "fondazione livellata e giusta", in pratica ciò che la Massoneria dice di se stessa[12]. Il concetto di un giudizio corretto era sinonimo di sovranità divina e, per questo, non sorprende il fatto che *Ma'at* – che la leggenda tramanda sorella di Thot – fosse proprio la dea della verità e della legge. Quando soppesava la verità sulla bilancia essa appariva sotto la forma di una lieve piuma[13] ed il vero era identificato con il più nobile di tutti i metalli: l'oro.

[11] Ivi, p. 5.

[12] C. Knight – R. Lomas, *The Hiram Key*, London, Century, 1996, pp. 103-106 (trad. it. *La chiave di Hiram*, Milano, Mondadori, 1998).

[13] Richard Carlyon, *A Guide to the Gods*, London, Heinemann/Quixote, 1981, pp. 278, 279, alla voce *Hu*.

Come presso gli antichi gradi massonici si tramandava che il libro *La sapienza di Lamech* era stato preservato dalla distruzione del Diluvio Universale grazie all'opera di Tubalcain, alla stessa stregua molti erano i segreti che si sussurrava fossero celati fra gli obelischi e le colonne dei templi di Heliopolis, specie nei loro piramidion, i vertici finali di questi manufatti.

La pietra che costituiva questi monumenti era detta *Mat*[14], mentre la parola egizia per indicare pilastro o colonna era *Meht*[15]. La grande "illuminazione della pietra" era *Mat-benu*. Parallelamente (ed anche in associazione con la Fenice), la "luce dei pilastri" era *Meht-benu* e la "luce della verità" suonava come *Ma'at-benu*, tutte parole, come si può notare, foneticamente molto simili. In tutti i casi (che si tratti dell'una o dell'altra o dell'altra ancora) crediamo di aver rintracciato una radice piuttosto convincente per dare ragione a livello fonetico di parole scozzesi come, per esempio, la già citata *Machbenah*. Stessa assonanza che si registra anche con l'altra parola *Mahabyn* (*Ma'at-ben*), con sullo sfondo sempre il solito, ricorrente glifo ideogrammatico: il punto posto nel centro del cerchio ⊙.

Il portatore di Luce

Nell'antico Egitto gli obelischi erano noti come *tekhenu*, da cui la derivazione della parola greca che ha la stessa radice di quella inglese e italiana: "tecnologia". Il prefisso "tecno" fa preciso riferimento allo studio delle Arti Liberali come vengono descritte nella Massoneria; mentre "tecnologia" è un intervento scritto o un trattato che concerne queste discipline.

Sotto il profilo prettamente pratico in riferimento alla Luce ed allo studio delle Arti Liberali – così vicine a *Ma'at*, la verità – di certo la Massoneria sarebbe stata di gran lunga meglio definita e compresa se al suo interno fosse stata assunta la struttura templare di Heliopolis, coordinata nel contesto della ritualistica legata al modello del Tempio salomonico di Gerusalemme. Questo, per esempio, avrebbe potuto impedire la separazione dei due obelischi gemelli, uno finito a Londra e l'altro a New York, dal momento che sarebbe stato noto – proprio come per il caso di *Boaz* e *Jachin* del Tempio di Salomone – che il potere simbolico di *Mat* (la pietra) risiede nella loro unione. Ed invece tutte le coppie di obelischi hanno avuto la mala sorte di essere separate e disperse su inutili piedestalli in giro per il mondo. Ma oggi la fisica moderna è in grado di ricavare lo *tchãm* (vedi p. 212) dall'oro e dunque una coppia di *tekhenu* (obelischi), opportunamente eretti e spaziati, muniti dei loro preziosi piramidion in *tchãm*, potrebbe dare una dimostrazione rivela-

[14] Habachi, *The Obelisks of Egypt*, cit., capitolo 2, p. 13.
[15] Ivi, capitolo 1, p. 5.

trice, sia in termini massonici che scientifici, della loro capacità di esaltare l'attrazione cosmica (vedi p. 211).

La parola "rituale" origina da *ritu* (verità o rossore)[16]. È sinonimo di *Ma'at* e si tramandava potesse manifestarsi fisicamente sotto la specie del più ambito dei metalli, vale a dire l'oro, in questa veste finalmente nobilitato. In sintonia con questa immagine, la Fenice era la parola di matrice greco-punica che significava "oro rosso" (ovvero "cremisi", da cui anche "fenicio", il colore preferito da Newton fino a livelli di ossessione). Lo storico greco Erodoto (ca. 450 a.C.) scrive che la Fenice o uccello *benu* rappresentava «il rosso e l'oro del sole che sorge».

Heliopolis era il centro egizio del culto del sole, ma questo era il suo nome nella dizione greca. Gli Israeliti chiamavano la città On, mentre per gli Egizi era meglio nota come Annu[17], da cui la derivazione della parola latina "annum" (anno)[18]. Nella Mesopotamia accadiana, Annu o Anum era il corrispettivo di Râ, mentre a Sumer (la parte più meridionale della Mesopotamia) era il grande dio celeste Anu. Ed è certamente per questa ragione che il disco alato del dio solare si ritrova sia nella tradizione religiosa mesopotamica che in quella egiziana.

La fissazione del calendario terrestre si diceva fosse stata opera e prerogativa di Anu[19]. Un *annum* si riferiva ad un orbita solare terrestre e, guarda caso, ancora una volta veniva rappresentato da un punto posto al centro di un cerchio ⊙. Era detto *sha*, ed era l'ideogramma indicante i 360°, derivato da *sha-at-am* che, letteralmente, significava "un passaggio", dal momento che 360° definivano, per l'appunto, il percorso completo di un'orbita. (Detto per inciso, sin da questi tempi – siamo nel 3000 a.C. – gli antichi saggi sapevano che era la Terra a ruotare attorno al Sole!). L'Orbita della Luce era considerata il reame del dio Sole e per questo veniva definita *Sha-Râ-On* (Sharon).

Chi trasmetteva la Luce (il lucifero) era la Rosa di Sharon, che portava la *Rosi Crucis*. *Rosi* sta per *ritu* (il color cremisi della verità), mentre *crucis* si riferisce a una coppa intesa come crogiuolo. Tutto questo equivaleva al sacro Vascello di Luce della Cabala ed è per questo che la mistica tecnologia dello *Zohar* è stata sovente collegata alla leggenda del Santo Graal[20].

Il portatore di Luce ha nomi diversi a seconda delle culture religiose e filosofiche; da Nîn-karshag a Venere, e in questa veste troviamo anche la regina del *Cantico dei Cantici* attribuito a Salomone, quando in 2:1

[16] Kenneth Grant, *The Magical Revival*, London, Skoob Books, 1991, capitolo 7, p. 123.

[17] Oltre ad Annu anche come Innu o Innu Mehret. Si veda sir Ernest A. W. Budge, *The Book of the Dead*, pp. 1, 201. Vedi anche Graham Hancock, *Fingerprints of the Gods*, London, William Heinemann, 1995, capitolo 41, p. 360 (trad. it. *Le impronte degli dèi*, Milano, Corbaccio, 1996).

[18] Thorkild Jacobsen, *The Treasures of Darkness – A History of Mesopotamian Religion*, New Haven, CT, Yale University Press, 1976, capitolo 4, p. 95.

[19] Sir Charles Leonard Woolley, *The Sumerians*, London, W. W. Norton, 1965, p. 29.

[20] Numerosi sono i riferimenti a questo effetto nell'opera di Shimon bar Yochai, *Lo Zohar* (a cura di Rabbi Michael Berg), New York, NY, The Kabbalah Centre, 2003, introduzione, pp. XXII-LXXVII.

si legge: «Io sono la rosa di Sharon...» (io sono la verità dell'Orbità della Luce).

Un problema che investì l'emergente Frammassoneria nel 1667 e che non poteva essere previsto, nasceva proprio direttamente da questo particolare *Sharon* inserito nel contesto dell'Arte. L'influsso dei Puritani in Inghilterra si rivelò deleterio sotto molti aspetti nei confronti della crescita culturale; ma lo fu soprattutto nel campo della letteratura. Come il movimento dittatoriale di Cromwell si era opposto con le armi e con la forza alla monarchia, e in particolare alla casa regnante degli Stuart, così avevano fatto gli scrittori che vi aderivano, in primo luogo, per importanza, il poeta londinese John Milton (1608-1674). La potente e dogmatica retorica del suo *Paradiso perduto* costituiva infatti un attacco diretto alla nuova filosofia portata avanti da Christopher Wren e da tutti i suoi compagni ed amici della Royal Society. Facendo finta che Copernico, Galileo e tutte le loro sconvolgenti scoperte scientifiche non esistessero, la visione cosmica proposta da Milton era in perfetta linea con il credo della Chiesa, che continuava a sostenere che era la Terra e non il Sole ad essere al centro dell'universo.

Come si sa, la vicenda narrata nell'opera di Milton racconta della ribellione celeste di Satana, il peccato di superbia che lo portò a precipitare e fu la causa della creazione dell'Inferno. All'epoca della pubblicazione, in ambito massonico il dibattito sulla parola perduta era in pieno svolgimento, con i Puritani e la Chiesa che sostenevano a gran voce che i frammassoni altro non erano che occultisti (dotati della seconda vista, che ricordava molto da vicino l'occhio del diavolo), in grado di vedere l'invisibile. Come se non bastasse, gli accademici rosacrociani della Royal Society osavano dire che era la Terra che si muoveva attorno al Sole. Ecco perché massoni e rosacrociani dovevano senz'altro essere indicati come eretici e pagani, adoratori del Sole!

Questa, naturalmente, era una falsa immagine con la quale non era certo facile contendere. Poi era arrivato Milton che aveva ulteriormente gettato benzina sul fuoco, riferendosi a Venere come portatrice di luce, il lucifero. Esiste un passaggio dell'Antico Testamento tratto dal libro di *Isaia* 14: 12 in cui il profeta vede la caduta del re di Babilonia ed esclama: «Come mai sei caduto dal cielo, o astro mattutino, figliolo dell'aurora?».

Come era più che evidente, mentre il riferimento al "figliolo dell'aurora" era rivolto al re di Babilonia, in termini astronomici citare l'astro del mattino o la stella della sera significava parlare di Venere, che compare all'orizzonte appena prima del tramonto. In latino "Venere che porta la luce" era *lux-fer* o, come veniva più comunemente scritto, *lucifer*. Quel che Milton aveva fatto nel suo poema era stato trasformare questo aggettivo di matrice femminile in un nome proprio (con ciò restando fedele a san Girolamo nella sua *Vulgata* e al testo di Isaia appena citato, come appare nella versione moderna).

Ma, quel che è peggio, era che nel *Paradiso perduto* Lucifero era un alleato di Satana[21]:

> Oh Lucifero, così chiamato per allusione,
> oh la fulgida stella che sta a pari con Satana[22].

Prima del 1667 al termine *lucifer* (*lux-fer*, il portatore di luce) non era mai stata associata un'entità maschile, né, tanto meno, una creatura satanica. Ed ancora molto tempo dopo la morte di Milton, in tutti i dizionari settecenteschi si era continuato a offrire la corretta versione del termine. Per esempio nel *Nathan Bailey's Etymological Dictionary* si legge: «*Lucifer* – La stella del mattino o della sera; il pianeta Venere, quando sorge prima del sole». Ciononostante, sulla scia di quanto scritto da Milton, da quel momento in avanti i massoni non erano soltanto più eretici che adoravano il sole, ma addirittura dei satanisti!

E così, a partire dal 1667, Lucifero divenne un nome alternativo per indicare Satana, mentre la sua associazione con Venere, portatrice di luce e dea dell'amore, venne poco alla volta messa in un canto a causa dell'indottrinamento voluto dalla Chiesa. Ma ciò che più di tutto è sorprendente è che, più di tre secoli dopo, il punto di vista del Puritanesimo continuava ad essere espresso attraverso una linea di raccomandazioni religiose durissima ed estrema, che si manifesta oggi anche nei siti Internet e nelle loro pubblicazioni, dove si dice che il Puritanesimo è oggetto di una cospirazione liberal-massonica a livello mondiale. Un atteggiamento che, in realtà, sembra essere parente stretto, ma in termini moderni, della caccia alle streghe, molto simile alla montatura di accuse mosse contro i Framassoni, spacciati per satanisti e adoratori del diavolo. Perché, a vedere con criterio, la cospirazione sono solo loro a scorgerla e sono proprio loro (e non i massoni) ad alimentare una credenza medievale in Satana[23], così che quello di cui accusano il mondo sembra quasi ribaltarsi su di loro.

L'evidente malafede nella traduzione biblica della *Vulgata* relativa alla traduzione della parola proposta come Lucifero risulta chiara risalendo all'origine. La parola greca corrispondente a quella latina *lux-fer* (portatore di luce) era *phos phoros* (da cui *fosforo*). Quando compare nel Nuovo Testamento (2 *Pietro* 1: 19) viene tradotta come "stella del mattino". Il che è assolutamente corretto. *Lux-fer* e *phos phoros* hanno identico valore nell'indicare colui che porta luce e, altrettanto correttamente, anche in molti dizionari moderni si fa riferimento alla stella mattutina. Veniva anche utilizzata come termine di paragone, visto quel

[21] Elaine Pagels, *The Origin of Satan*, New York, NY, Random House, 1995, capitolo 2, p. 48.

[22] John Milton, *Paradise Lost*, London, Jacob Tonson, 1730, libro 10, vv. 425-426 (trad. it. *Paradiso perduto*, Milano, Mondadori, 2004).

[23] La nascita del mito satanico viene ben spiegata nel libro di Laurence Gardner, *Realm of the Ring Lords*, London, HarperCollins/Thorsons-Element, 2003 (trad. it. *Mito e magia del Santo Graal*, Roma, Newton & Compton, 2004²).

che si legge in *Apocalisse* 22: 16: «...io sono la radice e la progenie di Davide, la lucente stella del mattino».

Ma il termine originale usato dal profeta Isaia non era il corrispondente del *phos phoros* greco, ma la parola ebraica *heylel*. Deriva da una forma più arcaica *halal* e nell'Antico Testamento compare 165 volte. Esempi del suo utilizzo (e quindi della sua accezione) si trovano in *1 Re* 20: 11; *Salmo* 10: 3 e *Proverbi* 20: 14 ed in tutti i casi è tradotta, giustamente, con l'aggettivo "vanaglorioso". Quindi il versetto 14: 12 di *Isaia* non deve essere letto: «Come mai sei caduto dal cielo, o astro mattutino, figliolo dell'aurora?», bensì: «Come mai sei caduto dal cielo, vanaglorioso, figliolo dell'aurora?».

Come era nell'intenzione di chi scrisse il testo di *Isaia*, questo doveva essere un chiaro riferimento al re di Babilonia e non aveva nulla a che fare con l'immagine di Venere o di un portatore di luce. Pertanto, non solo l'uso da parte di Milton della parola *lux-fer* scaturisce da una fonte ingannevole (la traduzione della *Vulgata*), ma in tutti i casi si tratta di una scelta sbagliata.

Il cibo divino

Nell'intricato folclore delle scuole misteriche dell'antico Egitto, il processo che doveva condurre l'iniziato all'illuminazione della coscienza aveva una grande importanza. Per rendere più agevole il non facile processo, i sapienti del tempio erano soliti preparare una miracolosa "polvere di proiezione" grazie alla quale diventava possibile trasformare la gretta ignoranza di un uomo in un'arca di tesori e conoscenze di ordine spirituale[24]. Questa misteriosa polvere, prodotta dalla Fratellanza di Karnak al tempo di Thutmosi III, era direttamente collegata con i Grandissimi del tempio mosaico nel Sinai e, in pratica, era ciò che in termini alchemici veniva indicata come la Pietra Filosofale, così come definita da Flamel e Filalete.

Già abbiamo visto, nel racconto dell'*Esodo,* secondo libro dell'Antico Testamento, come Mosè riuscisse a trasformare l'oro con cui era stato realizzato il simulacro del vitello in polvere edibile. Nell'ultimo libro del Nuovo Testamento veniamo a sapere che la sacra *manna* continuava ad essere utilizzata ancora 1400 anni più tardi, quando in *Apocalisse* 2: 17 leggiamo:

> A chi vince io darò della manna nascosta e gli darò una pietruzza bianca, e sulla pietruzza scritto un nome nuovo che nessuno conosce, se non colui che lo riceve.

Nel Nuovo Testamento, in *1 Corinzi* 10: 3, quando si parla di *manna* ci si riferisce a del cibo spirituale, anche se nel Vangelo di *Giovanni* 6: 31-

[24] Manly P. Hall, *The Secret Teachings of All Ages*, Los Angeles, CA, Philosophical Research Society, 1989, p. LXXIX.

41 si dice con chiarezza che il solo vero pane è quello eucaristico. È quello a cui il Signore si riferisce nella preghiera del *Padre Nostro* («dacci oggi il nostro pane quotidiano»), una preghiera (Vangelo di *Matteo* 6: 9-13 e di *Luca* 11: 2-4) completamente adattata da una molto più antica di matrice egizia, dedicata al dio Amen (o Amon). Iniziava con questa invocazione: «Amen, Amen, che sei nei cieli». Nella preghiera cristiana del *Padre Nostro* la parola amen sta alla fine, in chiusura, una tradizione che venne poi applicata a tutte le altre preghiere ed inni sacri.

Questo è un po' ciò che è accaduto anche ad alcuni testi biblici o a loro brani. Per esempio, i Dieci Comandamenti derivano dalla confessione del faraone all'incantesimo 125 del *Libro dei morti*[25], mentre i *Salmi* attribuiti a re Davide sono la versione israelita di inni di matrice egizia. La relazione con la radice egizia è particolarmente evidente in tutti i libri biblici profetici ed esempi indicativi si possono trovare nei *Proverbi* di Salomone, detti anche "le parole del saggio", che la tradizione attribuisce, per l'appunto, al sapiente figlio di Davide. I *Proverbi* sono praticamente la traduzione letterale degli scritti di un antico saggio egiziano di nome Amenemope[26] (testi oggi conservati al British Museum).

Passo dopo passo, versetto dopo versetto, i *Proverbi* riconducono allo scritto egizio originale, ma non basta: è stato appurato che a sua volta anche il testo attribuito a Amenemope ha attinto ad un'opera ancora più remota dal titolo *La sapienza di Ptah-hotep*[27], redatta qualcosa come 2000 anni prima del tempo di Salomone[28].

Un parallelo interessante rispetto a quanto detto sulla "pietra bianca" nel testo dell'*Apocalisse* appare nella tradizione tardo medievale relativa al Santo Graal. Mi riferisco al romanzo *Parzival* del cavaliere bavarese Wolfram von Eschenbach. Nell'introduzione alla sua opera, Wolfram (ca. 1200) rivela che tutto quanto ha scritto gli è stato confidato dall'iniziato ai misteri templari Kyôt il Provenzale. Dice:

> Alla base della pietra, un'iscrizione in lettere rivela i nomi di coloro, maschi e femmine, che sono chiamati alla cerca del Santo Graal. Non serve tentare di leggere questa iscrizione, poiché essa svanisce non appena letta[29].

La pietra di cui si parla in questo brano è quella che Kyôt definisce la «perfezione del paradiso terrestre», dotata di capacità di guarigione e

[25] Per esempi, la confessione «Non ho ucciso» venne resa nella forma «Non uccidere», oppure «Non ho rubato» in «Non rubare»; «Non ho mentito» in «Non attestare il falso» e così via.

[26] James Henry Breasted, *The Dawn of Consciousness*, New York, NY, Charles Scribner's Sons, 1934, p. 371.

[27] Ivi, pp. 377, 378.

[28] Alcuni esempi del confronto fra i *Proverbi* e il testo attribuito ad Amenemope compaiono nel libro di Laurence Gardner, *Genesis of the Grail Kings*, London, Transworld/Bantam, 1999 (trad. it. *Le misteriose origini dei re del Graal*, Roma, Newton & Compton, 2000).

[29] R. S. Loomis, *The Grail: From Celtic Myth to Christian Symbolism*, Cardiff, University of Wales Press, 1963, capitolo 13, p. 210.

antinvecchiamento. Era detta *Lapis Exillis*, variante della dizione *Lapis Elisir*, che, ancora una volta, altro non era che la Pietra Filosofale. Il testo continua:

> È per il potere di questa pietra che la Fenice brucia fino a ridursi in cenere, ma è da queste stesse ceneri che essa trova la forza per rinascere a nuova vita. In tal modo la Fenice si ritempra e muta il piumaggio e si fa più splendente e brillante di quanto mai lo fosse stata prima[30].

Sin dall'antico Egitto e tramite la tradizione templare, la Fenice (l'uccello *beru*) è sempre stata associata all'arcana scienza dell'alchimia. Ma, oltre a questo, la Fenice era il simbolo del processo scientifico, perché era la Fenice che, proprio come il vitello d'oro, veniva ridotta in polvere, dalla quale si poteva ottenere la grande illuminazione. In altre parole, la Fenice e la Pietra Filosofale erano la stessa cosa.

Nella leggenda alessandrina intitolata *Iter Alexandri ad Paradisium* – una specie di parabola in cui si narra il viaggio di Alessandro Magno al Paradiso – la pietra compare un'altra volta. Nella sua essenza originaria, il Paradiso era il reame di *Pairi Daize* che, nell'antico idioma avestico[31], era il regno di Ahura Mazda, il dio persiano della Luce. La miracolosa Pietra del Paradiso è descritta come capace di ridonare la giovinezza ai vecchi[32]; si diceva che il suo peso fosse superiore alla sua stessa quantità in oro e che, ciononostante, se posta sul piatto di una bilancia anche una leggerissima piuma sarebbe risultata più pesante! Questo fatto, come spiegheremo meglio nell'ultimo capitolo di questo libro, risponde alla piena realtà dei fatti. La scienza moderna sta arrivando a dimostrare che la "polvere di proiezione" – *manna* o Pietra Filosofale che sia – può pesare di più oppure, a seconda dei casi, di meno della corrispondente quantità d'oro da cui è stata ricavata. Oppure ancora – proprio come dice Wolfram – può pesare un bel nulla, al punto da essere in grado di svanire completamente.

Nel testo biblico, si parla per la prima volta della *manna* (che per gli ancor più antichi Sumeri della Mesopotamia era la *shem-man-na*, parola che significa "pietra di fuoco rivolta verso l'alto") in *Esodo* 16: 15:

> E i figlioli di Israele, veduta che l'ebbero, dissero l'uno all'altro: «Che cos'è?», perché non sapevano che cosa fosse. E Mosè disse loro: «Questo è il pane che l'Eterno vi dà da mangiare».

Nella versione biblica dei *Settanta* (la più datata fra quelle che ci sono arrivate del testo dell'Antico Testamento) si parla della manna come

[30] Una buona versione del testo di Wolfram von Eschenbach è *Parzival* a cura di L. Mancinelli, Torino, Einaudi, 1993.
[31] Si tratta di una lingua gemella e simile al sanscrito vedico dell'India.
[32] R. S. Loomis, *The Grail: From Celtic Myth to Christian Symbolism*, cit., capitolo 13, pp. 212, 213.

del "pane della presenza"[33]. Giuseppe Flavio, nel I secolo, ne parla nella sua opera *Antichità giudaiche* dicendo: «Gli Ebrei chiamano questo cibo *manna*, dalla radice *man*, che nella loro lingua significa "Che cos'è?"»[34]. Se, dunque, in sumero *man-na* significava "pietra di fuoco", nella derivazione ebraica diventa *man-hu* (*manna*), trasformandosi in una domanda[35].

La stessa domanda compare nel *Libro dei morti* egiziano, il libro completo più antico del mondo. Anche conosciuto col titolo di *Papiro Ani* (nome di uno scriba reale), questo rotolo risalente alla XVIII dinastia tebana (acquisito dal British Museum nel 1888) è ben illustrato e misura la bellezza complessiva di 23 m[36].

In quest'opera ritualistica il "pane della presenza" si chiama *cibo tchefau*, ed il faraone che sta compiendo il lungo viaggio verso l'illuminazione, ad ogni stadio di progressivo avanzamento ripete sempre la stessa domanda: «Che cos'è?».

Proprio all'inizio del *Libro dei morti* un inno dedicato ad Osiride ci introduce immediatamente nell'argomento-chiave del testo, tracciando un forte collegamento fra la cultura heliopolitana e quella dell'ancor più antica terra di Sumer:

> Tu sei il Signore le cui lodi vengono cantate nel nome di Anti; tu sei il Principe del cibo divino in Anu.

Anti sta per Antu, la moglie del dio sumero Anu. Più oltre nel testo troviamo un altro riferimento quanto mai illuminante:

> Io vi conosco e conosco i vostri nomi, ed io conosco anche il nome del potente dio al cui cospetto ponete il vostro cibo celestiale. Il suo nome è Tekhem [Tchãm].

Nella tradizione egizia – così come descritta nel tempio di Horeb nel Sinai – la cultura ermetica dei faraoni veniva chiamata la Casa dell'O-

[33] Versione dei *Settanta*, *1 Re (1 Samuele)* 21: 6. In questa versione questi due libri sono identificati, così come *2 Samuele* è uguale a *2 Re*. Mentre la versione della Bibbia di re Giacomo conta solo due libri dei *Re*, quella dei *Settanta* ne conta quattro.

[34] Giuseppe Flavio, *Antichità giudaiche*, libro III, 1: 6.

[35] Prima che negli anni Ottanta del XX secolo la scienza moderna scoprisse lo straordinario fenomeno della polvere bianca prodotta dall'oro, la manna che in tempi biblici scendeva come pioggia dal cielo per depositarsi al suolo ed essere mangiata dal popolo eletto, durante il vagabondaggio nel deserto del Sinai, era stata presentata come l'essudorato resinoso della pianta del tamarisco. Di grani cristallizzati prodotti dalla pianta del tamarisco ebbe a parlarne nel 1483 Breitenbach, conte di Magonza, il quale confermava che la mattina se ne potevano trovare in quantità presso i cespugli della pianta. Nel 1823 il botanico tedesco G. Ehrenburg spiegò che il tamarisco reagisce con l'essudato dei piccoli cristalli bianchi quando viene aggredito da un minuscolo pidocchio delle piante tipico della regione del Sinai. Si veda anche W. Keller, *The Bible as History*, pp. 129-31. Se si fosse veramente trattato di questi cristalli è facile immaginare che gli Israeliti, conoscendo il fenomeno, non si sarebbero stupiti così tanto da interrogarsi l'un l'altro chiedendosi: «Che cos'è» (*manna?*).

[36] Il testo completo risalente al 1425 a.C. deriva a sua volta da altri ancora più antichi, databili attorno al terzo millennio prima della nostra era. Si veda E. A. W. Budge (traduzione a cura di), *The Book of the Dead*, pp. IX, 3.

ro. Nella cultura successiva – ma genealogicamente collegata – di Gerusalemme, la tradizione parallela dei re di Israele era detta la Casa del Pane (*Beth-le-hem*). L'oro e il pane sono la stessa cosa, come ci insegnano i bassorilievi del tempio di Thutmosi III a Karnak (vedi Capitolo 11). Nell'ambito del regno scientifico dell'*al-khame* tutto si ricongiunge: luce, oro, pane, fuoco, la Fenice, gli obelischi, la Pietra Filosofale, il vitello d'oro e persino l'Arca dell'Alleanza, la cui raffigurazione – è bene non scordarlo – compare in cima alla simbologia araldica della Grande Loggia Unita della Massoneria d'Inghilterra.

Parte terza

14

L'anti-Massoneria

La riforma

Per continuare il nostro excursus lungo la storia della Massoneria è assolutamente necessario dedicarci con ancora maggiore attenzione al contesto rosacrociano del XVII secolo e seguire gli Ordini esoterici di impronta Stuart in Francia, subito dopo la rivoluzione Whig del 1688 in Inghilterra. Questo, tra l'altro, ci aiuterà a comprendere meglio e in tutte le sue articolazioni il Rito Scozzese, per riuscire a distinguerlo dagli altri sedicenti Riti Scozzesi "esportati" in tutto il continente europeo ed anche oltre Atlantico a seguito della Guerra di Indipendenza Americana (1775-83), il movimento rivoluzionario opposto alla monarchia inglese hannoveriana. Oltre tutto, così facendo avremo anche l'opportunità di seguire il movimento anti-massonico alla luce della caccia alle streghe scatenata dai Puritani nel Seicento.

Se solo si dà un'occhiata veloce su Internet, ci si accorge immediatamente che l'opposizione alla Fratellanza in quel tempo aveva soprattutto una matrice di stampo americano. Questo derivava dalla profonda differenza nel modo in cui il cristianesimo si era evoluto in America rispetto all'Inghilterra e al resto dell'Europa, una diversità strutturale che dal Seicento non ha mai smesso di esistere ed è giunta fino ai nostri giorni.

Se ci volgiamo molto indietro nel tempo, al IV secolo d.C., vediamo che la Chiesa romana era fortemente disturbata dalla nascita di molte sette cristiane: Ariani, Gnostici e Nestoriani. Malgrado le persecuzioni, in un modo o nell'altro questi movimenti non si erano mai estinti del tutto ed avevano continuato a sopravvivere, pur senza mantenere posizioni di preminenza. In termini generali, l'Europa era diventata tutta cattolica, mentre nell'isola britannica era prevalsa la Chiesa celtica, almeno fino a quando sant'Agostino non era stato nominato vescovo di Canterbury dalla Chiesa di Roma nel 601. Da quel momento in avanti, anche la maggior parte del popolo inglese era diventato cattolico, con sacche di resistenza della Chiesa celtica nel Galles, nel Sud-ovest, in Irlanda e in Scozia. Ma era stata solo una questione di tempo; in breve anche in questi feudi celtici il cattolicesimo si era infiltrato conquistando sempre più proseliti.

Il momento di rottura si era verificato a causa della accesa disputa tra il Vaticano, che garantiva indulgenze a pagamento (con tanto di assoluzione dai peccati), ed i seguaci di un volitivo monaco agostiniano, professore di teologia presso l'Ateneo di Wittenberg in Germania, il quale un giorno di ottobre del 1517, per manifestare al mondo il suo disappunto e la sua protesta, aveva inchiodato sul portone della sua chiesa locale un manifesto in cui attaccava la corruzione romana. Questo coraggioso atto di dissociazione era destinato a provocare un formidabile sconquasso, dividendo per sempre la chiesa di Occidente in due grandi tronconi. Come il lettore ha già intuito, il nome di quel monaco era Martin Lutero, e coloro che condividevano la sua protesta divennero ben presto i Protestanti.

Certamente non fu un caso che la protesta di Lutero raccogliesse molti aderenti nelle classi altolocate e della media borghesia: la Chiesa di Roma, nel tempo, si era fatta troppi nemici e molti non vedevano l'ora di cogliere al volo l'occasione per voltarle le spalle. Fra i più agguerriti vi erano i Cavalieri Templari, come abbiamo visto diseredati e perseguitati dall'Inquisizione. Per questo forse la verità storica non sta tanto nel fatto che Lutero seppe trascinare con sé un vasto movimento di opinione, quanto piuttosto nella sua capacità di inserirsi con decisione in una corrente sotterranea che era già molto attiva. Ciononostante, era stato il suo gesto di sfida allo scandalo delle indulgenze vendute dalla Chiesa a dare il via ufficiale al movimento che condusse alla Riforma, con lo scopo preciso di costituire qualcosa di alternativo e di esterno al Vaticano. E così, in pratica, i Protestanti erano venuti allo scoperto sotto il drappo, l'emblema della Rosacroce, un simbolo inserito nel sigillo personale di Martin Lutero.

La riforma dei Protestanti si distaccava da Roma, predicando un modo di essere fedeli democratico e totalmente libero, assecondando così gli ideali di completo rinnovamento sostenuti dal Rinascimento. Ed in effetti quello che possiamo considerare il periodo dell'Alto Rinascimento (1500-20) aveva preparato uno scenario ideale alla protesta di Lutero, alla ribellione contro la corruzione e l'ottusità del giogo esercitato dai vescovi. Si era sviluppata un'era tutta incentrata sull'importanza dell'individuo, del singolo, dell'uomo, un momento storico in cui geni del calibro di Leonardo, Michelangelo e Raffaello erano riusciti a sviluppare l'armonia delle arti classiche, spingendole alle loro espressioni più elevate e straordinarie. Un tempo di rinnovamento, in cui tutti gli antichi insegnamenti erano stati rivitalizzanti con un'esplosione di colori, entusiasmo, alla ricerca di nuove frontiere da superare nella scienza, nell'architettura e nell'arte.

In Inghilterra, la prima, eclatante conseguenza della Riforma luterana fu il disconoscimento dell'autorità papale. Al posto del papa la Chiesa Cattolica d'Inghilterra aveva un altro riferimento, il re Enrico VIII della Casa dei Tudor.

Il sigillo di Martin Lutero, di chiaro stampo rosacrociano.

A questo primo passo era immediatamente seguito il secondo, ossia la costituzione di una Chiesa d'Inghilterra completamente libera ed indipendente (la cosiddetta Chiesa anglicana protestante); un passo che era stato coraggiosamente compiuto dalla figlia di Enrico, la celeberrima Elisabetta I, scomunicata dal Vaticano nel 1570. La stessa cosa nel 1560 era accaduta in Scozia, sotto il formidabile impulso rivoluzionario di John Knox, con la nascita della Chiesa Protestante di Scozia (Kirk). A farle concorrenza, a livello popolare, era anche sorta la Chiesa Episcopale di Scozia (un organismo più vicino al modello anglicano). Nel 1562 era stata la volta dei Protestanti francesi – gli Ugonotti – a sollevare la testa ribellandosi alla monarchia cattolica. Ne era nata una terribile Guerra Civile (protrattasi fino al 1598), passata alla storia come le guerre di religione.

Durante questo periodo storico, la Bibbia non era mai stata un testo accessibile. La maggior parte di ciò che la gente sapeva in merito alle Sacre Scritture lo aveva tratto dalle omelie, dai pulpiti domenicali e, in parte, dalle preghiere della tradizione religiosa. Svariati tentativi di traduzioni del testo biblico dal latino o dal greco avevano avuto scarsa fortuna e solo nel 1611 finalmente era stata data alle stampe una versione ufficiale ed autorizzata dal re Giacomo I d'Inghilterra (VI per la Scozia). Ciononostante, erano occorsi parecchi anni prima che il libro della Bibbia diventasse un oggetto conosciuto e diffuso ed era stato proprio in questo preciso momento che i Padri Pellegrini avevano messo piede per la prima volta sulle sponde dell'America nel 1620.

Immediatamente dopo, in Inghilterra era seguito un momento di prevalenza puritana che però non aveva avuto lunga durata, e già dagli anni Sessanta del Seicento molte cose erano cambiate. Nella fazione puritana avevano incominciato ad aprirsi delle fratture con movimenti sociali attivi come i Quaccheri ed i Metodisti, seppure entità di lieve conto e mai assurte a posizioni di forte contrasto o, addirittura, prevalenza. Oggi nell'Europa Occidentale le etichette religiose diverse fra gruppi di cristiani differenti sembrano non avere più peso, non contare più come un tempo, salvo che la diversità non segni anche una differenza in ordine alle questioni di natura politica, come accade per esempio fra Cattolici e Protestanti in Irlanda del Nord. Però, eccezion fatta per questo caso particolare, nessuno più bada a ciò in cui crede il suo vicino e, tutto sommato, si preferisce vivere in pace, con giusta tolleranza, nel rispetto delle reciproche scelte.

In America, invece, negli ultimi 400 anni questa situazione è andata incontro a sviluppi differenti. Tutto è ovviamente iniziato con l'approdo dei Padri Pellegrini e di un nutrito numero di Protestanti partiti da Inghilterra, Olanda e Germania. Le navi di questi pionieri erano attraccate sulla costa orientale dell'America, negli attuali stati del Massachusetts, New York, Pennsylvania, Maryland e Virginia. La maggior parte di queste persone si portava dietro una Bibbia, magari appena acquistata e certamente mai letta. Di conseguenza, non appena le loro chiese erano state istituite, in ogni diversa regione la lettura delle sacre scritture aveva offerto criteri di interpretazione differenti. Con l'andare del tempo, mano a mano che la conquista del continente procedeva, erano così nati infiniti gruppi religiosi, in competizione ed opposti l'uno all'altro. Per ciascuno di questi gruppi il proprio modo di leggere e interpretare la Bibbia diventava una sorta di dogma inalterabile ed i ministri di culto non esitarono ad assumere atteggiamenti profetici ed evangelici del tutto sconosciuti dall'altra parte dell'oceano, nel vecchio continente. Oggi questa situazione è lievemente mutata ed è in modo particolare proprio da questi gruppi religiosi d'opinione che si manifesta un forte scetticismo nei confronti della Massoneria. Con la tipica mentalità dei loro antenati Protestanti del 1600, con l'idea fissa della caccia alle streghe, viene loro quasi spontaneo attaccare il movimento massonico e tutti gli organismi non conformi accusandoli di satanismo, tenuto conto che coloro che muovono accuse credono realmente nell'esistenza di una figura satanica: l'Anticristo.

Il Satana della Bibbia

La figura di Satana, nell'immagine di un essere demoniaco e tentatore che agisce per portare l'uomo alla rovina, non compare mai nell'Antico Testamento. Anche negli altri antichi testi non è citato, per lo meno nella dimensione in cui ci viene continuamente presentato nell'ambito della cultura e della tradizione cristiana[1]. Questa idea di Satana lo paragona ad un diabolico imperialista le cui deprecabili orde infestano la terra

[1] Elaine Pagels, *The Origin of Satan,* New York, NY, Random House, 1995, capitolo 2, p. 39.

minacciando il potere di Dio e l'umanità. Si tratta però di un'invenzione dell'era evangelica, un mito favoloso che non ha più radici storiche di un qualsiasi immaginifico racconto gotico.

I Satana, anche se raramente nominati nell'Antico Testamento, in origine sono sempre presentati come servizievoli ed obbedienti figli di Dio, ai quali egli affida specifici incarichi di creare ostacoli di valore strategico[2]. In ebraico la radice della parola è STN e sta a definire un rivale, un oppositore, un avversario o accusatore, mentre l'equivalente in lingua greca era *diabolos* (da cui l'aggettivo diabolico e la parola diavolo), anche in questo caso ad indicare uno che si oppone, che crea ostacoli, un vendicatore. Prima dell'avvento dell'era cristiana, a questo nome non era affatto collegata una connotazione sinistra, al punto che in tempi biblici gli oppositori politici delle diverse fazioni si chiamavano fra loro "satana", a sottolineare la reciproca azione di contrasto e opposizione.

Nell'Antico Testamento i Satana facevano parte della corte celeste, erano angeli che si preoccupavano di far conoscere al mondo le decisioni e gli ordini più duri e severi di Dio. Nel libro di *Giobbe* (1: 6-12; 2: 1-7), per esempio, Dio invia per due volte un "Satana" a minacciare e battere il povero Giobbe, ma con l'impegno di non fargli male né di ucciderlo, istruzioni che vengono prontamente osservate. In *1 Cronache* 21: 1, è una figura satanica a suggerire al re Davide di fare il censimento del popolo di Israele, e viene anche menzionata nel *Salmo* 109: 6. Un Satana appare in *Zaccaria* 3: 1-2, al fianco degli Israeliti che, finalmente liberi dalla cattività babilonese, hanno fatto ritorno a Gerusalemme, tutta distrutta, e devono ricominciare ogni cosa da capo, a partire dalla ricostruzione delle loro case. Queste sono le uniche citazioni – quattro in tutto nella totalità dell'Antico Testamento – e ogni volta non è mai presente una correlazione negativa o sinistra.

Nel Nuovo Testamento una sola è la citazione che introduce un autentico Satana. Tutte le altre volte, pur numerose, quando si chiama in ballo un Satana lo si fa a livello simbolico. Per esempio, nel corso dell'Ultima Cena viene detto: «Quindi entrò Satana sotto le spoglie di Giuda Iscariota, essendo egli uno dei dodici»[3]. Una volta i sacerdoti ammoniscono Gesù che compie degli esorcismi accusandolo di non poterlo fare non essendo un prete «ed egli li chiamò presso di lui e, volgendosi loro in parabola, disse "Quale Satana potrebbe discacciare un altro Satana?"»[4]. Altre citazioni che compaiono, per esempio, in *Atti degli apostoli* ed *Epistole*, contengono riferimenti di altrettanta oscura natura[5]. Nell'*Apocalisse* si parla dei blasfemi come di coloro che com-

[2] Rimando, in merito, alla voce *Israel* del libro di Paul Carus, *The History of the Devil*, New York, NY, Gramercy Books, 1996, pp. 70, 71.
[3] *Luca* 22: 3; *Giovanni* 13: 27.
[4] *Marco* 3: 23; *Luca* 11: 18.
[5] *Atti degli apostoli* 5: 3, 26: 18; *Romani* 16: 20; *1 Corinzi* 5: 5.

pongono la «sinagoga di Satana»[6], aggiungendo che, dopo essere stato cacciato dai cieli, Satana sarebbe rimasto imprigionato e recluso per mille anni[7].

Fra queste, di certo la menzione più stringente in merito alla funzione ostruzionistica svolta da Satana compare in *Matteo* 16: 23, quando Gesù accusa Pietro di essere niente meno che un Satana. Il fatto accade quando Pietro rimprovera a Gesù di essere troppo compiacente: «Ma Gesù, voltatosi, disse a Pietro: "Vattene via da me, Satana; tu mi sei di scandalo. Tu non hai il senso delle cose di Dio, ma delle cose degli uomini!"»[8].

Ma il brano più celebre del Nuovo Testamento in cui compare Satana è quello in cui la sua figura si presenta esattamente per quella che è, con forte concretezza. L'episodio è narrato in *Matteo* 4: 5-11: «Allora Satana lo menò seco nella santa città e lo pose sul pinnacolo del tempio e gli mostrò tutti i regni del mondo e la loro gloria e disse: "Tutte queste cose io te le darò se, prostrandoti, tu mi adori"». Al secco rifiuto di Gesù «[...] allora il diavolo lo lasciò ed ecco degli angeli vennero a lui e lo servirono»[9].

Chiunque fosse questo demone tentatore (reale o simbolico), protagonista di questo passo neotestamentario, ci appare come un personaggio poco convincente e ininfluente, una figura, in sostanza, che pare non avere nulla a che spartire con quella negativa da sempre tramandata dalla mitologia satanica. In tutte le sue apparizioni lungo il testo biblico non presenta mai aspetti terribili né viene mai descritto fisicamente. Ed allora viene spontaneo domandarsi: da dove è mai nata la leggenda che lo vuole cattivo e insinuante, cornuto e accompagnato dal caratteristico puzzo di zolfo?

Corna e zampe caprine

La figura minacciosa di Satana che ci trasmette la mitologia cristiana emerge soprattutto nel Medioevo, in tempi di dualismo cristiano, il concetto di due entità divine fra loro contrapposte[10]. A seconda delle diverse leggende, Satana era ora il fratello ora il figlio di Jehovah, oppure, sotto una forma più sofisticata, l'aspetto sinistro e aggressivo del dio. In sintesi, il forte conflitto Jehovah-Satana rappresentava l'antica tradizione pre-cristiana della simbolica battaglia fra la Luce e le Tenebre, come già intuito dalla mistica persiana, ma che non aveva nulla a che vedere con l'immagine dell'Anticristo. Satana della iconografia cristiana è un prodotto tardo dei tempi di Roma imperiale.

In origine, la fede cattolica si fondava soprattutto sulla tirannia che i

[6] *Apocalisse* 2: 9.
[7] Ivi 12: 9; 20: 2; 20: 7.
[8] Si veda anche *Marco* 8: 33.
[9] Si veda anche *Luca* 4: 5-13.
[10] Yuri Stoyanov, *The Hidden Tradition in Europe*, London, Arkana/Penguin, 1994, alla voce *Dualism*.

vescovi sapevano astutamente esercitare sul popolo e per facilitare ancora di più l'impresa di sottomissione psicologica l'invenzione della figura di un Anticristo, da intendere come un acerrimo nemico, tornava non solo comoda ma quasi necessaria. Il ruolo di feroce oppositore era così toccato a Satana, "il diavolo" per eccellenza, colui che rapisce le anime di coloro che in vita non mostrano obbedienza assoluta alla Chiesa di Roma. L'invenzione era forte e ben sostenuta da un pensiero di san Paolo espresso nell'*Epistola ai Romani* del Nuovo Testamento (13: 1-2):

> Ogni persona sia sottoposta alle autorità superiori. Perché non v'è autorità se non da Dio e le autorità che esistono sono ordinate da Dio. Talché chi resiste all'autorità si oppone all'ordine di Dio e quelli che vi si oppongono si attireranno addosso una pena.

Non restava che compiere il passo successivo, vale a dire definire la Chiesa come il riconosciuto ponte di collegamento fra Dio e l'umanità. Questo fu presto fatto con l'istituzione del papato, con il pontefice pronto a vestire i panni di vicario di Cristo.

Ma perché questo schema di minaccia incombente e di terrore avesse pieno successo, era necessario promuovere il concetto che il diabolico Satana esisteva da sempre, sin dal principio del tempo, e che non vi era alcuna vicenda in cui egli compariva che fosse precedente a quella di Adamo ed Eva nell'Eden. C'era però un problema. In *Genesi* non si parlava affatto di Satana, ma soltanto della disobbedienza di Eva tentata dal serpente. Venne allora stabilito che il racconto sarebbe stato riscritto, al fine di perseguire lo scopo prefisso. Operazione tanto più giustificata, visto che il testo originale era in ebraico e, dopo tutto, il cristianesimo si era distaccato dal giudaismo, persino da quello un po' troppo liberale dello stesso Gesù.

Come abbiamo ricordato, in quei tempi non esisteva una traduzione del testo biblico accessibile al popolino cristiano. Gli Ebrei avevano le loro versioni dell'Antico Testamento in ebraico, aramaico e greco; mentre le prime versioni della Bibbia ad uso dei cristiani (la *Vulgata*) esistevano, ma in forme quanto mai oscure e scritte in latino, secondo la traduzione di san Gerolamo, risalente al IV secolo. A margine, al di fuori, della Chiesa romana d'Occidente, fiorivano entusiastiche diramazioni e sette, come quelle presenti in Siria ed Etiopia, e non a caso fu proprio da questi regioni (dove la concorrenza ebraica era più accesa) che vennero a crearsi nuovi racconti ed aggiunte al testo della *Genesi*, da far circolare nel substrato religioso e culturale di matrice cristiana. Fra queste opere va, per esempio, ricordato un testo etiopico intitolato *Il Libro di Adamo e Eva* (sottotitolo *La lotta di Adamo ed Eva contro Satana*), databile attorno al VI secolo[11]. In questa lunga opera, non solo

[11] Rev. S. C. Malan (traduzione dal testo etiopico a cura di), *The Book of Adam and Eve*, London, Williams & Norgate, 1882.

Satana compare come uno dei personaggi principali, ma si rivela che il posto in cui era stato crocifisso Gesù era il luogo dove Adamo era stato sepolto!

Il testo di origine siriaca *Il Libro della Grotta dei Tesori* è una sorta di compendio della storia della terra, dal momento della creazione del mondo alla crocifissione di Gesù. È databile attorno al IV secolo, ma la copia più antica di cui disponiamo risale a due secoli dopo[12]. Anche in questo caso Satana emerge come colui che adduce il male, protagonista negativo indiscusso, quasi a preparare lo scenario per quei sapori oscuri e sinistri fioriti nella tradizione gotica promossa dalla Chiesa, evolutasi come naturale e spontaneo risultato dell'attività dell'Inquisizione. In una scena vengono descritti Adamo ed Eva all'interno di una grande grotta dove per ben 14 volte si materializza anche Satana che li tenta, ma ogni volta interviene tempestivamente un angelo di Dio che lo scaccia e lo costringe a fuggire. In pratica, nel libro si sostiene l'idea che la cristianità ortodossa fosse già saldamente attiva non solo prima degli Ebrei, ma addirittura di Adamo ed Eva!

Un altro testo in cui si adombrano concetti simili è *Il Libro dell'Ape*[13], un'opera di impronta nestoriana databile attorno al 1222, redatta dal vescovo Shelêmon di Basra, l'odierna Bassora in Iraq. Il titolo del libro è giustificato dal fatto che esso «raccoglie il nettare divino dal fior fiore dei due Testamenti e delle Sacre Scritture», applicando la dottrina cristiana alle scritture tradizionali ebraiche che vengono reinterpretate.

Poiché il Satana biblico non viene mai descritto a livello fisico, in origine era consuetudine immaginarlo come tutti gli altri angeli (d'altro canto, la tradizione ne parlava proprio come di un angelo caduto dal cielo). Dobbiamo aspettare fino al 591 d.C. per prendere atto del pronunciamento del papa Gregorio I relativo alla sua descrizione fisica, con questo definendo anche i tratti di base della personalità satanica che si sono perpetuati nel tempo: «Satana è munito di corna e zoccoli e con il suo potere può governare gli agenti atmosferici», sentenzia il santo padre[14]. Da questo momento in poi tutti gli animali cornuti (soprattutto cervi e caproni) si trasformano in creature demoniache, mentre alla figura di Satana viene aggiunta la coda, ali da pipistrello e tutta una serie di connotazioni fisiche repellenti tipiche delle raffigurazioni dei satiri della mitologia greca.

Anche a proposto dell'Anticristo – così tante volte descritto come una creatura di terrore e perfido dominio –, una figura simile nel Nuovo Testamento non esiste. Il nome (ma con la "a" minuscola) compare solamente nelle *Epistole* di Giovanni, ma non in relazione ad un personag-

[12] Sir Ernest A. Wallis Budge (traduzione a cura di), *The Book of the Cave of Treasures*, London, The Religious Tract Society, 1927.

[13] Id. (traduzione dal testo siriano a cura di), *The Book of the Bee*, Oxford, Clarendon Press, 1886.

[14] Phyllis Siefker, *Santa Claus, Last of the Wild Men*, Jefferson, NC, MacFarland, 1997, capitolo 4, pp. 65, 66.

gio specifico. Infatti, viene usato soltanto per indicare, in senso generico, coloro che non condividono gli insegnamenti di Gesù. In *1 Giovanni* 2: 18: «Sino da ora sono sorti molti anticristi»; in *1 Giovanni* 2: 22: «Chi è il mendace se non colui che nega che Gesù è il Cristo? Esso è l'anticristo»[15]. In definitiva, nulla che faccia pensare ad un essere demoniaco; l'autore delle *Epistole* giovannee afferma soltanto che molti sono i rivali e gli oppositori del Cristo. Allo stesso modo, in tempi di puritanesimo, veniva usata ed intesa la parola "satanista". In un pamphlet intitolato *Un porto sicuro per i devoti fedeli e autentici*, pubblicato da John Aylmer, vescovo di Londra nel 1559, tutti coloro che non sono cristiani vengono detti "satanisti". Questa parola ed altre come anticristo, ateo e infedele entrarono nel gergo comune in questo momento storico, per indicare in modo generico chi non condivideva la fede in Cristo, ed anche col trascorre dei secoli e il mutare dei tempi queste etichette sono rimaste pressoché invariate[16].

In breve, il mito di Satana non è altro che una favola inventata. Venne elaborata in tempi molto successivi a quelli biblici con la precisa finalità di costituire uno strumento coercitivo e intimidatorio nelle mani dei vescovi della Chiesa di Roma. Alla luce di queste considerazioni, è assurdo che i discendenti di coloro che ebbero il coraggio di spezzare queste catene di imposizioni (per poter essere liberi di abbracciare un nuovo corso di scelte religiose nelle terre del Nuovo Mondo) debbano finire così, a molti secoli di distanza dall'evento, essendo per di più gli unici a crederci ancora!

I demoni di Taxil

L'aspetto sinistro di tutto questo è che, una volta che una organizzazione come la Massoneria comincia a credere di dover ribattere alle violente accuse di satanismo e simili, all'improvviso la scena muta, assumendo proporzioni inattese. Ovviamente, le controaccuse con cui ci si difende gettano benzina sul fuoco ed il continuo palleggio del botta e risposta, dell'attacco e della difesa, incomincia a minare sin dalle fondamenta la credibilità dell'associazione. Negli ambienti massonici si è sempre ritenuto di non dare peso alle accuse e di non replicare, anche se era opinione comune che le macerie che restavano dalle vecchie accuse lasciate senza risposta avrebbero potuto servire da appoggio agli attacchi successivi[17]. Questo è vero, ma è altrettanto indubbio che anche rispondere si lascia dietro un bel cumulo di detriti se la risposta è ignorata.

[15] In un altro passo di *2 Giovanni* si legge: «Poiché molti suoi seduttori che sono apparsi nel mondo i quali non riconoscono Gesù Cristo essere venuto in carne. Quello è il seduttore e l'anticristo».
[16] Leonard R. N. Ashley, *The Complete Book of Devils and Demons,* London, Robson Books, 1997, capitolo 1, p. 15.
[17] Richard Sandbach, *Understanding the Royal Arch*, Hersham, Lewis Masonic, 1992, capitolo 1, p. 1.

Dunque, per un lungo periodo di tempo la politica della Fratellanza è stata quella di ignorare le illazioni maliziose e gli attacchi a sensazione, ma ad un tratto l'atteggiamento è cambiato e a partire dal 1984 rispondere ufficialmente è diventata prassi comune. Di norma, il vero scopo di coloro che sollevano accuse infondate e ingiustificate contro qualcun altro – qualunque sia l'ambito di vita sociale in cui ciò accade – consiste fondamentalmente nell'attirare l'attenzione dell'opinione pubblica su di sé. Accade così che chi viene aggredito, persona o gruppo che sia, in prima battuta si sente confuso e anche spiazzato dal fatto che le proprie motivazioni e spiegazioni non vengano intese e quindi torna un'altra volta a specificare, non facendo altro che portare altra legna al fuoco della polemica. Alla fine ne vien fuori una confusione generale, dove macchinazioni e bugie si accavallano da parte dell'una e dell'altra fazione nel tentativo di ciascuna di imporsi nella diatriba, cosa del tutto impossibile nel momento in cui l'oggetto del contendere non ha base né sostanza. Nel frattempo, lungo tutto il dipanarsi delle polemiche, chi ha lanciato il sasso dell'accusa ci guadagna sempre, raccogliendo quella "pubblicità" che sin dalle prime battute era il fine delle sue azioni accusatorie.

A questo riguardo, credo che pochi altri siano stati citati a sproposito quanto il Gran Maestro dell'Arkansas e studioso massonico del XIX secolo Albert Pike (vedi p. 229). Le citazioni continue dei suoi scritti comparse ovunque lasciano il forte sospetto che ciò avvenisse senza cognizione di causa, poiché pochi potevano in realtà permettersi una loro lettura consapevole. Un esempio tipico è l'interpretazione dell'uso che Pike fa del termine "portatore di luce" da lui correttamente reso dal latino con la parola "lucifero", da cui la definizione della ricerca massonica come "luciferina".

Il collegamento fra il vocabolo "lucifero" proposto da Pike e il satanismo venne innescato la prima volta verso la fine dell'Ottocento da uno scrittore francese, certo Gabriel Jorgand-Pages, meglio noto con lo pseudonimo di Léo Taxil. Questi era celebre per essere un lestofante ed un burlone di prima qualità, noto per essere riuscito a svuotare intere spiagge inventando falsi attacchi di squali, o per aver messo in fermento tutto il mondo archeologico svizzero lanciando la notizia della scoperta sul fondo di un lago di un'antica cittadella romana. Sempre Taxil si era divertito a truccare fotografie pornografiche per screditare dei preti e correva continui guai con la giustizia per le accuse di frode e plagio; in tutto questo era anche un fratello massone. Tuttavia, per quanto grande fosse la solidarietà e la fratellanza all'interno dell'organizzazione, ad un tratto Taxil era diventato insopportabile anche per i suoi stessi compagni, al punto che nel 1881 era stato espulso. Quando ciò era accaduto, Taxil aveva promesso a se stesso che la Massoneria avrebbe pagata cara questa decisione e pensò all'istante di perpetrare un qualche "scherzo" pesante ai suoi danni.

All'epoca, in Francia a livello letterario spopolava il genere gotico or-

Copertina del libro di Léo Taxil dal titolo Les Mystères de la Franc-Maçonnerie.

rorifico, inflazionato da una pletora di libercoli e opere teatrali. Questo sarebbe stato il campo d'azione di Taxil, con l'invenzione di un rito massonico che decise di chiamare Palladismo. Lo introdusse per la prima volta nel 1891 all'interno di un polpettone intitolato *Ci sono donne nella Massoneria?*, affermando che il Palladismo era governato in America dal Gran Maestro Albert Pike. La dettagliata descrizione di questo rituale e della Gran Sacerdotessa che l'officiava aveva un evidente sfondo sessuale e sarebbe stato importato in Francia da un certo Phileas Walder che l'avrebbe introdotto con il fattivo aiuto del ben noto occultista Eliphas Levi, fondatore della Loggia del Loto. La gerarchia cattolica reagì immediatamente a queste notizie e, sullo slancio polemico, monsignor Fava, l'impetuoso vescovo di Grenoble, aveva dato alle stampe un libercolo in merito, con accuse dettagliate tratte dal testo di Taxil. Subito a ruota, erano uscite altre pubblicazioni come quelle a firma di Adolphe Ricoux e Leon Meurin, un vescovo gesuita delle Mauritius. Si parlava di Pike come del Sommo Sacerdote della Sinagoga di Satana e la polemica aveva assunto toni così accesi da offrire materiale e destro a Taxil per scrivere un secondo volume dal titolo *Il Diavolo nel diciannovesimo secolo*.

Dato alle stampe con lo pseudonimo di Dottor Bataille, questo secondo romanzo venne pubblicato in 240 puntate. Nel testo si esagerava ulteriormente il tema del culto satanico all'interno della Massoneria. Si raccontava, per esempio, come un venerdì pomeriggio Albert Pike si fosse incontrato con un demone che gli aveva promesso di portare all'interno delle sue logge un coccodrillo alato capace di suonare divinamente il piano; inoltre si citavano a caso e senza costrutto testi inventati, spacciandoli come brani tratti dalle ritualistiche di Pike. In Francia incominciarono a comparire falsificazioni e documenti massonici fasulli, dove si mostravano anche illustrazioni poco edificanti per rivelare alla gente che cosa stava succedendo nella Massoneria americana. Intanto l'inesistente rito palladiano aveva già fatto proseliti presso molte logge americane: Charleston, Washington, Berlino, Roma, Napoli e Calcutta. Poi, usando questa volta il suo vero nome (ma allo scopo di corroborare ciò che era stato detto nel suo libro dal misterioso Dottor Bataille), Taxil aveva pubblicato un terzo romanzo: *I misteri della Massoneria rivelati*.

Correva voce che un posto di grande influenza in Francia era occupato da un demone femmina di nome Bitruand, considerata la nonna dell'Anticristo. Insomma, una montagna di fandonie, tesa ogni giorno a crescere sempre più. Ed infatti ormai lo scenario era predisposto per completare l'opera, con le rivelazioni di un membro di una loggia riformata, apparse col titolo *Le memorie di un ex palladiano* a firma di Diana Vaughan, ovvero Taxil stesso. Il libro, diviso in 24 parti, rivelava che alla morte di Albert Pike, il titolo di Gran Maestro americano era passato ad un fratello di Roma e, tanto per dare ulteriore credito a queste informazioni, si citavano i nomi di fratelli massoni assai noti di Francia, Italia e Inghilterra, anch'essi parte dell'intricata rete palladiana[18]. La cosa era risultata così convincente che persino la *Nuova Enciclopedia Illustrata Larousse* aveva concesso due colonne di spazio al Palladismo ed al Rito Palladiano. Nel 1896 (ancora ricorrendo allo pseudonimo di Diana Vaughan) Taxil annunciò al mondo di aver scoperto il quartier generale del Diavolo in una profonda grotta della Rocca di Gibilterra.

A questo punto era stata, finalmente, la Chiesa Cattolica a trovarsi costernata e in imbarazzo, tanto che aveva incominciato a montare la protesta dei vescovi che si sentivano presi in giro. Si erano avviate alcune inchieste. La più importante fu quella imbastita da Arthur E. Waite della Società Teosofica – detto per inciso, poco affezionato alla Massoneria – il quale rivelò ogni misfatto di colui che chiamò il *Pala Dium*, nella sua opera di denuncia intitolata *Devil Worship in France, or the Question of Lucifer*[19]. Una ad una le macchinazioni, le frodi, le bugie, le invenzioni, le false attestazioni e le citazioni fittizie di Léo Taxil furono smascherate, così da ridurre il caso ad uno «straordinario inganno letterario».

Il 26 settembre 1896, in occasione di un congresso anti-massonico tenutosi a Trent, in Austria, anche il movimento di opposizione alla Massoneria era stato coinvolto nell'inganno. Si era sparsa la voce che si sarebbe presentata Diana Vaughan in persona, con tanto di prove a supporto delle sue asserzioni. Dopo la vana attesa, Charles Hacks, intimo collaboratore di Taxil, era stato costretto ad ammettere che la donna non esisteva, era pura fantasia. Stessa richiesta era stata avanzata dal giornale cattolico «Universe», al quale era stata data la stessa risposta: Diana era un'invenzione. Ma l'imbarazzo più grande era quello del Vaticano, se solo si pensa che le false accuse elaborate da Taxil contro Albert Pike e la Massoneria erano state una delle spinte maggiori che nel 1884 avevano indotto il papa Leone XIII ad emettere l'enciclica *Humanum Genus*, dove si proclamava a chiare lettere che la Massoneria «si erge contro Dio» e «sta pianificando la distruzione della Chiesa»!

A seguito di fortissime pressioni da parte di tutta l'opinione pubblica, il 19 aprile 1897 Taxil era stato costretto a presentarsi presso la Società Geografica a Parigi, annunciando che avrebbe presentato Diana Vaughan. La cosa non era però andata a buon fine, visto che non era riuscito a rimediare una sola persona che, vestiti i falsi panni della Vaughan, lo aiutasse a perpetuare l'inganno. I suoi giorni erano ormai contati. Paradossalmente, una Diana Vaughan autentica e reale esisteva davvero,

[18] Esiste l'edizione completa di questa opera di Diana Vaughan con il titolo *Mémoires d'une Ex-Palladiste Parfait Initiée, Indépendant Publication mensuelle. Ceci est un œuvre de bonne foi*, Paris, A. Pierret, s.d.

[19] Un'edizione moderna di questa opera di Waite è *Devil Worship in France with Diana Vaughan and the Question of modern Palladism*, York Beach, ME, Red Wheel/Weiser, 2003.

ma ovviamente nulla aveva a che fare con la Massoneria. Taxil aveva semplicemente preso in prestito il suo nome, dopo averla incontrata un giorno a Parigi quando la donna era arrivata in Europa dagli Stati Uniti. La vera Diana era un agente di commercio e pubblicizzava le macchine da scrivere della Remington. Quel giorno, pertanto, Taxil si era presentato da solo alla Società Geografica. Appena arrivato, prima di dare via all'incontro, si era raccomandato che bastoni ed ombrelli degli astanti venissero depositati all'ingresso e non tenuti in sala (di certo una precauzione di sicurezza nei suoi stessi confronti). Incorreggibile burlone, mentre intratteneva il pubblico in attesa della fantomatica Diana Vaughan, l'irrefrenabile Taxil era riuscito a compiere il suo canto del cigno, la burla finale, riscuotendo dai presenti anticipi per l'acquisto di macchine da scrivere Remington, vera novità del momento! Alla fine, ciò che Taxil aveva detto all'assemblea era che, anche a seguito della enciclica papale, aveva guadagnato dei bei quattrini approfittando dell'idiozia dei cattolici e prima di abbandonare un uditorio minaccioso scortato dalla polizia aveva aggiunto per il mondo e la stampa: «Il Palladio non esiste più. Come l'ho creato, così l'ho distrutto»[20].

Per quanto tutto questo possa sembrare divertente, le ripercussioni di questa faccenda furono enormi perché gli editori di testi fuori commercio e soprattutto di libri di esoterismo continuarono a stampare facsimili e nuove traduzioni dei libri della pseudo Diana Vaughan, omettendo ovviamente ogni riferimento alla sconfessione fatta pubblicamente da Taxil. È stato in special modo attraverso questa vicenda, ai libri di Taxil ed ai tanti altri collegati usciti in contemporanea che gli anti-massoni dell'inizio del Novecento (consapevoli oppure no) si sono fatti la loro errata idea sulle attività della Massoneria e sulla figura del bistrattato Albert Pike, la cui statua bronzea, alta più di 3 m, opera dello scultore italiano Gaetano Trentaove, fa bella mostra di sé nella città di Washington.

Indubbiamente, ancora oggi ci sono molti aspetti della Massoneria che appaiono ingenui e quasi sciocchi agli occhi di un esterno, e su questo persino gli stessi massoni non possono fare a meno di concordare. Chi guida l'organizzazione, inoltre, sa bene di doversi attendere da un momento all'altro qualche critica o qualche frecciata polemica, legata alla segretezza che ruota attorno alle logge ed ai rituali. Questo crea un nuovo campo di dibattito e discussione dove alcuni giornalisti d'assalto sguazzano volentieri, dando adito a mille ipotesi di complotti e cospirazioni. Per di più, dal momento che la Massoneria è spirituale ma non religiosa, la porta delle accuse è sempre aperta per coloro secondo i quali *dovrebbe* invece essere un'istituzione religiosa, e che quindi la condannano proprio per il fatto di non esserlo.

[20] L'incontro parigino venne riportato da Edmond Frank, in «L'Illustration», Paris, n. 2827, 1 maggio 1897.

Come accade in tutti gli organismi del mondo, siano essi governativi, istituzionali, sindacali o sociali (e, ricordo, la Fratellanza massonica è qualcosa di più, nel suo respiro mondiale), anche all'interno del movimento si sono sovente riscontrati comportamenti o atteggiamenti di abuso di funzioni operative. Ciononostante, tutte le accuse di intenti o attività sovversive sono sempre cadute nel vuoto e si sono rivelate infondate. Il fatto che i ranghi massonici sono pieni di uomini influenti e potenti – leader mondiali, abili o meno abili nello svolgimento dei loro incarichi – non significa che la Massoneria abbia nelle sue mani le redini del governo del mondo. Perché questo non è l'oggetto perseguito dal movimento, bensì quello di incentivare un avanzamento spirituale, filosofico ed educativo in chi vi aderisce, e se tutto ciò produce anche degli effetti positivi nella carriera e nella professionalità, ben venga tutto questo che, fra l'altro, è semplicemente e soltanto quello che normalmente si ottiene con altre forme, forse più tradizionali, di insegnamento e apprendistato.

Un'ultima annotazione a proposito dell'argomento che si è trattato in questo capitolo, mi sembra quanto mai indicativa per dimostrare come, quando l'atmosfera viene ricreata, sia facile dare adito ad ogni sorta di illazione, anche a quelle davvero più stravaganti. Mi riferisco all'opera anti-Massoneria dell'autore Stephen Knight, il quale in un primo libro uscito nel 1976 intitolato *Jack the Ripper*[21] suggerisce un coinvolgimento massonico nei terribili omicidi dello Squartatore che sconvolsero Londra, libro dal quale, oltre tutto, è stato tratto il film *Murder by Decree* (*Assassino su commissione*). A questa opera nel 1983 ne è seguita un'altra, altrettanto vincente sotto il profilo delle vendite, intitolata *The Brotherhood*[22], che gettava ombre sinistre sulla Massoneria. Nel 1985 Stephen Knight è morto a soli 34 anni per un devastante tumore al cervello e subito si sono scatenate le illazioni più incredibili. La domanda che era sulla bocca di tutti suonava: «Come ha fatto la Massoneria a organizzare tutto questo per farlo fuori?». Nel 1990 in una trasmissione radiofonica un commentatore aveva proposto un'ipotesi: i massoni si erano serviti di un raggio della morte per provocare il tumore nella testa di Knight! Assurdità belle e buone, ed è anche per questo che il movimento anti-Massoneria ha poche possibilità di dare in qualche modo fastidio, tanto che per l'attuale organizzazione il fenomeno non è considerato un problema.

[21] Stephen Knight, *Jack the Ripper, The Final Solution*, London, HarperCollins, 1979 (ristampa in edizione economica).

[22] Id., *The Brotherhood – The Secret World of the Fremasons*, London, HarperCollins, 1994 (ristampa in edizione economica).

15

Lo scenario Tudor

Servizio segreto

La prima pietra per la costruzione del Shakespeare Memorial Theatre venne deposta nel corso di una pubblica cerimonia massonica a Stratford-on-Avon nel 1877 (vedi p. 102). Il rito era celebrato da lord William Leigh, Gran Maestro Provinciale del Warwickshire. Negli anni seguenti il teatro era stato sede di molte rappresentazioni shakespeariane, ma nel 1926 era andato distrutto da un incendio. Immediatamente l'antica pietra di fondamento era stata utilizzata per tenere a battesimo la realizzazione di un nuovo teatro[1], ed anche in questo caso la cerimonia inaugurale, tenutasi nel luglio del 1929, era stata officiata dalla Massoneria. Nell'occasione, erano presenti come graditi e illustri ospiti sir Arthur Olivier Villiers Russell, lord Ampthill, Pro[2] Gran Maestro della Grande Loggia Unita d'Inghilterra. Per le operazioni di posa le cronache ricordano che venne usato un mazzuolo antico di 4000 anni, prelevato dal sito archeologico egizio di Saqqara; i massoni presenti erano oltre 600, tutti abbigliati con gli emblemi della Fratellanza. William Shakespeare (1564-1616) visse nell'era elisabettiana e nella prima parte di quella dominata dalla Casa degli Stuart e morì un secolo esatto prima che venisse fondata la Grande Loggia. Quindi in che modo poteva esserci un suo collegamento con il movimento massonico hannoveriano?

Sappiamo che Giacomo I Stuart d'Inghilterra (1603-25) – Giacomo VI per gli Scozzesi – era un massone da molto tempo prima dell'affiliazione di sir Robert Moray – considerato il primo massone inglese – avvenuta nel 1641. Tuttavia, trascurando completamente le autentiche radici scozzesi della Fratellanza, i primi riferimenti illustrati, le prime immagini visive della Massoneria hanno tutti una matrice inglese a cominciare dal 1598. Questo accadeva proprio nel periodo shakespearia-

[1] Questo nuovo teatro venne inaugurato nel 1932 e nel 1961 gli venne dato il nome di Royal Shakespeare Theatre, dopo che nel 1960 per opera di Peter Hall era nata la compagnia stabile del teatro shakespeariano.

[2] Quando il Gran Maestro della Grande Loggia Unita d'Inghilterra è un membro della famiglia reale, viene nominato un Pro Gran Maestro che operi in sua vece. Non si tratta di un titolo formale, ma di un autentico incarico operativo.

Massone inglese, illustrazione tratta dal volume The Mirrour of Policie *del 1598.*

no ed appena poco prima che le due corone inglese e scozzese si unissero riconoscendo in Giacomo il loro unico sovrano. Questa prima raffigurazione comparve in un'opera intitolata *The Mirrour of Policie*, pubblicata a Londra da Adam Islip. Sulla copertina compariva la bilancia, simbolo della Giustizia, ed il sottotitolo *A work no less profitable than necessary for all magistrates and governors of estates and commonweals*[3]. Si trattava di un libro dedicato alla considerazione degli aspetti legali della gestione del territorio e del suo uso per finalità pubbliche, un tema, dunque, che nulla aveva a che fare con costruzioni o gilde di costruttori. Per quale motivo, allora, in una pagina compariva la figura di un massone, con tanto di squadra e compasso ed una corona ai piedi ad indicare l'Arte Regale?

Se si dà però un'occhiata più attenta all'illustrazione, ci si accorge che l'attrezzo che l'uomo appoggia sulla spalla destra non è una squadra, bensì la base e l'ipotenusa di un triangolo rettangolo. Il lato perpendicolare sta a terra, ai piedi del massone, rispecchiando questa posizione la cosiddetta 47ª proposizione di Euclide[4], così importante nel contesto massonico (*tav. 5*). Ma era anche la raffigurazione del terzo grado in auge ai tempi elisabettiani. Questo significava che il terzo grado hiramico, come introdotto negli anni Trenta del Settecento, si era già tra-

[3] *Nathan Bailey's Etymological English Dictionary*, 1721. La parola *commonweal* si riferisce alla terra comune o "terra destinata ad uso e beneficio pubblico".

[4] Il Teorema di Pitagora.

sformato in un'allegoria di se stesso. Questa osservazione è particolarmente intrigante perché suggerisce un'attività intensa e niente affatto sprovveduta e naif. Stava a sottolineare che il rituale dell'Arte era soprattutto una concezione di stampo allegorico, allusivo, in nulla diversa, in questo, dalla tecnica usata da Shakespeare in cui storie apparentemente banali e superficiali venivano utilizzate per trasmettere significati più profondi per coloro che avevano orecchie per intendere, come le parabole del Nuovo Testamento[5].

Anche se l'inclusione del principio copernicano del sole al centro dell'universo nelle ritualistiche delle logge all'inizio poteva apparire obsoleto, ora la sua accettazione appare egualmente significativa. Lungi dal segnalare un limitato intendimento a livello scientifico, costituisce un fatto indubitabile che, nei primi tempi del Collegio Invisibile, la Massoneria in embrione già sosteneva la scienza proposta da Galileo (1564-1642), dal resto del mondo considerata oltraggiosa ed eretica. Essa venne introdotta come principio di base – da intendere come ribellione a tutto il sapere dogmatico e precostituito – e tale era destinata a restare fino ai nostri giorni.

Collega e amico di Shakespeare nella società poetica e magica della corte elisabettiana era il Gran Maestro rosacrociano, Francesco Bacone (1561-1626). Poi fatto cavaliere da Giacomo I (VI), Bacone era stato nominato visconte di St. Albans per poter accedere alla carica di avvocato reale e Gran Cancelliere d'Inghilterra. Nella sua cerchia di illustri letterati ruotavano anche Christopher Marlowe, Edmund Spencer, Ben Jonson, Edward de Vere, John Fletcher e Philip Sidney, tutti, in modo diretto o indiretto, collegati al servizio segreto inglese, nato sotto gli auspici della regina Elisabetta al tempo del conflitto con la Spagna.

Capo di questo servizio segreto ante litteram, ambasciatore in Francia dal 1570, era stato nominato sir Francis Walsingham, un agente protestante[6]. Il suo rapporto riguardante la minacciosa flotta spagnola (la Invencible Armada) – oggi conservato fra i manoscritti della raccolta Sloane al British Museum – dal titolo *The Plot for Intelligence out of Spain*, è visto in assoluto come il primo documento formale elaborato da un servizio segreto di uno Stato.

Sin dai primi passi della sua creazione, Walsingham si era contornato di agenti segreti inviati a spiare ovunque. Uno dei suoi primissimi collaboratori era stato il noto astrologo e matematico John Dee (1527-1608). Incaricato di seguire gli interessi britannici in Polonia, Dee aveva riferito gli intrighi messi in atto da Vaticano e Spagna[7]. Qualche anno prima, nel 1562, sempre Dee aveva scoperto e messo le mani su uno

[5] «Ed egli disse loro: "A voi è dato di conoscere il mistero del Regno di Dio; ma a quelli che son di fuori tutto è presentato per via di parabole"» (*Marco* 4: 11).

[6] Richard Deacon, *A History of the British Secret Service*, London, Grafton Books, 1982, capitolo 1, pp. 23, 34.

[7] Ivi, capitolo 2, p. 34.

strano libro intitolato *Stenographia* di Johannes Trithemius, abate benedettino di Sponheim (1462-1516) da cui aveva appreso l'utilizzo di codici e cifrari, conoscenze che aveva immediatamente rese disponibili per l'utilizzo da parte delle spie agli ordini di Walsingham[8]. A seguito di questo, ebbe inizio la tradizione di identificare gli agenti con un numero, ma anche le persone coinvolte o i luoghi. Per esempio, l'Inghilterra era lo 039, 096 l'Olanda, 070 la Germania, la regina di Spagna era lo 055, mentre Maria, regina di Scozia era lo 003. John Dee, invece, era contrassegnato dallo 007 (lo stesso numero, come tutti sanno, di James Bond, la spia per antonomasia)[9].

Oltre alle attività svolte in ambito governativo e spionistico, Dee era uno dei consiglieri personali della regina Elisabetta e praticava l'arte dell'alchimia con il beneplacito reale. Era anche ben noto per l'opera *Liber Mystorium* che, per via delle "conversazioni angeliche" contenute, viene sovente associato ad un'antica, perduta arte (derivata dal biblico Enoch e conosciuta come magia enochiana), grazie alla quale sarebbe possibile comunicare con gli angeli, esercitando il comando su di loro, al fine di vedere realizzato ogni desiderio. In realtà, l'opera (oggi conservata in originale al British Museum) non ha niente a che vedere con le potenze angeliche, in quanto si tratta di una sorta di registrazione di discussioni in merito al servizio segreto vaticano, che Dee scrisse in forma criptata anche con l'aiuto dell'avvocato e compagno Edward Kelly[10].

I cattolici, nell'intento di screditare i rapporti di Dee, incominciarono a presentare i suoi scritti enigmatici come una specie di manuale di stregoneria, un ramo della magia nera che comportava il contatto con l'angelo Uriel, tramite un linguaggio sconosciuto. Da parte sua, Dee traeva gran vantaggio da queste interpretazioni false, giocando a suo pro con queste presunte relazioni con forze soprannaturali. Qualche anno dopo, i suoi scritti vennero presentati al consesso della Royal Society, brillantemente decodificati dal genio di Robert Hooke (inventore prolifico). Ciononostante, ancora oggi in moltissimi libri specializzati si continua a sostenere che le mosse vincenti dei servizi segreti britannici per contrastare l'azione di quelli vaticani sarebbero scaturite proprio dall'attività di mago ed occultista di Dee.

Il 30 maggio 1593, Christopher Marlowe veniva ucciso nel corso di una rissa in una taverna di Deptford, un sobborgo di Londra, dove, tra gli altri, era presente anche Robert Poley, una spia al servizio della figlia di Walsingham[11]. Stando al rapporto del coroner, nel gruppo si trovavano anche l'assistente di Poley, Nicholas Skeres, ed il segretario In-

[8] Ivi, p. 40.
[9] Robin Brumby, *Doctor John Dee: The Original 007*, Hemel Hempstead, Academic Board of Dacorum College, 1977, capitolo 1, p. 1.
[10] Deacon, *A History of the British Secret Service*, cit., capitolo 2, p. 43.
[11] Ivi, capitolo 2, pp. 51, 52.

gram Fritzer. Chi esattamente abbia mosso la mano omicida nei confronti di Marlowe non è ancora stato appurato ed è oggetto di continui dibattiti. Dopo l'assassinio ad andare in galera era stato Fritzer, il quale però, appena un mese dopo, era stato rilasciato in virtù della grazia concessagli dalla regina in persona. I soli fatti certi sono che domenica 20 maggio Marlowe era stato arrestato con l'accusa di eresia, ma era stato immediatamente rilasciato dalla Camera Stellata, una commissione giudiziaria abolita con rapidità sin dal tempo di questi fatti misteriosi[12]. Parrebbe, quindi, che la sua uccisione sia stata determinata da forti motivazioni di ordine politico, forse per evitare che alcuni importanti segreti di stato venissero a conoscenza dei servizi segreti di altre nazioni.

Massoneria shakespeariana

Messo piede nel regno di Bacone e Shakespeare, siamo in pratica entrati nell'arena rosacrociana, non solo in senso metaforico, ma anche concreto, con la realizzazione del Globe (1599), un teatro la cui stessa composizione si prestava come modello per l'esercizio dell'Arte della Memoria. L'ambiente massonico – che altro non è che uno scenario, proprio come quello del Globe – si fondava sullo stesso principio organizzativo, dove erano previsti i posti degli officianti, del mobilio e di tutto quanto necessario al funzionamento organico della loggia. Per questo, ad un tratto non più soltanto le attività della loggia ma anche la loggia stessa incominciò a trasformarsi in qualcosa di allegorico, esteso su una scala decisamente superiore. In questo contesto le colonne *Boaz* e *Jachin* (i pilastri di re Salomone) assumevano le fattezze e la grandiosità delle mitiche Colonne d'Ercole, così come ne discuteva sir Francesco Bacone nella sua opera *Advancement and Proficience of Learning – The Partitions of Sciences* (1605). Bacone ricorse alla stessa immagine anche in altri lavori: *Great Instauration – The Renewal of the Sciences* (1620) e *Sylva Sylvarum – A Natural History* (1626), dove è contenuta l'opera mai finita *La Nuova Atlantide*.

Peter Dawkins, del Francis Bacon Research Trust, spiega che il pilastro della mano sinistra – come si può osservare nella prima figura di p. 263 – è quello del sole (la Saggezza), mentre l'altro, quello di destra, è consacrato alla luna (l'Intelligenza). Il pilastro del sole (posto in piena luce) è contraddistinto dalla parola "Scienza" ed è sormontato dal globo che rappresenta il mondo visibile (*mundus visibilis*), ed il suo equivalente è *Jachin* (la stabilità). Il pilastro della luna (posto in ombra) è contraddistinto dalla parola "Filosofia" ed è sormontato dal globo che rappresenta il mondo invisibile (*mundus intellectualis*) ed il suo equi-

[12] Si veda la Marlowe Society: http://www.marlowe-society.org/. In parole povere, la Camera Stellata elisabettiana era una corte di giustizia in cui venivano proposti i processi anche se il loro esito era già noto.

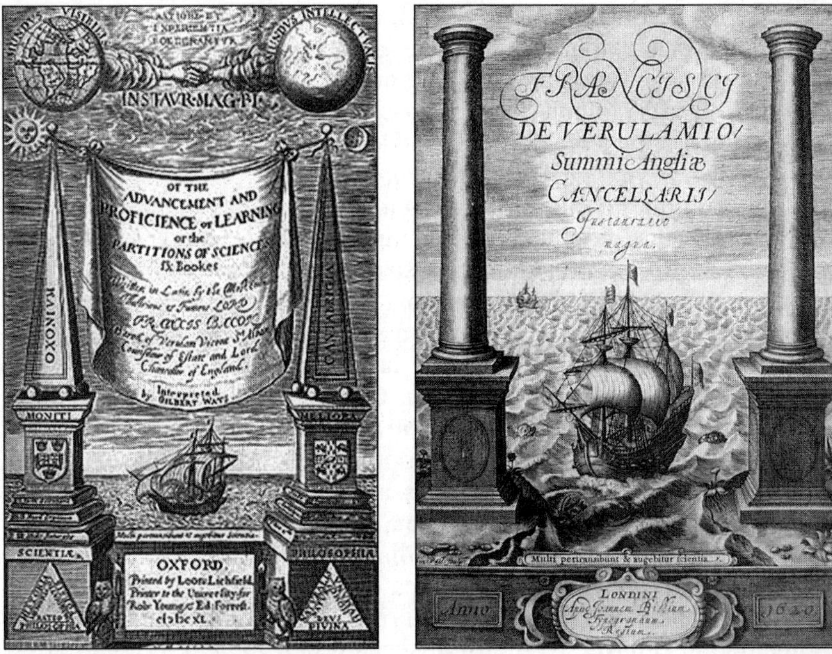

Le colonne baconiane e la nave Argo.

valente è *Boaz* (la forza). In termini universitari, il pilastro del sole porta il nome di Oxford, mentre quello della luna il nome di Cambridge. In mezzo ad essi si vede la nave *Argo*, che si muove sul mare alla volta del Vello d'Oro e che ha subito sotto il motto *Multi pertransibunt & augebitur scientia* ("Molti vi passeranno attraverso e la conoscenza si accrescerà")[13].

Tornando al testo intitolato *The Mirrour of Policie* con l'immagine del massone, ritengo non sia affatto una coincidenza casuale che sia comparso nel 1598 in concomitanza con il primo lavoro pubblicato di Shakespeare: *Pene d'amor perdute*. Stranamente, anche l'uscita nel 1723 della *Costituzione* del reverendo James Anderson è coincisa con il centenario della prima edizione in folio delle opere del grande inglese. Stando a Guglielmo, conte di Pembroke, e Filippo, conte di Montgomery, l'edizione originale del 1623 del *Folio of Comedies, Histories and Tragedies* di Shakespeare sarebbe stata dedicata (per dirla in termini massonici) «alla più nobile e incomparabile coppia di Fratelli». Quasi contemporaneamente, nel 1723, per opera di Benson Medley compariva anche l'edizione completa dei *Sonetti shakespeariani*, abbellita con una copertina sulla quale compariva un disegno con tanto di squadra e

[13] Peter Dawkins, *Dedication to the Light*, Coventry, Francis Bacon Research Trust, 1984, pp. 141, 142.

compasso e l'indicazione dei gradi massonici più elevati[14]. In pratica, era stato proprio con questa edizione (curata da Alexander Pope) che la Massoneria si era annunciata apertamente al mondo. Qualche tempo dopo, nel 1733, i simboli massonici del compasso e della squadra comparivano nell'appendice del libro-catalogo del dottor Peter Shaw dal titolo *The Philosophical Works of Francis Bacon*[15].

Alla luce di questo possibile collegamento fra Shakespeare e la Massoneria, diventa ragionevole constatare ed accettare alcune somiglianze fra i suoi scritti e la ritualistica massonica. Nella progressione per gradi, quando ci si riferisce ad una parola chiave, non lo si fa mai in modo completo, bensì soltanto in parte, a spezzoni. Il maestro celebrante chiede all'iniziando di pronunciare la parola, anche se lo avvisa che non lo può fare nella sua interezza. Gli viene chiesto di sillabarla o spezzarla. Nell'atto V, scena II di *Pene d'amor perdute* si recita una scena simile, solo che a farlo sono tre coppie che giocano sullo scambio di una parola. Biron dice alla Principessa: «Una sola parola, se permettete, in segreto». A seguire Maria dice a Dumain: «Ditela»; mentre Longaville suggerisce a Caterina: «Dividiamoci la parola a metà».

In riferimento alla prassi massonica dei segreti perduti, il celebrante chiede: «In che modo speri di poterli ritrovare?». La risposta corretta è: «Puntando al centro». Nell'atto II, scena II dell'*Amleto*, Polonio afferma: «Io scoprirò la verità nascosta, anche nascosta, dico, al centro della terra».

Nell'atto IV, scena VI del *Coriolano* si citano gli uomini dal grembiule; e nella *Tempesta*, sono presenti molti richiami alla Massoneria riferiti a Prospero, il maestro che, nel corso della commedia, avanza lungo la progressione dei gradi iniziatici. Viene presentato come un ottimo elemento (primo grado); quindi come studente appassionato delle Arti Liberali (secondo grado) ed infine nell'atto III, scena II è oggetto di un'aggressione da parte di alcuni furfanti che intendono colpirlo al capo con un pezzo di legno per rubargli i libri (terzo grado).

Una speciale rappresentazione della *Tempesta* venne data al Globe dalla compagnia shakespeariana (Gli uomini del Re) nel febbraio del 1613 in onore dell'imminente matrimonio fra la principessa Elisabetta Stuart e Federico V, Elettore del Palatinato[16]. In seguito i due sarebbero diventati i sovrani della Boemia, ma soltanto per qualche breve mese fra il 1619 ed 1620, cosa che fece attribuire a Federico il soprannome di Re di un inverno. Il loro regno di impronta protestante venne stroncato dalla Lega Cattolica e dal Sacro Romano Impero, le cui forze congiunte non avevano avuto difficoltà a soverchiare quelle boeme nella batta-

[14] Per ulteriori informazioni in merito rimando a Alfred Dodd, *Shakespeare, Creator of Freemasonry*, London, Rider, 1937.

[15] Francis Bacon, *The Philosophical Works of Francis Bacon*, a cura di Peter Shaw, London, J. J. & P. Knapton, 1733.

[16] E. K. Chambers, *William Shakespeare*, Oxford, Clarendon Press, 1930, vol. 2, p. 343.

glia del Monte Bianco nei pressi di Praga[17]. Era stato presso il loro erede, Carlo Luigi, principe del Palatinato, che John Wilkins aveva svolto la funzione di cappellano, prima di darsi da fare nel Collegio Invisibile ad Oxford. Invece il loro figlio più giovane, Rupert, sarebbe diventato uno dei comandanti in capo dell'esercito lealista fedele allo zio, il re Carlo I, e proprio lui sarebbe stato il primo a definire la cavalleria agli ordini di Cromwell gli "Ironside", gli uomini di ferro.

Il legame boemo

Sin dai tempi elisabettiani la grande città di Praga era un vero e proprio crogiolo di attività rosacrociane, in specie quando l'imperatore Rodolfo II aveva ufficialmente designato il conte Michael Maier (1566-1622) alchimista di corte. Nel 1612 Maier si era recato a Londra per accompagnare il principe Federico prima che si sposasse con la principessa Elisabetta Stuart. In Inghilterra, Maier e Shakespeare condividevano lo stesso editore, Thomas Creede. In questo periodo Robert Fludd, John Dee, Edward Kelly, Giordano Bruno e Giovanni Keplero avevano soggiornato a Praga, mentre la celebre Università di Heidelberg (dove il Palatinato aveva insediato il suo castello orginario) era il centro degli atenei associati d'Europa. Era stato proprio in questo momento storico che si era coniato l'aggettivo "bohémien" per indicare persone socialmente non convenzionali, sorrette da un modo, come dire, "filosofico" di accettare la vita.

Come tutti sanno, Giordano Bruno (1548-1600) era stato bruciato sul rogo per volere dell'Inquisizione cattolica, per il solo fatto che si diceva paladino della teoria copernicana. Negli anni Ottanta del 1500, Bruno aveva trascorso un paio di anni in Inghilterra, dove aveva potuto esercitare un'influenza non secondaria sulla corte di Elisabetta. Egli era un ardente studioso degli insegnamenti delle antiche scuole misteriche d'Egitto e si faceva soprattutto notare per la assoluta libertà di pensiero, per la grande tolleranza che mostrava nei confronti delle altre religioni e per l'alto senso filantropico. Caratteristico del suo pensiero era associare le arti ermetiche agli ideali della cavalleria e, sotto molti punti di vista, poteva essere considerato come l'epitome dell'uomo emergente, ideale verso cui aspirava un fratello massone[18]. A tal punto che si potrebbe persino arrivare a dire che Giordano Bruno potrebbe essere considerato l'iniziatore del concetto massonico inteso in termini sociali ed è indubbio che la sua inclinazione verso il difficile studio dell'Arte della Memoria ebbe un'influenza importante sull'opera successiva di William Schaw, colui che ebbe a redigere lo *Statuto* massonico in Scozia.

[17] Frances A. Yates, *The Rosicrucian Enlightenment,* St. Albans, Paladin, 1975, capitolo 2, pp. 51, 52.

[18] Ead., *Giordano Bruno and the Hermetic Tradition*, Chicago, IL, University of Chicago Press, 1964, capitolo 14, p. 274; capitolo 21, pp. 422, 423.

In termini shakespeariani, Bruno, il mago benevolo, si equipara alla figura di Prospero, al punto che il monaco avrebbe benissimo potuto essere il modello vivente dell'ispirazione teatrale[19].

Giovanni Keplero, un altro personaggio di grande spicco della confraternita dei boemi raccolti a Praga, era natio di Württemberg e nel 1596 (all'età di 24 anni) aveva pubblicato il volume *I misteri della Cosmografia*, dove postulava un modello del sistema solare e difendeva a spada tratta le teorie di Copernico. Schietto pitagorico, Keplero era convinto che l'universo fosse un'entità armonica, e che la creazione fosse governata soltanto da schemi geometrici e dai numeri[20]. Dopo aver esaminato i dati relativi al comportamento del pianeta Marte, raccolti nell'arco di una ventina di anni dall'amico e maestro Tycho Brahe (matematico presso la corte reale di Praga), Keplero aveva constatato una discrepanza evidente fra ciò che sosteneva Copernico e le osservazioni dal vivo del suo maestro. Questa importante considerazione lo aveva portato alla scoperta scientifica che le orbite dei pianeti del nostro sistema solare non seguono un percorso circolare ma ellittico, giungendo a formulare le famose Leggi di Keplero. La loro presentazione fa parte dei suoi lavori, *La Nuova Astronomia* e *L'Armonia del Mondo*, pubblicati rispettivamente nel 1609 e nel 1619. Secondo questa teoria, le distanze dei pianeti dal sole e il tempo periodico dei loro transiti sono calcolabili e, a dispetto delle continue ed ostinate opposizioni del clero e della Chiesa, questo confermava ulteriormente l'ipotesi eliocentrica del nostro sistema solare.

In quel momento, frattanto, Galileo Galilei aveva messo a punto il suo telescopio, grazie al quale le *Leggi* di Keplero furono ampiamente confermate. A dimostrazione di questa ipotesi, Galileo ebbe la capacità di prendere ad esempio il caso delle lune che ruotavano attorno al pianeta Giove, aprendo la strada, con questa intuizione, ai pensatori successivi, come Christopher Wren, Robert Hooke, Edmund Halley e Isaac Newton. Intanto, come ricompensa per aver svelato questi meravigliosi segreti della Natura, Keplero si era visto imprigionare la madre, processata e condannata al rogo con l'accusa di stregoneria.

Personaggi come Bruno e Keplero erano la linea di punta, l'avanguardia dello straordinario, effervescente movimento di studiosi della scuola boema, pienamente incanalata nella tradizione massonica scozzese di Casa Stuart, ispiratrice anche del movimento coagulatosi attorno alla Royal Society. Sopraffatti dalla Lega Cattolica, Federico ed Elisabetta avevano riparato in esilio in Olanda, dove avevano stabilito la loro corte all'Aia[21]. Era in questa città che aveva riparato il nipote di Elisabetta, il futuro re Carlo II, durante il periodo del Protettorato di Oliver Cromwell

[19] Ivi, capitolo 21, pp. 414-16.
[20] Michael White, *Isaac Newton – The Last Sorcerer*, London, Fourth Estate, 1997, capitolo 4, pp. 75, 76.
[21] Yates, *The Rosicrucian Enlightenment*, cit., capitolo 13, pp. 212, 213.

e prima che Samuel Pepys andasse a riprenderlo per riportarlo in patria all'atto della Restaurazione del 1660[22]. Era per questo che quando Carlo era approdato a Londra si era subito fatto coinvolgere nella passione per gli studi alchemici e si era compiaciuto di trovare e di circondarsi di giovani menti geniali come quelle di Wren, Hooke e Boyle, studiosi in grado di continuare l'opera di Giordano Bruno e Keplero. In questo frangente storico il rosacrocianesimo Stuart e la Massoneria elisabettiana crescevano nello stesso contesto, quasi uniti, e in Inghilterra tali si erano mantenuti fino alla Rivoluzione voluta dai Whig del 1688, quando la Casa reale degli Stuart era nuovamente stata costretta all'esilio in Europa. E così quando nel 1717 la nuova Massoneria riformata degli Hannover aveva preso piede, la cosa migliore da fare era stata quella di cercare di riannodare i fili, di salvare il salvabile, anche se si trattava ormai di poca cosa. Da parte loro i rosacroce scientifici avevano proseguito la loro attività all'estero, anche se alcuni dei loro antichi simboli e segni sembrava che si fossero conservati, proprio come accadeva ai tempi di Francesco Bacone e William Shakespeare.

Nelle tavole 9 e 11 si possono apprezzare le somiglianze fra gli emblemi rosacrociani ed i simboli massonici. Nel primo disegno le colonne della tradizione dei Rosacroce sono indicate con *J* e *B* e, ovviamente, sono *Jachin* e *Boaz*. Sono raffigurazioni del sole e della luna, ma anche delle Colonne d'Ercole cui fa cenno Bacone. Nel secondo disegno l'occhio che tutto vede sta al centro, mentre la piccola colonna che sta in basso a sinistra riporta una scritta che la segnala essere quella di Zorobabele, in accordo con l'iscrizione di William Sinclair a Rosslyn (vedi p. 179). La piccola colonna a destra (la Bellezza) ricorda molto da vicino la Colonna dell'Apprendista, il capolavoro della Cappella di Rosslyn, ed è identificata con *Raphadon* (il luogo del riposo), un termine particolare che compare nel quindicesimo grado del Rito Scozzese della Massoneria, conosciuto come il Cavaliere d'Oriente o la Spada[23].

A proposito delle tante affinità, se ne trova un'altra significativa con la parola massonica e con la sua relazione diretta con il concetto di Luce. Nella tavola 7, tratta da un'edizione del 1784 della *Costituzione* di Anderson, si vedono dei raggi di luce riflessi all'interno della loggia da uno specchio. Questa immagine è sviluppata dal frontespizio relativo all'opera *Ars Magna Lucis et Umbrae*, pubblicata nel 1646 da Athanasius Kircher (vedi figura a p. 269). Forse Kircher non era un'autorità in fatto di decifrazione di geroglifici egizi (vedi p. 205), ma è stato certamente questo suo concetto di luce ripresa e riflessa da uno specchio che ha portato alla concezione della lampada magica del mago, poi trasformatasi in Lanterna Magica.

[22] Samuel Pepys, *The Illustrated Pepys* (a cura di R. Latham), London, Penguin, 2000, alle pagine del diario dal 14 al 25 maggio 1660, pp. 25-27.

[23] Philip Coppens, *The Stone Puzzle of Rosslyn Chapel*, Enkuizen, NL, Frontier, 2004, capitolo 8, p. 71.

Come in parte già abbiamo visto, il lavoro di Kircher esercitò un notevole influsso su pensatori e studiosi della Royal Society come, per esempio, Christiaan Huygens e Isaac Newton, soltanto che, come tutte le opere di risvolto scientifico del tempo, era ammantato di un profondo ermetismo. Nelle illustrazioni che lo corredano compaiono molti temi tipici della Massoneria. Troviamo, per esempio, il caduceo di Hermes sormontato dall'occhio che tutto vede, con accanto un libro della legge sacra. Siamo al cospetto di richiami prettamente massonici e questo ben 92 anni prima che Anderson e colleghi li introducessero nei loro libri. Uno spunto interessante offerto da Kircher riguarda l'occhio onnisciente: è l'annotazione che ad Heliopolis in lingua araba era detto *Ainschems* (occhio del sole). Dunque il punto nel centro di un cerchio ⊙ non era soltanto il simbolo della luce, ricordando il disco solare, ma anche il simbolo del suo fuoco più interiore.

L'Occhio che tutto vede posto in cima ai caducei (vedi figura a p. 269) è un'immagine densa di significato. Il collegamento con l'*Alkhame* è stato già precedentemente notato (vedi p. 163) insieme alla solita associazione con l'Occhio di Dio; ma ha anche un'implicazione ulteriore all'interno della filosofia rosacrociana.

Il caduceo (due serpenti spiralati attorno ad una verga centrale) è stato simbolo della medicina sin dai tempi dell'antica setta egizia dei Terapeuti ed ancora oggi compare nelle icone delle istituzioni mondiali di medicina e sanità.

Nella tradizione esoterica, il bastone attorno al quale si avvolge con le sue spire un serpente raffigura la colonna vertebrale ed il sistema nervoso. In cima – laddove Kircher ha riprodotto l'occhio onnisciente – si trova il centro vitale, la ghiandola pineale[24]. Nella tradizione ermetica delle scuole misteriche egizie, il processo per acquisire l'illuminazione della coscienza era un atto di somma importanza e si realizzava tramite passi successivi con la rigenerazione progressiva delle 33 vertebre della colonna vertebrale[25]. È anche per questo motivo che l'Arte della Massoneria si basa sul concetto dei 33 gradi[26].

La ghiandola pineale è una piccola ghiandola a forma conica, collocata in mezzo al cervello, ma distinta dai due emisferi e di materia differenziata rispetto a quella cerebrale. Grande appena come un chicco di grano, la pineale venne ipotizzata dal filosofo francese René Descartes (Cartesio, 1596-1650)[27], che la definì «sede dell'anima», ossia il punto

[24] Yatri, *Unknown Man*, London, Sidgwick & Jackson, 1988, p. 86.

[25] La spina dorsale dell'uomo è composta di 24 singole vertebre (7 cervicali, 12 toraciche e 5 lombari), più le sezioni separate del sacrum e del coccige, formate rispettivamente da 5 e 4 vertebre, per un totale di 33 in tutto.

[26] M. P. Hall, *The Secret Teachings of All Ages*, Los Angeles, CA, Philosophical Research Society, 1989, p. LXXIX.

[27] Ivi, p. XIX, Cartesio condivide con Francesco Bacone l'onore di aver dato il via a quelle che si possono considerare la filosofia e la scienza moderne. Inventò la geometria analitica e gettò le basi dell'ottica.

Frontespizio del libro Ars Magna Lucis et Umbrae *(La Grande Arte della Luce e delle Tenebre), di Athanasius Kircher, 1646 (collezione privata).*

cruciale dove il corpo e la mente si congiungono[28]. Questa ipotesi faceva parte del pensiero dei filosofi greci, tanto che nel IV secolo a.C. il medico ed anatomista Erofilo di Alessandria già aveva descritto la ghiandola pineale come l'organo cui è deputato il compito di regolare il flusso dei pensieri.

La pineale ha per molto tempo incuriosito gli studiosi di anatomia, perché mentre il cervello è composto da due emisferi, questa piccola ghiandola è sola, non ha controparte[29]. Per molto tempo è stata chiamata l'Occhio della Saggezza (o Terzo Occhio), il chakra della coscienza illuminata e della visione interiore[30], vale a dire la capacità di vedere le

[28] Serena Roney-Dougal, *Where Science and Magic Meet*, Shaftesbury, Element Books, 1993, capitolo 4, p. 91.
[29] Colin Wilson – John Grant, *The Directory of Possibilities*, Exeter, Webb & Bower, 1981, p. 144, alla voce *Pineal Eye*.
[30] Debbie Shapiro, *The Body Mind Workbook*, Shaftesbury, Element Books, 1990, capitolo 3, p. 49.

cose con chiarezza tramite l'intuizione. Sotto questo aspetto, si può avvicinare all'occhio che tutto vede e si deve ammettere che Kircher l'aveva identificata alla perfezione.

Strumenti raffinati

Tornando adesso al già citato manoscritto intitolato *The Mirrour of Policie* (1589)[31], traduzione di *Le miroir politique* di Guillaume de la Perrière, scopriamo che un altro libro di questo stesso autore, dal titolo *The Theatre of Fine Devices*, il 9 maggio 1593 venne depositato presso la Stationer Hall. Il deposito era stato effettuato da Richard Field, un amico di Shakespeare, anche lui natio di Stratford-on-Avon. Subito dopo, alcuni versi sibillini firmati da Edward de Vere, conte di Oxford, incominciarono a diffondersi all'interno dei circoli di corte. Intitolata *Labour and its Reward*, la composizione allude al fatto che la conoscenza è accessibile a tutti, a qualunque condizione sociale appartengano:

> Il povero muratore che costruisce i palazzi dei lord,
> non vi abita, perché essi sono per i nobili.
> La sua modesta dimora è fatta con pareti di cartapesta
> e non con mattoni e pietre, come le altre[32].

The Theatre of Fine Devices era stato in precedenza registrato a Parigi nel 1539 con il titolo originale di *Le Théâtre des bons engins* e pubblicato a Lione nel 1545. La traduzione in inglese era stata curata dal poeta Thomas Combe, un altro amico di Shakespeare, a cui il grande bardo aveva lasciato in eredità la sua spada. Dedicato a Margherita di Francia, regina di Navarra[33], nel libro erano compresi cento esempi emblematici di magia e qualità morali, illustrati dalle figure di dèi, divinità e personaggi come Hermes e Pitagora, tutti dal vago sapore alchemico e fortemente allegorici. In uno di questi quadretti (a ricordo della bilancia della dea egizia Ma'at) la falsità, pesata, vale meno di una piuma leggerissima. In altri quadri, invece, si notano uomini e donne che tengono fra le mani delle grandi chiavi.

Ciò che risulta però alquanto strano – tenuto conto della qualità delle pubblicazioni di Richard Field – è che le immagini che illustrano gli esempi simbolici di Guillaume sono rese in modo grezzo. Se è vero che il loro contenuto simbolico è prezioso, è indubbio che le illustrazioni non hanno alcun valore artistico. Ciononostante, nel 1614 Field ripubblicò il testo senza apportargli alcuna modifica, a significare, pertanto,

[31] Una copia è conservata alla British Library, numero di registrazione 19237, posizione di scaffale 521.g.i.
[32] La poesia venne pubblicata nel 1573. Si veda anche J. Thomas Looney (a cura di), *Shakespeare Identified*, London, Cecil Palmer, 1920, vol. 1, p. 572.
[33] Anche la regina Margherita (1492-1549) era una poetessa, nonché autrice dell'*Heptameron*, 72 novelle di ripicche e scherzi alla maniera del *Decameron* del Boccaccio.

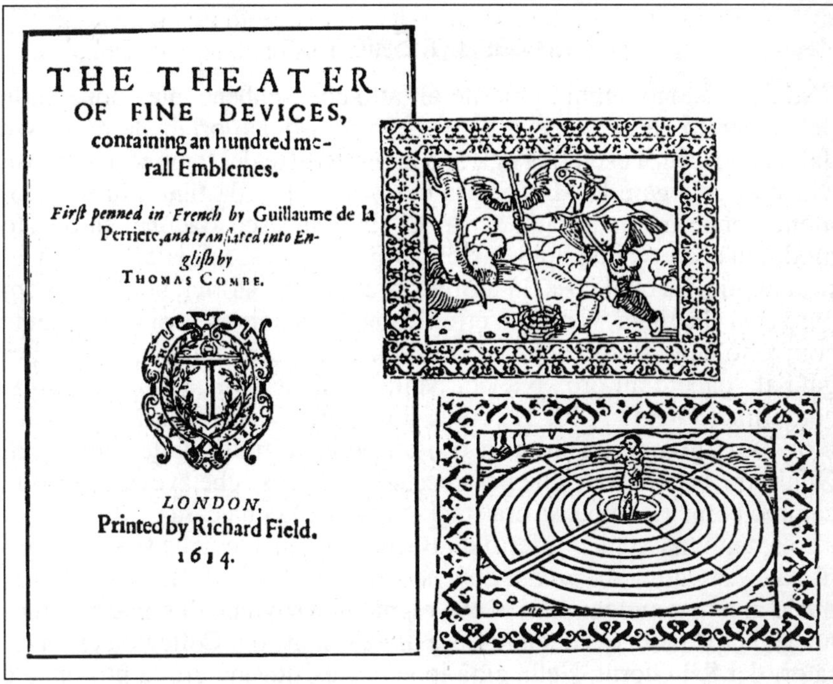

Frontespizio ed illustrazioni dell'opera The Theater of Fine Devices.

che si trattava di un'opera nella quale credeva. Basti pensare che la parte grafica migliore (e più interessante per noi) di tutto il libro è quella che compare nella pagina del titolo, che risulta differente da quella dell'edizione francese. Ventisei anni prima che sir Robert Moray venga ufficialmente iniziato alla Massoneria, il simbolo che l'editore Field decide di stampare sul frontespizio di questo libro è un serto massonico con all'interno un'ancora.

Nella *Dedica* originale del suo lavoro, Guillaume paragona le sue immagini a geroglifici egiziani, riferendosi ad esse come «simboli esplicativi». Tuttavia, all'interno del contesto generale del libro almeno un'immagine particolare si discosta da questa impostazione, perché fortemente ancorata alla realtà. Si tratta della raffigurazione (sufficientemente ben fatta per essere riconoscibile) del labirinto della cattedrale di Chartres. In mezzo si vede un uomo di cui, molto stranamente, non si possono scorgere i piedi, quasi come se li avesse infilati nel foro che sta al centro del labirinto. Se torniamo per un attimo alla Massoneria, al rituale relativo al segreto perduto della Fratellanza, sappiamo che «l'uomo sta nel centro». Come già ripetuto più volte, questa immagine si collega direttamente con l'icona del punto che sta nel centro di un cerchio ⊙, ma anche al concetto di luce, pane, oro, Pietra Filosofale ed Arca dell'Alleanza.

La casa di Salomone

Non sussistono dubbi in merito al fatto che, sebbene una buona parte del substrato che sosteneva il pensiero massonico originale derivasse dalla conoscenza esoterica egizia e in particolare del faraone Thutmosi, l'idea di collegare la Massoneria del post 1717 alla figura di re Salomone venne mediata dagli scritti di sir Francesco Bacone. In questo modo, fu come se il tempio di Heliopolis traslocasse direttamente a Gerusalemme. La qual cosa, in termini strettamente storici, non è poi neppure così sbagliata, visto che effettivamente Salomone era sicuramente coinvolto nello studio delle arti mistiche, in special modo quelle collegate al "pane e all'oro" bianco. Nella versione biblica dei *Settanta* si conferma (*3 Re* 5: 7, 10: 11) come il re Huram di Tiro fornisse a Salomone una grande quantità di oro alluvionale tratto dalle miniere di Ophir, presso Sheba, e che per questo la sola cosa che aveva chiesto in cambio come ricompensa era stata «pane per la mia casa».

Lo spunto massonico offerto da Bacone è evidente nella sua opera intitolata *La Nuova Atlantide*, dove si parla dell'isola di Bensalem, sulla quale in tempi antichissimi aveva regnato un sovrano di nome Salomone. La sua dimora era detta la Casa di Salomone o il Collegio dei Lavoratori dei Sei Giorni. Nella città ipotetica esistevano grotte profonde e altissime torri utilizzate per l'osservazione e lo studio dei fenomeni naturali; grandi costruzioni dove gli scienziati locali cercavano di imitare il comportamento delle meteore, del vento, dei fulmini e della pioggia; immensi giardini botanici e pascoli dove ogni genere di animali ed insetti potevano venire studiati nel loro ambiente naturale. I saggi che componevano il Collegio confrontavano i loro lavori, le ricerche eseguite e quindi, tutti insieme e d'accordo, deliberavano quelli che dovevano essere pubblicati e le ricerche che invece dovevano ancora essere ulteriormente approfondite. In altre parole, era l'isola dell'utopia della Royal Society.

Nel 1667 Thomas Sprat, un amico di John Wilkins del Wadham College di Oxford, storico della Society, ne pubblicò la storia in un libro dal titolo *History of the Royal Society of London*. L'introduzione ad una successiva edizione inizia con questa frase:

> La Casa di Salomone immaginata da sir Francesco Bacone nella sua *La Nuova Atlantide* prefigurava in modo profetico l'organizzazione della Royal Society [...] Bacone favoleggiava ed anticipava il trionfo del nuovo empirismo; negli anni Quaranta e Cinquanta legioni e schiere di studenti ne reclamavano l'adozione in scuole, università e monasteri dediti alla scienza, e a tutto questo fermento la Royal Society seppe offrire un fulcro ed un simbolo[34].

[34] Thomas Sprat, *History of the Royal Society of London for the Improving of Natural Knowledge* (ristampa dell'edizione del 1667), London, Routledge & Kegan, 1959.

Sprat enfatizza il fatto che «Francesco Bacone fu quel grande uomo che ebbe l'intuizione di immaginare questa grande impresa in tutta la sua estensione». In verità, per tutto il periodo giorgiano e vittoriano, questo venne tranquillamente dimenticato. Lo scenario britannico si era, come dire, "germanizzato", diventando austero e profondamente materialistico, al punto che a Bacone non si guardava più come ad un filosofo ispirato, ma piuttosto come ad un "confuso visionario". Questo atteggiamento traspariva chiaro negli scritti critici di lord Thomas Macaulay[35], i cui commenti, in verità, si basavano su una conoscenza molto superficiale dei suoi scritti, adeguandosi più che altro alle opinioni in auge al suo tempo[36]. Non solo in quel mondo di scienza utilitaristica e pratica – e quindi, di riflesso anche nella realtà storica – l'autentica *raison d'être* della Royal Society era stata dimenticata, ma questo avveniva anche all'interno e nei circoli legati alle logge massoniche. L'idea prettamente baconiana che malgrado tutto la conoscenza avrebbe prevalso e che la saggezza dei tempi non sarebbe mai venuta meno, era stata come svuotata e sostituita dalla sua allusione simbolica, il che, in altre parole, stava a significare che per acquisire la conoscenza era necessario rinascere, tornare alla vita dopo essere morto. Ecco così sovrapporsi la leggenda del mitico Hiram Abiff, intesa come la storia originale sulla quale si era da sempre basata la concezione esoterica del movimento massone.

Uno dei grandi segreti smarriti dell'Arte stava proprio nel mistero del suo stesso esistere, la ragione del suo essere, basata sull'Arte della Memoria. Rituali, celebrazioni, rappresentazioni e recite erano stati tutti impostati in modo da poter riportare facilmente alla mente i grandi concetti che essi simboleggiavano. Ma, ad un certo punto, i simboli erano diventati essi stessi la finalità, negando così ai fratelli il vero motivo per cui ci si affiliava. Se si tiene conto di queste importanti osservazioni, diventa meno difficile comprendere come mai negli anni più recenti della storia massonica si continuano a individuare delle situazioni di ingenuità e superficialità, come se tutto procedesse a frammenti e singole sezioni. Le rappresentazioni, le cerimonie, ovviamente, non sono nate per se stesse, ma per ciò che proprio Bacone definiva gli Idoli del teatro – raffigurazioni e opere allegoriche – microcosmi, sintesi di quegli insegnamenti filosofici ed esoterici a cui egli faceva allusione.

William Shakespeare visse in una Londra in cui le attività di commercianti, artigiani ed artisti erano ancora raggruppate nelle corporazioni cittadine, molte volte decisive nella definizione dell'assetto urbanistico della città e per almeno sei secoli nella scelta del primo cittadino. In un manoscritto di Shakespeare in cui si discute di un'opera da intitolare

[35] Lord Macaulay, *Critical and Historical Essays*, London, 1862, vol. 1, ristampato per conto della «The Edinburgh Review» nel 1837.

[36] Margery Purver, *The Royal Society, Concept and Creation*, London, Routledge & Keegan Paul, 1967, capitolo 2, pp. 22, 23.

Sir Thomas More si contano almeno tre pagine in cui risulta più che evidente l'interesse per la Massoneria[37].

In pratica le corporazioni gestivano e tenevano sotto controllo tutte le commesse e gli appalti delle diverse attività legate alla gestione della città. Le eccezioni erano rare e quando accadevano riguardavano degli stranieri o dei lavoratori non specializzati (i "mandriani" nel gergo massonico), alla condizione che qualora un iscritto alla corporazione si fosse servito di uno di questi lavoratori lo avrebbe dovuto obbligare alla segretezza. Quando i membri di una loggia venivano a conoscenza di un fatto di questo genere, sottoponevano la persona coinvolta ad una sorta di processo detto "*mobbing*". Che non era ciò a cui immediatamente va il nostro pensiero oggi, ma qualcosa di diverso e di cui lo stesso Shakespeare parla sempre nel documento dedicato all'opera *Thomas More*. Questo riferimento è stato sovente assunto a comprova dell'affiliazione massonica del grande bardo, ma in realtà non lo può essere in modo definitivo. Ciò che, al contrario, lo testimonia potrebbe essere il fatto che, in quanto poeta e autore di teatro, Shakespeare era ansioso di conoscenza ed era un ottimo ricercatore. Oltre a questo, la sua certa familiarità con sir Francesco Bacone e i molteplici riferimenti che si trovano disseminati in tutte le sue opere fanno ritenere plausibile fosse anch'egli un adepto del movimento rosacrociano nei suoi risvolti prettamente massonici. Fino a che punto lo possa essere stato non è facile dire, ma la sua solidarietà di fratello deve essere stata considerata come decisamente importante se in ben due riprese – nel 1877 e nel 1929 – i Grandi Maestri della Massoneria si impegnarono a celebrare ufficialmente la posa della prima pietra del teatro dedicato alla sua memoria.

[37] Albert Mackey, *Encyclopedia of Freemasonry* (edizione in facsimile di quella originale del 1909), Kila, MT, Kessinger, 2003, alla voce *Shakespeare*.

16

Gilde e tradizioni

I misteri

La difficoltà di identificare una data di nascita precisa per la Massoneria sta nel fatto che non esiste un esatto momento in cui ciò è accaduto. Disponiamo di alcune date importanti, che segnano avvenimenti che hanno fatto la storia dell'associazione, ma questa (per quanto concerne la sua vita negli ultimi tre secoli almeno) si è sviluppata da movimenti diversi e distinti, anche se in qualche modo fra loro correlati. La prima conseguenza di questo amalgama di concetti diversificati è che i singoli ideali sono stati, come dire, diluiti, se non a volte addirittura trascurati. Un esempio banale. Le due correnti principali che sono convogliate nel movimento ideologico massonico sono state da una parte quella rappresentata dalle corporazioni e dalle gilde professionali, dall'altra dagli istituti ad impronta scientifica. Ma non è detto che un massone debba necessariamente essere un commerciante, un artigiano o uno scienziato. Inoltre, ciascuna di queste correnti, artistica, accademica o scientifica che fosse, aveva anche una propria inclinazione filosofica e non per questo era necessario che l'adepto fosse un filosofo.

Quando un fratello apprendista è iniziato alla Massoneria, viene ammesso ai cosiddetti "privilegi e misteri" dell'Arte. I privilegi sono facili da identificare, in quanto sono tipici di tutte le società, i club, gli istituti, le associazioni, le corporazioni, le compagnie e quant'altro. Molto semplicemente, sono quelle prerogative, quelle facilitazioni, quelle possibilità che vengono garantite aderendo al gruppo, come per esempio il libero accesso alla sede, oppure la consultazione di volumi di una data biblioteca. Al contrario, i misteri sono qualcosa decisamente più difficile da inquadrare. Si può immaginare che, in termini massonici, si tratti della comprensione di simboli, segni ed allegorie, ed almeno in parte questo è vero. Ma non si tratta, comunque, di questioni rintracciabili al di fuori del contesto di una loggia, dal momento che non fanno parte della vita di ogni giorno. Per questo, voler svelare la loro natura non è un desiderio che possa stimolare una persona qualunque che non faccia parte della Fratellanza. L'interesse scatta solamente nel momento in cui ci si avvicina alla Massoneria e si diventa affiliati.

Ed allora: per quale motivo diventerebbe importante essere introdotti alla conoscenza dei misteri? La risposta più semplice è che non è affatto importante. Non si tratta di misteri nell'accezione tradizionale del termine, né di aspetti o conoscenze scientifiche o di filosofia naturale peculiari soltanto del verbo massonico. Queste cose potranno anche essere misteriose, e certamente lo sono, ma non possono essere insegnate. Sono convinto che si impari di più di scienza e filosofia naturale scorrendo un solo numero di una rivista come «New Scientist» di quanto si possa apprendere in questi campi da un'intera vita trascorsa a frequentare una loggia massonica. Gli autentici misteri erano quegli aspetti ancestrali della Massoneria che erano inerenti alla sua concezione di base, iniziale, primitiva. Il concetto stesso di loggia costituisce un mistero, grazie alla sua continua evoluzione. Ed infatti anticamente le logge erano anche dette misteri.

Nel capitolo precedente si è parlato di William Shakespeare in relazione alle gilde corporativistiche ed alle associazioni professionali della città di Londra. Queste particolari istituzioni esistevano già nel 1170 come gruppi di artigiani e di commercianti che si univano fra loro in difesa dei loro diritti e della loro professionalità. In Scozia, per esempio, fin dal loro nascere si erano organizzate come veri e propri centri di propaganda commerciale. Se qualcuno aveva bisogno di trovare muratori, costruttori di tetti o carpentieri per qualche progetto importante, le gilde avevano i loro associati da segnalare. Si trattava anche di società di mutuo soccorso, che perseguivano delle finalità comuni, una sorta di sindacato ante litteram. Non avevano alcun segreto da nascondere, almeno nel senso tradizionale del termine.

La più famosa di queste gilde, attiva ancora oggi, era quella dei venditori di stoffe, dei merciai. Fondata nel 1180, nel 1364 era stata riconosciuta con un decreto reale da parte di Edoardo III e nel 1209 come suo responsabile capo era stato eletto il primo sindaco di Londra, Henry fitz Alwyn. Il nome completo della compagnia, che aveva nel suo simbolo araldico un grande ariete dalle corna dorate, era *Il Maestro e gli Affiliati e i Fratelli e le Sorelle della Gilda della Fratellanza della Benedetta Vergine Maria del Mistero dei Merciai della Città di Londra*[1].

Tanto per incominciare, vale subito osservare l'uso di termini come maestro, affiliato, fratelli e fratellanza, proprio come in uso nella Massoneria. Qui in più abbiamo la citazione delle sorelle, un fatto che, indubbiamente, costituisce una differenza non da poco fra queste gilde di commercianti e le nascenti logge massoniche. Mentre le donne erano membri effettivi di alcune corporazioni come quelle dei merciai, dei tessitori, dei cappellai, dei rilegatori e persino degli orafi, non lo potevano essere per altre come, per esempio, quelle dei tegolai, dei martellatori e dei muratori. Quando andavano in sposa a membri appartenen-

[1] Il sito web della Compagnia dei Merciai è il seguente: http://www.thedrapers.co.uk.

ti ad un'altra gilda erano costrette a dare le dimissioni da quella, eventuale, a cui appartenevano. Tuttavia, dopo il lavoro, non erano gli affiliati esterni (uomini o donne che fossero) che si incontravano nelle varie taverne sede dei loro appuntamenti (l'*Apple Tree* o la *Goose and Gridiron*, per esempio), bensì soltanto i membri eccellenti e più anziani. Essi, tra l'altro, si conoscevano tutti in quanto i maestri e gli adepti eminenti erano anche coloro che, in pratica, costituivano le gerarchie delle corporazioni cittadine. Le taverne e le locande erano, per tradizione, i luoghi del ritrovo, esattamente come gli iscritti alle associazioni dei Lloyd frequenteranno le caffetterie. Dopo qualche tempo, le riunioni tra le gilde incominciarono a essere sempre più frequenti, traslocando le sedi dai locali al piano terra a quelli rialzati o più riservati, dove andavano poco alla volta a prender forma le strutture e le cerimonie delle logge, sullo schema già collaudato delle corporazioni professionali. Un altro particolare che non ci deve sfuggire nel nome della gilda dei merciai è anche la parola mistero, il *Mistero dei Merciai*.

A partire dal 1154, nonostante il fatto che sin dal 1066 le dinastie reali britanniche discendevano dal ceppo normanno – culminando, per via di un legame matrimoniale, con Stefano conte di Blois – nella regione dell'Anjou aveva iniziato a configurarsi con sempre maggior forza un nuovo lignaggio regale di matrice francese, la Casa dei Plantageneti. Intanto, appena qualche anno dopo, nel 1161, in Fleet Street a Londra si stabiliva il quartier generale dell'Ordine Templare (nella zona conosciuta ancora oggi come Temple), da dove l'influenza francese in città si era ampiamente diffusa[2].

D'altra parte, la lingua francese era corrente nella capitale inglese, tanto che lo stesso inglese ne venne fortemente influenzato e modificato, con la nascita di una cospicua serie di vocaboli ibridi, di facile uso sia da parte dei cittadini francesi che da parte di quelli inglesi: un ottimo strumento di comunicazione.

L'origine della parola "mistero", così come in genere siamo soliti intendere, risale all'antico greco e faceva riferimento a delle cerimonie di natura privata. Ma se ci riferiamo alle congregazioni ed alle gilde di merciai, tessitori, speziali, mercanti, sarti ed altre associazioni professionali, la parola "mistero" derivava da una corruzione del vocabolo dell'antico francese *mestier*, che significava, appunto, attività, occupazione[3]. Dunque il Mistero dei Merciai stava semplicemente a significare "attività di merciaio". Le logge massoniche, di conseguenza, erano "misteri" sotto almeno due aspetti: 1) la loggia intesa come luogo in cui si celebravano cerimonie private; 2) le corporazioni dei mestieri, in tutto simili alle associazioni ed alle gilde londinesi prese a prestito per i

[2] Di questo argomento e dei possedimenti templari a Londra si è già in parte parlato nel Capitolo 7.

[3] Come il termine italiano "mestiere", deriva dal latino *minister*, servitore, aiutante.

modelli organizzativi ed anche nell'imitazione degli stendardi, dei labari, degli stemmi araldici e delle insegne. Questi erano i "misteri" a cui aveva accesso il massone all'atto della iniziazione.

Oltre al movimento massonico, un altro derivato dei cosiddetti misteri londinesi è stato il City & Guilds Group. A partire dal 1858 questo istituto è diventato in Inghilterra uno dei più precisi punti di riferimento nazionale per le scuole e l'orientamento professionale dei lavoratori. Approvato con un decreto reale nel 1900, il City & Guilds International conta oggi ben 8500 centri sparsi nel mondo ed è in grado di offrire oltre 500 diversi tipi di qualificazione professionale[4].

L'anima della città

A Londra, e soprattutto in Scozia, i Cavalieri Templari avevano incominciato a far avvertire la loro influente presenza a partire dal XII secolo. In Scozia un paio di secoli dopo erano diventati decisamente importanti. Grazie alle esperienze maturate nel Medio Oriente, essi avevano introdotto in Inghilterra nuove concezioni commerciali ed una rete di sistemi bancari d'avanguardia, avevano fondato ed incoraggiato lo sviluppo di scuole, ospedali, università ed attivato una forma di contribuzione sociale destinata a trasformarsi nel tempo nelle primissime forme di assicurazione. In Scozia, furono i Templari ad introdurre il concetto medievale, mediato dalla Francia, delle gilde e delle corporazioni (sul tipo dei Figli di Salomone), con incontri all'interno delle logge organizzati sul modello dei capitoli cavallereschi. Lo stesso era accaduto a Londra ed anche se queste corporazioni non si erano tanto diffuse in terra inglese, erano egualmente cresciute poco a poco fino a trasformarsi nel cuore pulsante dell'economia nazionale, con i centri operativi nella Casa del Comune e nel Palazzo delle Gilde, ancora oggi destinati ad ospitare gli uffici dirigenziali degli odierni sindacati inglesi.

Le implicazioni filosofiche derivate dall'era baconiana si erano estese da nord a sud dell'Inghilterra, anche a seguito degli effetti prodotti dalla Riforma, tanto che dopo il 1603 si poteva ben dire che la nazione era diventata una terra di filosofi. In questo scenario, intanto, si era sviluppata la Fratellanza di Praga – e in generale il gruppo dei "boemi" – impegnata negli studi di filosofia naturale, movimento di idee che in Inghilterra aveva toccato l'apice nel 1662 quando il re Carlo II aveva riconosciuto la Royal Society. Ma, appena quattro anni dopo, c'era stato il terribile, grande incendio di Londra, ed era stato necessario lavorare duramente fino al 1708 per vedere i frutti della ricostruzione. Nel frattempo c'era stata la Rivoluzione del 1688 voluta dai Whig e gli Stuart erano già stati consegnati alla storia.

Ovviamente, nel programma di ricostruzione della città si erano trova-

[4] Il sito web di City & Guilds è: http://www.city-and-guilds.co.uk.

te impegnate tutte le corporazioni. Molte erano addirittura rimaste senza alcun punto di riferimento, perché le loro sedi erano andate distrutte e quindi avevano risposto con sollecitudine alla chiamata dell'architetto in capo designato delle opere di ricostruzione: Christopher Wren. Fu in questo periodo che maestri e affiliati incominciarono a ritrovarsi nei "territori" promiscui delle taverne e delle birrerie. In soli 23 anni l'Inghilterra era andata incontro ad una serie di eventi a dir poco eccezionali: prima la tremenda epidemia di peste, poi il grande incendio, poi ancora l'invasione olandese e la cacciata della casa reale. In sostanza, anche se dal 1708 le strade della città avevano ripreso a pulsare, era l'antica e vecchia anima che aveva bisogno di essere rincuorata e scossa.

Forse, dopo tutto, Giordano Bruno e Francesco Bacone avevano intuito qual era il problema. Forse era necessario che maestri ed affiliati si volgessero indietro verso l'antico Egitto, il re Salomone e la grande sapienza delle culture del passato. Nel 1703 Isaac Newton era diventato presidente di una Royal Society in declino e si era accinto a rivitalizzarla proprio seguendo i suggerimenti di Bruno e Bacone. Una cosa era però certa: alla popolazione non importava un bel niente che, a causa del grande incendio, nella tal strada del centro di Londra non ci fosse più quella tal bottega di panetteria, come tendono invece a farci credere tutti i libri di storia divulgativa. Nel bene o nel male, in verità ce l'aveva con i Cattolici. Tutti erano al corrente del piano che il Vaticano, tramite Guglielmo d'Orange, aveva astutamente messo in atto per costringere all'esilio la dinastia regnante d'Inghilterra (vedi p. 22). La scritta che compare sulla targa che venne affissa sul monumento di Hooke-Wren in Fish Hill Street a ricordo del terribile incendio, parla chiaro e rivela in modo indubbio quali erano i veri sentimenti della gente di Londra. Vi si legge:

> Questa colonna è stata qui posta a perpetuo ricordo del terribile incendio che distrusse l'antico centro cittadino, avviato e alimentato in origine dalla mala fede e dalla malizia della fazione papale all'inizio del mese di settembre dell'anno del Signore 1666, al fine di portare a compimento l'orrido piano di estirpare la religione protestante e sopprimere l'antica libertà degli Inglesi, introducendo il dominio del papato e con esso la schiavitù.

Nell'aprile del 1687, il re Giacomo II (VII di Scozia) scrisse il suo pensiero in merito a questo nella sua *Dichiarazione per la libertà di coscienza*, parole che echeggiano ancora oggi nelle orecchie di tutti. Riferendosi a ciò che egli definisce «materia puramente religiosa», afferma:

> È da sempre stato contrario alla nostra inclinazione, poiché è nel diretto interesse della nazione, che essa venga spogliata dei commerci, spopolando le campagne e scoraggiando gli stranieri. Ed alla fine, intanto, non si ottiene mai il risultato sperato[5].

[5] E. Thornton Cook, *Their Majesties of Scotland*, London, John Murray, 1928, capitolo 22, p. 397.

La convinzione che la religione alla fine non ottenga mai il risultato sperato, per ciò che viene usata, andava applicata non soltanto alla cospirazione tramata dai cattolici a danno della corona, ma anche al duro movimento puritano di Oliver Cromwell, che aveva portato al patibolo il padre di Giacomo, Carlo I, ed aveva dato una bella mano all'Inquisizione nella caccia alle streghe e nella persecuzione dei presunti eretici. Non c'era comunità umana che potesse intendere meglio le parole ed i sentimenti del re Giacomo di quella che aveva in prima persona patito il brutale colpo di stato e il conseguente tracollo dei commerci, dei maestri e degli affiliati delle gilde cittadine. Quando nel 1717 i loro incontri incominciarono ad essere formalizzati grazie alla fondazione della Grande Loggia, la lezione da loro patita venne messa in pratica direttamente dalla Massoneria, che chiarì subito di non voler essere un movimento religioso, proibendo persino dibattiti su questo tema. L'associazione doveva essere una confraternita con scopi sociali e di beneficienza: a Dio piacendo, ciò era più che sufficiente. Questo non voleva dire che nei suoi interessi non fossero presenti aspetti spirituali – molte cerimonie e forme assembleari contengono elementi spirituali – ma non doveva trattarsi in alcun modo di un ente religioso.

Come lord Thomas Macaulay aveva provato a ridicolizzare Francesco Bacone 300 anni dopo, ragionando con il metro dell'era vittoriana a cui apparteneva, anche per noi ora non sarebbe difficile criticare la Massoneria a 300 anni dalla sua fondazione. Molte delle sue tradizioni possono apparire sciocche ed ingenue, e in effetti lo sono per davvero. Certe cerimonie pompose possono sembrare antiquate e bizzarre, ma tutti i cerimoniali hanno caratteristiche simili, dalle parrucche dei giudici inglesi alle celebrazioni per l'incoronazione di un sovrano. Però, senza la trasmissione di questi aspetti, probabilmente tutto sarebbe andato perduto, dimenticato come gli elementi sapienzali della filosofia di Bacone, recuperabile soltanto tramite l'impossibilità hiramica di resuscitare dalla morte.

Un covo di briganti

Dopo il regime di Guglielmo d'Orange e della consorte Maria, la corona era toccata alla regina Anna (sorella di Maria), che aveva regnato dal 1702 al 1714. Per il solo gusto di poter in qualche modo classificare il suo governo, la storia lo ricomprende all'interno del periodo della monarchia Stuart. In verità, la politica della regina Anna aveva ben poco a che vedere con la tradizione di famiglia, tanto che gli Scozzesi si erano rifiutati di riconoscerla. Maria ed Anna erano le figlie del re Giacomo e della sua prima moglie, Anne Hyde di Clarendon, ma dopo la morte di Anne Hyde, nel 1673 Giacomo si era risposato con Maria Beatrice d'Este di Modena. Questa seconda moglie gli aveva dato un erede maschio, Giacomo Francesco Edoardo Stuart, nato subito dopo la deposizione del marito, ed era stato in lui che il popolo scozzese aveva identificato e riconosciuto il sovrano legittimo e non in Anna.

Inizialmente i Protestanti della Chiesa d'Irlanda avevano pensato che con Anna le cose per loro non si sarebbero messe male; ed invece la regina non gli aveva affatto reso vita facile innescando una sorta di persecuzione contro i cattolici d'Irlanda. Diversamente dall'atteggiamento tollerante del padre e dello zio, Anna decise di escludere i cattolici dagli aventi diritto al voto, da ogni corporazione e istituto o pubblico ufficio. Li fece allontanare dalle università e dalle scuole superiori; impedì loro di fare gli insegnanti, restringendo in modo molto drastico le possibilità di impiego e occupazione. Come prevedibile, questa iniziativa si era rivelata nefanda non solo per i Cattolici ma anche per i Protestanti, anche perché in Irlanda la maggior parte degli occupati erano cattolici, così che anche l'altra fazione ebbe a risentirne in modo evidente, per mancanza di servizi, provvigioni e quant'altro.

Dopo aver introdotto le *Leggi Penali* avverso i Cattolici d'Irlanda, Anna aveva poi preso di mira anche i Protestanti, adottando nel 1704 contro i dissidenti dell'Ulster l'*Irish Test Act*. A questi Presbiteriani e Riformisti – in pratica gli stessi che ancora oggi in Inghilterra osteggiano i Cattolici – venne così proibito di accedere a qualsiasi forma di impiego sia civile che militare posto sotto il benestare della corona. Il solo sacramento tollerato da Anna era quello della comunione anglicana. Il passo successivo da compiere, ben segnato nell'agenda dei suoi programmi, era quello di occuparsi della Scozia. In un documento ufficiale si rivolgeva al Parlamento scozzese dichiarando apertamente la sua volontà di disgregare le antiche istituzioni del paese. La risposta degli Scozzesi era stata drastica, in virtù di una disposizione normativa precedente, e le intenzioni di Anna furono respinte e non ritenute valide (vedi p. 36). Si trattava della *Declaration of Arbroath* del 1320, la Costituzione scozzese scritta così come voluta da Robert Bruce (Roberto I di Scozia), in cui ad un certo punto si diceva che qualora un monarca:

> ...faccia sì che noi o il nostro regno venga soggiogato al re d'Inghilterra o agli Inglesi, è nostra facoltà sollevarci insieme per condannarlo come nostro nemico e sovvertitore dei suoi e dei nostri diritti e creare re un altro uomo, che sia capace di difenderci.

Poiché il progetto di Anna era proprio quello di sottomettere il regno scozzese al potere del Parlamento inglese di Westminster, questo concedeva agli Scozzesi il diritto legittimo di eleggere un protettore a difesa della loro sovranità. La risposta della regina Anna non era stata morbida, forte del fatto che in virtù dell'atto del 1603 in cui le due corone erano state unificate, molti territori scozzesi appartenevano a nobili inglesi e un numero consistente di parlamentari scozzesi erano suoi sudditi. Per incrementare questa pressione, molte altre terre erano passate di mano e grandi possedimenti terrieri e titoli nobiliari erano stati riassegnati a quelle famiglie inglesi alle quali erano stati sottratti in precedenza. Questa mossa aveva fatto pendere il piatto della bilancia in favore di Anna e con il 1707 lo scenario era pronto. Era dunque giunto il momento che in Scozia si votasse nuovamente e, al fine di assicurare l'esito voluto, Anna aveva pensato bene di far piantonare il Parlamento scozzese dai suoi soldati. Alla fine l'aveva spuntata per pochi voti, ma questo era stato sufficiente per implementare l'*Act of Union*. Dal primo maggio 1707 il Parlamento scozzese cessava di esistere[6]. Da quel momento le corone d'Inghilterra e di Scozia non solo erano congiunte, ma anche il Parlamento che avrebbe tenuto in mano le redini del governo era stato ridotto a uno soltanto e da allora in avanti si sarebbe parlato di regno della Gran Bretagna[7]. Ma l'affronto più grave che la nazione scozzese era costretta a subire consisteva nel fatto che la sua condizione di Stato indipendente veniva soppressa dovendosi parlare di Regno Unito, un po' come pretendere di chiamare l'America col nome di Stati Uniti!

La storia di questo colpo di mano senza precedenti venne cantata dal poeta considerato il grande bardo di Scozia, Robert Burns, un illustre massone, iniziato alla Loggia di St. David a Tarbolton il 4 luglio 1781, divenuto poi Maestro della Loggia di St. James[8]. Burns scrive:

> Addio alla fama di Scozia;
> addio alla nostra antica gloria.
> Addio financo al nome stesso di Scozia,
> così rinomato nella Storia che conta.
> Che restino almeno la fede e il potere! Nella mia ultima ora,
> faccio questa dichiarazione:
> Ci hanno venduto per l'oro degli Inglesi,
> che covo di briganti in questa nazione!

Lo scenario giacobita

Mentre tutto questo accadeva le logge d'Inghilterra, Scozia e Irlanda non erano ancora state fondate, anche se la prima stava per nascere e sarebbe stata ben presto seguita da quella americana. Ciononostante, all'interno del movimento britannico si erano lo stesso definite delle opposte fazioni, legate all'una o all'altra dinastia monarchica. Da una parte quelli che parteggiavano per la regina Anna, dall'altra chi invece so-

[6] Una lista completa dei nomi dei singoli votanti e delle loro preferenze, contro o pro l'*Act of Union*, compare nel libro del principe Michael of Albany, *The Forgotten Monarchy of Scotland*, Shaftesbury, Element Books, 1988, Appendice III, pp. 351-54 (vedi anche al sito web http://www.Graal.co.uk alla voce *Forgotten Monarchy*).

[7] Un resoconto completo e interessante degli eventi relativi all'*Act of Union* compare in G. S. Pryde, *The Treaty of Union Between Scotland and England*, London, Thomas Nelson, 1950.

[8] Particolari a proposito della celebre Massoneria scozzese si possono avere consultando il sito della Grande Loggia dell'Antica ed Accettata Massoneria di Scozia: http://www.grandlodgeofscotland.com.

steneva Giacomo Francesco Edoardo Stuart. Ma, a seguito dell'*Act of Union*, era emersa un'altra componente dell'intricato gioco di cui tenere conto, e riguardava chi sarebbe succeduto al trono dopo Anna. Non che la regina non fosse stata prolifica: era rimasta gravida per ben diciotto volte, ma soltanto cinque figli erano nati vivi e fra questi uno soltanto ce l'aveva fatta a crescere, ma solo per spegnersi pure lui all'età di undici anni. E così, malgrado i frequenti parti, Anna non aveva dato un erede al marito, il principe Giorgio di Danimarca.

Gli Scozzesi, ovviamente, non potevano disfarsi della regina inglese e le cose stavano precipitando, in quanto attorno al 1706 era ormai chiaro che Anna non avrebbe più potuto avere figli legittimi ed avrebbe comunque dovuto indicare un successore al trono. Per mettersi al sicuro da ogni evenienza, gli Scozzesi avevano decretato il *Bill of Security*, un atto che consentiva loro di non adeguarsi alla scelta di successione proposta da Anna nel caso non fosse stata condivisa anche dal popolo scozzese. Nel frattempo, però, si era inserito l'*Act of Union* che aveva vanificato ogni velleità; tuttavia le cose non si erano messe male per gli Scozzesi, poiché Anna aveva puntato gli occhi come erede su Sofia, figlia di Federico V, elettore del Palatinato e di Elisabetta Stuart. Sofia era la sorella di Carlo Luigi, principe del Palatinato, e del principe Rupert del Reno. Anche la comunità rosacrociana era soddisfatta e condivideva questa scelta, ma, per complicare ulteriormente le cose, alla morte di Anna, avvenuta nel 1714, la povera Sofia aveva già lasciato anche lei questo mondo. Sofia era andata in sposa ad Ernesto Augusto, elettore di Hannover, anch'egli passato a miglior vita, ma dai due era nato un figlio. Era Giorgio di Brunswick, il nuovo elettore di Hannover. I ministri Whig non avevano perso tempo e lo avevano immediatamente incoronato (primo della casa dinastica degli Hannover) col nome di Giorgio I di Gran Bretagna, tra le vivaci proteste e le contestazioni che salivano dai banchi occupati in Parlamento dal partito Tory.

Poiché Sofia era la pronipote di re Giacomo I (VI) e nipote di Carlo I, per linea diretta maschile da Carlo, l'autentico, più legittimato, successore sarebbe stato Giacomo Francesco Edoardo Stuart. Gli Scozzesi, e il partito dei Tory allineato al loro pensiero, ben sapevano che se fosse passato questo cambio di lignaggio monarchico, la precedente casa reale avrebbe potuto estinguersi o sarebbe stata costretta ad abdicare in favore dei nuovi venuti. Il re Giacomo II, in effetti, non aveva abdicato al trono; ma era stato deposto ed esiliato da un invasore straniero. Suo figlio, Giacomo Francesco, era pertanto a tutti gli effetti il legittimo erede al trono e per questo nel 1707 gli Scozzesi lo proclamarono re, col nome di Giacomo VIII.

Il motivo principale per cui i Whig rifiutavano di riconoscere la legittimità reale di Giacomo Francesco consisteva nel fatto che egli si rifiutava di aderire alla Chiesa anglicana, come si richiedeva da parte di Westminster. C'era anche la Chiesa scozzese da considerare, oltre ai

Cattolici e a tutte le altre confessioni religiose. Giorgio di Hannover, invece, era compiacente su tutti i fronti, favoriva, naturalmente, l'aristocrazia Whig, parlava soltanto tedesco e, soprattutto, viveva quasi sempre all'estero.

Le redini dell'amministrazione governativa erano così passate nelle mani del Lord Tesoriere, Robert Walpole, il quale divenne l'effettivo primo ministro, inventandosi l'organismo antidemocratico del Gabinetto, una specie di circolo esclusivo di ministri che erano soliti incontrarsi al di fuori della Camera dei Comuni per stabilire fra di loro e controllare le politiche da far seguire al Governo. In tutto questo, non solo il popolo non aveva voce in capitolo in merito alla gestione della cosa pubblica, ma neppure ce l'avevano i restanti deputati i quali, ad un certo momento, vennero tenuti a bada dai cosiddetti Whips ("fustigatori") che operavano secondo il volere dei membri del Gabinetto.

I lealisti scozzesi ed inglesi fecero allora un tentativo di mettere sul trono il principe Giacomo Francesco, ma la sollevazione del 1715, come già detto, risultò un fiasco, così che il principe era stato costretto a valicare nuovamente la Manica e a tornare in esilio in Francia, a St. Germain-en-Laye, a Parigi. Era stato solo tre anni dopo l'incoronazione di re Giorgio che i maestri e gli affiliati delle corporazioni e delle gilde londinesi avevano finalmente fondato la Grande Loggia d'Inghilterra, dando formalmente inizio alla Massoneria moderna. Da sempre questa nuova fondazione è stata etichettata come caratterizzata da una matrice hannoveriana (vedi p. 36) – ed in effetti lo fu per via dello scenario politico e sociale in cui ciò avvenne –, tuttavia che lo fosse anche in termini di legalità ereditaria è tutt'altra questione. Certamente questa impronta divenne determinante quando negli anni Sessanta del Settecento la Casa Reale giorgiana entrò effettivamente a far parte dell'associazione, ma nei primi tempi non fu esattamente così e basta dare una pur veloce occhiata al *Burke's Peerage* per rendersene conto.

Quando nel 1723 James Anderson aveva redatto la sua *Costituzione* massonica, il Gran Maestro della Loggia d'Inghilterra era Filippo, sesto duca di Wharton (si veda la tavola 5 in cui lo si scorge ricevere il Rotolo costitutivo e il compasso dal predecessore lord John Montagu). Ma Filippo era stato accusato di alto tradimento e il 3 aprile 1729 dichiarato fuorilegge per aver combattuto al fianco di Giacomo Francesco Edoardo Stuart[9], e sempre Filippo era il fondatore di una loggia giacobita in Spagna[10]. Intanto, poco a poco, l'influenza giacobita all'interno della Massoneria si andava facendo sempre più consistente, forte anche dei legami con le gilde londinesi e con la Royal Society.

Fra i leader giacobiti di questa metà del Settecento a Londra vanno ri-

[9] *Burke's Peerage, Baronetage and Knightage*, London, Burke's Peerage, 1970[105], alla voce *Wharton*.

[10] Frank McLynn, *The Jacobites*, London, Routledge & Kegan, 1985, capitolo 8, p. 140.

cordati Henry Marshal, maestro della corporazione dei merciai, e William Benn, maestro pure lui oltre che primo cittadino della capitale. Questi personaggi, assieme con altri maggiorenti delle gilde professionali della città – Thomas Rawlinson dei droghieri; Robert Aslop dei commercianti di ferro, Edward Ironside e John Blachford, ambedue dei fabbri, oltre ad un fratello di Blachford – costituivano i sette ufficiali di una loggia (con William Benn nei panni del rispettabile maestro) divenuta famosa col nome di Benn'Club (*tav. 31*).

La Massoneria di impronta Stuart

Anche se già negli anni Trenta del Settecento il principe Federico, figlio del re Giorgio II, si era affiliato alla Massoneria, era stato solo nel 1766, quando ben tre dei suoi eredi maschi avevano a loro volta aderito alla Fratellanza, che il legame fra questa e la Casa degli Hannover si era fatto molto stretto. Non solo i membri di casa reale erano stati ammessi all'Arte, ma si era anche trovato l'escamotage per conferire a tutti loro un titolo di ex maestro, come se fossero stati iniziati seguendo le trafile iniziatiche previste.

Come abbiamo ricordato in precedenza, questi tre fratelli di re Giorgio III erano Edoardo, Guglielmo ed Enrico, rispettivamente duchi di York, Gloucester e Cumberland[11]. Questo accadeva dopo la morte di re Giorgio II, ma anche dopo l'avvio dell'aspra opposizione all'interno delle logge fra Whig e Thory, risolta a favore di questi ultimi lungo tutti gli anni Cinquanta del secolo dopo la decisiva battaglia di Culloden (vedi Capitolo 5).

Il ruolo di Federico nel contesto della vicenda massonica è particolarmente interessante, anche perché la storia ufficiale lo ha sempre presentato come del tutto inattivo[12]; ma non fu così, perché di indolenza veniva accusato dalla sua stessa fazione hannoveriana, in quanto per nulla allineato. Pur essendo il principe di Galles e legittimo erede al trono, Federico apparteneva infatti ad una loggia segreta giacobita, quella che si ritrovava al *Cocoa Tree* caffè a St. James, che era affiliata al più influente di tutti club che sostenevano la corrente Stuart, cioè lo Hell Fire Club. Era però accaduto che Federico morisse prima del padre, lasciando il testimone dell'eredità regale al primogenito, salito al trono nel 1760 col nome di Giorgio III. Se i fatti non fossero precipitati in questo modo, è presumibile ritenere che il complotto giacobita intrecciato da Federico, unito all'intenso odio per il padre, avrebbero forse aperto la strada dell'Inghilterra a Carlo Edoardo Stuart, con l'eventuale piano di spartire il regno e il crescente impero[13].

[11] John Hamill, *The Craft*, London, Crucible, 1986, capitolo 3, p. 47.
[12] Ivi, p. 45.
[13] Sir Compton Mackenzie, *Prince Charlie and his Ladies*, London, Cassell, 1934, pp. 199, 200.

Non solo Filippo, duca di Wharton, Gran Maestro della Grande Loggia d'Inghilterra, aveva stabilito una loggia in Spagna, ma Patrick Gordon e James Keith (i suoi conti maniscalchi) lo avevano fatto addirittura in Russia. Lo stesso avevano realizzato George Hamilton in Svizzera e lord Winton a Roma. La maggior parte degli uomini fidati e dei consiglieri di Giacomo Stuart erano massoni, compresi il duca di Ormonde ed Ezechiele Hamilton (un prete anglicano che agiva a favore degli Stuart a Palazzo Muti, a Roma)[14]. Di notevole rilievo fra le schiere dei massoni giacobiti vi erano anche Pierre André O'Heguerty della massoneria franco-irlandese e Charles Radcliffe, conte di Derwentwater[15].

La maggiore difficoltà incontrata dalla Massoneria giacobita consisteva nel fatto che in pratica quasi tutta l'Europa era cattolica e che nel 1738 il papa Clemente XII aveva fermamente condannato il movimento. Stando alla letteratura europea, questo sarebbe stato il risultato del controllo sulle logge inglesi da parte della Casa di Hannover, tuttavia, qualunque possa essere stata la causa, il fatto certo era che i Massoni erano stati tutti scomunicati, anche se questo al di fuori degli Stati sotto il diretto dominio papale aveva in verità sortito pochi effetti[16]. Nella sola città di Firenze vivevano ben trentamila massoni, mentre in Francia il re Luigi XIV aveva pensato bene di non rendere pubblica la bolla in virtù del fatto che una legge non promulgata non era efficace[17].

Nel momento in cui Carlo Edoardo Stuart, figlio di Giacomo, aveva preso in mano le redini della famiglia e se ne era fatto portavoce, in Francia la maggior parte delle personalità eminenti era affiliata a logge riconosciute. Che il giovane principe, soprannominato "Bonnie Prince" volesse o meno assumere quel ruolo, tutti i lealisti guardavano alla sua figura come all'autorità riconosciuta della Massoneria di stampo Stuart, erede di quella benevolmente favorita dal re Carlo II[18]. Ciò che sicuramente egli non poteva fare, con l'occhio del pontefice costantemente puntato addosso, era dichiararsi ed accettare in modo pubblico l'incarico. Il 21 settembre del 1777, il barone Watcher, inviato di Carlo Ferdinando, duca di Brunswick (marito di Augusta, sorella del re Giorgio III), per verificare come stavano le cose, aveva invitato Carlo Edoardo a Firenze, città come abbiamo visto molto viva sotto il profilo massonico, a dare dimostrazione di essere realmente il Gran Maestro. Molto onestamente Carlo aveva negato di esserlo, avendo considerato che alcune diramazioni della Fratellanza non rientravano sotto la sua influenza, compreso un nuovo Rito Scozzese stabilito in Francia. Egli si considerava idealmente il Grande Maestro delle logge giacobite, distinte e separate. Ben presto, il giovane principe avrebbe compreso che

[14] Frank McLynn, *Charles Edward Stuart*, London, Routledge & Kegan, 1985, capitolo 37, p. 532.
[15] Id., *The Jacobites*, cit., capitolo 8, p. 140.
[16] Alec Mellor, *La chartinconnue de la franc-maçonnerie chretienne*, Tours 1965, pp. 119, 120.
[17] McLynn, *Charles Edward Stuart*, cit., capitolo 37, p. 533.
[18] Carlo Francovich, *Storia della Massoneria in Italia,* Firenze 1974, p. 220.

l'invito che gli era stato rivolto aveva uno scopo segreto e che l'obiettivo perseguito dalla corrente germanica era stato quello di ottenere una sua risposta positiva per andarlo immediatamente a riferire alla corte vaticana.

Per ben tre anni Watcher aveva cercato di forzare questa adesione, garantendo a Carlo che tutte le comunità massoniche di matrice germanica lo attendevano per acclamarlo, e sarebbe andato ancora avanti non fosse intervenuto il re di Svezia, Gustavo III. Gustavo era il Gran Maestro della Massoneria del suo paese e ben sapeva della maggiore autorità che il principe Carlo Edoardo godeva in giro per l'Europa ed anche presso gli affiliati del suo regno. E così era intervenuto, mettendo sul chi vive il principe ed avvisandolo che i reiterati inviti erano una trappola, chiedendo in cambio la sovranità col titolo di Gran Maestro dell'Ordine dei Cavalieri Templari di Gerusalemme, anche disposto per questo ad offrire una congrua somma in danaro. Carlo se n'era compiaciuto, aveva concesso il suo assenso, ma non lo aveva fatto subito. Il titolo richiesto sarebbe passato a Gustavo nel momento in cui lui, il principe Carlo Edoardo, fosse morto. In un primo tempo l'accordo sembrava aver trovato la giusta conciliazione, ma sappiamo di certo che la somma pattuita non venne mai riconosciuta ed anche che, in effetti, il re di Svezia non ricevette mai la carica desiderata[19].

Martedì 24 settembre 1745 nella grande sala delle assemblee di Holyrood Palace, ad Edimburgo, Carlo Edoardo veniva formalmente investito della carica di Gran Maestro dell'Ordine del Tempio di Gerusalemme. Il principe era all'inizio dell'avventura che avrebbe segnato la sfortunata rivolta giacobita contro il re Giorgio II, conclusasi il 16 aprile dell'anno successivo con la sonora sconfitta delle forze scozzesi nella battaglia di Culloden, a Drummossie Moor. Durante la lontananza degli Stuart esiliati, la carica di Gran Maestro Templare in Inghilterra era stata affidata, in nome e per conto dci sovrani di Scozia, a dei reggenti temporanei. Nel settembre del 1745 questa incombenza gravava sulle spalle di James Murray, duca di Atholl, succeduto a John Erskine, conte di Mar. Il padre del principe, Giacomo Francesco Edoardo Stuart, aveva redatto una apposita dichiarazione regale e costituito un comitato di reggenza, trasferendo il 23 dicembre 1743 titoli e reggenza ereditari a Carlo Edoardo Stuart. Negli *Annali dell'Ordine del Tempio* è ricordato che quando Carlo aveva assunto su di sé questa carica, alla presenza di dieci eminenti cavalieri, aveva formalmente dichiarato: «Potete stare certi che, non appena sarò pienamente integrato nel mio diritto, sarà mia preoccupazione riportare l'Ordine ai fasti ed alla gloria raggiunta quando re della Scozia era Guglielmo il Leone» (1165-1214)[20].

[19] Ivi, pp. 534, 535.

[20] Prince Michael of Albany, *The Forgotten Monarchy of Scotland*, Shaftesbury, Element Books, 1988, capitolo 13, p. 184.

Uno dei temi più dibattuti a proposito della Massoneria di stampo giacobita è legato al *Chapitre Primordian de Rose Croix*. Questo Capitolo, fondato nel 1745, aveva poi trovato una formale costituzione due anni dopo nello Statuto di Arras, istituito da Carlo Edoardo Stuart e dal cugino, il marchese di Montferrat. Meglio noto come conte di St. Germain[21], il marchese, intimo di madame Pompadour, futuro consigliere ministeriale alla corte francese[22], era, fra l'altro, l'autore di un trattato alchemico intitolato *Santa Trinosofia*. Il titolo di St. Germain (vedi Capitolo 3) gli era derivato tramite il Cancellierato dell'Antica Fratellanza della Rosa Croce, come era stata istituita da Robert Bruce nel 1317. Nell'incisione del XVIII secolo che compare nella figura di p. 289, si distinguono il principe Carlo e il conte di St. Germain impegnati a presentare lo Statuto di Arras ai compagni affiliati all'Ordine.

A prescindere dal fatto che il Capitolo o Statuto di Arras compare in dettaglio nell'opera di Albert Mackey intitolata *Encyclopedia of Freemasonry* edita nel 1908, altri autori (a cominciare da George Speth, fondatore della loggia Quatuor Coronati di Londra, nel 1886)[23] si rifiutano di riconoscerne la fondazione il 15 aprile 1747 perché in essa si cita Carlo Edoardo col titolo di «re d'Inghilterra, Francia, Scozia e Irlanda». Si domandano: «Come è possibile questo, dal momento che nel 1747 suo padre era ancora in vita? Il documento deve essere una falsificazione». In verità, la risposta a questo enigma è semplice e chiara. Come si è visto, Giacomo Francesco aveva formalmente trasferito a Carlo Edoardo le sue prerogative reali sin dal 1743. Per di più, due giorni prima che la cerimonia del conferimento del titolo di Gran Maestro dei Templari venisse celebrata, sempre a Carlo erano state riconosciute le insegne regali da parte del popolo scozzese.

Domenica 22 settembre 1745, a seguito della effimera vittoria del principe Carlo nella battaglia di Prestonpans, anche il clero gli si era affiancato, tanto che sia i Presbiteriani che i Cattolici e gli Episcopali avevano riconosciuto in lui il legittimo erede al trono, col nome di Carlo III. Questo atto si era consumato nel territorio dell'abbazia del palazzo di Holyrood, da parte del reverendo episcopale William Harper della chiesa antica di San Paolo di Edimburgo[24]. Poiché la corona e le insegne della Scozia appartenevano alla corte hannoveriana inglese, nel

[21] Si veda Andrew Lang, *Historical Mysteries*, London, Thomas Nelson, 1904. Il conte di St. Germain (cancelliere rosacrociano di Carlo Edoardo Stuart) era il figlio di don Juan Tomazo Enriquez de Cabrera, conte di Melgar di Castiglia, e di Maria Anna, dama di corte della regina di Spagna e vedova del re Carlo II. Nel registro della chiesa prussiana di Eckernforde è registrata la data della sua morte al 27 febbraio 1784 e dei funerali celebrati il 2 marzo.

[22] David Loth, *Lafayette*, London, Cassell, 1952, capitolo 4, p. 36.

[23] I Quatuor Coronati erano quattro martiri coronati, cristiani affiliati all'Arte degli scalpellini, che si chiamavano Claudio, Castorio, Simforiano e Nicostrato, perseguitati ed uccisi nel III secolo dall'imperatore Diocleziano.

[24] Questo avvenimento viene ricordato in un registro daziale locale in data 7 maggio 1745: «William Harper, ministro episcopale a Bothkiner [...], attivissimo nell'aiutare ed assistere i ribelli e in attesa del figlio dell'usurpatore a Falkirk».

Il principe Carlo Edoardo Stuart e il conte di St. Germain presentano lo Statuto di Arras ai Fratelli dello Chapitre Primordian de Rose Croix *nel 1747 (per gentile concessione della Bridgeman Art Library).*

corso della cerimonia sul capo di Carlo Edoardo era stato posto un serto di alloro da parte di Laurence Oliphant di Gask. Nelle *Memorie* di Oliphant viene confermato che nella mattina di quel giorno di celebrazioni il seguito del principe si era attivato per predisporre ogni cosa al meglio, compresa la preparazione della corona di alloro fittizia, ma simbolicamente sostitutiva[25]. In merito al passo del Capitolo in cui si cita Carlo come re di Francia, si deve ricordare che alla Casa Reale degli Stuart si era da sempre guardato come al lignaggio legittimo della monarchia sovrana di Francia, e Maria, regina degli Scozzesi, era pariteticamente considerata anche sovrana dei Francesi.

[25] Prince Michael of Albany, *The Forgotten Monarchy of Scotland*, cit., capitolo 13, pp. 183, 184.

Sigillo del Chapitre Primordian de Rose Croix.

La Francia e le donne

È decisamente falso, come molti credono, che la Rivoluzione francese (1789-99) abbia trovato il motore propulsore in qualche forma di complotto massonico, perché le cose sono andate molto diversamente. Basterebbe una semplice considerazione: i ranghi della Massoneria francese erano composti dagli appartenenti alle classi medie e alte, oltre che dagli aristocratici, guarda caso, proprio i ceti sociali che il terrore rivoluzionario intendeva eliminare. L'equivoco nasce dal fatto che i "cittadini" rivoluzionari decisero di assumere come motto della Rivoluzione le parole *Liberté, Egalité, Fraternité*. Un altro aspetto rilevante fu che il duca di Orleans, Luigi Filippo, Gran Maestro della Massoneria francese, era un oppositore del re Luigi XVI. Se è pur vero che non si tirò indietro al momento di votare per l'esecuzione del re, è altrettanto palese che lo fece nella speranza di vedersi assegnare la corona, senza immaginare che, da lì a poco, lui stesso sarebbe andato incontro alla terribile fine che aveva contribuito a garantire al suo sovrano.

La Massoneria, ovviamente, non poté fare a meno di vivere il tempo della Rivoluzione, ma il suo atteggiamento venne esemplarmente illustrato dal marchese di Lafayette. Reduce dal comportamento eroico nella Rivoluzione americana, in patria si astenne sempre dal condividere le violenze e i soprusi dei rivoluzionari[26]. Trattandosi di una guerra intestina, egli considerava la Rivoluzione francese in modo assai diverso da quella americana, nata per ottenere la liberazione dal giogo di

[26] Loth, *Lafayette*, cit., capitolo 13, p. 206.

un'altra nazione. Più avanti nel tempo, ebbe poi comunque ad osservare che la "rivoluzione" non poteva in alcun modo considerarsi semplicemente come un evento con un principio ed una fine, ma che si trattava di uno sforzo continuo e costante per garantire «la vittoria del diritto sul privilegio»[27].

Sin dal 1733 in Francia si era tentato di consolidare una Grande Loggia Unita di Francia, ma era stato solamente nel 1773 che si era finalmente stabilito il Grande Oriente di Francia. Poi, nel 1801, erano seguite le codifiche e le regole nel *Régulateur du maçon*, allo scopo di definire il Rito Francese massonico[28]. Dal momento che all'interno dell'ambito massonico le valutazioni in proposito della Rivoluzione e dei suoi esiti non erano concordi, la successiva presa di posizione fu senz'altro quella di favorire l'ascesa di Napoleone Bonaparte, nel suo tentativo di rimettere insieme i cocci di una nazione che a molti sembrava essere andata in frantumi.

Un aspetto alquanto interessante della Massoneria francese consisteva nel fatto che sin dal 1750 era concesso alle donne di affiliarsi in quelle logge che venivano appositamente organizzate con questa finalità. All'iniziativa venne dato il nome di Massoneria Adottata. La pratica cessò già attorno al 1860, ma, visto il rinnovato interesse, nel 1952 è nata la Grande Loggia Femminile di Francia.

L'icona della Massoneria, nelle sembianze della Libertà (la Marianna), è stata a lungo una figura assai popolare in Francia. In realtà, diversamente dall'eroina che stringe la bandiera nazionale, immagine guerresca di una Libertà trionfante che rappresenta la Repubblica, la Marianna massonica è soprattutto un'immagine di carità e benevolenza (*tav. 13*). Secondo quanto tramandato dal Grande Oriente, il nome Marianna sarebbe derivato dalla forte cultura mariana vivissima nella regione della Linguadoca, nella Francia meridionale, diffusasi a livello popolare in tutta la nazione verso la fine del Settecento[29]. La Linguadoca è il territorio provenzale nel quale per secoli si era tramandato il culto di Maria Maddalena come emblema di un'idea libertaria, luoghi in cui i monaci cassianiti de La Sainte-Baume sin dal IV secolo si dicevano scrupolosi custodi del sepolcro della santa donna[30]. Come ampiamente discusso in un mio precedente libro, molte cronache medievali del sud della Francia indicano in Maria Maddalena la compagna e sposa di Gesù Cristo, da qui il motivo della grande, appassionata venerazione di cui era oggetto. Maddalena sarebbe approdata sulle spiagge

[27] Ivi, capitolo 16, p. 244.
[28] «Beaux Arts Magazine», Paris, edizione del Museo della Massoneria, in associazione con il Grande Oriente di Francia, 2000, p. 15.
[29] Ivi, p. 27.
[30] Un dettagliato resoconto della storia di Maria Maddalena e del sito sacro de La Sainte-Baume, oltre che dell'abbazia di San Massimo, si trova nel libro di Laurence Gardner, *The Magdalene Legacy*, London, HarperCollins/Thorsons-Element, 2005 (trad. it. *I figli del Graal*, Roma, Newton & Compton, 2005).

della Linguadoca nel 44 d.C., per morire diversi anni dopo, nel 63, nella cittadina di Aix-en-Provence. Per questi motivi, era a Maria Maddalena che i Cavalieri Templari avevano consacrato la realizzazione delle cattedrali gotiche di Francia; alla *Notre Dame de Lumière*, la Nostra Signora della Luce, alla quale lo stesso san Bernardo da Chiaravalle, Patrono Templare, aveva ascritto l'obbedienza dell'Ordine[31].

Oltre alla Francia, anche in altri paesi vi è spazio per le donne. Esiste, per esempio, la Grande Loggia Femminile del Belgio e alcune istituzioni massoniche di donne, tra le quali la Onorevole Fratellanza dell'Antica Massoneria con sede a Londra, la cui attività caritatevole è in particolar modo finalizzata alla cura del cancro. Negli Stati Uniti troviamo Le Droit Humaine, la Unione Massonica (collocata sotto gli auspici della Federazione Americana per i Diritti dell'Uomo) e l'Ordine Orientale dell'Unione Massonica Internazionale, tutte istituzioni, come detto, che consentono l'affiliazione al femminile. A Washington DC si trova il quartier generale del Rito Adottato dell'Ordine Internazionale della Stella d'Oriente per le donne dei maestri massoni, mentre le Dame del Santuario d'Oriente del Nord America curano l'attività degli ospedali che sotto la loro egida si occupano di bambini ammalati, e l'Ordine Internazionale delle Figlie di Giobbe raggruppa giovani ragazze e spose imparentate con iniziati alla Massoneria. Ciononostante, però, in termini generali, la Massoneria resta un'associazione prettamente maschile e ancora oggi la maggior parte delle Grandi Logge continua a non ammettere le donne fra gli affiliati.

[31] E. C. M. Begg, *The Cult of the Black Virgin*, London, Arkana, 1985, capitolo 4, p. 103.

17

In America

Il Rito Scozzese

Fra i sostenitori francesi di Giacomo Francesco Edoardo Stuart vi era anche il cavaliere Andrew Michael Ramsay (1686-1743), politologo e per un breve periodo di tempo tutore nel 1724 del piccolo principe Carlo Edoardo di appena quattro anni[1]. Era una personalità eccentrica, ed anche se dichiaratamente giacobita non era molto amato da Giacomo che lo trovava irritante. Per questo il suo impiego come tutore era durato un anno soltanto. Scozzese di nascita, Ramsay trascorse buona parte della sua vita in Francia, dove nel 1737 era diventato oratore della Grande Loggia di Francia e in seguito cancelliere della Grande Loggia di Parigi. Il suo nome è ricordato in ambito massonico soprattutto per un'orazione da lui scritta per l'inaugurazione di una Grande Loggia il 21 marzo del 1737. Non esiste alcuna testimonianza che egli abbia volontariamente imposto un indirizzo, tuttavia quel documento era circolato ampiamente negli ambiti interessati ed era stato proprio da questo testo che era in seguito nato il Rito Antico ed Accettato, forse meglio conosciuto come Rito Scozzese (con la sua caratteristica struttura composta di 33 gradi iniziatici).

Corre obbligo osservare che esisteva una grande differenza fra il sistema vecchio stampo della Rosacroce degli Stuart in Francia e la sua nuova forma, riveduta e aggiornata, impostasi nella Massoneria scozzese. Quest'ultima aveva preso le mosse direttamente dall'orazione di Ramsay ed anche se aveva scelto il nome di Antica, non si rintraccia alcun cerimoniale specifico legato ai 33 gradi datato prima del 1760[2]. La definizione di Scozzese (*Ecossais*) veniva applicata al solo scopo di distinguere il Rito da quello Inglese (*Anglais*) – che aveva incominciato a farsi conoscere in Francia a partire dal 1725[3] – e la denominazione era stata possibile per il fatto che lo stesso Ramsay era scozzese.

[1] Per la storia della Massoneria di impronta giacobita nella Francia del XVIII secolo si veda P. Chevalier, *Les Ducs sous l'Acacia*, Paris 1964 e *La première profanation du temple maçonnique*, Paris 1968. A proposito del ruolo svolto dai giacobiti in Spagna, si veda J. A. F. Benimeli, *La masonería española en al siglo 18*, Madrid 1974, pp. 48-65; per la situazione in Italia, vedi il già citato C. Francovich, *Storia della Massoneria in Italia*.

[2] Brig A. F. C. Jackson, *Rose Croix*, London, Lewis Masonic, 1980, capitolo 2, p. 17.

[3] Ivi, capitolo 1, p. 1.

Un aspetto importante del Rito Scozzese consiste nel fatto che la prevista struttura, che dovrebbe essere suddivisa in 33 gradi, lo sia in realtà solo formalmente, in quanto nella sostanza il percorso è articolato e immaginato come una serie di progressi personali dell'iniziato, e ciò offre, a chi osserva dall'esterno, un quadro evolutivo che pare articolato in gradi quasi solamente superiori. In pratica, l'ultimo grado massonico, quello di maestro, continua ad essere il terzo, unitamente a quello del Capitolo dell'Arco Reale. È importante non confondere questo Rito Antico ed Accettato con il movimento sostenuto in Inghilterra e Irlanda dalle logge degli Antichi, per essere più precisi l'Antica ed Onorevole Fratellanza della Libera ed Accettata Massoneria. Si trattava, infatti, di un'istituzione diversa, come lo è quella della Antica Libera ed Accettata Massoneria di Scozia; inoltre il Rito Scozzese si distingue anche dall'Ordine Reale di Scozia, di cui si parla nel Capitolo 7.

Ramsay creò un legame quasi mitologico fra la Massoneria e le Crociate, periodo in cui – egli diceva – le logge erano numerose e fiorivano in Germania e Italia, come in Spagna e Francia, da dove attorno al 1286 il movimento aveva spinto le sue propaggini fino in Scozia[4]. Questa soluzione gratificava moltissimo la Francia perché, messe in un canto le connotazioni cristiane, assegnava alla Massoneria una patina cavalleresca che permane tutt'oggi nel Rito Scozzese. In realtà Ramsay non aveva tratteggiato i 33 gradi, ma la sua orazione aveva così coinvolto e interessato gli addetti ai lavori da stimolarli ad inventare e predisporre un programma che si adeguasse al modello cavalleresco intuito nel suo documento.

Malgrado la sua adesione alla Massoneria, Ramsay era un cattolico convinto, anche se la sua educazione di base era di stampo presbiteriano. Per questo le sue idee a proposito delle donne erano, come dire, piuttosto folcloristiche ed era il primo a sostenere che esse non dovevano essere ammesse nella Fratellanza perché «con la loro sola presenza potrebbero contaminare la purezza dei nostri princìpi e delle nostre costumanze». Al contrario di Ramsay, Carlo Edoardo Stuart era cresciuto a Roma in un ambiente cattolico, ma in una lettera scritta di suo pugno (conservata in originale fra i documenti storici di Casa Stuart a Windsor) si ricorda come, all'età di 30 anni, nel 1750 rifiutasse un'affiliazione cattolica londinese presso la New Church in the Strand (poi denominata St. Mary-le-Strand):

Al fine di rendere la mia rinuncia agli errori della Chiesa di Roma ancora più autentica e meno vulnerabile a interpretazioni maliziose, nell'anno 1750 andai a Londra e nella capitale feci la solenne abiura della religione romana ed abbracciai

[4] Ramsay aveva anche redatto un'orazione precedente detta di Epernay, perché il testo originale è stato rintracciato negli archivi di questa cittadina. Si intitolava *Orazione presentata presso la Loggia di St. John il giorno 26 dicembre 1736*. Il testo era maggiormente impregnato di sfumature e richiami giudaici, in buona parte scomparsi nella redazione della seconda orazione, quella tenuta presso la Grande Loggia.

la Chiesa d'Inghilterra, stabilita per legge in trentanove articoli, nella quale io spero di vivere e morire[5].

Lasciata da parte la sfida proposta alla sua stessa Chiesa collegando la Massoneria con il mondo e il tempo delle Crociate cristiane, nella sua orazione Ramsay intendeva allontanare l'associazione dalla storia a sfondo templare e a impronta scozzese delle gilde e dalle corporazioni londinesi. Egli sosteneva che la Massoneria era il regno di «principi guerrieri religiosi, che ardevano di illuminare, edificare e proteggere i templi viventi dell'Altissimo». Come ho già precisato, non è corretto esaltare o rimproverare (a seconda dei punti di vista) il cavaliere Ramsay per essere stato l'artefice della concezione del Rito Scozzese che era conseguito alla sua celebre orazione; è però indubbio che con il suo intervento fu lui a spalancare l'arena del dibattito e a indurre l'introduzione di quanto poi istituito, mentre, certamente, a lui si devono gli aggettivi di Antico e Scozzese.

Anche se – come precisato già più volte – la Massoneria non è un'istituzione religiosa, il Rito Scozzese associato presenta alcune sfumature di questo genere, con un'enfasi particolare sulla figura di Dio. Dopo il conseguimento del terzo grado iniziatico, i gradi dal quarto al quattordicesimo del Rito Scozzese e della sua Loggia della Perfezione sono conosciuti come i gradi ineffabili.

Sotto una forma quasi cabalistica, il loro obiettivo principale è quello della meditazione sull'ineffabile nome di Dio, con una particolare attenzione riposta sulle virtù morali. I gradi che vanno dal quindicesimo al diciottesimo costituiscono il Capitolo della Rosa Croce e sono focalizzati soprattutto su questioni religiose, filosofiche ed etiche. I gradi finali, quelli che vanno dal diciannovesimo al trentesimo, quelli del Concilio di Kadosh (relativo alla Santità), hanno una natura cavalleresca e, anche questi, affrontano tematiche filosofiche, quali per esempio quelle della giustizia e della responsabilità dell'uomo. I gradi del Concistorio sono il trentunesimo ed il trentaduesimo e riguardano la contemplazione ideale del sé, della propria interiorità correlata all'armonia spirituale e temporale. (Come accade in tutte le forme della Massoneria, i lavori e le attività variano a seconda delle diverse Grandi Logge, per questo le descrizioni che seguono sono da intendersi in senso generale, e non come specifiche, precise ed assolute descrizioni o spiegazioni della struttura del Rito Scozzese).

Organizzate secondo una sequenza di quadri vivaci e coloriti, le cerimonie del Rito Scozzese sono molto più brevi di quelle tipiche, tradizionali dell'Arte (o gradi blu, come vengono chiamati nelle logge del Nord America) e non richiedono la memorizzazione di lunghi passaggi.

[5] J. Cuthbert Hadden, *Prince Charles Edward*, London, Sir Isaac Pitman & Sons, 1913, capitolo 18, p. 285.

Da ultimo, il trentatreesimo grado risulta diverso da tutti i precedenti, consistendo più che altro in una sorta di ricompensa, di premio morale per aver completato tutti gli altri gradi oppure per aver conseguito il diritto di occupare una posizione ufficiale. Rientra all'interno della competenza della Corte d'Onore come conferimento da parte del Concilio Supremo e non può essere richiesto né, tanto meno, negoziato.

Alcuni gradi del Rito Scozzese presentano un contenuto molto interessante, sebbene molti altri siano brevi e superficiali. Un fattore che crea un certo imbarazzo consiste nel fatto che – a causa degli ideali perseguiti da Ramsay – alcuni gradi si presentano come Ordini Cavallereschi di per sé, come a sé stanti. Ma l'intoppo più evidente è un altro ancora: anche se la maggior parte dei gradi iniziatici è raggiungibile con un approccio, direi, universale, diventa quasi impossibile progredire attraverso tutte queste tappe in modo corretto se non si è dichiarati cristiani. Questo principio, ovviamente, è contrario a tutti i precetti liberali previsti dall'Arte massonica, al punto da rendere la struttura a 33 gradi qualcosa di diverso dalla tradizione. Questo non viene evidenziato per muovere un rimprovero critico alla Massoneria di Rito Scozzese, ma soltanto per distinguerla dall'Arte in sé, nella sua piena tradizione, e per comprendere come mai molti fra i maestri massoni dell'Arte lo percepiscono come qualcosa a sé stante, un'entità separata.

In altre parole, questo vuole anche dire che la validità di un Rito non sta tanto nei simboli e nei gradi e neppure nella sua configurazione interna, ma negli obiettivi che si prefigge di raggiungere nella comunità. La Southern Jurisdiction degli Stati Uniti, per esempio, ha incentrato la sua azione filantropica sull'aiuto da offrire ai bambini che hanno difficoltà a imparare. Ha organizzato ben 162 centri di istruzione, che seguono programmi analitici e di recupero, messi a disposizione gratuitamente per chi ne abbia necessità. Per questo, anche se è lecito affermare che i risvolti cristiani del Rito Scozzese sono in contrasto con la norma della tradizione, si deve anche onestamente riconoscere che le opere assistenziali rappresentano senza dubbio la parte migliore dell'etica cristiana.

La Northern Jurisdiction venne fondata nel 1867 ed ha il quartier generale a Lexington, nel Massachusetts. Comprende i quindici Stati ad est del fiume Mississippi e a settentrione della linea Mason-Dixon del fiume Ohio, compreso lo stato del Delaware. Anche questa istituzione si occupa soprattutto di assistere bambini indigenti che hanno problemi con la scuola e l'educazione. Dispone di 47 centri che provvedono a svolgere compiti educativi di grande spessore sociale, il tutto ovviamente a titolo gratuito. La già citata Southern Jurisdiction comprende invece i restanti 35 Stati americani, il District of Columbia e gli altri territori e possedimenti americani. Il primo Concilio Supremo del Rito Scozzese (della Southern) venne fondato nel 1801 a Charleston, nel Sud Carolina.

Al di fuori degli Stati Uniti e delle sue province, la Massoneria dell'Antico ed Accettato Rito Scozzese è assai popolare e diffusa in Canada. Inoltre è anche operativa in Australia e Nuova Zelanda. In merito ai suoi rapporti con la Frammassoneria, credo non ci sia nulla di più sintetico che riportare quanto sostenuto dall'Oriente della Southern Jurisdiction Americana della California, il cui sito web presenta molti utilissimi rimandi e collegamenti:

> Il Rito Scozzese condivide la convinzione di tutte le organizzazioni massoniche che non esiste più alto grado di quello di Gran Maestro. I vari gradi sono aspetti aggiuntivi, ma in alcun modo superiori a quelli della Loggia Blu o della Loggia dell'Arte Massonica. Il Rito Scozzese semplicemente amplifica ed elabora gli insegnamenti e le lezioni dell'Arte[6].

Il ruolo di Franklin

La data e il luogo precisi in cui avvenne l'introduzione formale di un rito massonico in America continua ancora oggi ad essere oggetto di dibattito. Gli storici si dividono sul 1730 a Filadelfia o il 1733 a Boston. Qualunque possa essere la verità, è generalmente accettato che lo spunto d'avvio venne generato dalla Grande Loggia d'Inghilterra.

Le prime tracce sembrano risalire al 5 giugno 1730, quando un certo Daniel Coxe ebbe a ricevere il riconoscimento di Gran Maestro delle province di New York, New Jersey e Pennsylvania. Poi, il 13 aprile 1733, era toccato ad un tale Henry Price essere riconosciuto come Gran Maestro Provinciale del New England e dei suoi territori. Ciò che accadde dopo queste date è stato oggetto di un ampio dibattito comparso a puntate nel 1923 sui numeri del giornale massonico «The Builder»[7].

In genere si ammette che se anche Coxe fu il primo in ordine di tempo a essere nominato come Gran Maestro, in verità non fu il primo ad essere attivo, in quanto fra il 1730 ed il 1733 era vissuto sempre in Inghilterra. Negli atti della Corte Suprema del New Jersey si riscontra che in realtà egli avrebbe fatto periodicamente rientro in America, ma quel che manca è la prova che, prima di tornare nuovamente in Inghilterra, avesse esercitato in modo concreto ed attivo le sue prerogative di leader massonico. Il 30 luglio 1733, era stato proprio Henry Price ad organizzare la prima riunione della Grande Loggia Provinciale del Massachusetts, con l'istituzione della Prima Loggia di Boston, poi divenuta la Loggia di St. John.

Dal momento che, almeno in apparenza, Daniel Coxe non aveva esercitato il titolo che gli era stato concesso, nell'agosto del 1734[8] la Gran-

[6] Il sito web dell'Oriente di California è il seguente: <http:/www.scottishritecalifornia.org>.

[7] Si tratta di alcuni numeri della rivista, fra cui soprattutto quelli di aprile, novembre e dicembre.

[8] Nel novembre del 1923 incominciò a circolare la voce di una lettera inviata da un certo Henry Bell di Lancaster, Pennsylvania, al dottor Thomas Cadwallader, in data 1754. In essa si diceva che, sotto gli auspici della loggia non riconosciuta Tun Tavern vigente a Filadelfia, egli, con un documento di riconoscimento dell'autunno del 1730, si era affiliato alla Grande Loggia d'In-

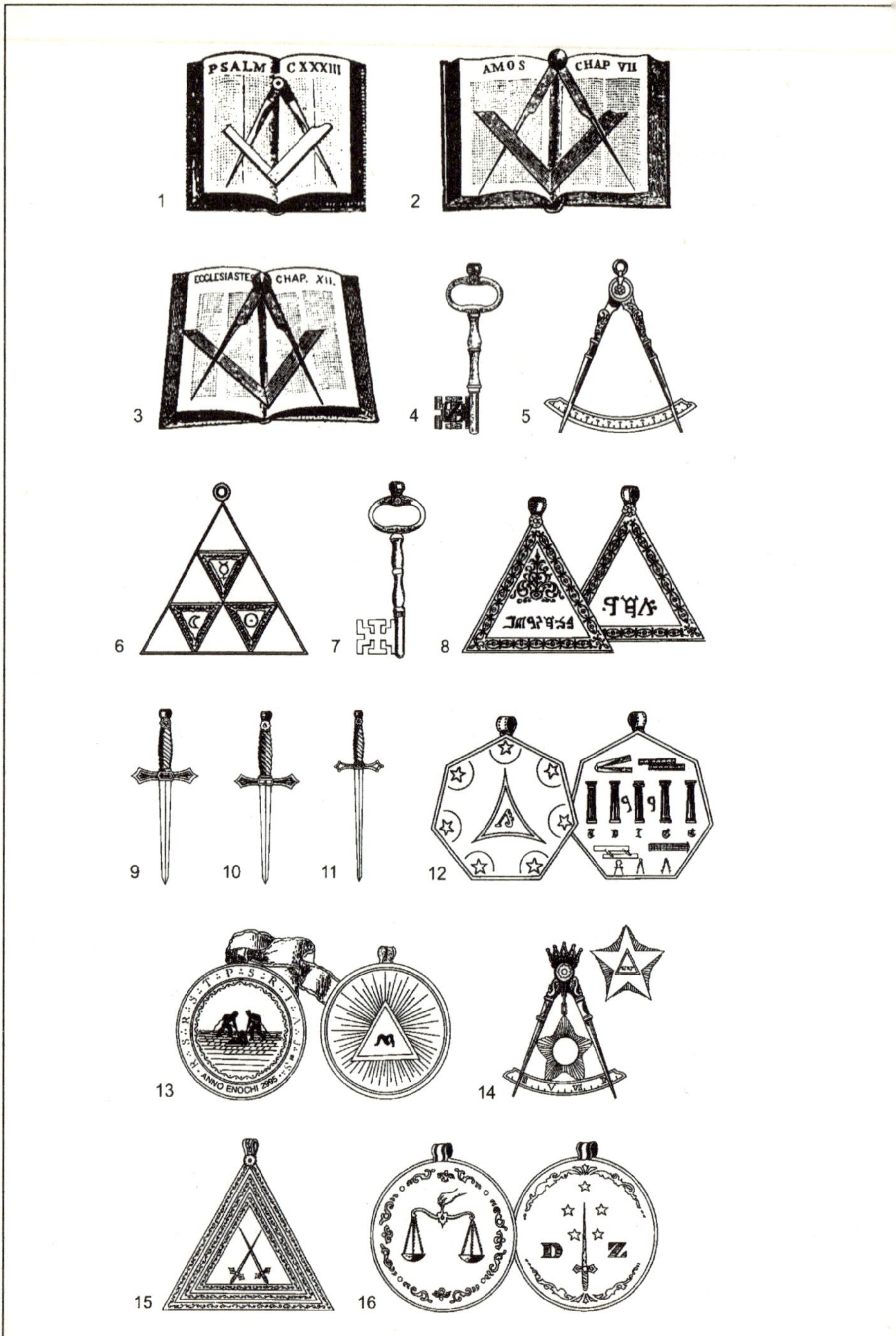

I trentatré gradi del Rito Scozzese.

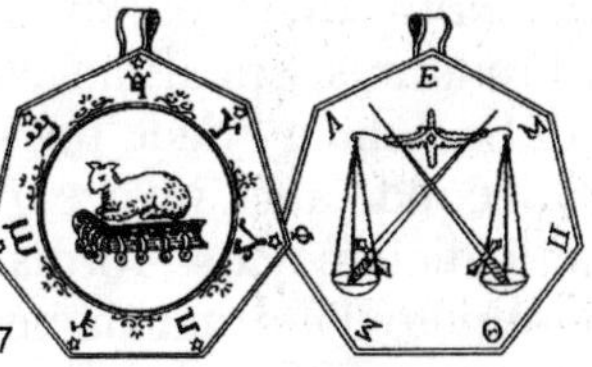
17

18

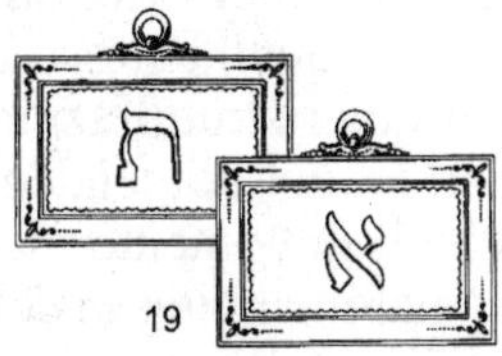
19

20

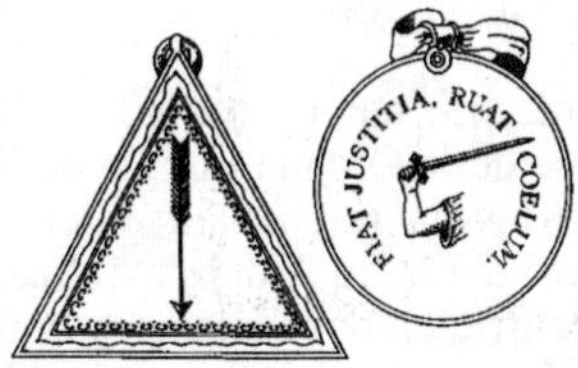

21

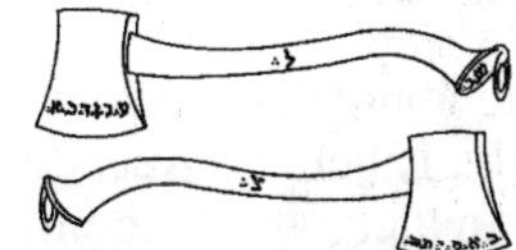
22

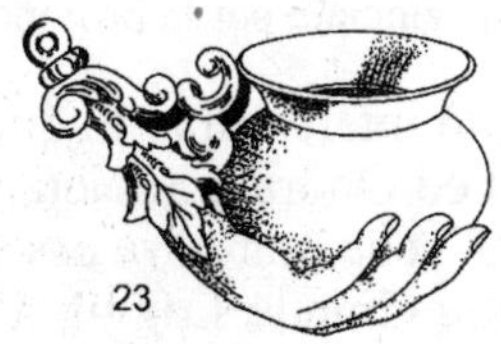
23

24

25

26

27

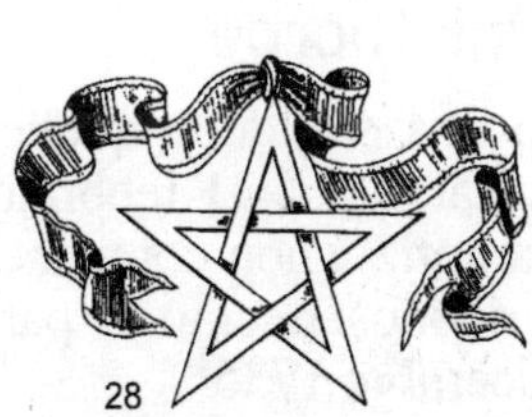
28

29

30

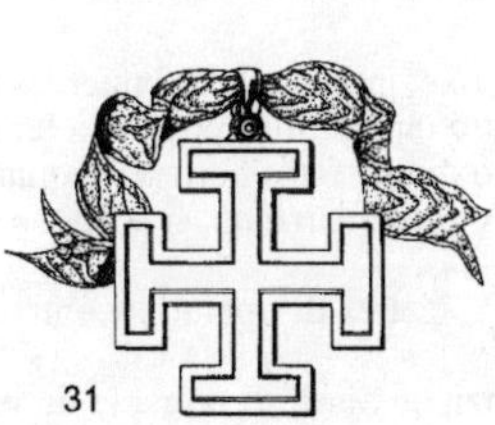
31

32

33

de Loggia d'Inghilterra stabilì di sollevarlo dall'incarico, estendendo l'autorità di Henry Price su tutti i territori del Nord America. Poi, il 28 novembre di quello stesso anno, Benjamin Franklin si era affiancato a Price per una ristrutturazione della Loggia di St. John a Filadelfia, stabilitasi in modo indipendente sin dal 1730[9]. Secondo altri, invece, parrebbe che il movimento massonico americano, diciamo così, formalizzato, sia nato nel giugno del 1733 a Boston, seguito dallo stanziamento di Filadelfia dell'anno successivo. Il 24 febbraio 1735 sulla «Boston Gazette» si poteva leggere:

> Lo scorso venerdì si è tenuta, presso la *Bunch of Grapes*, la taverna in King Street, una riunione della Grande Loggia dell'Antica ed Onorata Società della Libera ed Accettata Massoneria, nel corso della quale il signor Henry Price, Grande Maestro sui territori del Nord America di Sua Maestà, ebbe agio di nominare e riconoscere i grandi ufficiali per l'annata successiva e cioè il cavaliere Andrew Belcher come Gran Maestro entrante; il signor James Gordon ed il signor Frederick Hamilton, gran custodi per questa provincia (Massachusetts) ed il signor Benjamin Franklin, Gran Maestro Provinciale per la provincia della Pennsylvania.

Senza dubbio, l'aspetto più interessante di queste annotazioni sta nella descrizione della Antica ed Onorata Società della Libera ed Accettata Massoneria, gli "Antichi", che non deve essere in alcun modo identificata con l'istituzione della Grande Loggia d'Inghilterra – quella dei "Moderni" – se solo si fa mente locale che le due fazioni si riunirono soltanto nel 1813 (vedi p. 38).

Un aspetto massonico intrigante e quanto mai curioso legato al nome Filadelfia consiste nel fatto che già anticamente ne esisteva una: la Filadelfia della Lidia (si veda *Apocalisse* 1: 11) in Asia Minore, l'attuale Turchia, e che il nome deriva dal greco *philadelphia*, "amore fraterno"[10].

Nasce la Georgia di Oglethorpe

Nella lista delle logge americane della prima era, dopo quelle citate viene la Loggia di Savannah, in Georgia, stabilita il 21 febbraio 1734 dal generale inglese James Oglethorpe. La notizia non comparve sulla «Boston Gazette», ma si ha nozione di un riconoscimento da parte della Grande Loggia d'Inghilterra in data 2 dicembre 1735[11].

ghilterra, ma gli era stato consigliato di rivolgersi a Daniel Coxe, grazie alla cui intercessione la sua richiesta era stata approvata. Il problema consiste nel fatto che, purtroppo, sia la lettera che la presumibile risposta potrebbero essere oggetto di fantasie o di una falsa notizia, in quanto non sono mai state esibite né confermate come reali da alcuno. A giustificazione, si sostiene che sarebbero andate perdute nel 1873.

[9] Nel 1730 lo stesso Franklin riferisce sulla «Pennsylvania Gazette» di ripetuti incontri di massoni nella città di Filadelfia.

[10] Si trattava della città di Filadelfia a circa 45 km di distanza da Sardi. Il nome le derivava da Attalo Filadelfo di Pergamo, vissuto prima del 138 a.C. Si veda J. Hastings, *Dictionary of the Bible*, Edinburgh, T & T, 1909, alle voci *Brother Love* e *Philadelphia*.

[11] Il 13 dicembre 1733 la Grande Loggia d'Inghilterra annunciava la sua intenzione di inviare affiliati indigenti nel Nuovo Mondo.

La confusione fra queste date generò una nuova serie di polemiche e considerazioni sulla rivista ufficiale «The Builder» nell'anno 1926:

> Per molti anni, gli storici della Massoneria hanno invano cercato di raccogliere informazioni in merito alla nascita della Fratellanza della Georgia e della Grande Loggia di questo stato[12].

Un elemento è però emerso chiaro da questi dibattiti, vale a dire che la loggia originale fondata in Georgia da Oglethorpe apparteneva a quel gruppo di logge costituite secondo il "modo antico" e questo ci porta alla configurazione di uno scenario che, con buona approssimazione, dovrebbe essere applicabile a qualsiasi loggia del tempo sorta in America, laddove si generano conflitti di date come nei casi appena citati. Eleanor Oglethorpe (si veda il Capitolo 5), sorella del rappresentante della Corona James Oglethorpe, l'uomo che fondò lo Stato della Georgia, costruì la città di Savannah e stabilì la Loggia di Salomone, era un'entusiasta del movimento giacobita in Inghilterra e viene descritta come una «accanita cospiratrice»[13]. Sposata con un nobile francese, Eleanor era marchesa di Mézières, ma aveva vissuto per molto tempo in Inghilterra nella casa del generale James Westbrook a Godalming, nel Surrey. Eleanor era cresciuta alla corte francese degli Stuart a St. Germain-en-Laye[14] e, unitamente al fratello James, era pienamente coinvolta negli intrighi e nei complotti architettati dai giacobiti al di qua e al di là della Manica. Anche se James era ufficialmente un generale dell'esercito di Giorgio II, la sua valentia militare lasciava alquanto a desiderare, tanto che dopo la ribellione fallita dei giacobiti del 1745 era stato condannato dalla corte militare per codardia e per non aver saputo sconfiggere con i suoi uomini (probabilmente apposta) un modesto contingente di scozzesi nei pressi di Clifton, mentre questi stavano ripiegando in fuga da Derby[15].

James Oglethorpe non fu mai a capo di una Grande Loggia della Massoneria inglese. La sua famiglia rimase sempre molto legata alla corte degli Stuart ai livelli più alti e con l'establishment della finanza francese. Tutte le logge massoniche che Oglethorpe ebbe a fondare nella sua Georgia e a Savannah trovavano le loro radici nel movimento rosacrociano o, meglio ancora, nella struttura massonica della Loggia degli Antichi, vale a dire secondo l'organizzazione alla vecchia maniera, come compare negli archivi massonici della Georgia, col conseguente riconoscimento nel dicembre del 1735 da parte della Grande Loggia londinese. In questo documento non viene affatto citato Henry Price e que-

[12] «The Builder», luglio 1926, vol. XII, n. 7.
[13] Fitzroy Maclean, *Bonnie Prince Charlie*, London, Weidenfeld & Nicolson, 1988, capitolo 20, pp. 332, 333.
[14] Frank McLynn, *The Jacobites*, London, Routledge & Kegan Paul, 1985, capitolo 7, p. 115.
[15] Sir Charles Petrie, *The Jacobite Movement. The Last Phase*, London, Eye & Spottiswoode, 1950, capitolo 5, p. 102.

sto avveniva proprio mentre Oglethorpe era rientrato temporaneamente in Inghilterra prima di tornare di nuovo in Georgia al seguito del missionario metodista John Wesley, nel febbraio del 1736.

Washington e Revere

Ulteriori prove attestanti l'orientamento iniziale della Massoneria americana verso una struttura modellata su quella degli Antichi – in contrasto con quella dei loro oppositori, i Moderni della Grande Loggia d'Inghilterra – sono emerse dal lavoro della Loggia di Ricerca londinese Quatuor Coronati[16].

Fino al 1813, anno dell'avvenuta unificazione fra le due logge londinesi rivali degli Antichi e dei Moderni, la Grande Loggia d'Inghilterra non riconosceva il Capitolo dell'Arco Reale. Ciò malgrado, il 22 dicembre 1757, tre fratelli massoni erano lo stesso stati innalzati al grado del Santo Arco Reale a Fredericksburg, in Virginia. (Si trattava della loggia dove il 4 novembre 1752 era stato affiliato George Washington, raggiungendo il grado di maestro il 4 agosto 1754). Poi, il 28 agosto 1769, il Capitolo dell'Arco Reale della Loggia di St. Andrew di Boston aveva conferito il primo grado di cavaliere templare. Apparentemente, questa loggia aveva ottenuto il riconoscimento del Capitolo del suo Arco Reale dalla Grande Loggia di Scozia, nel novembre del 1762. (Credo sia bene precisare che un grado massonico templare è qualcosa di ben diverso dall'appartenere all'Ordine dei Cavalieri del Tempio di Gerusalemme).

È l'Arco Reale che detiene la chiave finale del percorso massonico. È raffigurato dalla verga che sta a terra nell'immagine di frontespizio dell'opera *The Mirrour of Policie* (vedi p. 259); è l'autentico terzo grado, ed è per questo che oggi è considerato come una sua estensione, piuttosto che un grado a sé stante. È all'interno del Santo Arco Reale che il pane, l'oro, il punto al centro del cerchio, la Pietra Filosofale e l'Arca dell'Alleanza trovano una matrice comune secondo un percorso che, finalmente, rende ragione della storia del vitello d'oro di Aronne e della connessione alchemica del tempio mosaico dei Grandissimi nella penisola del Sinai.

Testimonianze relative al conferimento templare nel 1767 di William Davis a Boston precisano che gli ufficiali presenti alla cerimonia comprendevano quelli della loggia Glittering Star dell'esercito inglese, riconosciuta dalla Grande Loggia d'Irlanda. Le ricerche condotte dalla loggia Quatuor Coronati precisano che la primitiva massoneria americana non era così dipendente dalla Grande Loggia inglese come si era soliti immaginare. In realtà, le sue radici aderivano assai meglio alla tradizione massonica scozzese ed irlandese delle logge degli Antichi.

---

[16] Loggia Quatuor Coronati 2076, *Ars Quatuor Coronati*, Atti, London, vol. 107, 1994.

Alcuni hanno immaginato che i soldati inglesi di stanza oltreoceano, fossero venuti a conoscenza del grado templare e del Capitolo dell'Arco Reale quando si trovavano ad Halifax, nella Nuova Scozia, ma questa osservazione è un puerile tentativo di deviare l'attenzione dal fatto che conta: la tradizione dell'Arco Reale era ben più radicata nel Nuovo Mondo di quanto l'establishment della Massoneria inglese potesse ipotizzare. Il rebus è facilmente risolto nel momento in cui si considera che prima di approdare in America la Glittering Star era stata attiva in Irlanda, dal 1759 al 1765. Il più antico riferimento al Capitolo dell'Arco Reale riscontrato in un verbale massonico proviene dall'Irlanda e data 1752[17], e l'America aveva adottato questo grado ben prima che venisse riconosciuto nella madre patria inglese.

Il secondo massone templare e Arco Reale americano fu l'argentiere Paul Revere, riconosciuto dal Capitolo della Loggia di St. Andrew a Boston, l'11 dicembre 1769. In seguito, per il suo attivo ruolo nel cosiddetto *tea party* di Boston e per gli incarichi militari e strategici svolti nel corso della Rivoluzione americana, Revere venne eletto Gran Maestro della Grande Loggia degli Antichi del Massachusetts.

Il terzo personaggio a raggiungere l'Arco Reale e Templare era stato Joseph Warren, il 14 maggio 1770. Warren era il Gran Maestro della Loggia di St. Andrew ed uno dei primi eroi della Rivoluzione, avendo trovato la morte sul campo di battaglia di Bunker Hill. La tradizione racconta che quando lo videro cadere, i confratelli massoni che stavano combattendo al suo fianco piantarono un ramoscello nel punto esatto in cui era stato colpito (in ricordo del ramoscello di acacia posto a segnalare la tomba di Hiram Abiff). È a margine di questo episodio – che sia autentico oppure no – che ci imbattiamo in una delle anomalie più singolari della guerra americana. Nella sua riverita veste di Gran Maestro della Loggia di St. Andrew, Warren contava direttamente nel suo staff, come nel gruppo degli affiliati, un buon numero di soldati in forza ai reggimenti britannici stanziati attorno alla città di Boston. Tuttavia, in questo, la Loggia di St. Andrew non costituiva un'eccezione. Al tempo della guerra (1775-83) le logge massoniche americane erano già numerose e, come già detto, erano tutte basate sulla tradizione portata avanti dal movimento degli Antichi, in stretto collegamento con le truppe inglesi. Ad un tratto, però, a causa della guerra, membri di una stessa loggia si erano improvvisamente venuti a schierare gli uni contro gli altri, in opposti campi, fratelli contro fratelli, in una situazione che soprattutto gli inglesi non avevano cuore di sostenere.

Altri affiliati emeriti della Loggia di St. Andrew erano Samuel Adams, John Adams, William Dawes e Thomas Hutchinson. Quasi la metà dei 56 firmatari della celeberrima *Dichiarazione di Indipendenza Americana* appartenevano alla Massoneria. Dei 55 delegati della Convenzione

[17] K. B. Jackson, *Beyond the Craft*, London, Lewis Masonic, 1980, pp. 9, 10.

Costituzionale, 31 erano massoni, così come lo erano ben 33 dei 74 generali agli ordini di Washington.

Gli Scozzesi e il Nuovo Mondo

Negli eventi che portarono alla Guerra di Indipendenza, l'influenza della tradizione scozzese in America era stata esaltata in virtù dell'opposizione ad un nemico comune: la dinastia regale degli Hannover. La sollevazione giacobita del 1745-46 non si era spenta con la severa sconfitta nella battaglia di Culloden. Il 15 maggio 1746, il Parlamento inglese aveva decretato che tutti i prigionieri venissero trasferiti in Inghilterra per essere messi in galera, nello specifico nelle carceri di Londra, York a Carlisle. In queste città – distaccate dalla giurisdizione dei tribunali scozzesi – i processi avrebbero potuto essere superficiali e le condanne brutali ed esemplari. A Londra, per esempio, i prigionieri ritenuti colpevoli venivano impiccati pubblicamente e smembrati, dopo di che la testa veniva conficcata su una delle picche della balaustrata di Temple Bar. Il figlio di Giorgio II, Guglielmo duca di Cumberland, aveva continuato a manifestare la sua ostilità verso la tradizione scozzese anche dopo la battaglia di Drumossie Moor. Poi in Parlamento era passato il *Disarming Act* in cui si proibiva agli Scozzesi di indossare i loro abiti tradizionali, di suonare la cornamusa e di fare uso del gaelico. Particolarmente colpiti erano i clan, per i quali veniva abolito il diritto della successione ereditaria dei beni e dei possedimenti. Per ben 46 anni dopo Culloden, chiunque infrangesse le disposizioni governative dell'*Acts of Abolition and Proscription* era passibile di incarcerazione o trasferimento coatto nelle colonie, se non voleva essere giustiziato direttamente sul posto della flagranza. Tutti gli Scozzesi vennero obbligati a giurare l'osservanza di queste leggi, costretti ad assumersi l'impegno pubblicamente, al cospetto di una qualche autorità inglese:

> Se dovessi mai venire meno al rispetto della legge, che possa io essere perseguitato nei miei possedimenti, nella mia famiglia e nella mia prosperità; che possa io non vedere mai più mia moglie, i figli, il padre e la madre, i miei parenti; venga io punito ed ucciso come un vigliacco traditore e venga io sepolto senza un funerale cristiano in una terra straniera, lontana dai sepolcri dei miei avi e della mia famiglia[18].

Avendo base a Inverness, il conte di Cumberland aveva messo in atto un vasto programma di sottomissione da diffondere in tutta la regione così che, in pratica, nessuno avrebbe potuto salvarsi dalle epurazioni delle Highlands scozzesi. Nel corso di questa operazione di "pulizia", uomini, donne, bambini, bestiame e proprietà, vennero tutti aggrediti barbaramente dalla soldataglia di ventura al servizio del re. Oltre mille

[18] H. V. Mortan, *In Search of Scotland*, London, Methuen, 1929, capitolo 5, p. 133.

scozzesi vennero venduti come schiavi all'estero, moltissimi altri scomparvero senza lasciare alcuna traccia. La ferocia e l'accanimento dimostrato in questa campagna punitiva contro gli Scozzesi risultarono così drastici che, malgrado la vittoria inglese maturata a suo tempo sul campo di battaglia di Culloden, da quel momento in avanti non ci fu più nessuno che tenne a sfoggiare le mostrine, i gradi guadagnati in quello scontro, tanto è vero che ancora oggi nessuno fra i tanti reggimenti inglesi che avevano preso parte alla battaglia ostenta sui propri labari le insegne di quello scontro vittorioso.

Nel corso di questa cruenta rappresaglia, furono migliaia le famiglie scozzesi a lasciare la madre patria e molte trovarono rifugio nel Nuovo Mondo, in America. Se non ce l'avevano fatta a contrastare e sconfiggere gli Hannover in patria, a partire almeno dal 1775 avrebbero avuto a disposizione una nuova chance, contribuendo al declino della casa regnante inglese schierandosi dalla parte dei "cugini" coloni. Un'ulteriore complicazione, questa, per i reggimenti scozzesi in forza all'esercito inglese. I soldati scozzesi, infatti, non solo erano chiamati a combattere contro fratelli massonici e congregati, ma anche contro i loro stessi fratelli di sangue, quella grande massa di compatrioti che avevano scelto l'America per sfuggire alle persecuzioni subite in patria.

Il "Tea Party" massonico

Prima della Guerra di Indipendenza, l'Inghilterra in Nord America aveva 13 colonie. Ciascuna era separata dall'altra, nel senso che costituiva un'entità a sé stante con un proprio governo e la maggior parte dei coloni era di religione protestante e di origine inglese. I primi cinque centri urbani di una certa consistenza erano le città di Boston, Filadelfia, New York, Charleston e Newport, luoghi dove arrivavano le notizie dall'Europa e dal resto del mondo, dove si stampavano giornali e dove erano sorte scuole e collegi. La terra costava poco, i salari erano buoni e ovunque si respirava un'aria di libertà, dove comunque la parola americano quasi non trovava spazio. La gente pensava a se stessa come abitante della Virginia, piuttosto che della Pennsylvania. Ma a partire dal 1773 questo stato di cose molto positivo era stato improvvisamente minacciato quando i forti debiti della madre patria Inghilterra avevano costretto la corona a imporre delle nuove, pesanti tasse sulle colonie. In verità, non si trattava di richieste così onerose, tenuto anche conto dell'altissimo costo che l'Inghilterra aveva pagato per affrancare le colonie dalle pretese francesi, ma ciò che aveva fatto irritare i coloni era stato il modo, sgarbato e autoritario, con cui queste nuove gabelle erano state imposte.

Ciò che il governo inglese non aveva ancora intuito – ma che, al contrario, gli abitanti delle colonie già presentivano – era che i coloni erano ormai maturi per la libertà e per dare vita ad una nazione indipendente.

Per gli Inglesi invece, anche se il pargolo era cresciuto, aveva ancora bisogno del controllo materno. Ma che bisogno c'era – si interrogavano i coloni – di continuare ad essere soggetti ad una simile autorità, per di più imposta da lontano, quando ormai i loro territori erano in grado di darsi delle regole e di difendersi per proprio conto? La sola cosa che veramente necessitava era l'unità delle colonie, ma a questo ci stava già pensando la sottile trama di solidarietà e di agganci fra i diversi Stati che la Massoneria stava tessendo da tempo. Si fantasticava una federazione di colonie che sarebbe diventata di diritto una nuova nazione, e non c'era alcun dubbio che questo sarebbe prima o poi avvenuto attraverso una naturale evoluzione politica e sociale. Ma la "madre" inglese, come è noto, non era sintonizzata su questa lunghezza d'onda e aveva immediatamente assunto le proteste e le ribellioni come atti da punire, una rivoluzione da stroncare sul nascere tramite la forza.

A partire dal 1759 l'Inghilterra aveva così approvato una nutrita serie di restrizioni da imporre alle colonie, dapprima sostenendo una maggiore influenza agli organismi commerciali di matrice inglese presenti nel territorio, poi arrivando a limitare l'uso della carta moneta locale, emessa dalle colonie. Nel 1764 la revisione del già contestato *Molasses Act* aveva portato il governo inglese al varo del *Sugar Act*, con il quale si rendeva obbligatoria l'importazione di zucchero e melassa dalla madre patria. Poi, l'anno dopo, era seguito lo *Stamp Act*, la prima vera e propria tassazione, che imponeva l'apposizione di una marca da bollo su tutti i documenti legali, giornali e periodici registrati. Dal punto di vista politico, una miccia pronta ad esplodere, perché gli Americani non erano chiamati a prendere parte alle elezioni governative inglesi. L'immediata parola d'ordine era diventata: «Niente tasse senza rappresentanza». La maggior parte degli avvocati, degli uomini di legge e degli editori decise di non applicare la tassazione. L'atmosfera calda aveva propiziato la nascita di movimenti sovversivi come i Figli della Libertà a New York e a Boston, seguiti a ruota da altre organizzazioni nel New England e in altri Stati come la Carolina, la Virginia e la Georgia. Nel 1766 lo *Stamp Act* veniva abrogato, ma solo per confluire nei *Townshend Acts*, un lungo elenco di tasse applicate su prodotti molto diffusi come vetro, piombo, carta e tè che venivano importati nelle colonie. In Inghilterra si era ormai deciso che, in un modo o nell'altro, la campagna americana e tutte le ingenti spese che si stavano sostenendo per mantenere gli eserciti oltreoceano avrebbero dovuto essere a carico delle colonie.

I Figli della Libertà incominciarono a rendere impossibile la vita agli uffici britannici d'importazione delle merci, al punto che la reazione inglese non si era fatta attendere. Il 30 settembre 1768, navi della flotta britannica cariche di 700 uomini erano attraccate a Boston, immediatamente seguite da altre in arrivo dall'Irlanda, con ulteriori 500 uomini. Da parte loro, gli abitanti di Boston si erano rifiutati di dare ospitalità ai soldati inglesi, anche se molti di essi – solidali con la causa americana – avevano contribuito a far sì che il rifiuto fosse assoluto. Nei continui disordini che periodicamente scoppiavano in città, il 5 marzo del 1770 cinque abitanti del posto venivano uccisi dal fuoco dei soldati. Anche se al processo John Adams aveva comunque difeso l'operato dei militari, le guarnigioni erano state immediatamente ritirate da Boston. I *Townshend Acts*, intanto, venivano anch'essi abrogati, con la sola eccezione della tassa sul tè, la quale, di conseguenza, era diventata il fulcro attorno al quale far ruotare la protesta, un'azione che si concentrava in modo particolare nel porto di Rhode Island, dove la preziosa merce giungeva dall'Olanda. Nel corso di questi momenti di grave tensione, la nave della Marina inglese *Gaspee* era stata abbordata e data alle fiamme.

Come se non fosse bastato, proprio in quei frangenti la Compagnia delle Indie aveva i magazzini pieni di tè da smerciare e, anche per questo, stava navigando in pessime acque economiche. Per correre ai ripari e salvarla dal tracollo finanziario, il governo inglese aveva deciso di decretare i provvedimenti necessari. Nel settembre del 1773 al porto di Boston erano così arrivate la bellezza di 227 tonnellate di tè. Peccato che ai coloni l'iniziativa non era per niente piaciuta.

Ma il monopolio concesso dall'Inghilterra alla Compagnia delle Indie per la distribuzione su tutto il territorio delle colonie aveva fatto serpeggiare un allarme diffuso. I commercianti di New York, Filadelfia e Charleston avevano disdetto ogni ordine, i soli a confermarli erano stati i mercanti di Boston. A questo atteggiamento di collaborazione si opponevano con grande vigore personaggi come Samuel e John Adams, Josiah Quincy e John Hancock, i quali incitavano alla ribellione, affinché le colonie si scrollassero di dosso la supremazia del Parlamento britannico. Questo era il clima di tensione che si respirava a Boston quando le tre navi da carico erano approdate al porto della città alla fine di novembre. Gli aderenti alla confraternita dei Figli della Libertà, entrati in azione, avevano impedito lo scarico delle stive, che andava senz'altro fatto entro 20 giorni, altrimenti il carico sarebbe stato esente dal pagamento dei diritti commerciali. Vista la mala parata, i capitani delle tre navi avevano deciso di lasciare Boston e ripiegare presso qualche altro attracco, ma gli ufficiali in seconda si erano rifiutati di obbedire e le navi erano rimaste dov'erano.

Nel frattempo, nel tradizionale luogo di ritrovo della Loggia di St. Andrew a Boston (l'antica taverna *Green Dragon*) i massoni stavano predisponendo un piano. La taverna era il punto di incontro del Comitato per la corrispondenza segreta a cui aderivano i massoni Joseph Warren e Paul Revere, in stretto collegamento con il movimento dei Figli della Libertà. Insomma, un posto molto frequentato, dove si tenevano riunioni continue e si conservavano i registri ed i diari con i nomi di tutti i partecipanti scrupolosamente annotati; ma per quella notte del 16 dicembre del 1773, se sfogliamo uno di questi verbali, non registriamo che un laconico: «La loggia resta chiusa fino a domattina»[19].

In quella notte fatidica, i membri della Loggia di St. Andrew, unitamente a quelli delle altre associazioni libertarie – in tutto circa una sessantina di persone – dovevano lavorare in gran segreto: avrebbero messo a punto un piano che avrebbe dato luogo ad un'azione inusitata, ma dai profondi risvolti storici. Aiutati dal capitano Edward Proctor, capo della milizia posta a guardia del carico della *Dartmouth* (anch'egli, come molti dei suoi uomini, iscritto alla Massoneria), i ribelli, travestiti da indiani Moicani, saliti sulle navi alla banchina di Griffith, avevano gettato in mare la bellezza di 342 casse di tè, andate a fondo nella baia di Boston (*tav. 38*). Dopo questa epica impresa, dodici tra i protagonisti che non erano ancora affiliati si aggregarono alla Loggia di St. Andrew. La reazione del governo inglese era stata forte e si era concretizzata con l'assunzione di nuove misure restrittive, ovviamente respinte dai coloni che le bollarono col nome di *Intolerable Acts*, mentre il porto di Boston veniva interdetto. Ma per gli Inglesi era ormai troppo tardi: la rivoluzione massonica, che intendeva fare delle colonie uno Stato unitario ed indipendente dal giogo della monarchia britannica hannoveriana, si era ormai irresistibilmente avviata.

La corona d'America

Dapprincipio, nelle intenzioni dei ribelli non c'era l'idea di far nascere una repubblica di nuova impronta. Poiché la tradizione scozzese era il vero sostegno anche della neonata Massoneria coloniale, il progetto prefigurava la restaurazione di tutto ciò che a partire dal 1688 con la Rivoluzione dei Whig era andato perduto in madre patria. Questo sarebbe ampiamente confermato anche da storici di fama come sir Charles Petrie, sir Compton Mackenzie, sir Walter Scott ed Alice Shields, che hanno evidenziato come in tutti i dispacci e le comunicazioni di quegli anni inviati da Boston fosse chiarissima la volontà dei rivoltosi di considerare Carlo Edoardo Stuart il sovrano degli Americani[20]. Alcuni scritti di questo tenore sono tutt'oggi conservati fra i documenti degli Stuart a Windsor e nella raccolta dei *Dartmouth Papers* (lord Dartmouth ebbe a ricoprire, negli anni Settanta del Settecento, a nome del governo inglese, la carica di segretario di Stato delle colonie americane).

Queste testimonianze coprono un arco di tempo che va dal 1774 al 1780, durante il quale Bonnie Prince Charlie dava segno di essere molto interessato alle questioni americane, documentandosi con letture e pubblicazioni ed acquistando mappe geografiche per essere costante-

[19] M. Baigent – R. Leigh, *The Temple and the Lodge*, London, Jonathan Cape, 1986 (trad. it. *Origini e storia della Massoneria*, Roma, Newton & Compton, 2004[4]).

[20] Sir Charles Petrie, *The Jacobite Movement. The Last Phase*, London, Eyre & Spottiswoode, 1950, capitolo 8, p. 174.

mente aggiornato sulla effervescente situazione d'oltreoceano[21]. L'abate Fabbroni, rettore dell'Università di Pisa, attesta di aver preso visione diretta di alcune lettere dei ribelli di Boston datate 1775, nelle quali si assicurava al Principe fedeltà e alleanza, con la esplicita richiesta di porsi alla guida delle colonie[22]. Il problema stava nel fatto che, all'epoca, Carlo non aveva alcun erede legittimo e quindi temeva che se avesse accettato la proposta sulla base del suo status regale britannico *de jure*, alla sua morte anche la monarchia americana sarebbe, giocoforza, passata sotto la corona inglese. E poiché questo era l'esatto contrario di ciò a cui aspiravano i coloni americani, i consiglieri di Carlo Edoardo lo avevano messo in guardia dal compiere gesti non meditati.

Uno degli aspetti più sorprendenti e al tempo stesso strani che caratterizzano la Guerra di Indipendenza Americana, dalle prime battute fino alla sua conclusione, fu il modo in cui venne combattuta e, alla fine, vinta. In realtà, non assunse mai l'aspetto di una guerra vera e propria, ma non fu altro che una serie di battaglie e di scaramucce continue. Le colonie non costituivano ancora uno Stato coeso ed il loro esercito era tutto meno che un esercito compatto, ordinato e preparato, anche se, per volere del Congresso Continentale guidato da John Hancock, il comando supremo era stato affidato al generale George Washington. Dall'altra parte, al contrario, c'era l'Inghilterra che disponeva di uno dei più addestrati ed equipaggiati eserciti del mondo, forte di una tradizione militare senza pari. Sulla carta, dunque, schiacciare le velleità dei rivoltosi non si presentava come un'impresa ardua, ancor prima che alle forze delle colonie si affiancassero il marchese di Lafayette e le truppe francesi, inviate in America nel biennio 1777-78. Ed allora, viene da chiedersi: come mai e perché l'esercito inglese rimediò una così brutta figura in terra americana, conducendo una campagna bellica assolutamente disastrosa?

In primo luogo risulta evidente che gli alti comandi militari inglesi sottostimarono, e di molto, l'anelito alla libertà e la determinazione degli Americani, sia sul campo di battaglia che in relazione alla rete spionistica. Tuttavia, si tratta di un atteggiamento che avrebbe potuto essere facilmente corretto, una volta preso atto della reale situazione. La più bruciante sconfitta inglese si verificò a Saratoga, nei pressi di New York, nel 1777, dove il general maggiore inglese John Burgoyne si arrese. Dopo, la serie di vittorie americane continuò a Charleston e Guildford Courthouse fino a che lord Charles Cornwallis, duramente sconfitto a Yorktown, non si era arreso il 18 ottobre 1781. Ciononostante, gli Inglesi avevano ancora la situazione sotto controllo. I successivi scon-

[21] Ivi, p. 175. Si veda anche sir Compton Mackenzie, *Prince Charlie,* London, Daily Express Publications, 1932, capitolo 12, p. 133.

[22] Alice Shields, *Henry Stuart, Cardinal of York*, London, Longman, 1908, capitolo 16, pp. 213, 214. Vedi anche L. Dutens, *Mémoires d'un voyageur qui se repose*, London, Cox Sons & Baylis, 1807, vol. III, p. 30.

tri, infatti, avevano avuto esiti incerti ed altalenanti. Le truppe di sir Henry Clinton, per esempio, erano ancora integre ed in buona condizione, mentre la flotta francese era stata praticamente disintegrata nell'aprile del 1782; eppure, c'era qualcosa che non andava, resistenze e frizioni, sia a livello dei capi supremi inglesi che delle truppe, che, a dirla tutta, non diedero mai la sensazione, come si dice, di entrare in battaglia con lo spirito giusto. E così, il 4 febbraio del 1783, il governo di Westminster decise che era ormai arrivato il momento di mettere fine a quella debacle continua.

Come abbiamo visto, l'azione sovversiva che è passata alla storia come il Boston Tea Party era stata ideata e realizzata dalla Massoneria. Il Congresso Continentale era guidato da iniziati massonici e lo stesso valeva per la speciale Commissione del Congresso per la corrispondenza segreta. Il comandante in capo dell'esercito americano era un affiliato, come la maggior parte dei generali e degli ufficiali che guidavano le compagnie. Insomma, la libera ed indipendente nazione americana venne fondata sulla base dell'ideale massonico della federazione. Ma, ci chiediamo, chi furono i primi a far sì che i padri fondatori dell'America si trovassero insieme, così uniti e solidali, nel perseguire un solo obiettivo per il bene comune? La risposta è semplice: gli ufficiali ed i soldati britannici, che appartenevano a quelle stesse comunità e logge massoniche che si erano, molto velocemente, imposte anche nel nuovo mondo. Mentre per i coloni era spontaneo e, quasi facile, difendere il loro diritto alla libertà e le loro posizioni, per i soldati inglesi inviati oltreoceano a combattere la cosa non era affatto agevole, perché in realtà era l'ultima azione che avrebbero desiderato compiere. Ovviamente, essendo militari e non avendo via d'uscita, erano stati costretti ad obbedire e ad assolvere fino in fondo al loro ruolo, ma a ben valutare, la guerra non venne tanto vinta dai ribelli delle colonie, quanto perduta in modo volontario dagli Inglesi riluttanti.

18

Dibattiti e monumenti

Cospirazioni

A questo punto della storia massonica è arrivato il momento di affrontare un aspetto importante quanto interessante, la cosiddetta "teoria della cospirazione". Coloro che la sostengono sono, in genere, degli scettici. Si tratta di persone che – come molte altre – tendono a non credere a nulla, perché ritengono che i giornali riportino notizie manipolate, che le affermazioni politiche siano strategicamente inventate e modellate sugli interessi dei poteri forti.

E così mentre la stragrande maggioranza delle persone accetta i fatti per quello che sembrano – almeno fino a prova contraria –, chi aderisce alla teoria del complotto considera la dabbenaggine dei più come un atteggiamento infantile; loro invece – che appartengono alla ristretta cerchia di chi ha la possibilità di conoscere il vero grazie a fonti di informazioni accreditate e non falsate – sono dubbiosi, sono per natura sospettosi. Armati di questo bagaglio di base, fatto di dubbi e immaginazione sospettosa, sovente credono di scorgere una cospirazione persino là dove non c'è, anche se, bisogna riconoscerlo, qualche volta i loro sospetti colgono realmente nel segno e risultano fondati. La teoria della cospirazione è quasi un atteggiamento filosofico che intende la ricerca della verità come la possibilità di sollevare i veli che ad arte la occultano agli occhi dei più, con un modo di agire che induce chi ne è convinto a comportarsi un po' come i cacciatori di streghe dell'Inquisizione.

Questa politica strana si concretizza instillando una sensazione di paura e diffidenza in tutto ciò che sta alla base di una necessità sociale. Il sospetto si nutre soprattutto nei confronti di quegli individui o organizzazioni che godono di una vasta popolarità o che, in qualche modo, sono amati e stimati dalla gente perché vanno incontro alle sue aspettative. Il messaggio negativo di fondo è che, sempre e in tutti i casi, i governanti sono corrotti, l'industria è corrotta, tutto è corrotto, allo scopo di poter creare un ambiente e situazioni di instabilità diffusa, dove poter mantenere attivo un potere di base.

Inutile dire che la Massoneria sin da subito è diventata per queste persone un campo di battaglia operativo molto frequentato, ma non nel senso di mettere in atto un movimento ad essa contrario sulla falsariga di quanto già abbiamo detto nel Capitolo 14. Su scala globale, l'affiliazione ad una loggia massonica non preclude l'ingresso a nessuno e questa rappresenta uno spaccato della vita di ogni giorno e, in pratica, di ogni ceto sociale. Compagnie, corporazioni, sindacati, scuole, ospedali, banche, chiese, hotel, fabbriche, negozi, forze di polizia, congressi, parlamenti e tutte le associazioni che si ha la fantasia di immaginare possono, in potenza, accogliere degli iscritti all'interno della loro struttura. Di conseguenza, questa vasta potenziale diffusione operativa potrebbe costituire un denominatore comune, esattamente ciò che i sostenitori della storia come oggetto di congiura e manipolazione cercano per dare fondamento a quella loro immagine di società destabilizzabile da un momento all'altro.

Anche se la Massoneria non è un movimento religioso – e questo lo abbiamo ripetuto più volte – la sua vasta diffusione la rende un soggetto passibile a quel genere di attacchi che, di volta in volta, vengono mossi contro le religioni riconosciute – cattolica, musulmana, ebraica – e, più in generale, anche alle altre comunità religiose molto radicate, per storia e tradizione, nel tessuto sociale. Per questo, a coloro che fanno del sospetto la loro cartina di tornasole per giudicare le cose del mondo, poco importa che la sola Massoneria del Nord America abbia aiutato e salvato più di mezzo milione di bambini bisognosi: se lo ha fatto – si ragiona – è perché queste operazioni di solidarietà e carità nascondevano e nascondono altre mire, occulte e segrete.

Per creare un ambiente di trepidazione, di paura, è sempre necessario avere un nemico comune da combattere. La Chiesa si è inventata Satana e la strana immagine dell'Anticristo; ma per poter essere efficaci nella loro azione gli allarmisti non possono prendersela con questa istituzione, dal momento che, dopo tutto, la Chiesa promette la salvazione ai suoi fedeli. Serve un avversario che vada ben oltre lo scontro clerical-religioso, qualcosa o qualcuno forte e potente a livello secolare, un avversario insuperabile.

Ecco perché, ad un certo momento, era nuovamente tornata in auge una ormai dimenticata setta del XVIII secolo, sorta in Baviera e detta degli Illuminati. Poiché la loro storia si era ormai perduta nella confusione e nelle nebbie del passato, non sarebbe stato difficile farla risorgere sotto i panni di un gruppo d'elite di adepti, affratellati nella Massoneria, iniziati ai gradi più alti, pronti a cospirare per il dominio del mondo, se già il mondo non era nelle loro mani, senza che nessuno se ne fosse accorto. E tanto per aggiungere un poco di enfasi, come dire, gotica a questa idea, il misterioso gruppo era stato battezzato con un nome altamente simbolico: quello appunto di Illuminati.

*Il Gran Sigillo degli Stati Uniti d'America: fronte (*a sinistra*) e retro (*a destra*).*

Il Gran Sigillo

In termini effettivi, non c'è assolutamente niente di sinistro nel nome Illuminista, perché significa, molto semplicemente, "coloro che donano la luce", volendo, niente di più della simpatica figura di un lampionaio in una romantica fiaba per bambini. Ma, come abbiamo visto, la parola latina per "portatore di luce" (*lux-fer*) ha la stessa radice linguistica di *lucifer* (vedi p. 234), da qui la connotazione luciferina, diabolica ancora oggi assegnata alla setta degli Illuminati. La differenza fra la minaccia rappresentata dagli Illuminati e il Satana della Chiesa sarebbe sostanziale, perché anche la stessa Chiesa sarebbe soggiogata dal potere della setta.

Gli Illuminati sono stati rapidamente abbinati al movimento massonico per via del fatto che proprio nella regione meridionale della Germania, la Baviera, il primo maggio del 1776[1], Adam Weishaupt, ex massone e professore di legge e diritto canonico presso l'Università di Ingolstadt, aveva fondato un cenacolo, un ordine filosofico di illuministi e pensatori. Per combinazione, il 1776 è lo stesso anno che compare alla base della piramide del Gran Sigillo degli Stati Uniti, ma scritto in lettere romane: MDCCLXXVI, accompagnato dal motto *Novus Ordo Seclorum* (Nuovo Ordine dei Secoli).

Questa scritta starebbe ad indicare la fonte primaria e l'esistenza di un misterioso Nuovo Ordine del Mondo, che tanti terrorizza, con l'idea balzana che esso annuncerebbe la comparsa del temuto Anticristo, distruttore dei tempi. Tuttavia, basta un'analisi più attenta del motto per rendersi conto che è stata volutamente proposta ad arte una traduzione

[1] Michael Howard, *The Occult Conspiracy,* London, Rider, 1989, capitolo 3, p. 61.

scorretta della parola *Seclorum* (del Mondo anziché dei Secoli) per predisporre uno sfondo pressoché perfetto per la messa in scena del mito degli Illuminati. Infatti, se si procede con una traduzione fedele, ci si rende immediatamente conto che la frase *Novus Ordo Seclorum* non è la catastrofica profezia di una prossima Armageddon, bensì un riferimento all'ideale egalitario che avevano in mente i padri fondatori degli Stati Uniti quando il 4 luglio 1776 – l'anno che compare sul Gran Sigillo Americano – apponevano la loro firma in calce alla *Dichiarazione di Indipendenza*. *Novus Ordo Seclorum* venne usato non nell'accezione di "ordine" inteso come strumento di controllo; bensì come l'idea di una serialità, una progressione numerica di anni, vale a dire una serie di Nuove Ere. Dal punto di vista letterario, il concetto è mediato dalla quarta *Egloga*, verso 5, del poeta latino Virgilio, quando parla dell'attesa di un'era di pace ed armonia[2].

Al termine della preghiera latina – databile attorno al II secolo d.C. – che si intitola *Gloria* (in pratica un breve inno alla Trinità), si trovano le parole *secula seculorum*, tradotte "nei secoli dei secoli" (di era in era), seguite da *Amen*. Nel latino classico la parola "mondo" – seppure in relazione all'uso specifico – era una derivazione di *mundus*, mentre, in questa fattispecie *seclorum* è un preciso riferimento a ere, età, secoli e generazioni.

Sfortunatamente, un personaggio che intende in modo scorretto la traduzione del motto promuovendo il concetto di Nuovo Ordine del Mondo è il protagonista del celebre romanzo di Dan Brown, il professor Robert Langdon, nel libro *Angeli e demoni*. Quando discute con Vittoria (la figlia adottiva di un prete) la simbologia del Gran Sigillo Americano, Langdon parla di "Nuovo Ordine Secolare". Poiché Langdon viene presentato nel romanzo come un luminare di Harvard, moltissimi lettori, dimenticandosi che si tratta di un romanzo di fantasia, hanno preso le sue affermazioni alla lettera, come oro colato[3].

Fatta eccezione per la casualità della data, 1776, non compare null'altro che metta in relazione la *Dichiarazione di Indipendenza* con la setta degli Illuminati. Volendo, l'anno potrebbe essere accostato anche alla inaugurazione del palazzo della Massoneria a Londra, oppure all'eruzione del Vesuvio a Napoli, oppure ancora all'introduzione delle carrozze postali in Scozia, tutti fatti, ovviamente, scollegati fra loro. E già che siamo in tema, ci sono veramente allusioni massoniche nel disegno del Gran Sigillo Americano così come compare sulla banconota da 1 dollaro?

Lo stesso giorno in cui venne emanata la *Dichiarazione*, il Congresso Continentale dava vita ad un comitato composto da Benjamin Franklin,

[2] Per una storia esauriente e completa del Gran Sigillo Americano si rimanda all'opera di Eugene Zieber, *Haraldry in America*, New York, NY, Greenwich House, 1895.

[3] Dan Brown, *Angels and Demons*, London, Corgi, 2001, capitolo 3, p. 135 (trad. it. *Angeli e demoni*, Milano, Mondadori, 2004).

Il disegno originale tracciato da Thomas Jefferson per la fronte del Gran Sigillo degli Stati Uniti d'America.

John Adams e Thomas Jefferson (*tav. 35*), al quale era demandato il compito di proporre il bozzetto del Gran Sigillo. Il 10 agosto, il comitato ristretto presentava al Congresso il disegno di un sigillo in cui i tre inventori avevano sintetizzato tutto ciò che avevano ritenuto importante ricordare: i simboli delle nazioni che avevano colonizzato il nuovo mondo – Inghilterra, Scozia, Irlanda, Francia, Olanda, Germania e Belgio – contornati dai tredici stemmi delle singole colonie fondate da questi paesi. Ai lati erano raffigurate la Libertà e la Giustizia, mentre su tutto spiccava l'occhio della Provvidenza divina all'interno del caratteristico triangolo risplendente.

Non sorprende che questo bozzetto, poco ispirato, fosse stato bocciato, e l'esito era stato comunicato al segretario del Congresso, Charles Thompson. Con il prezioso aiuto di un esperto in araldica, William Barton, era stato commissionato un nuovo emblema, approvato nel 1782[4].

Sulla fronte del sigillo, il solo simbolo ripreso dal precedente bozzetto resta la fiera aquila in rappresentanza dell'America (gli altri erano una rosa per l'Inghilterra, un cardo per la Scozia ed un *fleur de lys* per

[4] L'Istituto di Araldica degli Stati Uniti si trova al seguente indirizzo: 9325 di Gunston Road, Fort Belvoir, VA 22050-5579.

la Francia). Lo stemma che l'aquila mostra sul corpo porta 13 strisce bianche e rosse alternate (simbolo del valore e dell'innocenza), a ricordare i 13 nuovi Stati, sormontate da una fascia blu. Nel becco il nobile uccello trattiene un rotolo su cui compare la scritta *E Pluribus Unum* (uno da molti), a significare l'unione delle varie colonie in una sola nazione. Fra gli artigli della zampa destra, l'aquila stringe un ramoscello d'ulivo – un tempo simbolo della pace – mentre la zampa sinistra artiglia un fascio di 13 frecce. Nella tradizione rosacrociana, questa simbologia ricordava gli insegnamenti segreti ed ermetici ricevuti da Gesù e rappresentati dal pittore rinascimentale Sandro Botticelli nell'opera intitolata *La Madonna del Libro* del 1483. L'idea di raffigurare un fascio di frecce derivò al bozzettista americano dal simbolo araldico dei Paesi Bassi, anche questi una confederazione di Stati, dove, per l'appunto, un fascio di frecce, trattenute da un vigoroso leone, rappresentava le singole province olandesi che nel XVI secolo si erano unite in una sola nazione, una volta scrollatesi di dosso il giogo della dominazione spagnola. Per enfatizzare il valore della pace, l'aquila è disegnata con la testa rivolta dalla parte del ramo d'ulivo, nel quale (per ricordare ancora una volta gli Stati fondatori) si contano 13 foglie. Sulla testa dell'aquila, infine, spiccano 13 stelle su campo azzurro, irradianti luce all'interno di una nube dorata di gloria. Anche se oggi le stelle sono disposte in modo ordinato (secondo la sequenza 1-4-3-4-1), in origine erano disegnate a caso e ricordavano più degli asterischi che non delle stelle, tanto che nelle testimonianze di Thompson non si parla mai di stelle.

Sul retro del Gran Sigillo ritroviamo l'Occhio che tutto vede della tradizione dei Rosacroce, in tutto simile all'Occhio della Provvidenza che si era rivelato un simbolo propizio per la causa americana. La piramide tronca che campeggia al centro del disegno intende rappresentare "forza e stabilità", ma anche, nella sua incompiutezza, che il lavoro da fare è tutt'altro che finito e che ne resta ancora molto. Questo soggetto venne preso da una banconota del valore di 50 dollari che già era in circolazione nelle colonie, su un disegno elaborato da Francis Hopkinson, l'artista che ebbe poi a disegnare la bandiera americana. Contrariamente a quanto potrebbe credersi, il triangolo che sovrasta la piramide è una figura piatta, non tridimensionale, e quindi non è il piramidion o vertice supremo della piramide distaccato dalla costruzione. A sovrastare piramide e Occhio onniveggente sorge il motto *Annuit Coeptis*, anche in questo caso preso in prestito dalle *Georgiche* di Virgilio (una serie di consigli utili per contadini e fattori) e fa riferimento alla "Provvidenza in azione".

Coloro che ritengono che il Gran Sigillo d'America altro non sia che un esplicito messaggio da parte degli Illuminati, che l'avrebbero imposto sulla banconota da 1 dollaro per renderlo noto al popolo, vi trovano moltissimi altri riferimenti occulti, fra cui i seguenti:

– la piramide tronca col triangolo che la sovrasta starebbe ad indicare la lettera “A”, ossia l’America del Nuovo Ordine del Mondo degli Illuminati;
– poiché nel quadro di Botticelli già citato Gesù trattiene le frecce simbolo dell’Illuminazione, il fatto che l’aquila volga la testa dall’altra parte, nella direzione del ramoscello d’ulivo, starebbe a significare il rifiuto di Cristo;
– poiché il motto virgiliano *Annuit Coeptis* è di origine romana in tempi pre cristiani, sarebbe un’invocazione a Giove e quindi una negazione del Dio cristiano;
– nel loro insieme, tutti gli elementi nel Sigillo sarebbero simboli della magia nera e estremamente potenti;
– la piramide è composta da 72 pietre, numero sacro per l’antica Babilonia. In questa prospettiva sarebbe, dunque, la rappresentazione della Torre di Babele;
– la piramide in Egitto era intesa come la porta di accesso all’aldilà ed al mondo degli antichi dèi;
– nel retro si nota l’Occhio del Diavolo che, per il tramite della banconota più comune, quella da 1 dollaro, viene diffuso ovunque per arrecare sfortuna a tutti;
– 13 sarebbe il numero degli eletti superiori della setta degli Illuminati;
– le parole *Annuit Coeptis* vorrebbero dire “annuncio della nascita di” facendo riferimento al figlio di Satana.

Confesso che ho veramente molti problemi a comprendere come tutto questo guazzabuglio di osservazioni insensate possa in qualche maniera collegarsi con la Massoneria, al punto che sorge una reazione del tutto contraria, che riconosce il Gran Sigillo come qualcosa di lontano dalla confraternita.

La Massoneria non è la sola istituzione che fa uso di emblemi e simboli, ve ne sono tante altre, in primis l’araldica, ed è proprio in questa direzione che è necessario guardare. Il Sigillo, infatti, è perfettamente consono alla tradizione del disegno araldico, pur mantenendo una sua propria, come dire, americanità. Il solo simbolo autenticamente massonico è l’Occhio che tutto vede, ma anche questo era in uso presso i cristiani come segno dell’Occhio di Dio onnivedente, molto tempo prima che la Massoneria si sviluppasse (*tav. 4*).

Gli Illuminati

Pur ammettendo un collegamento fra i padri fondatori dell’America e la setta bavarese degli Illuminati, nella sostanza, che cosa avrebbe potuto significare? Tanto per cominciare il nome degli adepti non era Illuminati, bensì essi erano riuniti nell’Ordine dei Perfettibili. La cosa viene ben spiegata nella *Enciclopedia Britannica*, dove si precisa che il termine Illuminati era una dizione italiana derivata dalla parola tedesca *Aufklärung* (illuminazione).

Il già citato professor Adam Weishaupt era nato nel 1746. La sua formazione era alquanto particolare, dato che proveniva da una famiglia ebrea, ma era cresciuto nella fede cattolica presso un collegio di gesuiti. Attento studioso di Pitagora, nel 1774 Weishaupt veniva iniziato alla Massoneria nella Loggia di Monaco[5], provando ben presto una forte disillusione a causa dell'ignoranza diffusa e della nulla esperienza cosmopolita degli affiliati suoi confratelli. Diversamente da ciò che proprio in quegli anni stava capitando in Francia, Inghilterra, Irlanda ed America, in Germania il livello della Massoneria era molto basso. Esisteva soltanto il Rito della Stretta Osservanza fondato dal barone von Hund, nel quale si cercava di filtrare in chiave cristiana i misteri del paganesimo precedente ed era stato qui che il professor Weishaupt si era affiliato. Ma aveva abbandonato la confraternita quasi subito, con la chiara intenzione di dare vita ad una fratellanza superiore, veramente illuminata, più adattata e incline a quelle che erano le spinte accademiche del suo tempo[6].

Ciò che, più di ogni altra cosa, aveva disgustato Weishaupt era la superstizione. L'aveva già dovuta sorbire e combattere in tutti i lunghi anni di studio presso i gesuiti ed era più che mai convinto non facesse che rinfocolare il bigottismo ed il pregiudizio. Per lui, che proveniva da una famiglia ebrea, le prevaricazioni e i pregiudizi erano sempre stati all'ordine del giorno. Ciò che si prefiggeva nel fondare l'Ordine dei Perfettibili era cercare di affiliare membri dalla mente aperta, capaci di affrontare le cose tramite dibattiti e discussioni, confrontandosi. Il professore si era reso conto, direttamente sulla sua pelle, come la religione insegnata da Cristo fosse nel tempo degenerata nel fanatismo e nell'intolleranza e che, purtroppo, proprio coloro che quel messaggio avevano il compito di diffondere, in termini prettamente cristiani erano proprio i meno religiosi di tutti[7]. Weishaupt faceva una netta discriminazione fra Cristianesimo e Chiesa cristiana, sostenendo che dignità e libertà erano state costrette a sottomettersi quando il culto della Natura era stato soppiantato dal dogmatismo imposto dai maggiorenti della Chiesa di Roma.

L'Ordine dei Perfettibili, pur non essendo un ordine di stampo massonico, con i suoi segreti e misteri disponeva comunque di gradi di merito da raggiungere attraverso un tirocinio di apprendimento e frequentazione. Quello che l'Ordine intendeva promuovere e prometteva era un confronto leale, una ricerca fattiva. In breve tempo gli iscritti avevano superato le 2000 unità. Non erano soltanto Tedeschi, ma Francesi, Belgi, Olandesi, Danesi, Svedesi, Polacchi, Ungheresi ed Italiani. Ciò che, pur senza vo-

[5] La Loggia della Stretta Osservanza di Teodoro del Buon Concilio.

[6] Un resoconto sulle vicende relative all'Ordine dei Perfettibili compare nel libro *Einige Originalshcriften des Illuminaten Ordens*, München, Governo della Baviera, 1787.

[7] Vernon Stauffer, *New England and the Bavarian Illuminati (1919)*, ristampato a Woodbridge, VA, Invisible College Press, 2005, capitolo 3, pp. 140, 141.

lerlo, Weishaupt aveva varato era una sorta di corso per corrispondenza ante litteram. Questa universalità riconosciutagli dai tanti affiliati gli aveva fatto fantasticare la nascita di una società libera anche dai confini delle nazioni, l'addio al regime feudale che soggiogava i popoli in servitù e la fine dei ceti sociali e delle razze, delle diverse culture, capaci solamente di seminare discordia fra le persone. Immaginava una liberazione totale dalle sudditanze imposte dagli Stati, uno sganciamento completo dalle ingerenze della Chiesa su materie come la filosofia e la scienza.

Tutto considerato, il professo Weishaupt era un perfetto idealista, una sorta di rivoluzionario allo stato naturale. Non per nulla si dimostrò solidale con i princìpi portati avanti dalla Rivoluzione francese, nella speranza che il movimento potesse esercitare un'influenza positiva anche sulla Germania. In merito alla Rivoluzione francese ebbe a scrivere:

> La salvezza non si trova là dove potenti troni vengono difesi col filo della spada, dove il fumo degli incensi si innalza al cielo o dove migliaia di poveri contadini badano a coltivare campi dai ricchi raccolti[8].

Ovviamente, nessuno di questi ideali era condiviso, anche solo in parte, dall'establishment e dalle autorità secolari e clericali; ed in effetti il sogno utopico di Weishaupt si collocava troppo al di fuori della realtà del suo tempo, tanto che ad un certo punto gli affiliati, ritenendosi in prima persona essi stessi responsabili del fallimento della loro impresa, avevano incominciato a contrastarla dall'interno. Come poter pretendere un mondo migliore, di pace ed armonia, se queste qualità non sussistevano neppure all'interno dell'Ordine? E perché le donne ne erano escluse? E così l'Ordine aveva deciso di aprirsi anche al sesso femminile. Di nuovo i ranghi si erano gonfiati e il messaggio aveva ripreso a circolare con insistenza un po' ovunque.

Ma si trattava del canto del cigno. Quando attorno agli anni Ottanta del Settecento il verbo degli Illuminati si era fatto troppo insistente, i poteri forti si erano schierati contro l'opera di Weishaupt. Il professore venne accusato di rinnegare le leggi di Dio e di stare tramando per distruggere la Chiesa di Roma. Nel dossier a suo carico l'elenco delle accuse era pressoché infinito: dall'eresia alla minaccia, dalla violenza alla blasfemia, c'era proprio tutto. Nel 1784 veniva allontanato dalla madre patria. Immediatamente dopo, l'Ordine e tutti gli Illuminati erano banditi e proscritti dal duca Carlo Teodoro di Baviera, iniziativa che aveva posto la parola fine all'Ordine. Da parte sua, il povero Weishaupt riusciva a trovare ospitalità presso il duca Ernesto di Gotha, dove era vissuto fino alla morte, avvenuta nel 1811.

Ma torniamo al nostro quesito: i padri fondatori dell'America furono, e se sì in che modo, influenzati dal verbo degli Illuminati bavaresi? Possi-

[8] Howard, *The Occult Conspiracy*, cit., capitolo 3, pp. 62, 63.

bile, ma molto improbabile. Prima di tutto la *Dichiarazione di Indipendenza* venne firmata nel luglio del 1776, due soli mesi dopo la fondazione dell'Ordine. Ma il fatto che tanti ritengono veritiero, ossia che questo collegamento sia autentico e che la setta degli Illuminati oggi controlli l'America, risale in verità ad un episodio accaduto diversi anni dopo, nel 1798. Il 9 marzo di quell'anno, molto dopo che l'Ordine dei Perfettibili era stato messo al bando, Jedediah Morse, un ministro congregazionalista aveva fatto un annuncio nella chiesa New North di Boston che aveva suscitato scalpore. Aveva detto che in un trattato, a firma del prete gesuita Augusto Burruel, era rivelato a chiare lettere che gli Illuminati stavano cospirando per sovvertire, secondo i loro piani segreti, gli appena acquisiti diritti di libertà del popolo americano. In realtà, quello che si leggeva nel libro del gesuita era riferito alla Rivoluzione francese: «Principi e nazioni scompariranno dalla faccia della terra [...]. Questa rivoluzione è il frutto dell'attività di società segrete». Il sasso lanciato da Morse era poi stato rilanciato ulteriormente in un'altra opera intitolata *Proofs of a Conspirancy Against All the Governments of Europe*, a firma del dottor John Robinson di Edimburgo[9]. Ancora una volta, anche questo non aveva nulla a che vedere con l'America. Si trattava soltanto del fatto storico che le monarchie europee stavano passando un momento in cui vedevano fortemente minacciate le loro autorità da un fortissimo movimento di stampo repubblicano ed anticlericale.

Il reverendo Morse si era, chissà perché, dimenticato che l'America si era già affrancata dal giogo della monarchia britannica e che i neonati Stati Uniti si erano configurati come una federazione di Stati costituita sui princìpi di una repubblica federale sulla quale le monarchie europee non esercitavano alcun controllo. Per qualche tempo queste dicerie, queste voci avevano avuto una discreta consistenza, tanto che l'opinione pubblica aveva stigmatizzato Thomas Jefferson, accusandolo di essere affiliato alla setta e di agire come agente segreto agli ordini degli Illuminati. In questo frangente, in verità, le assurde accuse mosse dal reverendo Morse non ebbero seguito né fortuna, salvo tornare inaspettatamente a galla quando nel 1963 John Kennedy, il primo presidente americano cattolico, venne assassinato. Come immaginare una cosa simile se non orchestrata dalla mirabile ed occulta regia dei redivivi Illuminati? Sull'onda di quella emozione, le cose si gonfiarono fino a raggiungere il livello dell'esagerazione, quando nel 1969 un giornale di sinistra di Chicago arrivò ad accusare la setta del crescente aumento esponenziale del fenomeno droga negli Stati Uniti:

> Il sospetto che il professor Adam Weishaupt abbia eliminato George Washington per prenderne il posto e la carica agendo come primo presidente degli Stati Uniti ha trovato alla fine una piena conferma [...]. I due colori principali della bandiera

[9] John Robinson, *Proofs of a Conspirancy Against All the Governments of Europe* (1801), edizione ristampata in Hawthorn, CA, Christian Book Club of America, 1961.

americana sono il bianco e il rosso e questi stessi colori sono l'emblema di coloro che sono dediti all'hashish. Il vessillo degli Illuminati, la piramide tronca, presenta tredici suddivisioni e, come tutti sanno, il 13 è il numero in codice per segnalare la marijuana![10].

Ma queste stravaganti asserzioni non si sono fermate neppure al 1969. Ancora oggi, articoli di questo tenore vengono sovente citati, quasi facessero parte di un archivio di dati di eccezionale importanza storica. Tutto ciò che in America è impopolare e sgradevole è colpa degli Illuminati, ma il bello della questione sta nel fatto che non c'è una sola persona che porti qualche prova a giustificazione di queste banali osservazioni gratuite. Ah già, dimenticavo: tutto accade in silenzio, nell'ombra, nel mistero, dietro porte ben chiuse e per questo non può che condurre alla Massoneria, a sua volta controllata dagli Illuminati.

Lasciando da parte queste illazioni, può lo stesso rivelarsi interessante provare a scoprire se fra gli ideali di Weishaupt e quelli dei padri fondatori d'America corra qualche rassomiglianza. Come abbiamo detto, la fantasia del professore bavarese immaginava l'eguaglianza di tutti, nella società e nel sesso, la libertà totale dalle costrizioni feudali del tempo passato e soprattutto dall'egemonia e dal controllo degli organi della Chiesa. Indubbiamente, questi princìpi erano comuni ai due movimenti, compreso il mezzo della rivoluzione come strumento per ottenere gli obiettivi prefissati. La differenza stava nel fatto che mentre gli Americani la loro rivoluzione l'avevano effettivamente realizzata ed avevano ottenuto la libertà, Weishaupt non aveva concretizzato nulla.

A partire dal 1792, comunque, molti degli ideali proposti dal professore bavarese avevano trovato spazio soprattutto a Filadelfia e nel New England, sospinti dell'eco della Rivoluzione francese. In quello stesso anno Samuel Jennings, un valido artista nativo della Pennsylvania ma attivo a Londra, dipingeva un quadro allegorico destinato a diventare celebre: *La Libertà che dispiega le Arti e le Scienze*. Commissionato dai responsabili della Library Company di Filadelfia (dove è tuttora conservato)[11], il quadro mostra la Libertà, con delle catene spezzate ai piedi, calata in un contesto prettamente massonico, che dispensa le Arti Liberali (*tav. 40*).

Anche se il quadro venne realizzato ben 73 anni prima dell'abolizione della schiavitù da parte di Abramo Lincoln, la Libertà (nelle sembianze della classica Marianna) è vista mentre sta offrendo un libro grigio ad un gruppo di schiavi liberati, e sullo sfondo se ne scorgono altri che festeggiano. Il libro che la Libertà presenta era il catalogo di tutte le opere del-

[10] *Mayor Daley Linked with Illuminati*, in «Spark», Chicago, vol. 2, n. 9, luglio 1969.

[11] La Library Company di Filadelfia venne fondata nel 1731 per volere di Benjamin Franklin. Almeno fino a metà dell'Ottocento era la biblioteca pubblica più grande d'America. Oggi è un istituto di ricerca libraria indipendente e conserva, fra le molte cose, alcuni fra i documenti e le collezioni più antiche e preziose della nazione.

la biblioteca, un chiarissimo riferimento al fatto di poter mettere liberamente a disposizione di tutti la conoscenza del mondo intero, senza restrizioni né limitazioni di casta e ceto.

A questo punto diventa facile comprendere perché i padri fondatori che innescarono la produzione e la realizzazione di opere come questa potessero anche essere scambiati per membri della setta degli Illuminati e venissero poi visti con sospetto, accusati di paganità ed eccessivo liberismo. In altre parole, le stesse accuse che l'arcigna aristocrazia feudale e il clero fanatico avevano mosso all'indirizzo del povero illuso Weishaupt. Va da sé che chi, ancora oggi, sostiene queste illazioni nei confronti dei padri fondatori americani è liberissimo di farlo, ma deve in modo altrettanto obiettivo riconoscere che così ragionando si colloca in una dimensione di razzismo, discriminazione sessuale ed estremismo religioso.

I veri, autentici, storici Illuminati non erano assolutamente in grado di poter esercitare alcuna influenza su alcuno. Certo, quasi sicuramente ebbero a modellare la mentalità di molti e forse anche ad ispirare alcuni princìpi della Rivoluzione francese, ma non ebbero mai la forza di agire in modo decisivo su un governo o su qualche potere forte. Se la misura del loro successo può essere riconosciuta, entro certi limiti, a livello accademico e solo in prospettiva, si deve comunque ammettere che si trattava di un Ordine che aveva fallito, tanto che già verso la fine degli anni Ottanta del Settecento era praticamente scomparso. Il loro presunto, sussurrato aggancio con la Massoneria non ci fu mai; Weishaupt, d'altra parte, aveva lasciato la Fratellanza proprio perché totalmente deluso dalla pochezza, spirituale e culturale, del movimento massonico tedesco.

Ne consegue, quindi, come cosa del tutto impossibile che il movimento degli Illuminati potesse avere l'energia e l'influenza di architettare un Nuovo Ordine del Mondo e da quel momento storico in avanti essere sempre presente nella conduzione delle faccende terrestri con una continuità di oltre 200 anni. Sotto questo punto di vista, gli Illuminati è come se non fossero mai esistiti, né all'interno della Massoneria né in qualunque altro contesto sociale significativo.

Memoriali e monumenti massonici

La bozza del documento della *Costituzione* degli Stati Uniti d'America venne approvata e controfirmata da 39 dei 42 delegati il 17 settembre 1787. Entro il 25 giugno dell'anno successivo veniva ratificata dai singoli Stati. Nell'occasione, il Maryland cedeva un'area di quasi 20 kmq per costituire il District of Columbia, dove avrebbe trovato collocazione la capitale della neonata nazione.

Il generalissimo George Washington veniva eletto primo presidente degli Stati Uniti il giorno 4 febbraio 1789, con John Adams vice presi-

Il dio Hermes nell'affresco intitolato Apoteosi di Washington.

dente. Robert Livingstone, Gran Maestro della Grande Loggia di New York, officiava la celebrazione il 30 aprile, usando come pegno la Bibbia della Loggia di St. John di New York. Altri eminenti personaggi massoni presenti erano il sindaco della città, Jacob Morton, ed il segretario del presidente, Morgan Lewis[12].

Il 18 settembre del 1793 veniva posata la prima pietra, la pietra d'angolo del Campidoglio di Washington. A presenziare alla cerimonia c'erano le logge massoniche del Maryland unitamente alla Loggia di Alexandria, la n. 22 della Virginia, quella cui lo stesso Washington apparteneva. Il mazzuolo e il compasso d'argento usati nell'occasione dal presidente sono ancora oggi conservati nella ricostruita stanza della Loggia realizzata presso il Masonic National Memorial George Washington di Alexandria. Nel grande parco che fronteggia questo interessante museo e la relativa biblioteca (di cui parleremo nel prossimo capitolo) troneggia la più grande scultura mai eseguita al mondo di una squadra e di un compasso, mentre nella grande sala dell'edificio si erge una bella statua di George Washington.

Sia il Campidoglio che la Casa Bianca, progettati senza nessuna costrizione di stile a livello architettonico, vennero incorporati nella strut-

[12] M. Baigent - R. Leigh, *The Temple and the Lodge*, London, Jonathan Cape, 1986 (trad. it. *Origini e storia della Massoneria,* Roma, Newton & Compton, 2004[4]).

tura urbanistica rigorosamente geometrica studiata per la città di Washington. Ideata nel 1791 dall'architetto Pierre Charles l'Enfant, in stretta collaborazione con George Washington e Thomas Jefferson, la città si distingue come un perfetto capolavoro urbanistico di impronta massonica. Questo aspetto riguarda ogni sua componente, dalla interrelazione che corre fra le strade, agli edifici ed alla loro architettura; ma anche dalla loro ubicazione strategica e dalle loro reciproche interazioni. Nel disegno della città si distinguono non meno di 20 trame zodiacali, ognuna misteriosamente collegata a qualche aspetto stellare specifico, così come viene spiegato in una recente opera a firma di David Ovason[13].

Benjamin Latrobe, uno degli architetti che lavorò al progetto del Campidoglio di Washington, era un massone; l'edificio abbonda di colonne doriche e corinzie le quali, secondo la tradizione (esattamente come i primi tre gradi dell'iniziazione massonica), rappresentano la saggezza, la forza e la bellezza. Il disegno di Latrobe della Camera dei Rappresentanti prevedeva una volta stellata, definita come il "tetto della loggia". Le colonne del vestibolo del Senato presentano capitelli con spighe di grano, mentre dallo stesso vestibolo si accede ad una scalinata spiraliforme tipicamente massonica ed il frontone dell'ala destinata al Senato, battezzata *Il Progresso della Civiltà*, presenta dei covoni di grano, simbolo della ricchezza.

La gigantesca cupola del Campidoglio, sormontata dalla statua della *Libertà*, è una delle architetture più note di tutti gli Stati Uniti, e ricopre il grande spazio circolare, la Rotonda, che costituisce il luogo di maggior passaggio del complesso. La cupola, con i suoi 29 m di diametro ed i 55 m in altezza, rappresenta una realizzazione architettonica molto ambiziosa e ci vollero alcuni anni per portarla a termine. L'antica copertura venne ripresa, unitamente ad alcuni altri ampliamenti strutturali, a partire dal 1856, su progetto dell'architetto Thomas Walter. L'interno venne finito nel 1866 e comprende, fra le altre opere, il bellissimo affresco del pittore italiano Costantino Brumidi intitolato *Apoteosi di Washington*. Restaurato negli anni Ottanta, l'affresco sintetizza molte immagini massoniche ed alchemiche, compresa la figura del dio Hermes che stringe in una mano il classico caduceo e nell'altra un sacchetto d'oro.

Nel complesso urbanistico di Washington, impostato secondo il Rito Scozzese, si trova anche il quartiere generale della fratellanza, la Casa del Tempio, dove si apre la grande Camera Esecutiva del Concilio Supremo. Poco lontano sorge l'edificio della Grande Loggia del District of Columbia, con la ricca biblioteca ed il museo. Ma fra tutte le realizzazioni massoniche, certamente la più nota e la più impressionante a

[13] David Ovason, *The Secret Architecture of Our Nation's Capital*, New York, NY, HarperCollins/Perennial, 2002.

Veduta aerea del gigantesco Monumento a Washington.

vedersi è l'obelisco di marmo bianco, alto 150 m, del Monumento a Washington[14].

Il 4 luglio 1848 la gigantesca pietra d'angolo di marmo chiaro di Symington che sta a sostegno del manufatto venne trainata dai cittadini in processione, su un gigantesco carro, lungo le strade della città e collocata nei pressi del punto di incrocio degli assi viari del Campidoglio e della Casa Bianca[15]. La cerimonia pubblica venne condotta da Benjamin B. French, Gran Maestro della Grande Loggia del District of Columbia, il quale indossava il grembiule e la sciarpa che erano stati del presidente Washington, utilizzando lo stesso mazzuolo con cui era stato battezzato l'edificio del Campidoglio nel 1793.

L'innalzamento dell'obelisco fu un'impresa lunga e difficile, via via più complicata mano a mano che i grandi blocchi di marmo dovevano essere collocati a quote sempre maggiori. Mentre si procedeva alla realizzazione del monumento, a Washington arrivarono 190 lapidi memoriali da cementare all'interno, donate da ogni angolo d'America e da paesi stranieri, da inserire nella costruzione.

Ne era arrivata anche una da Roma, a nome del papa Pio IX, ma nella

[14] Lettura consigliata: George J. Olszewski, *A History of Washington Monument 1844-1968*, Washington, DC, Office of History and Historic Architecture, 1971.

[15] In verità, non venne posta nel punto previsto, in quanto il terreno, non sufficientemente saldo, non offriva le garanzie di stabilità.

notte del 6 marzo 1854 la pietra veniva rubata e nessuno ha mai saputo che fine possa aver fatto.

Dopo sette anni di lavoro instancabile l'impresa si era finalmente conclusa. La parte finale dell'obelisco, il piramidion in alluminio, fu posizionata il 6 dicembre 1884, mentre il monumento venne inaugurato il 22 febbraio dell'anno dopo. Altri tre anni erano occorsi per completare quanto ancora restava e tracciare, completare e riempire la grande terrazza che lo circonda e finalmente, a partire dal 1889, il Monumento dedicato a Washington si trasformava a buon diritto in una delle grandi attrazioni turistiche per i visitatori di tutto il mondo. Diverso da un classico obelisco, realizzato in genere con un unico monolito, questo monumento è un vero e proprio grattacielo, che si attesta su più piani ed all'interno è percorso da una scala. Sin dai giorni dell'apertura al pubblico, nel 1889, un ascensore azionato a vapore aveva viaggiato ininterrottamente per trasferire sulla cima dell'obelisco oltre 122.000 visitatori, mentre altri 52.000, più coraggiosi, avevano preferito salire gli 898 scalini che portano all'ultimo piano, dove larghe vetrate si affacciano sulla città sottostante. Nel 1901 l'ascensore veniva sostituito con uno più moderno, mentre a partire dal 1929 l'obelisco è costantemente illuminato per segnalarne la posizione ai velivoli.

Per quanto costituisca una costruzione imponente e straordinaria, la vera affascinante magia dell'obelisco non sta solo nella sua altezza, nella politezza dei marmi o nell'aspetto ingegneristico dell'audace impresa, e neppure questi particolari importanti rendono l'idea che si è di fronte ad un monumento di impronta massonica, anche se il lavoro applicato alla pietra è impressionante. La sua funzione più significativa consiste, invece, nel racchiudere il più importante dei segni massonici, unitamente alla parola segreta andata perduta. L'obelisco, infatti, non va inteso come una struttura a sé stante, ma come un tutt'uno con la terrazzata circolare che lo circonda. Ma è soltanto con una visione dall'alto che si è in grado di valutare ciò che dico e l'autentica natura del monumento può essere realmente apprezzata per quello che vuole trasmettere. Una vista dal cielo che, giorno e notte, riporta alla mente un grandioso edificio di luce: un gigantesco cerchio con al centro un punto ⊙.

19

L’Arte Reale

Mancanza di contesto

Uno degli ostacoli più evidenti nell’approccio agli studi massonici consiste nella estrema variabilità dei testi che ne parlano. Le regole relative ai rituali non sono mai state codificate in modo rigido ed anche solo qualche piccolo cambiamento ha apportato, sommandosi nel tempo con tanti altri, trasformazioni notevoli. Alle logge è sempre stata concessa una certa libertà di interpretazione, in termini di modernizzazione, attenzione e revisione linguistica. In realtà, per quanto la tradizione del testo potesse sembrare antica ed autentica, ci si sarebbe dovuti preoccupare di continuare a tramandarla per iscritto e non limitarsi ad “aggiustarla” per star dietro alle esigenze dei tempi.

Non ci si sarebbe dovuti dimenticare che ogni singola parola, una volta assunta individualmente, può risultare importante almeno quanto il contesto, che può essere alterato anche soltanto dalla sostituzione o dal cambio di una sola parola. Per fare un esempio significativo, si prendano i versetti di *Matteo* 13: 55 e *Marco* 6: 3, quando, parlando del padre putativo di Gesù, si dice che era un *o tekton*. La traduzione risponde a “mastro dell’arte”, l’esatta dizione in uso nella Massoneria. Ma, dando seguito a quella che sin dall’inizio era stata la prima proposta di traduzione si era pensato che, poiché Giuseppe non poteva essere un affiliato, si doveva proporre una qualche altra alternativa e così era venuta fuori la parola “falegname”. È evidente che, in questo modo, la prestigiosa genealogia regale attribuita a Giuseppe in *Matteo* 1: 1 viene completamente messa da parte, così che la condizione sociale di Giuseppe e di suo figlio Gesù da questo momento cambia radicalmente nella sostanza. Anche ammettendo che Giuseppe non fosse un massone, egli era tuttavia descritto con il termine greco *o tekton*, *naggar* in aramaico, due sinonimi che stavano ad indicare un uomo colto e preparato; nessuna delle due descrizioni presenta anche soltanto un vago richiamo con la professione del falegname[1].

Anche se James Anderson affermava che la gran parte dei documenti

[1] A. N. Wilson, *Jesus,* London, Sinclair Stevenson, 1992 (trad. it. *Gesù: l’uomo, la fede,* Torino, Instar Libri, 1997).

scritti della tradizione massonica precedenti il 1717 era andata irrimediabilmente perduta, restavano certamente ancora tracce e rimembranze dei rituali massonici che si celebravano nelle taverne londinesi The Apple Tree e Goose and Gridiron, senza scordare i cerimoniali trasmessi dagli Antichi, celebrati nei ritrovi Black Lion e The Shakespeare. Se il primo gruppo era stato fortemente adattato e manipolato da Anderson e Desaguliers, il secondo non era andato incontro a miglior sorte, quando nel 1813 era stato drasticamente revisionato da interpreti senza troppi scrupoli. Per questo non è sbagliato affermare che se è vero che molto materiale era andato perduto prima del 1717, ciò che ancora restava era egualmente stato disperso in modo sconsiderato. In questa prospettiva, ogni tentativo di cercare di risalire alla matrice autentica ed originale della ritualistica massonica non possiede pressoché alcuna speranza di riuscita, allo stesso modo in cui chi intenda risalire alla genealogia di Giuseppe lo faccia partendo dallo scorretto dato di fatto che egli sarebbe stato un modesto falegname.

Un codice massonico

I documenti ed i libri scritti in lingua inglese al tempo di Shakespeare e Bacone risultano molto diversi da quelli redatti prima. Non soltanto l'inglese si era molto evoluto nella sua struttura sintattica, ma il lessico si era enormemente arricchito. Se si mettono a confronto la versione della Bibbia di re Giacomo del 1611 e anche soltanto la prima opera in folio di Shakespeare di qualche anno successiva (1623), si riscontra che la ricchezza e la varietà della lingua avevano subito un incremento almeno pari al 100%. Questo, ovviamente, significa che molte parole di uso comune qualche tempo prima, non lo erano più dopo. Oltre all'invenzione di neologismi, anche altre parole, una volta oscure, erano entrate a far parte del dizionario corrente della lingua inglese. Al solo Shakespeare vengono attribuite non meno di 2000 parole nuove, fra cui, per esempio, *critical* (critico), *leapfrog* (saltamontone), *majestic* (maestoso), *pedant* (pedante). Ma non solo, egli introdusse anche un gran numero di frasi fatte e cliché ancora oggi in uso corrente, come, per esempio "piombare all'improvviso", "natura umana", "svanire nell'aria".

Prima di questa trasformazione straordinaria, la lingua inglese era una strana miscellanea di vocaboli latini, varianti ereditate dal greco, francesismi abbinati a parole degli idiomi nordici, il tutto "appoggiato" su un substrato linguistico germanico ereditato dai tempi degli Anglosassoni. Un raffronto ancora più evidente, emerge se solo si confronta l'inglese parlato al tempo di Chaucer con quello in uso al tempo di Shakespeare. È sufficiente dare un'occhiata alla versione della preghiera del *Padre Nostro* che compare nella versione della Bibbia tradotta da John Wycliffe, datata 1384, per avere immediatamente una chiara idea delle sostanziali differenze fra i vocaboli e l'uso dei verbi di quel tempo se confrontati con quelli utilizzati dagli inglesi del periodo elisabettiano[2].

A causa delle limitazioni imposte dall'antico alfabeto, le singole lettere venivano utilizzate in modi particolari. Per esempio la "v" fonetica veniva sovente scritta come "u"; l'esatto contrario di ciò che accadeva in latino, dove la "u" era scritta con la sagoma della "v". L'antica lettera þ, poi trasformatasi in "y", si pronunciava "th", come in *ye* che valeva *the*; mentre il contrario avveniva per le parole come *thou* diventata *you*. L'alfabeto francese non contava la lettera "w" e così il nome *Stewart* era reso in *Stuart*. Questo nuovo modo di indicare il casato era stato introdotto da Maria, regina di Scozia, nel periodo in cui aveva anche cinto la corona di regina dei Francesi.

La lettera "i" era molto diffusa, dal momento che nell'alfabeto latino non esisteva la "j". Viceversa, le lingue nordiche disponevano della "j", che si pronunciava come "ea" (qualcosa di molto simile a "y"). Così, per esempio, la parola nordica *jarl*, in inglese diventava *earl*, mentre la "y" molte volte incominciava a soppiantare la "i" per denotare una fonetica come quella di *rise*, distinta dalla "i" breve di *ink*; pur con le solite, dovute eccezioni, come la "y" della parola *dainty* a volte resa in "ie" per rendere ragione dell'esatta fonetica, e come questo molti altri dittonghi erano usati nello stesso modo.

Volendo identificare un'opera letteraria precisa capace di segnare questo interessantissimo passaggio linguistico, è bene pensare all'opera *The Shepheardes Calendar* di Edmund Spencer, datata 1579, laddove l'esigenza della lirica poetica aveva creato un nuovo modo di espressione e di forma[3]. È in questo lavoro (un'opera poetica pastorale dedicata ai mesi dell'anno rapportati alla durata del ciclo vitale) che Spencer invoca la necessità di rintracciare e definire una lingua inglese più pura, in contrasto con la «confusa babele di miscela di altri idiomi» qual era stata fino a quel momento. Nella parte dedicata al mese di aprile osserviamo:

> Now ryse vp Elisa, decked as thou art
> In royall aray;
> And now ye daintie Damsells may depart
> Eachone her way,
> I feare, I haue troubled your troupes to longe.
> Let dame Eliza thanke you for her song.
>
> (Orsù levati Elisa, ornata come sei
> di vesti regali;
> Ed ora voi, graziose damigelle, potete andar via
> Ognuna per la sua strada,

[2] Per l'origine delle parole, vedi il sito http://www.wordorigins.org/histeng.htm.
[3] Alfred Dodd, *Secret Shakespeare*, London, Rider, 1951, p. 19.

Temo di aver importunato troppo a lungo la vostra compagnia.
Lasciate che madama Eliza vi ringrazi per il vostro canto.)

Riferendosi alla regina Elisabetta chiamandola sia Elisa che Eliza, Spencer intende segnare il cambio di pronuncia da *Elisabeth* ad *Elizabeth*, anche se, a dire il vero, la regina da parte sua era già passata alla nuova dizione da qualche tempo. Nella prima strofa, poi, compare un *thou* che nell'ultima si trasforma in *you*.

Ciò che in quel tempo rendeva tutte queste cose importanti era l'enfasi poetica, se si pensa che in versi metrici non venivano soltanto scritte le poesie e i poemi – che, al di là dell'acquisita standardizzazione necessitavano lo stesso di maggiore libertà metrica e ritmica – ma anche opere come quelle di Shakespeare o, addirittura, lo stesso testo biblico della versione di re Giacomo.

Di conseguenza, anche i rituali massonici figli di questo periodo storico erano costruiti in modo simile. Ma, come i testi di Shakespeare perdono fascino quando vengono ricondotti al nostro linguaggio moderno e come anche la Bibbia quando tradotta in forma attuale non può che perdere inevitabilmente la sua metrica e la accuratezza, la stessa sorte era accaduta ai cerimoniali della Massoneria, pure essi incapaci, per forza di cosa, di evitare la corruzione apportata nel tempo dalle tante attualizzazioni e modificazioni.

Solo nell'autentica forma originale un rituale riesce a conservare il suo vero significato, la sua anima, e questo riguarda non soltanto gli incipit e le conclusioni delle varie frasi, ma anche il senso stretto di ogni singola, precisa parola.

Spencer ed il ristretto gruppo dei baconiani erano membri anziani della corte elisabettiana, aderivano al servizio segreto Stuart (vedi il Capitolo 13) e, sin dal tempo del grande maestro John Dee, erano abili manipolatori di codici e cifrari. Questi compaiono chiaramente nelle opere di Shakespeare, alcune volte con un proposito ben preciso, altre soltanto per mero scherzoso divertimento.

Un esempio tipico era l'uso strategico delle lettere maiuscole (nel testo riportato di Spencer compare la parola *Damsells* scritta con l'iniziale maiuscola a metà di un verso) che potevano indicare dove in realtà una riga, una frase, una rima terminava per dare inizio alla successiva. Non c'era però la certezza che col tempo il testo non venisse cambiato in qualche trascrizione futura, costruendo un messaggio ed una nuova prosa diversi da quelli d'origine. A maggiore garanzia c'era però la rima, l'uso del pentametro giambico, grazie al quale le possibilità di alterazione si riducevano di molto, riuscendo in tal modo a conservare il messaggio iniziale.

Tutti i lavori di Shakespeare sono pieni di lettere maiuscole, secondo una forma detta di "segnatura" (in derivazione dalla particolare tecnica in uso presso alcuni bari, che eseguivano il lancio dei dadi in un modo particolare)[4]. Sin dalla primissima edizione delle sue opere, sempre, nelle successive versioni, redattori, tipografi e editori, immaginando di apportare chissà quali migliorie al testo (un po' come era accaduto alla antica ritualistica massonica), si erano presi la libertà di decidere per alterazioni e correzioni. Ma, grazie al cielo, la prima stampa shakespeariana ci è giunta e possiamo notare come oltre alle tante lettere maiuscole, in apparenza ingiustificate, ci siano anche delle parole stampate in neretto e compaiano delle righe interrotte, dai più considerate spezzate in modo errato. Gli esempi di tutto questo sono così numerosi che occorrerebbe un libro intero per poterli segnalare tutti. A noi è sufficiente qualche riprova. Prendiamo un brano di *Sogno di una notte di mezza estate*, quando Titania dice:

Thou shalt remaine here, wither thou wilt or no.
I am a spirit of no common rate:
The summer still doth not tend upon my state,
And I doe love thee; therefore goe with me.
Ile give thee fairies to attend on thee;
And they shall fetch thee jewels form the deepe [...][5].

(Qui devi rimanere, che tu lo voglia o no.
Io sono uno spirito più su del comune,
l'estate fa anche più forte il mio impero
ed io t'amo: vieni dunque con me.
Ti farò servire dalle mie Fate:
ti cercheranno gioielli nel profondo del mare [...]).

Comprendendo la lettera "n" in neretto (seconda lettera della parola **An**d) si noti come le lettere maiuscole iniziali di queste righe compongano il nome Titania.

A volte la segnatura avveniva in modi meno chiari e più astrusi, con le lettere necessarie a esaltare un nome dislocate in modo meno evidente; altre volte ancora si ricorreva addirittura all'anagramma. Sempre dall'edizione in quarto del 1609, prendiamo, per esempio dai *Sonetti*[6] un verso riguardante Adone, il cui nome compare sottolineato:

And you, but one, can every shadow lend.
Describe Adonis, and the counterfeit
Is poorly imitated after you
On Helen's cheek all art of beauty set [...].

(Ma tu, pur uno, a ogni ombra ti cedi:
e se Adone si evoca, il ritratto
è una copia maldestra al tuo confronto,
o se si finge d'Elena l'immagine [...]).

[4] Ivi, p. 22.
[5] William Shakespeare, *Sogno di una notte di mezza estate*, Roma, Newton & Compton, 2005[2], Atto III, Scena I.
[6] Nella sequenza del manoscritto, si tratta del sonetto 78, LIII nell'edizione in quarto del 1609 (trad. it. William Shakespeare, *I sonetti*, Roma, Newton & Compton, 1996[2], 53, 4-7).

In questo caso, le prime lettere dei quattro versi, assemblate con le altre lettere in neretto, ricompongono il nome di Adonis. Molte volte questi anagrammi risultavano più difficili e non sempre le lettere che li componevano apparivano ad inizio riga, ma in mezzo al testo, scritte in maiuscolo o neretto. Shakespeare faceva anche largo uso di parole latine e francesi, tanto per complicare il processo di segnatura e renderlo ancora più enigmatico. Un ottimo esempio si trova, di nuovo, in *Sogno di una notte di mezza estate*, in una conversazione fra Egeo e Teseo:

> **M**y Lord, this is my daughter heere asleepe,
> **A**nd this Lysander, this Demetrius is,
> **T**his Helena, old Nedars Helena,
> **I** wonder of this being here together.
>
> **N**o doubt they rose up early [...][7].
>
> (EGEO: Signore, questa che dorme qui è mia figlia...
> e questo è Lisandro... Questo è Demetrio...
> questa Elena, la figlia del vecchio Nedar.
> Ma come mai sono qui tutti insieme?
>
> TESEO: Senza dubbio si saranno levati presto [...]).

In questo esempio si enfatizza il richiamo esposto nell'ultima riga (prima battuta della risposta di Teseo), perché le prime lettere delle cinque righe compongono la parola francese MATIN, che significa, per l'appunto, mattino. Tutto questo si sarebbe irrimediabilmente perduto cambiando – come qualche modernizzatore ha già anche fatto – l'incipit dell'ultima riga in «Doubtless ("Indubbiamente")...».

Gli esempi appena riportati sono semplici, ma in molti altri casi la segnatura in codice di alcuni brani delle opere di Bacone e Shakespeare risulta assai più articolata e sofisticata. Questo ribadisce l'antico concetto, non da tutti condiviso, che quando un autore scrive qualcosa e lo scrive in un certo modo, quello è esattamente ciò che desidera trasmettere. Certo, a volte costruzione e sintassi possono risultare stentate, ma per interpretarle e renderle comprensibili non è affatto necessario stravolgerle, lo si può lo stesso fare senza distorcere l'originale, che va lasciato integro e intoccato.

La segnatura in codice era anche ben nota ai riformatori della nuova Massoneria degli inizi del Settecento, tanto è vero che ne abbiamo un chiaro esempio in un documento datato 1704, conosciuto come *Rotolo del Collegio Rosacrociano di Newcastle*, un testo contenuto all'interno dell'opera di James Anderson sulla Massoneria intitolata *Old Charges*. Ma, oltre al manoscritto di Newcastle, sappiamo che l'uso dei codici era già in auge molto prima. Lo testimoniano un documento del 1630 proveniente da York ed un altro ancora più antico risalente agli inizi del

[7] William Shakespeare, *Sogno di una notte di mezza estate*, cit., Atto IV, Scena I.

Seicento, in piena era shakespeariana[8]. Un prezioso manoscritto riguardante gli incarichi rosacrociani venne ritrovato nel 1649 all'atto della demolizione del castello normanno di Pontefract, nello Yorkshire. Utilizzato come una fortezza lealista nel corso della Guerra Civile, il castello costituiva da tempo una sorta di archivio per la custodia di molti importanti documenti e scritti relativi alla dinastia Stuart. Nel manoscritto, fra l'altro, possiamo leggere:

> **M**uch might be said of the noable Art;
> **A** craft that's worth estieming in every part.
> **S**undrie nations, noables, and kings also,
> **O**, how they sought its worth to know.
> **N**irmrod and Solomon, the wisest of all men,
> **R**eason saw to love this Science then.
> **I**'ll say no more, lest by my shallow verses, I
> **E**ndeavouring to praise should blemish Masonrie[9].
>
> (Molto avrebbe da dirsi sulla nobile Arte;
> un'arte che è tenuta in grande conto ovunque.
> Molte nazioni, nobili e re persino,
> oh come tutti ambiscono a conoscerla.
> Nimrod e Salomone, i più saggi fra gli uomini,
> la ragione stessa sprona ad amare questa scienza.
> Non dico altro, lascio i miei vuoti versi,
> perché per quanto tessa elogi la Massoneria sminuisco).

Al pari di opere teatrali come *Sogno di una notte di mezza estate, La Tempesta* o *Pene d'amor perdute*, così erano costruiti – e sono tuttora officiati – i rituali massonici; però i testi scritti sono stati cambiati e emendati. In questo modo, anche se l'aspetto superficiale (che sia la morte di Abiff o qualcos'altro) si è preservato, il significato più autentico e profondo è stato dimenticato e non lo si conosce più, ammesso che non sia addirittura andato perduto. Ovviamente, il solo modo per poter risalire alla verità ultima sin nelle sue pieghe più intime consisterebbe nel riuscire a rintracciare i testi originali, nell'esatto formato in cui vennero scritti, comprese le interruzioni di riga, le lettere strategicamente scritte in maiuscolo, le intenzionali variazioni di spelling e quant'altro.

Di conseguenza, qualunque tentativo di risalire agli autentici rituali massonici che prescinda dai testi originali non può che fallire. Perché anche se leggere "indubbiamente" anziché "senza dubbio", come nel

[8] Particolari in merito compaiono, disposti cronologicamente, in John Yarker, *The Arcane Schools – A Review of the Origin and Antiquity, with A General History of Freemasonry, and its Relation to the Theosophic, Scientific and Philosophic Mysteries*, Belfast, William Tait, 1909.

[9] Nella versione del 1600 del testo rintracciato nel castello di Pontefract, questi versi anagrammatici, sono indirizzati da tale William Kay a tale Robert Preston. Il documento di York del 1630 riportava il nome di John Drake; mentre nel manoscritto di Newcastle del 1704 è Richard Steed ad indirizzarsi a Joseph Claughton.

testo originale di Shakespeare, all'apparenza potrebbe sembrare la stessa cosa, non lo è affatto nel momento in cui lo scopo originario dell'autore nello scrivere una parola invece che un'altra viene ad essere misconosciuto.

Malgrado le antiche pratiche messe in atto dalle gilde e dalle confraternite medievali, i testi massonici elaborati a partire dal 1717 risalivano tutti all'era shakespeariana, trovando quasi certa origine al tempo di sir Francesco Bacone. Essi si fondavano, principalmente, sulla filosofia della Rosacroce ed erano i capisaldi su cui poggiavano il pensiero e la concezione della Royal Society stuartiana di Christopher Wren e dei suoi illustri compagni e colleghi. Ma già al tempo della presidenza di Newton alla Royal Society, dal 1703, le chiavi originali per l'interpretazione dei testi erano andate perdute. Lo stesso Newton dedicò tutta la vita a ricercare il segreto nascosto nell'antico rituale dell'Arco Reale, sempre mantenendosi nella lunga ombra di re Salomone. Quando, poggiando sulle sempre più diffuse gilde commerciali londinesi, la Massoneria aveva imboccato il suo nuovo, rinnovato corso, era ripartita senza prendere coscienza di quelle che erano le matrici storiche e culturali da cui i princìpi dell'associazione erano scaturiti, e ciò, ovviamente, ben sapevano i nuovi fondatori. Con questo ritorniamo alle parole di James Anderson, da lui scritte nel 1723 nell'introduzione del suo libro sulla Costituzione massonica, già riprese all'inizio di questo lavoro, quando dice:

> [...] poco o nulla è giunto fino a noi a testimoniare in merito alla tradizione massonica inglese antecedente la fine del XVII secolo. Infatti, la maggior parte delle testimonianze del periodo di re Carlo II e di regni ancora precedenti sono andate perdute nel regno successivo e a seguito della Rivoluzione del 1688.

Ma il qui pro quo più evidente è sorto nel modo in cui il moderno movimento massonico incominciò ad essere descritto e definito come speculativo, in opposizione al suo aspetto operativo. In verità, un fratello massone (*frère maçon*) non era mai stato un "muratore operativo", bensì una volta era un "frammassone operativo", ed era nello spirito di questa osservazione che avevano incominciato a nascere i gruppi e le associazioni che facevano capo ai club, dalla precipua impostazione speculativa. La Massoneria non aveva mai avuto nulla a che fare con libri paga, salari, condizioni di lavoro o taglio e lavorazione delle pietre. Essa era un'arte completa con profonde radici di natura scientifica. Tornando al testo di epoca shakespeariana *Old Charge of Masonrie*, tutto questo ci viene ricordato dai due, più che espliciti, versi:

> Nimrod e Salomone, i più saggi fra gli uomini,
> la ragione stessa sprona ad amare questa scienza.

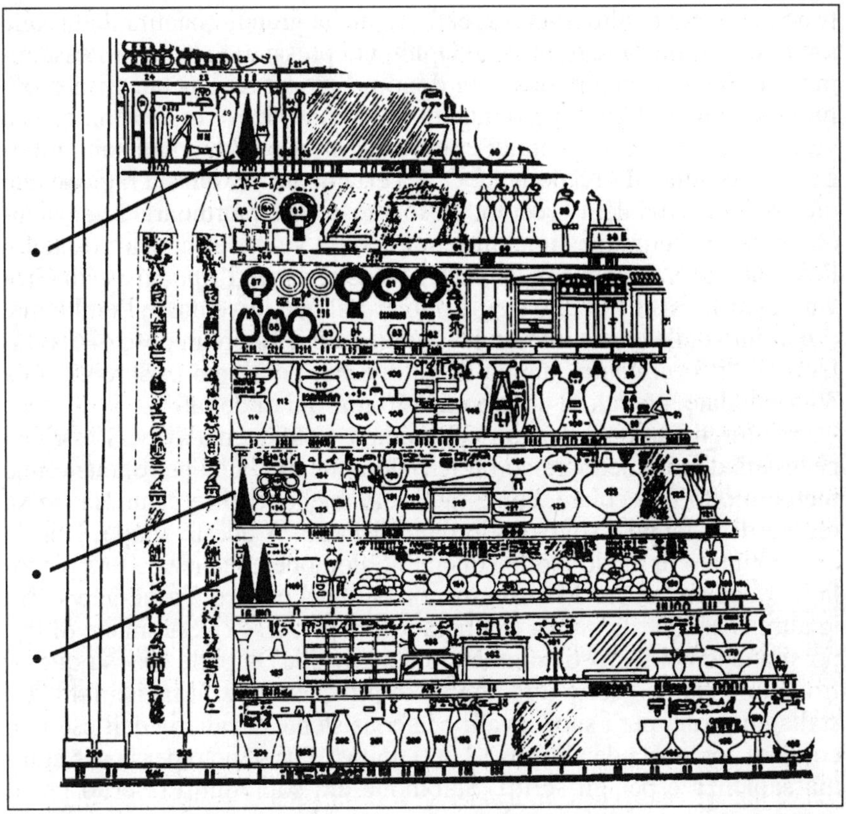

Particolare del bassorilievo dell'epoca del faraone Thutmosi III a Karnak, in cui sono raffigurati i tesori dell'Egitto.

La polvere di proiezione

In che cosa, dunque, consisteva esattamente l'Arte Reale di re Salomone, così antica da risalire addirittura al biblico Nimrod e così nobile da essere tenuta in gran conto da tutti? Come già si è ricordato nel Capitolo 15, ne troviamo menzione nella versione biblica greca detta dei Settanta. Si tratta del più vetusto testo in lingua greca dell'Antico Testamento. Risale al III secolo d.C., mentre le versioni correnti in lingua ebraica incominciarono a circolare soltanto nel X secolo[10].

Nel descrivere l'immensa ricchezza in oro di cui disponeva il re Salomone, nella Bibbia dei Settanta si precisa che il re Huram di Tiro gli

[10] Attorno al 900 il vecchio testo ebraico (di cui oggi si sono perse tutte le tracce) incominciò a comparire sotto una nuova forma, elaborata dalla corrente scolastica ebraica dei Masoreti, perché nelle loro trascrizioni testuali erano soliti aggiungere la *Massorah*, un consistente corpo di note e annotazioni. La copia più antica che ci è giunta risale a oltre mille anni or sono (916) ed è nota come *Codex Petropolitanus*.

procurava, fra le altre merci preziose, anche grandi quantità del nobile metallo estratte dalle miniere di Ophir, nei pressi di Saba[11]. La stessa regina di Saba si dice portasse in dono a Salomone 120 talenti d'oro[12]; mentre si quantifica in peso quanto Salomone riceve in oro con queste parole «seicento e sessantasei erano i talenti d'oro che ogni anno giungevano in dono al re Salomone»[13]. È certamente per questa ragione che quando i vescovi del IV secolo, preso atto della straordinaria scienza alchemica di Salomone (nota al tempo come l'Arte ermetica mosaica), l'avevano aspramente condannata, e revisionarono l'*Apocalisse* di Giovanni per far sì che quello stesso numero, il 666, diventasse l'emblema, il marchio della bestia immonda[14]. Valutando il valore in peso di 660 talenti (il "rifornimento" annuo di Salomone) possiamo parlare di circa 30 tonnellate, un valore odierno di 250 milioni di dollari[15].

Il re Huram era un sovrano ricchissimo e potente, ma aveva l'assoluta necessità di commerciare con il re Salomone di Giuda per ottenere una merce molto particolare, come facevano anche, d'altro canto, la stessa regina di Saba ed i sovrani giordani di Petra. A questo scopo, Huram aveva aiutato in modo molto concreto Salomone a realizzare una piccola flotta da inviare nel Mar Rosso, con base nel porto di Ezion-geber. Tra le altre cose, questa nuova frontiera aveva permesso a Salomone di imporsi anche nel lucroso commercio dei cavalli. Da parte sua, su questo fronte, non si può certo dire non fosse più che attrezzato, visti i 40.000 stallaggi pronti per i suoi cavalli e la consistente cavalleria dell'esercito ebraico, composta da almeno 12.000 unità[16]. Pur se noto per la sua somma sapienza e per gli scritti, Salomone era soprattutto riverito per il grandioso Tempio di Gerusalemme, apice del suo splendore, da lui fatto innalzare nei pressi della reggia di Davide per dare ospitalità all'Arca dell'Alleanza. Anche in questo frangente, lo zelante Huram di Tiro si era fatto in quattro per aiutarlo a realizzare l'impresa, assistendolo con i suoi artigiani specializzati, mastri pietrai, scalpellini, muratori, incisori, fabbri e con la costante fornitura di materie prime. Il direttore che seguì i lavori, mettendo a frutto le sue specialistiche conoscenze ed abilità in fatto di metallurgia, fu Hiram, meglio noto in ambito massonico col nome di Hiram Abiff[17]. In cambio di tutti questi servizi, il sovrano fenicio non richiedeva denaro o altra merce, la sola preghiera che rivolgeva a Salomone era questa: «Dammi del pane per la mia casa»[18].

[11] Bibbia, versione dei Settanta, *3 Re* 10: 11.
[12] Ivi, 10: 10.
[13] Ivi, 10: 14.
[14] *Apocalisse* 13: 8.
[15] Un talento d'oro = 48,6 kg. Vedi J. Hastings (a cura di), *Dictionary of the Bible*, Edinburgh, T. & T. Clark, 1909, alla voce *Money*. Una tonnellata *avoirdupois* = 2240 libbre. L'*avoirdupois* è un sistema di unità di misura per i pesi in uso in Inghilterra e negli Stati Uniti.
[16] Bibbia, Antico Testamento, *1 Re* 4: 26.
[17] Ivi, 7: 13-14.
[18] Bibbia, versione dei Settanta, *3 Re* 5: 7.

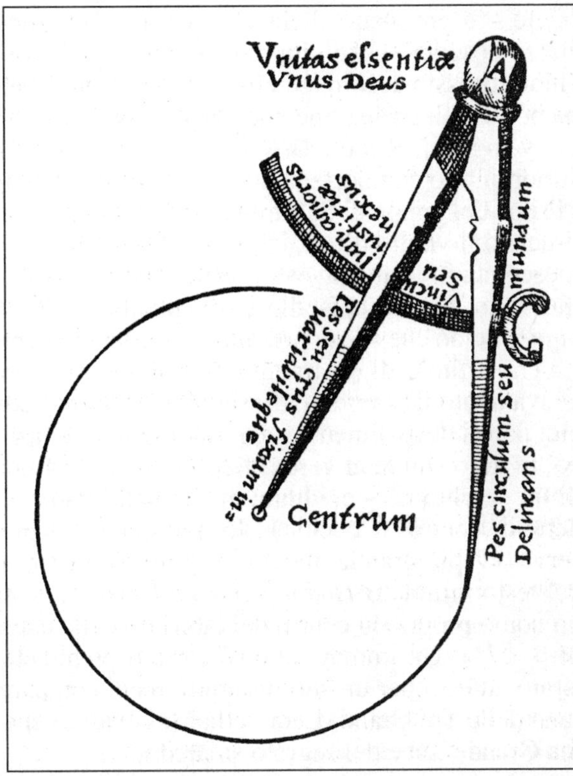

Disegno della Grande Luce, opera di Robert Fludd, XVI *secolo.*

Questo ci riporta immediatamente ancora indietro nel tempo alla mesopotamica *shem-an-na* (la pietra di fuoco rivolta verso il cielo) di Nimrod ed al rilievo presente su una parete del tempio egiziano di Karnak, voluto dal faraone Thutmosi III, in cui si elencano i tesori dell'Egitto (1450 a.C.). Come ben si riesce a scorgere nel disegno di p. 335 (vedi anche Capitolo 11), gli strani oggetti a forma di cono che sono segnalati, sono strategicamente disposti proprio a fianco di due obelischi (sono elencati come oggetti in oro, ma ricordati invece come "pane bianco").

La stessa misteriosa polvere che la spedizione archeologica di sir Flinders Petrie aveva ritrovato in grande quantità nel 1904 nel corso dell'esplorazione sul Monte Horeb, nella penisola del Sinai, che veniva indicata come "pane" ed illustrata in molti rilievi interessanti in cui si vede il faraone che la presenta sotto forma di pani conici agli dèi, all'interno di un luogo sacro chiamato la Casa dell'Oro. Nelle descrizioni sulle pareti, la sostanza viene definita «l'oro della ricompensa», ma anche «donatrice di vita», oppure «pietra preziosa».

In alcuni documenti ermetici di epoca alessandrina si parla di una magica Pietra del Paradiso che era più pesante dell'oro da cui comunque derivava, ma allo stesso tempo più leggera di una piuma. Gli alchimisti e chimici ante litteram medievali e rinascimentali – come Flamel e Filalete – a proposito della Pietra Filosofale dicevano pressappoco le stesse cose: era costituita di oro, ma aveva l'apparenza di una polvere chiara finissima. Il mago elisabettiano John Dee ricorda invece la strana polvere di proiezione, mentre il filosofo e scienziato della Royal Society inglese, Robert Boyle, lascia annotazioni a proposito del suo straordinario comportamento antigravitazionale (Capitolo 4).

Prima del tempo di Salomone, si tramandava che già Mosè, dopo aver bruciato il vitello d'oro, lo aveva trasformato in polvere che, una volta mescolata in acqua, aveva donato al suo popolo. Come in parte abbiamo visto, questo episodio corre parallelo all'altro in cui compare la *manna*, cibo che Mosè presenta come pane; mentre, guarda caso, *Manna* era il titolo di un trattato alchemico che, circa tremila anni dopo, aveva avuto il potere di affascinare Newton (vedi p. 154). Oltre a tutto ciò, non si deve dimenticare il ricorrente e sempre presente segno grafico, in tutto simile al geroglifico egizio della Luce – il punto nel centro di un cerchio ☉ – ereditato anche dalla tradizione massonica. Veniva detto il "centro" (l'occhio) e lo si immaginava presente là dove era conservato il più grande di tutti i segreti. A questo, poi, si alludeva anche nel testo intitolato *Theater of Fine Devices*, dove una figura mostrava un uomo proprio al centro del labirinto della cattedrale di Chartres (vedi p. 271). Un'immagine così forte e pregnante che Robert Fludd si ispirò ad essa per un suo disegno, in cui compare un grande compasso (una delle Tre Grandi Luci della Massoneria) che traccia e segna l'ultima Grande Luce del segreto smarrito.

L'Arca dell'Alleanza

Fra tutti i tesori venerati dagli antichi Israeliti, il più importante era senz'altro l'Arca dell'Alleanza. La cassa – di circa 120 cm di lunghezza – era stata realizzata in oro per volere di Mosè. Sul robusto coperchio dorato stavano a guardia due cherubini, le ali spiegate, opera mirifica di Bezaleel, realizzata nel tempio sulla montagna del Sinai. Da lì, l'Arca era stata trasportata per centinaia di chilometri fino a raggiungere la città di Gerusalemme, dove il Sancta Sanctorum del Grande Tempio di Salomone era stato costruito apposta per poterla accogliere. Nel corso del viaggio – quando già gli Ebrei erano passati sotto la guida del condottiero Giosuè – l'Arca era stata protagonista di alcuni eventi particolari, prendendo parte a numerose battaglie, nel momento in cui era stato riconosciuto nella sua energia un grandioso potere di distruzione. La sua più celebre impresa – come tutti ricorderanno – era stata la decisiva sfilata davanti alle mura della città di Gerico, poi crollate al suono delle trombe ebraiche. Sempre conducendo l'Arca in testa al suo esercito[19],

[19] Werner Keller, *The Bible as History*, London, Hodder & Stoughton, 1956, capitolo 15, pp. 157, 158 (trad. it. *La Bibbia aveva ragione*, Milano, Garzanti, 1958).

L'Arco Reale, disegno di Laurence Dermott, 1783.

Giosuè aveva acconsentito che soltanto i Leviti, i sacerdoti, potessero averci a che fare e che, per la sua pericolosità intrinseca, da quel prezioso manufatto tutti dovessero mantenere le debite distanze di sicurezza (2000 cubiti, *Giosuè* 3: 3-4).

Nell'Antico Testamento vengono persino fatti i nomi di alcuni uomini che, disobbedendo, si erano troppo avvicinati all'Arca senza essere predisposti e, soprattutto, senza indossare gli abiti adatti. Fra i colpiti dalla folgore dell'Arca troviamo anche i figli di Aronne, Nadab e Abihu, fulminati dall'energia che si era sprigionata dall'Arca (*Levitico* 10: 1-2), e Uzza, morto sul colpo per aver steso la mano sull'Arca (*1 Cronache* 13: 10-11). Un'altra volta qualcosa aveva inavvertitamente scatenato l'energia dell'Arca che si era schiantata nella moltitudine, uccidendo non poche persone (*Numeri* 11: 1). L'importanza che l'Arca aveva se presentata in battaglia era stata presto confermata da una sonora sconfitta che gli Ebrei avevano patito dagli Amaleciti, una volta che il prezioso cofano dorato non era stato portato sul luogo dello scontro (*Numeri* 14: 44-45).

Poi la storia dell'Arca si dipana lungo tutto l'Antico Testamento e la si ritrova citata almeno fino al 586 a.C. In *2 Re* 19: 15, leggiamo del re Ezechia (dodicesimo sovrano della linea genealogica di Salomone) che va nel Tempio a prostrarsi e pregare al cospetto dell'Arca. Durante il regno successivo di Manasse e Amon, l'Arca era stata conservata altrove, in un santuario levita. Dopo aver ristabilito il regno di Ezechia, il discendente Giosia di Giuda (*2 Cronache* 35: 3), a distanza di 360 anni dalla costruzione del Tempio da parte di Salomone, aveva fatto ritornare l'Arca nel posto che le competeva all'interno del grande santuario: «E disse ai Leviti che ammaestravano tutto Israele ed erano consacrati all'Eterno: "Collocate pure l'Arca santa nella casa che Salomone, figliolo di Davide, re di Israele, ha edificata. Voi non dovete più portarla sulle spalle"». Ancora dopo era toccato al gran sacerdote Hilkiah ed al figlio Geremia provvedere a nascondere l'Arca per sottrarla a Nabucodonosor quando aveva invaso Israele e distrutto il Tempio[20].

Oltre a tutto questo, non si deve poi dimenticare che la raffigurazione dell'Arca compare proprio in cima all'emblema araldico della Grande Loggia Unita della Massoneria d'Inghilterra. È il grande custode del segreto massonico, la vetta, e risulta di particolare rilevanza nella Massoneria dell'Arco Reale, il capitolo aggiuntivo, che segue il conseguimento del terzo grado massonico. Per essere più precisi, sarebbe meglio dire che l'Arco Reale è una parte del terzo grado, quando addirittura non lo costituisca per intero, prendendo il posto della morte e della sepoltura di Hiram Abiff.

Nel Capitolo 11 abbiamo già considerato alcuni aspetti linguistici legati alla radice greca della parola *arca,* valutando anche il suo corrispondente e corrispettivo latino (nel senso di una grande scatola o un cestone). Tornando ancora per un momento al valore etimologico, non è difficile riscontrare come in Francia la parola diventi *arche*. Un modo di dire, sin dal primo Medioevo, passato nel lessico inglese ma anche di altri paesi, se è vero che nel libro di Jacopo da Varagine *Leggenda Aurea*, stampato in inglese nel 1483 dal celebre tipografo William Caxton, quando ci si riferisce all'Arca se ne parla come l'"Arca dei Comandamenti". In seguito, la parola era diventata *arch* e poi ancora *arc*, fino ad arrivare all'attuale *ark* in uso oggi[21]. Nel 1783 Laurence Dermott, se-

[20] Nel 1300 in Etiopia venne redatto un libro di autore anonimo, intitolato *Kebra Nagast* (La Gloria dei Re). In questo periodo storico che vede le prime infiltrazioni europee in terra d'Africa, l'intento del libro era quello di testimoniare un'antica presenza, culturale e religiosa di stampo giudeo-cristiana nel cuore dell'antica Abissinia. Si sosteneva che la schiatta degli antichi sovrani locali discendeva in modo diretto da Menelik, il figlio segreto nato dall'unione fra Salomone e la regina di Saba. Ma non solo: era stato Menelik a portar via l'Arca dell'Alleanza da Gerusalemme per trasferirla nell'attuale Etiopia. Curiosamente, questa leggenda è ancora oggi vivissima, fortemente incoraggiata dalla Chiesa d'Etiopia e, in primis, dall'agenzia del turismo dello Stato. Si tramanda che l'Arca sia oggi ricoverata in una apposita chiesa – risalente agli anni Sessanta – ricavata nella viva roccia, il cui ingresso, ovviamente, è interdetto a tutti, al punto che nessuno al mondo, neppure il patriarca, avrebbe mai veduto l'Arca. Il libro è disponibile nella traduzione inglese di sir E. A. Wallis Budge: *Kebra Nagast – The Queen of Sheba and Her only Son Menelik*, Oxford, Oxford University Press, 1932. Un resoconto completo e quanto mai affascinante su questa tradizione etiope si trova in Graham Hancock, *The Sign and the Seal*, London, Heinemann, 1992.

[21] I riferimenti linguistici ed etimologici sono presi da *Oxford Concise English Dictionary*.

gretario della Grande Loggia Inglese degli Antichi (così detti, come ricorderete, per contrapposizione ai Moderni, prima dell'unificazione), per cercare di rendere al meglio l'idea, realizzò un disegno di come lui intendesse la rappresentazione dell'Arco Reale, mettendo la sagoma dell'Arca proprio nel bel mezzo, nel cuore, dell'immagine, fuoco assoluto del disegno.

In termini biblici, il potere che scaturiva dall'Arca era detto «arco di luce» e si manifestava nel breve spazio che separava le ali convergenti della coppia di cherubini che stavano accoccolati sul coperchio del cofano, come sfere di luce e energia. Per i fedeli si trattava del manifestarsi della compiaciuta presenza di Dio. Ed infatti la Bibbia parla sempre di Dio della Luce[22]. Ma anche (vedi Capitolo 13) il "pane" ricavato dalla bianca polvere d'oro era chiamato il «pane della presenza»[23].

La descrizione del fuoco grazie al quale Mosè avrebbe bruciato il vitello d'oro lascia molto perplessi, tanto è vero che sono secoli che gli studiosi stanno dibattendo come sia possibile, bruciando dell'oro, ottenere una polvere sottile. Sappiamo che la parola "arca" (una scatola contenitrice) linguisticamente è molto vicina ad "arco", una forma come l'arcobaleno, così come si manifesta nel cosiddetto arco elettrico. È dalla sinergica combinazione di immagazzinamento e produzione di energia che le lampade ad arco presero a svilupparsi grazie alla felice intuizione avuta nel 1822 dal chimico inglese sir Humphrey Davy. La lampada si fonda sul principio delle polarità opposte (passaggio dal polo positivo a quello negativo e viceversa), replicando, in pratica, l'effetto che si otteneva fra le punte delle ali dei due cherubini contrapposti, mentre la potenza della luce si manteneva al centro del sistema, al centro dell'arco. Già nel 1910 si proclamava che oltre 20.000 lampade ad arco erano state installate nelle città inglesi e, dopo 3500 anni dal tempo di Mosè, oggetti che diffondevano la luce venivano nuovamente chiamati "archi".

La costruzione dell'Arca, così come viene descritta in *Esodo* 37: 1-9, risponde in modo perfetto alle caratteristiche di un condensatore elettrico, una apparecchiatura capace di immagazzinare energia dall'atmosfera e di svilupparla nell'ordine di migliaia di volt. Nel citato brano dell'*Esodo*, leggiamo: «Poi Bezaleel fece l'arca di legno di acacia [...], e la rivestì di oro puro di dentro e di fuori». Ecco i due elementi essenziali, le due superfici in oro (eccellente conduttore elettrico) che racchiudono un isolatore non conduttore come il legno di acacia. Il testo biblico continua, in 37: 7: «E fece anche due cherubini d'oro», collocati alle due estremità del propiziatorio (la parte superiore del cofano). Questi svolgono la funzione dei due elettrodi, poli che, per attivarsi, devono soltanto essere collegati reciprocamente con la corrispettiva lastra

[22] *1 Giovanni* 1: 5.
[23] Bibbia versione dei Settanta, *1 Re* (*1 Samuele*) 21: 6.

dorata. Anche a potenziali relativamente bassi, un congegno come questo poteva caricarsi in modo piuttosto potente.

L'arte della trasmutazione dei metalli e la sfida per vincere la gravità rientravano nella scienza che faceva capo alla manipolazione della luce, l'arco di energia che i maestri massoni avevano battezzato *camu-lôt* (luce ricurva). Questa era la radice di ogni cosa magica ed alchemica ed in terra britannica quelle corti presso le quali questa arte segreta veniva attuata – come i centri di Colchester, Caerleon e Carlisle – venivano dette le corti di *Camu-lôt* (Camelot).

Ma per risolvere in modo definitivo il mistero dell'Arte Reale, è necessario tornare a riscoprire i segreti dei Terapeuti, la confraternita sacerdotale del tempo di Thutmosi, il Grandissimo della Casa dell'Oro, di Mosè, Salomone e di tutti quegli altri antichi iniziati che utilizzavano un fuoco ad alto potenziale elettrico per trasformare l'oro in una misteriosa, fine polvere bianca, la leggendaria "polvere di stelle" di tanti racconti e fiabe. Per svelarne le proprietà dobbiamo prima capire in quale modo questa polvere si rivelasse benefica per l'uomo dal punto di vista medico e come fosse l'esempio pratico del modo per vincere la gravità, inducendo variazioni nel suo peso molecolare, vale a dire nella sua struttura più intima.

20

Alla scoperta del segreto

Un fuoco infernale

Al posto d'onore nella sala dell'Arco Reale all'interno del Masonic National Memorial George Washington di Alexandria, in Virginia, si può ammirare una riproduzione dell'Arca dell'Alleanza (*tav. 34*). Collocata al di sotto di un arco in travertino, l'insieme non risulta molto diverso dal portale raffigurato da Laurence Dermott (vedi p. 339). Questa assonanza ribadisce e conferma il legame che intercorreva fra i padri fondatori d'America e quella che al tempo era detta "l'antica tradizione" della Massoneria scozzese e irlandese (come distinta dal cosiddetto nuovo stile o corso, introdotto nella Grande Loggia Unita d'Inghilterra e dal Rito Scozzese del cavaliere Ramsey). La chiave di questa sinergia fu senza dubbio Benjamin Franklin, fondatore, tra l'altro, della Loggia di St. John a Filadelfia, operativa sin dal 1730, ben prima, quindi, che il rituale dell'Arco Reale entrasse a far parte delle correnti più importanti della Massoneria inglese.

Dapprincipio pittore attivo nella città natale di Filadelfia, Franklin era diventato ambasciatore d'America in Francia nel 1776, ma già prima, il 24 novembre del 1757, era stato introdotto ed affiliato alla Royal Society londinese. Tutto questo a seguito dei suoi eccezionali, quanto coraggiosi, esperimenti con le bacchette elettriche e l'elettricità[1]. Avendo compreso e distinto la differenza fra correnti elettriche negative e positive e avendo intuito che anche il fulmine altro non era che una straordinaria forma di elettricità, Franklin si trovava nella condizione culturale e scientifica di comprendere al meglio la vera natura della tecnologia dell'arca (arcana). Anche per questo venne molto onorato in Francia, dove era stato accolto come membro dell'Académie Française[2] e invitato di frequente a corte (*tav. 36*). In Inghilterra il suo coinvolgimento con la Royal Society avvenne per il tramite della Loggia di High Wycombe, i Cavalieri di St. Francis dell'abbazia di Medmenham, me-

[1] David T. Morgan, *The Devious Doctor Franklin, Colonial Agent*, Macon, GA, Mercer University Press, 1999, capitolo 1, p. 15.
[2] James Breck Perkins, *France in the American Revolution*, Williamstown, MA, Cornerhouse, 1970, capitolo 7, p. 140.

glio nota come l'Hell Fire Club. Divenuto intimo amico del fondatore del club, sir Francis Dashwood (*tav. 27*), Franklin risultò membro attivo dell'associazione per almeno cinque anni a partire dal 1757[3].

L'originale Hell Fire Club era stato fondato a St. James, a Londra, condotto da Filippo, duca di Wharton, prima che venisse eletto Gran Maestro della Grande Loggia d'Inghilterra. Trattandosi di una cellula giacobita, la casa capitolare dell'Hell Fire Club mascherava le sue iniziative spacciandosi per un ritrovo di gaudenti e spensierati ed era stato proprio sotto la protezione di questo velo che Dashwood e Franklin avevano messo mano alla revisione del *Book of Common Prayer* in forza alla Chiesa anglicana, mentre altri soci e aderenti – come, per esempio, il giornalista John Wilkes – combattevano la loro battaglia per la libertà pubblica e degli organi di stampa. Wilkes era stato grandemente elogiato proprio da Franklin per la chiara campagna pro libertà del popolo americano che aveva condotto in Inghilterra dalle pagine del suo giornale, «The North Briton»[4].

Anche se rivestiva la carica di Cancelliere britannico dello Scacchiere sin dal 1761, Francis Dashwood viveva in Europa presso l'improvvisata corte del principe Carlo Edoardo[5], che era il leader della reietta Casa Stuart quando nel 1776 Franklin era venuto in Francia per la prima volta. Mentre soggiornava nella regione francese della Linguadoca, l'ospite americano aveva aderito alla confraternita rosacrociana Bonnie Prince che vantava come mentore il conte di St. Germain, fondatore dell'Ordine massonico, formalizzato nella Commenda di Carcassonne[6]. Testimonianze afferenti a questo Ordine si trovano presso il Grande Oriente di Francia.

Questa affiliazione portò senz'altro Franklin a prendere conoscenza dell'esistenza di un'antica filosofia rosacrociana, che i Templari avevano chiamato *Ormus*[7]. Nella sua qualità di fondatore e primo segretario della Società Filosofica Americana, tutte queste tematiche suonavano di estremo interesse per lo scienziato americano, tenuto soprattutto conto del fatto che l'amico St. Germain era uno dei leader del programma di educazione filosofica a Parigi. Nella sua carica di templare di spicco dell'antico ed ermetico Rito di Filalete, St. Germain era anche un delegato eletto della Grande Convenzione massonica di Parigi[8].

Era stato in questi frangenti che si erano stesi programmi per portare

[3] Geoffrey Ashe, *The Hell Fire Clubs*, Stroud, Sutton, 2000, capitolo 9, pp. 140, 141.

[4] Phillips Russell, *Benjamin Franklin: The First Civilized American,* New York, NY, Brentano's, 1926, capitolo 24, p. 218.

[5] Ashe, *The Hell Fire Clubs*, cit., capitolo 6, p. 103.

[6] Testimonianze relative alla Commenda di Carcassonne si trovano nella biblioteca del Grande Oriente di Francia e negli archivi segreti massonici a Parigi.

[7] M. Baigent – R. Leigh – H. Lincoln, *The Holy Blood and the Holy Grail*, London, Jonathan Cape, 1982, capitolo 5, p. 92 (trad. it. *Il Santo Graal*, Milano, Mondadori, 1984).

[8] N. Deschamps, *Les Sociétés Secrètes et la Sociétè ou Philosophie de l'Histoire Contemporaine*, Paris, 1881, vol. II, p. 121.

TABLEAU
DES OFFICIERS ÉLUS PAR LA R.·. L.·. DES COMMANDEURS DU TEMPLE,
A L'O.·. DE CARCASSONNE,

Pour diriger ſes Travaux depuis le 24ᵉ jour du 4ᵉ mois de l'an de G.·. L.·. 5785, juſqu'à pareil jour de l'an 5786.

N.·. DE FAMILLE.	QUAL.·. CIVILES.	QUAL.·. MAÇONIQUES.
F.·. Le Docteur Franklin,	Ambaſſadeur des Etats-Unis de l'Amérique,	*Vénérable d'honneur.*
F.·. De Valette,	Conſeiller du Roi, Magiſtrat en la Sénéchauſſée & Siége Préſidial de Carcaſſonne,	*Vénérable.*
F.·. Astoin,	Avocat au Parlement,	*Premier Surveillant.*
F.·. L'Abbé Meric de Rieux,	Prieur de Notre-Dame de Roumanou, Avocat au Parlement,	*Second Surveillant.*
F.·. Nicolas-Alexis Prince de Gallitzin,	....	*Ex-Vénérable d'honneur.*
F.·. Sarran,	Receveur du Canal de Languedoc, au Port de Foucaud,	*Ex-Maître.*
F.·. Cazes,	Avocat au Parlement,	*Orateur.*
F.·. Vidal de Sᵀ-Martial,	Avocat au Parlement,	*Secrétaire.*
F.·. Gourg,	Procureur au Sénéchal & Siége Préſidial de Carcaſſonne,	*Tréſorier.*
F.·. David de Lafajeole,	Conſeiller du Roi, ſon Lieutenant-Particulier au Sénéchal & Siége Préſidial de Carcaſſonne,	*Premier Expert.*
F.·. Rebouilh,	Doſteur de la Fa	
F.·. David de Lafajeol		

Lista dei Comandanti del Tempio di Carcassonne, 1786. Il nome di Benjamin Franklin è il primo nella colonna a sinistra.

eminenti rappresentanti templari, come per esempio il marchese di Lafayette, a partecipare alla Rivoluzione americana, stabilendo all'uopo quartieri generali operativi segreti che agivano d'intesa con quelli del conte di St. Germain, come per esempio la precettoria templare di Bézu, nella Linguadoca. Nei registri del Grande Oriente si cita St. Germain come presidente del Parlamento del Tempio. Come risultato ne era scaturito che, in stretto collegamento con i membri di fede giacobita della Royal Society e con gli aderenti alla causa della Académie Française, alcuni aspetti strategici per la conduzione della Guerra di Indipendenza Americana vennero formulati e condivisi nella città di Carcassonne. E così, nel 1778, i Francesi si erano uniti alla causa delle colonie americane.

La magia di Ormus

La scienza dell'Arte di *Ormus* aveva a che fare con una quintessenziale forma di oro, le cui qualità antigravitazionali avevano giocato un ruolo decisivo nella costruzione da parte dei Cavalieri Templari delle cattedrali Notre Dame in Francia. Di certo quest'arte aveva trovato applicazione nella manifattura delle meravigliose vetrate delle cattedrali a legatura di stagno, capaci di catturare la luce e restituire una straordinaria luminosità. I primi ad inventare questa tecnica erano stati i filosofi persiani della scuola di Omar Khayyãm, il quale spiegava che il loro metodo per realizzare il vetro incorporava lo *Spiritus Mundi*, vale a dire il respiro cosmico dell'universo. Discutendo proprio a proposito dei vetri templari del XVI secolo, l'ermetista Sancelrien Tourangeau conferma che si trattava quasi certamente di un prodotto ottenuto per il tramite della Pietra Filosofale e, in proposito, scrive:

> La nostra Pietra possiede, inoltre, due altre straordinarie qualità. La prima, in relazione al vetro, al quale è in grado di impartire ogni genere di colorazione interiore, come si può ammirare nelle vetrate della Sainte-Chapelle a Parigi e in quelle delle chiese di Saint-Gatien e Saint-Martin nella città di Tours[9].

Per poter applicarsi all'arte dell'*Ormus* (il bianco "pane" della pietra di fuoco rivolta verso l'alto, già ottenuto in tempi antichissimi da Mosè e Salomone) ai Templari occorreva poter disporre di ingenti quantità di oro, che si procuravano con una certa facilità da quello alluvionale. Ne avevano trovato nel sito di Bézu, dove il territorio si presentava assai ricco in superficie, per via della presenza di antiche miniere, sfruttate chissà quando, forse agli stessi scopi. Per poterne disporre liberamente, avevano cooptato nell'Ordine il signore del posto, Bertrand di Blanchefort, non appena aveva fatto ritorno dalle Crociate e da Gerusalemme, riconoscendogli, come controparte, il titolo di Gran Maestro nel 1153.

L'alchimista Fulcanelli si riferisce alla trasmutazione dei metalli come ad una saggezza antica, già contenuta nella leggenda del Vello d'Oro. Circa un secolo or sono scriveva che «il mito del Vello d'Oro è la storia in codice, criptata, del lavoro necessario per la sintesi della Pietra Filo-

[9] L. Charpentier, *Les mystères de la cathédrale de Chartres*, Paris, Robert Laffont, 1966 (trad. it. *I misteri della cattedrale di Chartres*, Torino, Arcana Editrice, 1972). In quest'opera si parla a lungo delle eccezionali qualità del vetro delle finestrature dell'arte gotica.

Singoli atomi Ormus *fissati su un filamento di* DNA *umano.*

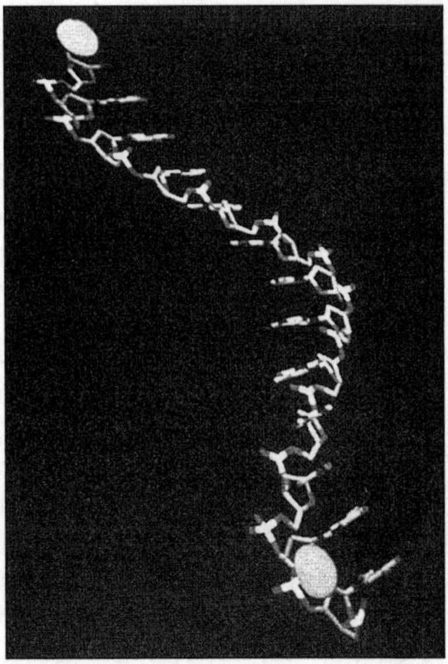

sofale»[10], un'associazione che in tempi più vicini a noi ha pure fatto lo psicologo svizzero Carl Gustav Jung nel suo bel lavoro intitolato *Psicologia e alchimia*[11]. Nel 1598 veniva pubblicato un testo dal titolo *Aureum Vellus* (Il Vello d'Oro) a nome del filosofo tedesco Salomon Trismosian[12].

Questi scriveva che, contrariamente al mito romantico della pelle di montone trasmesso dalla mitologia, l'autentico, storico, Vello era effettivamente una pelle di animale, di ariete, nel senso letterale. Cosa, d'altro canto, confermata dall'etimologia stessa della parola, con il vocabolo inglese *fleece* derivato dal tedesco alto medievale che suonava *vlûs*, che, per l'appunto, indicava la pelle scuoiata di una grande pecora. In verità – sosteneva Trismosian – il Vello d'Oro altro non era, dunque, che una grande pergamena in cui erano trascritti i segreti dell'oro e della Pietra Filosofale, una saggezza lasciataci dai «re e dai saggi degli antichi Egizi, Arabi, Caldei ed Assiri».

La parola *Ormus* era direttamente collegata con il nome Ormuzd (Ahura Mazda), il dio persiano della vita e della luce. Ritengo sia quanto mai significativo osservare che quando, circa un ventennio or sono, la scienza moderna ha ripreso gli studi relativi alla scoperta della Pietra Filosofale, i moderni fisici abbiano battezzato questo processo con l'a-

[10] Antoine Faivre, *The Golden Fleece and Alchemy*, New York, NY, State of University of New York Press, 1993, capitolo 2, p. 53.

[11] Carl Gustav Jung, *Psicologia e alchìmia*, Torino, Boringhieri, 1981. Un commento in cui si accostano Jung e il mito di Giasone compare nella prefazione a firma di J. Godwin al testo di Faivre, *The Golden Fleece and Alchemy*, cit., pp. 1-6.

[12] Raphael Patai, *The Jewish Alchemists*, Princeton, NJ, Princeton University Press, 1994, capitolo 20, p. 268.

cronimo ORME, che, tradotto, sta per elementi monoatomici con orbita modificata. L'Arte Reale è quel procedimento alchemico capace di trasporre il cosiddetto gruppo 1 dei metalli di transizione in una condizione monoatomica, esattamente come da tempo i più grandi pensatori già avevano immaginato. Oggi sappiamo che la sostanza straordinaria che ne deriva possiede quelle stesse prodigiose qualità di cui già erano a conoscenza i Terapeuti, gli antichi sacerdoti egizi della corte del faraone Thutmosi, fra cui anche la possibilità di entrare in risonanza col DNA umano al fine di stimolare la produzione ormonale, sincronizzare le funzioni dell'emisfero sinistro e destro del cervello e incrementare la resistenza del sistema immunitario.

La storia incredibile di questa "polvere di proiezione" dall'antichità fino ai nostri giorni compare in un altro mio libro dal titolo *I segreti dell'Arca perduta*. In breve, si tratta di una polvere che si può ottenere dai cosiddetti metalli nobili come oro, platino, iridio, rodio, palladio, rutenio e osmio, in virtù di un processo in grado di distaccare i singoli atomi dai loro legami metallici. Ciò che si ottiene è una polvere speciale che, ovviamente, non si trova in alcun settore della Tavola Periodica degli Elementi e la cui natura, ancora ignota, fa pensare ad una forma particolare di silicato.

Nel 1989, il dottor Hal Puthoff, direttore dell'Istituto di studi avanzati di Austin, nel Texas, ha pubblicato sulla «Physical Review» un importante articolo intitolato *Gravity as a Zero-point Fluctuation Force*[13]. Puthoff spiega che quando la materia fisica incomincia a risuonare in un'altra dimensione, al di fuori del nostro ordinario spazio-tempo, perde 4/9 (pari al 44%) del proprio peso. Questo è esattamente ciò che si è riscontrato nei confronti dell'oro ORME, nel corso di un processo di arco elettrico spettroscopico. Nelle prime fasi del processo, l'oro monoatomico pesa soltanto il 56% del peso iniziale. Continuando a riscaldare e a raffreddare, progressivamente si instaurano quei processi e si osservano quei fenomeni già ben descritti dagli antichi alchimisti alessandrini. Più l'oro si raffredda più si fa pesante, tanto che ad un certo punto il suo peso è accresciuto di una forte percentuale rispetto a quello di partenza; al contrario, più si riscalda più diminuisce in peso, fino addirittura ad arrivare a sfidare la gravità e a pesare meno di niente[14]. A questo punto il campione di materia scompare del tutto, avendo completato il processo di risonanza extradimensionale, per entrare in un altro dominio spazio-temporale, anche se il processo è reversibile e la materia può essere "richiamata" nella nostra realtà fisica riprendendo il processo di raffreddamento.

[13] H. E. Puthoff, *Gravity as a Zero-point Fluctuation Force*, in «Physical Review», 1 marzo 1989, vol. 39, n. 5.

[14] Rapporti scientifici, procedure sperimentali e resoconti completi e dettagliati di quasi 20 anni di test in questo campo sono presentati ampiamente in L. Gardner, *Lost Secrets of the Sacred Ark*, London, Thorsons-Element/HarperCollins, 2003 (trad. it. *I segreti dell'Arca perduta*, Roma, Newton & Compton, 2005[2]).

Oggi la bianca polvere di proiezione è molto ricercata ad uso industriale per le sue capacità di immagazzinamento energetico trattandosi di un superconduttore, potendo con essa attrarre, immagazzinare e quindi, in un secondo momento, ridistribuire un alto volume di energia. Anche il mondo della medicina sembra affascinato dalle future potenzialità della polvere, da utilizzare nella cura delle carenze del sistema immunitario e nella frattura cellulare, come accade col cancro e il virus dell'AIDS. Il segreto di questo processo si nasconde nella luce di una particolare lunghezza d'onda che sembra esista proprio nel centro del nucleo ⊙. Si tratta di una luce particolare che viaggia ad una velocità lievemente inferiore a quella della luce classica, capace di entrare in perfetta risonanza con la struttura del DNA umano, qualcosa di misterioso che costituisce – è il caso di dirlo – la Luce della Vita.

Nel maggio del 1995 la rivista «Scientific American» ha pubblicato un interessante articolo in merito, affrontando, in modo particolare, gli effetti di questo fenomeno sul rutenio, uno dei metalli appartenenti al gruppo del platino. Si sottolinea che quando singoli atomi di rutenio vengono posti alle estremità di una stringa di DNA, l'elica diventa 10.000 volte più conduttrice, trasformandosi, a tutti gli effetti, in un superconduttore. Da tempo, i chimici sospettavano che la struttura a doppia elica del DNA potesse costituire un "sentiero", un percorso estremamente conduttivo, allineato lungo l'asse della molecola, e queste osservazioni non fanno che confermarlo[15]. Anche la «Platinum Metal Review»[16] ha trattato in numerosi articoli l'utilizzo degli elementi transazionali del gruppo 1 in relazione alla terapia del cancro. I tumori, come si crede di aver capito, si scatenano a causa di una anormale ed incontrollata suddivisione del corpo cellulare, ma parrebbe che a questo processo impazzito si possa porre rimedio, agendo con opportune correzioni[17].

Nel corso degli ultimi anni un interesse crescente ha portato alla redazione di molti articoli sia su pubblicazioni mediche che scientifiche, spiegando al vasto pubblico i misteri della nanotecnologia dell'oro monoatomico (un singolo atomo). Nel maggio del 2003 nel prospetto della sottocommissione per il controllo del prezzo dell'oro della Commissione per la sicurezza e gli scambi di Washington, si leggeva:

> Le future applicazioni dei catalizzatori con l'impiego di oro spaziano dal controllo dell'inquinamento, a generatori di energia pulita di nuova generazione e

[15] David Patterson, *Electric Genes,* in «Scientific American», maggio 1995, pp. 33, 34. I superconduttori sono usati per scansionare il cervello e, secondo alcuni, sarebbero anche in grado, come dire, di "misurare" il pensiero. Un superconduttore si rivela sensibile ai campi magnetici anche di piccole entità. Diversamente dalla conducibilità elettrica, quella dei superconduttori non richiede un contatto fisico.

[16] Pubblicazione quadrimestrale di Johnson Matthey, 40-42 Hatton Garden, London EC1N 8EE.

[17] Per esempio, l'articolo intitolato *Anti-tumor Platinum Coordination Complexes*, in «Platinum Metal Review», vol. 34, n. 4, 1990, p. 235.

batterie energetiche ad alta tecnologia. Inoltre sono già in corso, in ambito medico, studi avanzati per la cura e il trattamento dei tumori[18].

Elementi da costruzione

La materia che abbiamo identificata come *Ormus* non è soltanto la Pietra Filosofale degli antichi alchimisti, ma anche l'Araba Fenice che brucia e rinasce dalle sue stesse ceneri per approdare a una nuova illuminazione. A 1160 °C questa materia speciale si attesta in una condizione di oro chiarissimo e brillante, simile al vetro, dalle portentose capacità superconduttive, un po' come la materia *tchãm* di cui già si è parlato a proposito della cuspide finale – il piramidion – che veniva posizionato in cima agli obelischi e alle piramidi egiziane.

Ma, ci si chiede, che cosa c'entra tutto questo con la Massoneria e la costruzione del Tempio? Probabilmente molto, anche se il piano del discorso si deve spostare da quello più diretto dell'immagine di un mero atto di "muratura" in senso stretto per salire in alto e andare ad interessare la tecnologia del processo costruttivo stesso.

Dopo che il primo Tempio di Gerusalemme – quello voluto da re Salomone – era stato distrutto, gli Ebrei ne avevano innalzato un secondo nello stesso luogo per iniziativa del principe Zorobabele, quando il popolo era finalmente rientrato in patria dalla lunga cattività babilonese. A sua volta, questa seconda grande costruzione era stata ampliata dai capi asmodei di Gerusalemme nel II secolo a.C., per essere ancora ulteriormente ingrandita, circa un secolo dopo, dalle opere volute dal re Erode il Grande. A quel tempo, il Tempio di Gerusalemme rappresentava il manufatto più maestoso e grande del mondo classico[19]. Dopo le aggiunte volute da Erode, il Tempio occupava una superficie di circa 144.000 mq, un'enormità se confrontati con i soli 30.000 del sito dove sorgeva l'Acropoli di Atene[20]. Il Tempio presentava una murata esterna spessa poco meno di 5 m e molti dei massi squadrati che lo costituivano pesavano tra le 50 e le 100 tonnellate. Nella sua descrizione ammirata, lo storico ebreo Giuseppe Flavio, che scrive nel I secolo d.C., lo definisce «incredibile», «immenso» e «stupefacente»[21]. Nello spezzone di muro che è arrivato fino a noi, si possono distinguere enormi blocchi d'angolo che arrivano a pesare 80 tonnellate, cosa ancora più straordinaria se si pensa che alcuni si trovano a oltre 30 m d'altezza rispetto al suolo[22]. Ne nasce,

[18] Comunicato del 13 maggio 2003 della sottocommissione per il controllo del prezzo dell'oro a nome della Commissione per la sicurezza e gli scambi di Washington, DC, con numero di registrazione 333.

[19] Land K. Ritmeyer, *Secrets of Jerusalem's Temple Mount*, Washington, DC, Biblical Archaeological Society, 1998, capitolo 5, p. 57.

[20] Shimon Gibson – David M. Jacobsen, *Below the Temple Mount in Jerusalem*, Oxford, Tempus Reparatum, prefazione, p. VII, 1996.

[21] Giuseppe Flavio, *Antichità giudaiche*, libro XV, 11: 5.

[22] Ritmeyer, *Secrets of Jerusalem's Temple Mount*, cit., capitolo 3, pp. 47, 49.

spontaneo, un interrogativo: come fecero i costruttori a sollevarli fin lassù?

Allo stesso modo, anche le grandiose cattedrali gotiche francesi – i maestosi edifici religiosi innalzati dai Figli di Salomone – erano considerate realizzazioni impossibili, fenomenali ed, in effetti, ancora oggi ci sembrano sfide architettoniche davvero straordinarie. Le forme ogivali svettano ad altezze impressionanti, coprendo spazi all'apparenza irraggiungibili ed insormontabili, sorrette da sottili pilastri e costoloni che sfociano in volte arditissime. Ogni particolare di queste cattedrali si slancia verso l'alto, indifferente delle migliaia di tonnellate di pietra decorata che premono verso il basso, e l'impressione che se ne ricava è quella di una leggerezza magica, quasi eterea.

Per non parlare poi delle megastrutture che sono le più antiche di tutte: le grandi piramidi che si trovano nella piana di Giza, in Egitto. Possiamo davvero immaginare che tutti i pesantissimi blocchi che le compongono siano stati sollevati e messi in opera a quelle altezze con la forza lavoro di un esercito di schiavi, impegnati chissà per quanto tempo, ma attrezzati soltanto con rampe e funi? I non pochi tentativi di riprodurre le tecniche costruttive egizie tradizionali attuati oggi non solo hanno dimostrato l'estrema difficoltà richiesta dall'impresa, ma si sono ben presto arenati nel nulla. Per costruire una rampa – come si crede sia accaduto per l'erezione della Grande Piramide – con una pendenza del 10% occorrerebbe un percorso lungo 1460 m, la cui realizzazione richiederebbe un volume di materiale tre volte superiore a quello utilizzato per la costruzione della piramide stessa.

Come tutti sanno, le tre grandi piramidi di Giza sono state attribuite ai faraoni Khufu (Cheope), Khafre (Chefren) e Menkaure (Micerino). Tuttavia chi è penetrato al loro interno, perlustrando i loro camminamenti e i loro corridoi non ha mai rintracciato alcun corpo umano in esse custodito, come, d'altra parte, i corpi dei tre citati faraoni dell'Antico Regno non sono venuti alla luce in alcun sito di scavo. Nel cuore più segreto della Grande Piramide, la cosiddetta Camera del Re, le antiche tradizioni narrano che i costruttori non depositarono una mummia, bensì «strumenti fatti di ferro, armi ed attrezzi che non pativano il trascorrere del tempo, e del vetro che pur flesso non si rompeva e delle parole di potenza, degli scongiuri»[23]. Ma che cosa rinvenne il califfo Al-Ma'mun, colui che fu il primo nel IX secolo d.C. a violare l'ingresso della Grande Piramide? Da quel che si sa, la sola cosa che trovò, una volta raggiunta la Camera del Re, fu un grande sarcofago di granito privo di coperchio[24], al cui interno non era conservata una mummia, ma una grande quantità di misteriosa polvere bianca. Si è scoperto trattarsi di

[23] Graham Hancock, *Fingerprints of the Gods,* London, Heinemann, 1995 (trad. it. *Impronte degli dèi*, Milano, Corbaccio, 1996).

[24] I. E. S. Edwards, *The Pyramids of Egypt*, New York, NY, Viking, 1986, p. 115.

una polvere composta da feldspati e mica[25], ambedue minerali del gruppo dei silicati di alluminio. Nel corso delle odierne ricerche scientifiche svolte per l'analisi della misteriosa polvere bianca, si è riscontrata la presenza di alluminio e silice in un campione granulare di laboratorio costituito al 100% di elementi della famiglia dei composti del gruppo del platino.

In realtà, si sta facendo largo l'ipotesi che la costruzione delle grandi piramidi di Giza sia avvenuta in modo assai meno macchinoso di quello tradizionalmente immaginato, vale a dire tramite una tecnologia d'avanguardia, fondata sulle proprietà di superconduttore della pietra di fuoco. Con questo si capirebbe la grande quantità di polvere bianca venuta alla luce nel sito del Tempio di Hathor sul Monte Serâbit, nel Sinai. Inoltre, la parola "piramide" deriva dal greco *pyr* che significa fuoco (da cui il prefisso *piro*), sottolineando come queste costruzioni fossero in qualche modo collegate al principio del fuoco[26].

Dando seguito ai primi timidi esperimenti avviati negli anni Ottanta, oggi si è scoperto che gli elementi monoatomici, sottoposti a determinati processi termogravimetrici, sono in grado di raggiungere un peso zero e rivelano quindi la proprietà di opporsi alle leggi che governano la gravità. Ne consegue che, dal momento in cui è la gravità a definire lo spazio-tempo, gli elementi che riescono a vincerla possono anche essere in grado di influire su queste due componenti del creato[27]. Ma questi particolari elementi presentano ulteriori singolarità. Non solo possono perdere peso fino ad annullarsi, ma possono trasmettere questo stato fisico incredibile anche al contenitore all'interno del quale sono trattenuti nel corso del test di laboratorio. In altre parole, questa misteriosa polvere sarebbe in grado di comunicare la sua assenza di peso anche a ciò con cui è in contatto, che sia un semplice, piccolo contenitore oppure un enorme blocco di pietra, tanto più se questo risulta contenere anche nella sua composizione gli stessi elementi monoatomici. Un altro fatto degno di venire ricordato è che, oltre ad essere chiamata *Ormus*, "pietra di fuoco che punta in alto", questa magica bianca polvere di proiezione era anche detta *shem-an-na*, nel testo biblico abbreviato in *manna* (vedi p. 238). Come già abbiamo ricordato, il genio di Isaac Newton era particolarmente affascinato da un antico testo alchemico intitolato *Manna* e, guarda caso, è stato proprio lui a svelare al mondo il segreto della gravità universale.

[25] Hancock, *Fingerprints of the Gods*, cit., capitolo 38, p. 330.
[26] Hargrave Jennings, *The Rosicrucians: Their Rites and Mysteries,* London, Routledge, 1887, pp. 4, 108, 225.
[27] Dalla conferenza tenuta dal dottor David Hudson, ripresa in «Nexus Magazine», 2 novembre, 1996, p. 38.

Il Signore della Luce

Anche se agganciato al terzo grado della progressione massonica, il Capitolo dell'Arco Reale emerge da una cultura nuova e diversa, che non ha nulla a che vedere con la leggenda del rituale del costruttore Hiram[28]. I membri dell'Arco Reale non sono fratelli, ma compagni[29], mentre le dottrine e i simboli presentano un preciso risvolto alchemico soprattutto legato alla filosofia metafisica della Rosacroce. Uno degli aspetti diversi è che invece di essere incentrato sul recupero del corpo di un maestro morto, innalzandolo da una sepoltura indegna per il suo rango, l'Arco Reale supporta, come argomento di fondo, la leggenda di una morte, ma la ricerca muove verso una cripta segreta. Il Capitolo ha le sue radici più profonde nell'Antico Testamento, ma presenta anche una matrice parallela nella tradizione templaristica europea di tempi molto più recenti, con temi riguardanti cavalieri e crociati impegnati a scoprire i misteri di una cripta segreta nel cuore sotterraneo di Gerusalemme.

Nei documenti ancora rimasti anteriori al 1723, anno dell'uscita della *Costituzione* massonica di Anderson, si precisa non meno di 23 volte che il Capitolo dell'Arco Reale altro non fa che perseguire l'*Arte Reale*, parole che sempre vengono scritte in evidenza, in carattere maiuscolo o corsivo[30]. Sin dall'inizio, d'altra parte, si pone la domanda: «Da dove deriva la linea dell'arco?». Cui segue la risposta dell'affiliando: «Dall'arcobaleno»[31]. Vale a dire una risposta perfettamente allineata con il concetto di "luce ricurva", che, come sappiamo, era l'emblema della Casa di Camu-lôt (vedi p. 342). Immagine che compare anche nella tavola 29 dove si vede l'interno di una loggia massonica viennese del XVIII secolo, fra i cui membri è presente Mozart.

Una delle parole chiave simboliche trattate nell'Arco Reale – una parola che la tradizione dice essere stata scoperta nella grande cripta che stava sotto al primo Tempio, emersa all'atto dell'erezione del secondo, quello voluto dal principe Zorobabele – è *Jah-Bul-On*. Trovata incisa su una placca dorata, la parola è una contrazione sintetica di una combinazione di parole che vogliono dire: "Io sono il Signore, il Padre di ogni cosa"[32]. Nella Massoneria questa definizione si riferisce al Grande Architetto dell'Universo. Scomponendola, scopriamo che *Jah* lo ritroviamo nel *Salmo* 68: 4 ("Io sono")[33], *Bul* era un vocabolo canaanita

[28] Per altre informazioni in proposito, si veda B. E. Jones, *Freemasons' Book of the Royal Arch*, London, Harrap, 1957, capitolo 3, pp. 20 sgg.

[29] Richard Sandbach, *Understanding the Royal Arch*, Hersham, Lewis Masonic, 1992, capitolo 8, p. 36.

[30] Jones, *Freemasons' Book of the Royal Arch*, cit., capitolo 3, p. 36.

[31] Ivi, capitolo 11, p. 132.

[32] C. Knight – R. Lomas, *The Hiram Key*, London, Century, 1996, capitolo 13, pp. 264, 265 (trad. it. *La chiave di Hiram*, Milano, Mondadori, 1998).

[33] *Jah* deriva da *Hallelujah*, che significa "lode al Signore".

("Signore") e *On* sta per "Casa del sole"[34], che in traduzione suona come: «Io sono/il Signore/On». Ma, come sappiamo, il termine *On* (così come menzionato in *Genesi* 41: 45 in riferimento alla città sacra di Heliopolis) aveva uno specifico legame con il concetto di Luce. Una versione completa e più accurata del nome è senz'altro: "Io sono il Signore della Luce".

Unitamente al concetto di Luce, nelle sue forme più o meno accentuate all'interno della tradizione massonica, nella cerimonia dell'Arco Reale si ritrovano anche altre chiavi che sembrano puntare diritto verso antichi segreti. Il rituale dell'Arco Reale si diffuse in Inghilterra nel XVIII secolo, in arrivo dalla Scozia e dall'Irlanda, come una sorta di residuo di una branca filosofica della tradizione massonica, probabilmente esiliata. Poiché la Massoneria speculativa scozzese derivava direttamente dall'eredità templare degli antichi regni gaelici, ne scaturiva una notevole enfasi posta sull'aspetto templaristico, al punto che i pertinenti segreti si rifacevano quasi in toto a quelli dei Templari. Indubbiamente, il mistero del grande Tempio di Gerusalemme aveva un'importanza cruciale per i Cavalieri Templari, ma non tanto perché si trattava di un progetto di Salomone e neppure perché il grande costruttore Hiram Abiff vi era stato ucciso e sepolto. Era importante per ciò che i Cavalieri avevano trovato nelle sue cripte segrete, tesori trasferiti in Europa con il loro rientro nel 1127 (vedi p. 117).

Invece di riferirsi alla loggia del Tempio salomonico di Hiram Abiff (come è nel conseguimento del terzo grado massonico), il rituale dell'Arco Reale si focalizza su un evento ancora precedente; si collega a quella che è considerata la prima autentica loggia, la loggia «del Monte Horeb nel deserto del Sinai», presieduta da Mosè in persona, Abihu (uno dei figli di Aronne) e Bezaleel, l'artefice.

Sulla placca dorata rinvenuta sotto il Tempio di Gerusalemme erano anche incise due figure geometriche, un triangolo ed un cerchio. Graficamente, dunque, appariva un insieme di due figure concentriche racchiuse all'interno di un quadrato, quindi tre le figure in tutto: un cerchio, un quadrato ed un triangolo. Nel rituale si precisa che penetrare questo segreto è cosa assai «più prezioso delle perle... e quanto hai di più prezioso non l'equivale... essa è un albero di Vita per quelli che l'afferrano» (*Proverbi* 3: 15-18).

Nel Capitolo 5 abbiamo parlato del testo ermetico noto come *Rosarium Philosophorum*, pubblicato nel 1550 all'interno del libro di alchimia intitolato *De Alchemia Opuscola Complura Veterum Philosophorum*[35]. In merito alla Pietra Filosofale si dice che la si può rappresentare con un cerchio, un quadrato ed un triangolo. Il simbolo ideale della

[34] H. S. Lewis, *The Mystical Life of Jesus,* San José, CA, Ancient and Mystical Order Rosae Crucis, 1982.

[35] Manoscritto Fergusson MS 210, *De Alchemia Opuscola Complura Veterum Philosophorum*, Frankfurt, 1550.

Pietra Filosofale (vedi p. 76), come definito in quest'opera alchemica, corrisponde pertanto a quanto riscontrato sulla placca dorata rinvenuta nella cripta sotterranea del Tempio di Gerusalemme, matrice di avvio del rito dell'Arco Reale. Da tutto questo sembra probabile che l'Arco Reale trovi la sua scaturigine nel XII secolo, al tempo in cui i Templari sondavano le viscere del monte, sotto le fondamenta di Gerusalemme, pur riconoscendo una derivazione ancora più antica che rimanda al tempo della seconda ricostruzione del Tempio (536-20 a.C.), per opera del principe Zorobabele, e al ritrovamento, nel corso dei lavori, della volta segreta da parte dei fratelli massoni.

Poiché, ai tempi di Mosè e Salomone, l'Arca dell'Alleanza era uno strumento essenziale per creare la sacra pietra ricavata dalla bianca polvere ottenuta dall'oro, essa stessa costituiva un ricettacolo per la conservazione di un campione di polvere, particolare che riscontriamo nella Bibbia quando leggiamo: «[...] e l'arca del patto, tutta ricoperta d'oro, nella quale si trovava un vaso d'oro contenente la manna»[36]. Considerate le caratteristiche di superconduttività della polvere *Ormus*, l'Arca era dunque ben più di un potente condensatore, era un vero e proprio generatore superconduttore. È per questo che quando la Bibbia tramanda delle straordinarie qualità dell'Arca non sarebbe più il caso di stupirci. Quando l'Arca levita, sollevandosi da terra, oppure sprigiona un fascio di luce terribile e mortale, possiamo ritenere che questi poteri le fossero propri.

L'Arca d'oro

Ancora una volta (come già in merito all'ipotesi della costruzione delle piramidi grazie alla magica polvere *Ormus*) eccoci proiettati nel regno di quel particolare fenomeno che è la levitazione. In *Numeri* 10: 33-36 si legge: «[...] e l'arca del patto dell'Eterno andava davanti a loro». Si trovano anche altri riferimenti all'Arca che levita ed è in grado di muoversi per proprio conto[37]; mentre nel testo massonico dal titolo *Freemason's Book of the Royal Arch* si dice che anche quando l'Arca veniva riposta nel Sancta Sanctorum non era mai in contatto col terreno, ma restava sospesa in aria a qualche centimetro dal suolo[38]. In proposito, per quanto strano possa apparire, in base a studi accurati è stato stabilito che la classica immagine in cui si vedono quattro sacerdoti leviti trasportare l'Arca a spalle, grazie a due lunghi bastoni infilati negli anelli di sostegno, costituisce un'impossibilità fisica (*tav. 24*).

Il propiziatorio (coperchio) dell'Arca viene descritto in *Esodo* 37: 1-9 come una componente che la ricopre tutta nei quattro angoli e lungo

[36] *Lettera agli Ebrei* 9: 4.
[37] Louis Ginsberg, *Legends of the Jews*, Baltimore, MD, Johns Hopkins University Press, 1998, vol. 3, p. 243.
[38] Jones, *Freemasons' Book of the Royal Arch*, cit., capitolo 11, p. 137.

tutto il suo perimetro. Assumendo per il cubito il valore più basso, otteniamo comunque dimensioni interessanti, pari a 113 × 68 cm[39]. Senza stare a disquisire sull'eventuale consistenza e peso dei due cherubini che lo ornavano, il coperchio doveva comunque essere spesso a sufficienza per reggerli e, come è ben precisato, era costituito tutto in oro massiccio (24 carati)[40]. Stando alla tradizione ebraica, il propiziatorio sarebbe stato spesso quanto un palmo[41], il cui valore era di 8,5 cm. Una struttura certamente più che dimensionata per fungere da coperchio ad una sorta di grande scatolone rigido e vuoto, ma, a questo punto, diventa interessante provare a valutare questa grande massa di oro anche sotto il profilo fisico.

Il peso dell'oro viene espresso in once che valgono 31,10 g. Un cubo d'oro di 11,7 mm di lato pesa un'oncia e il coperchio dorato dell'Arca ne conteneva circa 39,581, per un peso complessivo di 1231 kg. Insomma, una massa incredibile di oro puro il cui valore attuale è di circa 10,5 milioni di dollari.

Stando a quanto comunicato dal World Gold Council, quello a 24 carati ha una densità di 19,32 g/cmc, peserebbe quindi meno rispetto a quello non puro. Applicando questo valore, con un rapido calcolo otteniamo un peso complessivo lievemente inferiore, pari a 1224 kg[42]. Dunque il coperchio dell'Arca pesava assai più di una tonnellata, senza tenere conto del peso dei due cherubini e, ovviamente, del cofano stesso che, ricordiamolo, era rivestito in oro sia all'esterno che internamente[43]. Poiché leggiamo che l'Arca veniva trasportata tramite delle lunghe aste di legno e portata in spalla da soli quattro sacerdoti leviti, o in effetti era infinitamente più leggera oppure diciamo che si aiutava da sola, muovendosi in levitazione, annullando l'attrazione della gravità terrestre.

L'ipotesi della levitazione

Il fenomeno della levitazione consiste nel sollevamento e nella sospensione di materia in opposizione alla gravità. Il concetto di per sé non è facile da assimilare perché in natura non esiste alcun esempio, vi-

[39] 1 cubito = 18 pollici (2,54 cm); ricordo che le misure del coperchio dell'Arca erano di 2,5 × 1,5 cubiti.

[40] Nel testo biblico ci sono ben sette diversi vocaboli utilizzati per indicare l'oro. Essi sono: *zahav, paz, ketem, harus, s'gor, ophir, haser*. Inoltre troviamo anche l'aggettivante *zahav tahor* ad indicare l'oro puro (al 100%), come nel caso del coperchio dell'Arca. Nella *Midrash* l'oro puro è definito come quella specie di oro che non cala di peso se è mescolato. Rimando a Patai, *The Jewish Alchemists*, cit., capitolo 3, pp. 41-46.

[41] Moshe Levine, *The Tabernacle: Its Structure and Utensils*, Tel Aviv, Soncino Press, 1969, p. 88.

[42] Il World Gold Council è un'associazione senza fini di lucro che raggruppa tutti i produttori di oro del mondo, ha sede in Londra, ma uffici distaccati nelle città sedi dei grandi mercati auriferi internazionali. Tutte le informazioni che compaiono in questo capitolo sono state gentilmente fornite dall'associazione il cui indirizzo è il seguente: 45 Pall Mall, London SW1Y 5JG.

[43] 1 tonnellata *avoirdupois* = 2240 libbre, 1016,05 kg (vedi nota 15 a p. 336).

sto che ogni corpo ricade sempre ed immancabilmente a terra, una volta lanciato in aria. La gravità può essere vinta nel momento in cui le venga contrapposta una forza uguale e contraria che la contrasti, non comportando questo fatto conseguenze avvertibili di qualche genere. Tutti i magneti, indipendentemente dalla loro grandezza, sono in grado di attirare e quindi sollevare un corpo metallico con una forza assai più potente di quella esercitata dall'attrazione terrestre. Ma gli stessi magneti non possano però sfuggire alla gravità. Ecco perché nel fenomeno della levitazione è determinante considerare l'energia applicata ad un oggetto e non l'oggetto in sé.

Il verbo "levitare" deriva direttamente dal latino *levis* che, in questa accezione, significa leggero. La parola opposta e contraria è *gravis*, che significa pesante. Legato in modo del tutto analogo al concetto peso è il verbo inglese *to lever*, anch'esso derivato dal latino *levis*. Un macchinario meccanico usato per sollevare pietre e sassi è l'ulivella, anche questa parola di radice latina. Questo meccanismo ha a che fare con alcune situazioni previste nella ritualistica massonica, tanto è vero che il relativo nome proprio derivato (Lewis, nella versione inglese del nome) viene simbolicamente applicato al figlio di un adepto (fra i 18 e i 21 anni) in attesa di poter essere aggregato come apprendista. Il progredire dell'adepto verso il raggiungimento della condizione di maestro è paragonato al sollevarsi, idea ben raffigurata dal recupero e dal sollevamento del corpo di Hiram Abiff dalla sua indegna tomba. L'intero processo massonico di maturazione del singolo è una continua ricerca verso la Luce, da raggiungere grazie alla scala di Giacobbe ed alla scala a spirale, emblemi rispettivamente del primo e del secondo grado dell'iniziazione.

Nella tradizione biblica, il nome corrispondente a Lewis è Levi, la cui radice ebraica è *lewî*, che significa "che gravita attorno". Il corrispondente latino è *levitas*, da cui deriva il vocabolo "levità". Nell'Antico Testamento si dice che i sacerdoti leviti erano la discendenza maschile di Levi, una casta speciale alla quale Mosè aveva garantito lo status di sacralità assieme ai figli sacerdoti del fratello Aronne. Non necessariamente tutti i Leviti maschi dovevano essere dei sacerdoti, anche se il popolo li considerava tutti come tali. Sono molti i passi in cui lo storico Giuseppe Flavio fa riferimento a loro, specificando «i sacerdoti *e* i Leviti»[44]. In verità definire l'esatta condizione dei Leviti non è agevole, anche se in *Numeri* 18: 2-4 vengono descritti come sacerdoti scelti, da aggregare a quelli di Aronne. Al contrario, le funzioni che debbono svolgere sono ben specificate: hanno il compito di provvedere al Tabernacolo e a tutto il suo corredo, Arca dell'Alleanza compresa[45]. Nel *Lutterworth Dictio-*

[44] Giuseppe Flavio, *Antichità giudaiche*, libro IV, 4: 3, 8: 8, 8: 44.
[45] James Hastings (a cura di), *Dictionary of the Bible*, Edinburgh, T. & T. Clark, 1909, alla voce *Levite*.

nary of the Bible leggiamo che i Leviti costituivano, in pratica, l'equivalente di una gilda, con loro particolari conoscenze e abilità peculiari[46].

I Leviti erano, pertanto, i custodi e coloro che si dovevano occupare dell'Arca dell'Alleanza. La loro caratteristica precipua era quella di conoscere alla perfezione come svolgere le delicate funzioni loro assegnate ed era per questo che a molti di loro era riconosciuto il rango di sacerdote[47]. Dei Leviti che trasferiscono e trasportano l'Arca si parla sia in *Deuteronomio* (31: 25) che in *Giosuè* (3: 3; 3: 6; 8: 33). In questi brani sono descritti intenti nella loro azione di sollevamento dell'Arca di cui sono dunque i levitatori. In questa accezione le parole *levis*, levita, levità sono praticamente sinonimi e affondano la loro radice nell'antica scienza che consentiva di "levare" peso alla materia e alle cose. Poiché l'Arca era troppo pesante per poter essere sollevata e trasportata con dei mezzi ordinari, essi, i Leviti, ne erano diventati i sollevatori, i suoi "Lewis", per usare una terminologia massonica. Per svolgere questo compito importante, i sacerdoti vestivano abiti particolari. Il grembiule della tradizione massonica (vedi p. 131) deriva dall'*ephod* protettivo che i Leviti portavano nella loro funzione di custodi e guardiani dell'Arca[48].

Nella tavola 7 si può osservare un'ulivella collocata su un tavolo sostenuto da cavalletti all'interno della Grande Loggia d'Inghilterra. L'oggetto è ripreso nella figura a sinistra di p. 359 e simboleggia assai bene (nei termini conosciuti al tempo della *Costituzione* di Anderson) tutto ciò che la Massoneria è, ossia l'arte di "sollevare", "innalzare". L'immagine non dà però certo l'idea che si abbia a che fare con un'Arte Reale. Sotto questo profilo è ben più calzante la foto sulla destra, che esprime l'arte della leggerezza, quella dei Leviti. Nella fotografie è ripreso un moderno esperimento di laboratorio di levitazione tramite l'energia di superconduttori, esattamente quello che si poteva e si può ottenere con l'applicazione della scienza di *Ormus*. Poco importa quale sia la parola che si utilizza: polvere bianca d'oro, *shem-an-na*, pietra di fuoco che si volge verso l'alto, *manna*, polvere di proiezione o Pietra Filosofale, perché il risultato che si ottiene è sempre lo stesso. Si tratta di una sostanza che è un superconduttore, che non trattiene alcun potenziale magnetico nella sua struttura e respinge le altre fonti magnetiche. Il segreto dell'operazione è un'onda luminosa a bassa frequenza che insiste proprio nel centro ⊙.

In molte occasioni nell'Antico Testamento si dice che Dio sta, risiede fra i due cherubini dell'Arca e che è presente con la sua luce[49]. I Leviti

[46] Watson E. Mills (a cura di), *Lutterworth Dictionary of the Bible*, Cambridge, Lutterworth Press, 1994.
[47] *Giosuè* 3: 6.
[48] Hastings (a cura di), *Dictionary of the Bible*, cit., alla voce *Apron*. Si veda anche il Capitolo 8 di questo libro, là dove si parla del grembiule massonico.
[49] *1 Samuele* 4: 4; *2 Samuele* 6: 2; *1 Cronache* 13: 6; *Salmi* 80: 1; *Salmi* 99: 1; *Isaia* 37: 16.

A sinistra*: classica livella massonica così come compare nel frontespizio dell'opera di James Anderson* Costituzione *(edizione del 1784)*. A destra*: un esempio pratico degli effetti di levitazione realizzabili con l'utilizzo di materiali superconduttori.*

consideravano l'Arca un oggetto pericoloso[50], tanto è vero che anche tutto il giudaismo filosofico successivo ha sempre enfatizzato più il terrore del "fascio di fuoco" e delle "scintille" che scaturivano fra i due cherubini piuttosto che la bellezza dell'Arca in sé[51]. L'Arca dell'Alleanza era uno strumento in grado di innescare un potente arco elettrico ed era la fonte energetica di cui si era servito Mosè per calcinare l'oro del Vitello. Essendo l'ideale contenitore per la polvere bianca *Ormus*, l'Arca era anche un superconduttore, aspetto che le garantiva la possibilità di levitare e di spostarsi da sola con la creazione di un suo proprio campo di Meissner. (Escludendo l'interferenza di ogni altro campo magnetico esterno, questo speciale effetto diamagnetico prende il nome dal fisico tedesco Walter Meissner, che rese nota questa sua scoperta nel 1933).

Forse l'antico originario segreto della Massoneria – o, per lo meno, uno dei suoi segreti – potrebbe aver avuto a che vedere con il possente fenomeno capace di rendere agevole la costruzione delle grandi piramidi della piana di Giza e del colossale Tempio di Salomone. Si trattava di una tecnologia ereditata dalla notte dei tempi in grado di vincere la forza di gravità, qualcosa che la nostra scienza moderna sta solo oggi incominciando a considerare. Una scienza che aveva poco a che spartire, in verità, con le gilde medievali, tranne quelle che in Francia erano a stretto contatto con i Templari, e che era invece intimamente legata alla costruzione di grandiosi edifici in pietra, altrimenti assolutamente impossibili da realizzare. La tecnica usata era quella della levitazione dei superconduttori e la strada che conduceva a tutto questo – come ben sapevano geni del calibro di Robert Boyle, Christopher Wren, Isaac New-

[50] Ginsberg, *Legends of the Jews*, cit., volume 3, p. 228.
[51] Ivi, pp. 127, 210.

ton ed altri che, come loro, ambivano svelare i misteri del cosmo – divenne l'autentica sostanza della ricerca di un mitico Graal scientifico. Era l'antica ed onorata *Mat-benu* (la Luce della Pietra) della parola massonica, combinata con le straordinarie proprietà tipiche degli elementi monoatomici con orbita modificata, conosciuta dagli iniziati come la Pietra Filosofale.

Malgrado gli stravaganti e a volte ingenui rituali che ancor oggi sono propri della Massoneria moderna, il suo aspetto esteriore si è comunque preservato nella terminologia che la definisce, vale a dire, come si legge nell'*Oxford English Dictionary*, massoneria come Arte, «capacità nella pratica dell'Arte». Le abilità degli antichi maestri massoni, il cui pensiero sta alle fondamenta della Fratellanza, ad un tratto si trasformarono in qualcosa di personale ed intimo, diventando così confuse ed allegoriche da non consentire neppure più di risalire alle tracce delle loro origini, se non addirittura precipitare nell'oblio. Questo non per screditare le buone e positive iniziative dell'oggi, ma semplicemente per riaffermare quanto già detto nel corso di tutte queste pagine, ossia che la Massoneria qual era prima del XVIII secolo rivelava aspetti molto diversi – e oggi sconosciuti – rispetto a quelli odierni.

Quale che sia la strada che si preferisce intraprendere per seguire l'evoluzione storica del movimento – partendo dalla Rosacroce, oppure dai Templari, dalle scuole esoteriche e misteriche dell'antico Egitto, oppure ancora dalla tradizione delle gilde commerciali e professionali in Europa –, è comunque indubbio che la cifra costante della Massoneria pone sempre in primo piano la considerazione pratica delle scienze e della filosofia naturale.

Se in qualche contesto la vera tradizione massonica è riuscita a procedere giungendo fino a noi, sono convinto lo abbia fatto in modo pressoché inconsapevole, muovendosi dal punto in cui l'aveva lasciata Christopher Wren, nell'ambito della Royal Society e delle tante accademie sorte un po' ovunque nel mondo.

Grazie alla ricerca comparata e multidisciplinare, la scienza odierna sta mettendo a punto delle tecnologie che solo la nostra presunzione ci fa credere nuove, perché già conosciute (sebbene, forse, non completamente comprese) nel nostro passato. Tutte quelle attività umane erano però bollate come magiche, aspramente condannate da un establishment religioso e politico intimorito – soprattutto al tempo del seicentesco Puritanesimo – e ciò costrinse alchimisti ed ermetici a farsi "invisibili", nascondendosi all'interno di società e affiliazioni segrete. Nel *Nathan Bailey's Etymological Dictionary*, del 1736, ecco che cosa si dice in merito alle cose magiche:

> Una scienza utile, che insegna la conoscenza e la mutua relazione dei corpi attivi e passivi, così da essere riuscita ad ottenere lodevoli scoperte e conquiste, comunemente inquadrate nella cosiddetta filosofia naturale.

I segreti della filosofia naturale massonica andarono perduti nel momento in cui la magia dell'investigare venne inglobata dalla paura costruita ad arte dell'ignoto, del non conosciuto; quando il desiderio, la richiesta di sapere venne imbrigliata da coloro che reggevano le redini del comando. Ma oggi, la magia ha fatto ritorno, uscendo dalla lunga ombra di re Salomone, e sta poco alla volta avvicinandosi a fenomeni straordinari come le particelle nucleari, le superstringhe, le nanotecnologie, le dimensioni parallele, in questo come guidata dalla Luce, inseguita fino ad un punto di dissolvenza, che, per il gioco dei contrasti e dei complementi, è anche quello di irradiazione ☉. Questo è il centro ed è qui che il grande, decisivo segreto ancora resta, in attesa di essere nuovamente scoperto.

Cronologia massonica e monarchica

INGHILTERRA	SCOZIA
Normanni	*Celti*
Guglielmo I (1066-87) **Guglielmo II (1087-1100)**	**Malcolm III Canmore (1058-93)** **Donald Ban (1093)** **Duncan II (1094)** **Donald Ban (restaurato 1094-97)** **Edgard (1097-1107)**

1095-99 Prima Crociata guidata in Terra Santa da Goffredo di Buglione.

Enrico I (1100-35)	**Alessandro III (1107-24)**

1114 Un piccolo gruppo di monaci guerrieri, sotto la guida di Ugo di Payens fonda l'Ordine dei Poveri Cavalieri di Cristo e del Tempio di Salomone (Cavalieri Templari).
1118 Il re Baldovino II di Gerusalemme fonda l'Ordine templare dei Cavalieri di Sant'Andrea, i Principi Custodi del Segreto Reale.
1127 I Cavalieri Templari fanno rientro in Francia da Gerusalemme.
1128 Concilio di Troyes. Bernardo di Chiaravalle diventa Patrono dei Templari. Ugo di Payens, Gran Maestro dei Templari, si incontra con il re degli Scozzesi Davide I che stabilisce la precettoria templare di South Esk in Scozia.

Stefano di Blois (1135-54)	**Davide I (1124-53)**

1139 Il papa Innocenzo II garantisce all'Ordine Templare una sovranità internazionale.
1144-45 All'Ordine dei Cavalieri Templari viene concesso di consacrare territori e riscuotere tassazioni.
1147 I Templari dell'Arco Reale stabiliscono la Casa Capitolare a Parigi.

Plantageneti

Enrico II (1154-89)	**Malcolm IV (1153-65)**

1161 Viene stabilito il quartier generale dell'Ordine Templare londinese, in Fleet Street.
In Francia le gilde dei fratelli massoni incominciano ad innalzare le grandiose cattedrali gotiche, fra i vari gruppi si ricorda quello dei Figli di Salomone, operante fra il XII e il XIII secolo.

Riccardo I (1189-99) **Giovanni (1199-1216)**	**Guglielmo I il Leone (1165-1214)** **Alessandro II (1214-49)**

Enrico III (1216-72) **Alessandro III (1249-86)**

1245 In Francia viene pubblicata la *Bible Moralisée*.

Edoardo I (1272-1307) **Margaret di Norvegia (1286-90)**

1291 Fine dell'Ottava Crociata.

John Balliol (1292-96)

Edoardo II (1307-27) **Robert I Bruce (1306-29)**

1307 I Cavalieri Templari vengono perseguitati dal papa Clemente V e dal re di Francia Filippo IV il Bello.
1312 I Cavalieri Templari vengono considerati fuorilegge in Europa e in Inghilterra (ma non in Scozia).
1314 A Parigi viene messo a morte sul rogo Jacques de Molay, Gran Maestro dell'Ordine dei Cavalieri Templari.
Battaglia di Bannockburn a cui partecipa anche un contingente di Cavalieri Templari guidati dal loro comandante, il cavaliere Hugues di Crecy.
1317 Robert I Bruce riconosce i Templari come la Antica Fratellanza della Rosa Croce.
In Portogallo i Cavalieri Templari vengono integrati nell'Ordine dei Cavalieri di Cristo dal re Dinis (atto ratificato dal papa Giovanni XXII l'anno successivo).
1320 Costituzione della Scozia, la *Declaration of Arbroath*.

Edoardo III (1327-77) **Davide II (1329-71)**

1348 Edoardo III d'Inghilterra istituisce l'Ordine Cavalleresco della Giarrettiera.

Riccardo II (1377-99) **Roberto II (1371-90)**

1384 Esce la traduzione in inglese della Bibbia ad opera di John Wycliffe.
1390 ca. Datazione del testo massonico *Regius Manuscript* (Inghilterra).
1394 In Portogallo il principe Enrico il Navigatore diventa Gran Maestro dei Cavalieri di Cristo.
1398 Le navi dei Sinclair dalla Scozia si spingono fino in Nord America.

Enrico IV (Lancaster 1399-1413) **Roberto III (1390-1406)**
Enrico V (Lancaster 1413-22) **Giacomo I (1406-37)**

1416 L'alchimista francese Nicolas Flamel descrive la Pietra Filosofale come «una impalpabile polvere d'oro».

Enrico VI (Lancaster 1422-61) **Giacomo II (1437-60)**

1429 Filippo di Borgogna fonda l'Ordine del Vello d'Oro.
1435 Per la prima volta compare in Inghilterra il termine "frammassone".
1441 William Sinclair di Rosslyn viene nominato Patrono e Protettore della Massoneria Scozzese.
1446 William Sinclair getta le fondamenta della Cappella di Rosslyn (costruita poi tra il 1450 e il 1486).
1450 ca. Datazione del manoscritto massonico *Matthew Cooke* (Inghilterra).

Edoardo IV (York 1461-83) **Giacomo III (1460-88)**

1472 Viene stabilito lo stemma araldico della Compagnia Londinese dei Framassoni.

1474 Da questo momento in avanti, i sovrani di Scozia riconoscono ufficialmente le gilde dei commercianti.
1475 Riconoscimento a Rosslyn di incorporare la Cappella di Santa Maria, che diventa la Loggia n. 1 di Edimburgo.

Edoardo V (York 1483)

1488 In Scozia gli Ordini dei Cavalieri Templari e degli Ospedalieri vengono gestiti congiuntamente.

Riccardo III (York 1483-85)

Tudor

Enrico VII (1485-1509) | **Giacomo IV (1488-1513)**

1500-20 Periodo dell'Alto Rinascimento europeo.

Enrico VIII (1509-47) | **Giacomo V (1513-42)**

1517 La protesta di Martin Lutero a Wittenberg, in Germania.
1541 Primo cenno alla Massoneria "speculativa" ad Aberdeen, in Scozia.

Edoardo VI (1547-53)
Jane 1553 (solo 9 giorni di regno)
Maria I (1553-58)
Elisabetta I (1558-1603)

Maria Stuarda (1542-87)
Regina di Francia 1559-60

1560 John Knox fonda la Chiesa Protestante Scozzese.
1562 Otto guerre di religione in Francia.
1570 La regina d'Inghilterra Elisabetta viene scomunicata dal papa.
Sir Francis Walshingam fonda i servizi segreti inglesi (formalizzati nel 1587).
1572 Gli altari della Cappella di Rosslyn vengono abbattuti e distrutti dai rappresentanti della Chiesa Protestante Scozzese.
1579 Edmund Spencer pubblica *The Shepheardes Calendar*.
1582 John Dee inizia a scrivere il manoscritto del *Liber Mysteriorum*.
1583 William Schaw viene nominato dal re Maestro dell'Opera in Scozia.
1587 Maria Stuarda, regina di Scozia, viene fatta giustiziare dalla regina d'Inghilterra Elisabetta I.
Un obelisco egizio viene eretto al centro di piazza San Pietro a Roma.
1590 Attività dell'Arco Reale vengono registrate a Stirling, in Scozia.
1590-93 *Sigillo Reale* scozzese dei Cavalieri Templari di Sant'Antonio.
1593 L'opera *The Theatre of Fine Devices* di Guillaume de la Perrière viene registrata alla Stationer's Hall a Londra.
1596 Giovanni Keplero dà alle stampe l'opera *Cosmographic Mystery*.
1597 Viene fondato a Londra il Gresham College.
1598 Prima immagine illustrata di un frammassone nel libro di Guillaume de la Perrière intitolato *The Mirrour of Policie*.
Primo lavoro pubblicato di William Shakespeare, *Pene d'amor perdute*.
A Londra viene costruito il teatro Globe.
1598-99 In Scozia esce lo *Statuto* della Massoneria a cura di William Schaw.
Vengono riconosciute e identificate le logge di Kilwinning, Edimburgo, Stirling e St. Andrews.
1598 Registri della loggia scozzese di Atchinson's Haven, nel Midlothian.
1599 Registri della loggia scozzese della St. Mary's Chapel, Edimburgo.

1603 Unione in una sola delle due corone d'Inghilterra e di Scozia.

Stuart (Stewart)

Giacomo I (1603-25) **(Giacomo VI 1567-1603)**

1611 Esce la prima edizione della *Bibbia Autorizzata* di re Giacomo.
1613 Elisabetta Stuart sposa Federico V, Elettore del Palatinato del Reno.
1614-15 Si diffondono i *Manifesti* della Rosacroce.
1618-48 Guerra dei Trent'anni in Europa.
1619 Robert Fludd dà alle stampe l'opera *Utriusque Geomi Historia*.
1620 Massoni di inclinazione "speculativa" vengono ammessi nella Venerabile Compagnia Massonica di Londra.
1620 I Padri pellegrini salpano da Plymouth, in Inghilterra, alla volta dell'America.
1623 Sir Francesco Bacone inizia a scrivere *La Nuova Atlantide* (pubblicato nel 1627). Viene pubblicato il primo in folio delle opere di Shakespeare *Commedie, Storie e Tragedie*.

Carlo I (1625-49) **(Carlo I 1625-49)**

1628 Nella *Carta Sinclair* si parla di precettorie massoniche e delle gilde commerciali in Scozia.
1632 Copernico dichiara il principio eliocentrico, condiviso da Galileo.
1638 La Rosacroce collegata alla parola massonica in Scozia.
1641 Sir Robert Moray entra nella Massoneria a Newcastle, in Inghilterra.
1642 In Inghilterra scoppia la Guerra Civile.
1643 Athanasius Kircher pubblica il lavoro *Lingua Ægyptiaca Restituta*.
1646 Nel *Manoscritto Sloane 3848* (British Library) si parla di Massoneria. Elias Ashmole si fa massone a Warrington, in Inghilterra. Athanasius Kircher dà alle stampe l'opera *Ars Magna Lucis et Umbrae*.
1648 Il reverendo John Wilkins pubblica *Mathematicall Magick*.
1648-1742 Un secolo di dibattiti filosofici a proposito del Vitello d'oro di Mosè.
1649-63 La Sessione della Chiesa Scozzese e il Sinodo Generale dichiarano blasfema la "sconosciuta" parola segreta massonica.
1649 Il re Carlo I viene giustiziato su ordine di Oliver Cromwell.

Carlo II 1651 (in esilio)

Il 19 maggio 1649 in Inghilterra viene proclamato il Commonwealth.

Oliver Cromwell - Lord Protettore (1653-58)
Richard Cromwell - Lord Protettore (1658-59)

1650-59 Il Collegio Invisibile è attivo presso l'Università di Oxford.
1652 Elias Ashmole pubblica *Theatrum chemicum Britannicum*.
1657 Christopher Wren viene nominato Professore di Astronomia al Gresham College.
1660 Presso il Gresham College, Christopher Wren fonda la Scuola per la promozione dell'apprendimento delle scienze sperimentali fisico-matematiche.

Restaurazione degli Stuart

Carlo II (1660-85) **(Carlo II 1660-85)**

1662 Un apposito documento del re Carlo II concede al Collegio di Wren di trasformarsi ed assumere il nome di Royal Society di Londra, con lo scopo precipuo di sviluppare la conoscenza della Natura.
1665 Scoppia la guerra fra Olanda e Inghilterra.
Il dottor Robert Hooke dà alle stampe il volume *Micrographia*.
A Londra scoppia l'epidemia di peste bubbonica.
1666 Il Grande incendio di Londra.
1667 Thomas Sprat pubblica la *Storia della Royal Society*.
Di nuovo la Pietra Filosofale viene descritta come una sottile polvere d'oro; a farlo, questa volta, è uno dei mentori della Royal Society, Ireneo Filalete.
John Milton pubblica *Paradiso perduto*, con la chiara intenzione di opporsi all'operato di Christopher Wren e della Royal Society.
1672 Isaac Newton diventa membro della Royal Society.
1673 Christopher Wren viene fatto cavaliere dal re Carlo II.
1673-81 Escono i *Tests Acts* in Inghilterra e in Scozia.

Giacomo II (1685-88) **(Giacomo VII 1685-88)**

1687 Il re Giacomo emana la *Dichiarazione per la Libertà di Coscienza*.
Isaac Newton dà alle stampe i *Principia Mathematica*.
1688 (dicembre) invasione dell'Inghilterra da parte di Guglielmo d'Orange.

Il re Giacomo II (VII) viene deposto ed esiliato a seguito della rivoluzione dei Whig.
Interregno dall'11 dicembre 1688 al 13 febbraio 1689.

Guglielmo III d'Orange (1689-1702) e Maria II Stuart (morta nel 1694)

1689 A Westminster si votano il *Bill of Rights* e la *Declaration of Rights*.
La Casa Reale degli Stuart costituisce l'Ordine del Santo Graal (Sangréal).
1690 Battaglia di Boyne in Irlanda.
1692 Massacro di Glencoe, in Scozia, consumato dall'esercito di Guglielmo d'Orange.
1701 In Inghilterra si approva l'*Act of Settlement* con cui si garantisce la corona inglese soltanto a sovrani di fede protestante.

Anna Stuart (1702-14)

1703 Isaac Newton diventa presidente della Royal Society.
1705 Isaac Newton viene nominato cavaliere dalla regina Anna.
1707 Il Parlamento inglese approva l'*Act of Union*; il Parlamento Scozzese decade e la Gran Bretagna viene guidata da Londra.
1708 La ricostruzione di Londra (da parte di Wren e Hooke) è completata.

GRAN BRETAGNA

Hannover

Giorgio I (1714-27)

1715 Rinascita giacobita in Scozia ad opera di Giacomo Francesco Edoardo Stuart (figlio di Giacomo II/VII).
1717 Viene istituita a Londra la prima Grande Loggia d'Inghilterra, in pratica la nascita della Massoneria moderna, con la fusione di logge che si riunivano in quattro diverse taverne.
1718 Il Gran Maestro George Payne annuncia che tutti i documenti e gli archivi massonici precedenti al 1688 sono andati perduti per sempre.

1719-22 Il reverendo Jean Theophilus Desaguliers diventa Gran Maestro della Grande Loggia d'Inghilterra

1720 Gli antichi incarichi presenti nel *Matthew Cooke Manuscript* vengono inglobati nelle *Regole Generali*.

1721 John, secondo duca di Montagu, riceve la carica di Gran Maestro d'Inghilterra. Robert Walpole viene nominato Primo Ministro dal re Giorgio I.

1723 Filippo, duca di Warthon, diventa Gran Maestro d'Inghilterra.
Il reverendo James Anderson dà alle stampe la sua *Costituzione* e conferma che tutte le antiche e passate testimonianze della Fratellanza sono andate irrimediabilmente perdute.

1725 Viene fondata la Grande Loggia d'Irlanda. Il suo primo Gran Maestro è Riccardo, conte di Rosse.

AMERICA (avvenimenti in corsivo)

Giorgio II (1727-60)

1727 La Grande Loggia d'Inghilterra fonda il Central Charity Fund.

1730 Prima versione in forma stampata del terzo grado dell'Arte della Massoneria (maestro) e introduzione della leggenda di Hiram Abiff, il costruttore.
A Londra viene costituito l'Ordine Reale di Scozia (formalizzato nel 1750)

1730 *Daniel Coxe riceve il placet da Londra per assumere il ruolo di Gran Maestro delle province americane di New York, New Jersey e Pennsylvania.*
La Loggia di St. John a Filadelfia inizia ad operare in modo indipendente.

1733 *Henry Price riceve il placet da Londra per assumere il ruolo di Gran Maestro Provinciale del New England e dei suoi territori americani. Nasce la Grande Loggia Provinciale del Massachusetts e la Prima Loggia di Boston, poi rinominata Loggia di St. John.*

1730-39 I fratelli del re Giorgio III, i principi Edoardo, Guglielmo ed Enrico (rispettivamente duca di Gloucester, York e Cumberland) si affiliano alla Massoneria londinese.

1733 Istituzione provvisoria del Grande Oriente di Francia (Grande Loggia Francese).

1734 *L'autorità di Henry Price si estende su tutto il Nord America, sovrastando anche il precedente diritto concesso a Daniel Coxe.*
Benjamin Franklin ottiene il riconoscimento da Price per la Loggia di St. John a Filadelfia. La Fratellanza Americana viene registrata come L'Antica e Onorevole Società della Libera ed Accettata Massoneria.
Nasce la Loggia di Salomone a Savannah, in Georgia. La avvia il generale inglese James Oglethorpe, fondatore della città (Nel 1735 arriva anche il riconoscimento da parte della Grande Loggia d'Inghilterra).

1736 Sotto gli auspici del Gran Maestro William Sinclair, viene stabilita la Grande Loggia degli Antichi della Libera ed Accettata Massoneria di Scozia.

1737 Il Cavaliere Andrew Michael Ramsay, oratore della Gran Loggia di Francia, annuncia il nuovo corso del Rito Scozzese della Massoneria (in seguito trapiantato anche in America).

1738 James Anderson dà alla stampe la nuova edizione della sua *Costituzione* massonica.
Esce la bolla papale *In Eminenti*, un documento anti-massonico voluto da Clemente XII.

1740-48 Guerra di Successione austriaca.

1744 Il rituale del Capitolo dell'Arco Reale si ispira al personaggio di Mosè come primo Gran Maestro dell'Arte.

1745 Rinascita giacobita in Inghilterra per opera di Carlo Edoardo Stuart (nipote di re Giacomo II/VII).
Carlo Edoardo si insedia nella abbazia di Holyrood, in Scozia, col titolo di Gran Maestro dei Cavalieri Templari.
1746 Carlo Edoardo Stuart viene sconfitto dall'esercito di Giorgio II nella battaglia di Culloden.
1747 Carlo Edoardo Stuart ed il conte di Saint Germain stabiliscono il Capitolo Principale della Rosacroce ad Arras, in Francia.
William, quinto lord Byron, diventa Gran Maestro della Grande Loggia d'Inghilterra.
1751 Fondazione di una loggia alternativa: l'Antica ed Onorevole Fratellanza della Libera ed Accettata Massoneria – gli Antichi (mentre la Prima Grande Loggia era nota come i Moderni).
1752 *George Washington viene affiliato alla Massoneria a Fredericksburg, in Virginia.*
1752 Il più antico riferimento nei verbali massonici al Capitolo dell'Arco Reale arriva dall'Irlanda.
1756 Il Gran Segretario Laurence Dermott redige la *Costituzione* dell'Antica e Onorevole Fratellanza della Libera ed Accettata Massoneria.
1757 Viene stampata per il re Giorgio II una edizione in facsimile del *Regius Manuscript*.
1757 *Nella loggia di Fredericksburg si costituiscono tre Archi Reali; Benjamin Franklin diventa membro della Royal Society.*

Giorgio III (1760-1820)

1760 Robert Jones di Glamorgan diventa Gran Maestro della Massoneria del Galles.
1761 A York si stabilisce la concorrente Grande Loggia di tutta l'Inghilterra.
1761 *Steven Morin di Bordeaux riceve in Francia il placet di trasferire il Rito Scozzese (*Ecossais*) della Massoneria nel Nuovo Mondo.*
1762 In un testo massonico compare per la prima volta la citazione delle colonne *Jachin* e *Boaz*, quelle mitiche del Tempio di Salomone.
1762 *La Loggia di St. Andrew a Boston ottiene dalla Grande Loggia di Scozia il placet per adottare l'Arco Reale.*
1767 *Henry Franchen (autorizzato da Morin) stabilisce la Loggia della Perfezione, con sede ad Albany, New York.*
Il Capitolo dell'Arco Reale della Loggia di St. Andrew di Boston conferisce per la prima volta un grado di Cavaliere del Tempio: a William Davis.
1768 L'atto legislativo noto come *Bill of Incorporation* sottomette la Grande Loggia al potere del Parlamento di Westminster.
1769 *La Loggia di St. Andrew di Boston conferisce per la seconda volta un grado di Cavaliere del Tempio: a Paul Revere.*
1770 *La Loggia di St. Andrew di Boston conferisce per la terza volta un grado di Cavaliere del Tempio a Joseph Warren.*
1773 Viene formalmente costituito a Parigi il Grande Oriente di Francia.
1773 *Il celebre "Tea Party" di Boston viene organizzato dai Fratelli della Libertà con l'appoggio della Loggia di St. Andrew.*
1775 *Inizio della Guerra d'indipendenza americana.*
1776 *4 luglio, Dichiarazione d'Indipendenza americana.*
1776 Fondazione del quartier generale della Grande Loggia (*Freemasons' Tavern*), in Great Queen Street a Londra.
Nuovo quartier generale dell'Ordine Reale di Scozia a Edimburgo, in Scozia.
1776 *Benjamin Franklin viene nominato ambasciatore d'America in Francia.*

1777 Il principe Carlo Edoardo Stuart viene contestato a proposito della sua posizione come leader dei massoni giacobiti in Europa.

1778 *Le truppe francesi del generale Lafayette partecipano alla Rivoluzione americana.*

1782 Il principe Enrico, duca di Cumberland, viene nominato Gran Maestro a Londra.

1783 *Fine della Guerra di indipendenza americana.*

1784 James Anderson dà alle stampe la nuova revisione della sua *Costituzione*.

1786 *Benjamin Franklin è fra i fondatori della commenda templare di Carcassonne, in Linguadoca, nel sud della Francia.*

La Grande Costituzione *garantita in due Concili Supremi negli Stati Uniti.*

1787 *Firma sulla bozza della Costituzione americana, ratificata nel 1788.*

1788 La Prima Grande Loggia d'Inghilterra predispone una scuola massonica femminile.

1789 *George Washington viene eletto primo Presidente degli Stati Uniti d'America.*

1789-99 Rivoluzione francese.

1790 Il principe di Galles (futuro Giorgio IV) diventa Gran Maestro.

1791 Thomas Dunkerley (figlio illegittimo di Giorgio II) istituisce il Supremo Grande e Reale Conclave per gradi superiori nel contesto inglese, iniziativa di breve vita.

1792 La Grande Loggia di York si scioglie.

1797 Viene decretato l'*Unlawful Oaths Act* (Massoneria esentata) da parte del primo ministro William Pitt.

1798 In Inghilterra la Grande Loggia degli Antichi istituisce dei fondi per giovani bisognosi.

1799 Viene decretato l'*Unlawful Societies Act* (Massoneria esentata) da parte del primo ministro William Pitt.

1801 *A Charleston, nella Carolina del Sud, si stabilisce il Concilio Supremo del Rito Scozzese (durante la presidenza di John Adams).*

1804 Il nome di Antico ed Accettato Rito Scozzese appare per la prima volta in un accordo fra il Concilio Supremo di Francia ed il Grande Oriente di Francia.

1811 Si stabilisce il Gran Conclave Scozzese su iniziativa di Alexander Deuchar. Viene dichiarato fittizio dal Maestro dell'Accampamento Templare, Robert Martin.

1813 Le due logge rivali degli Antichi e dei Moderni si ritrovano a Kensington Palace e, unificandosi, danno origine alla Grande Loggia Unita d'Inghilterra (UGLE).

Il Principe Augusto, duca del Sussex, viene nominato Gran Maestro della Grande Loggia Unita d'Inghilterra. (In precedenza era stato Gran Maestro della Loggia dei Moderni, mentre il fratello Edoardo, duca di Kent, lo era della Loggia degli Antichi).

1813 *Il Concilio Supremo della Southern Jurisdiction, con sede a Charleston, cede 15 stati alla Northern Jurisdiction, con base a New York.*

Daniel D. Tomkins (vice presidente degli Stati Uniti durante la presidenza di James Monroe) viene eletto primo Gran Maestro della Northern.

1816 Regola della Grande Loggia Unita d'Inghilterra e definizione di un nuovo rituale.

Il Rito dell'Arco Marinaro viene affiliato alla Massoneria del Marchio.

1819 Revisione della Regola per adattarla alle necessità delle Grandi Logge Provinciali.

Giorgio IV (1820-30)

1822 L'archeologo francese Jean François Champollion svela il segreto dei geroglifici egiziani.

1823 A Londra viene fondata la Loggia dell'Emulazione e dello Sviluppo.
1827 Il Gran Conclave Scozzese viene delegittimato dal Grande Accampamento Templare d'Irlanda.
1828-58 Il restrittivo *Test Acts* viene abrogato in Inghilterra e in Scozia.

Guglielmo IV (1830-37)

1835 *Genealogie of the Sainteclairs of Rosslyn* (opera scritta nel 1690 da Richard Austine Hay) viene pubblicata a Londra.
1836 L'obelisco prelevato a Luxor viene eretto in Place de la Concorde, a Parigi.

Vittoria (1837-1901)

1843 Thomas Dundas, conte di Zetland (Shetland), diventa Gran Maestro della UGLE. A Londra si ricostruisce il Palazzo della Massoneria.
1859 *Albert Pike, diventa Gran Comandante del Rito Scozzese della Southern Jurisdiction (durante la presidenza di James Buchanan).*
1861-65 *Guerra Civile Americana fra gli Stati Confederati e dell'Unione.*
1864 *Albert Pike diventa Gran Maestro della Southern Jurisdiction di Rito Scozzese nello stato dell'Arkansas (durante la presidenza di Abramo Lincoln).*
1867 *Viene formalmente stabilito il Rito Scozzese della Loggia della Northern Jurisdiction (durante la presidenza di Andrew Johnson).*
1870 George Robinson, lord Ripon, diventa Gran Maestro della UGLE.
1874 Alberto Edoardo, principe di Galles (figlio della regina Vittoria e del defunto re Edoardo VII), accetta l'incarico di Gran Maestro della UGLE.
1877 Nel corso di una cerimonia massonica in pompa magna, viene posta la prima pietra del Shakespeare Memorial Theatre a Stratford-on-Avon.
1878 L'obelisco detto l'Ago di Cleopatra (prelevato ad Heliopolis, in Egitto) viene eretto lungo il Tamigi, a Londra.
1881 *L'obelisco gemello, un secondo Ago di Cleopatra (anche questo prelevato ad Heliopolis) viene innalzato in Central Park, a New York.*
1886 Si costituisce a Londra la Loggia Quatuor Coronati.
1891 Il *Matthew Cooke Manuscript*, opera del XV secolo, viene pubblicato a Londra.
1897 Presso il Palazzo della Massoneria a Londra, la UGLE celebra un evento speciale: il Giubileo d'oro della regina Vittoria.

Dinastia di Sassonia Coburgo-Gotha

Edoardo VII (1901-10)

1901 La salita al trono di re Edoardo porta il fratello, il duca di Connaught ad accettare la carica di Gran Maestro della UGLE.

Giorgio V (1910-36)
(la dinastia regnante cambia il nome in quello di Windsor)

1914-18 Prima guerra mondiale

1927 Viene realizzato il nuovo Palazzo della Massoneria in Great Queen Street, a Londra.

Windsor

Edoardo VIII (1936)
Giorgio VI (1936-52)

1939-45 Seconda guerra mondiale

1939-67 Nella carica di Gran Maestro della UGLE si succedono: Giorgio, duca di Kent; Enrico, conte di Harewood; Edoardo, duca del Devonshire e, dal 1952, Lorenzo, conte di Scarborough.

Elisabetta II (1952-)

1967 Edoardo, duca di Kent (nipote del re Giorgio V e cugino della regina Elisabetta II), diventa Gran Maestro della UGLE, titolo che tuttora conserva.

Bibliografia

D. ADAMS, *Guide to the Tyler's Work*, London, Lewis Masonic, 1990.

C. G. ADDISON, *The History of the Knights Templars*, Kempton, IL, Adventures Unlimited, 1997.

I. ALLEN (a cura di), *Aldersgate Royal Ark Ritual*, Hersham, Lewis Masonic,1999.

A. ALLYN, *A Ritual of Freemasonry*, Boston, MA, John March, 1831.

R. ALTER, *Genesis*, New York, NY, W.W. Norton, 1996.

J. ANDERSON, *Constitutions of the Free-Masons - 1723*, Kila MT, Kessinger, 1997.

ID., *Constitutions of the Free-Masons - 1738*, Kila MT, Kessinger, 2004.

P. R. ANSTEY, *The Philosophy of Robert Boyle*, London, Routledge, 2000.

R. ARNOLD, *Northen Lights*, London, Catholic Book Club, 1959.

G. ASHE, *The Hell-Fire Clubs*, Stroud, Sutton, 2000.

L. ASHLEY, *The Complete Book of Devils and Demons*, London, Robson Books, 1997.

F. BACON, *The Philosophical Works of Francis Bacon* (a cura di P. Shaw), London, J. J. & P. Knapton, 1733 (trad. it. *Scritti filosofici*, a cura di P. Rossi, Torino, UTET, 1999).

ID., *The Proficience and Advancement of Learning, Divine and Human*, edito in Londra da H. Tomes per il re, 1605.

M. BAIGENT – R. LEIGH – H. LINCOLN, *The Holy Blood and the Holy Grail*, London, Jonathan Cape, 1982 (trad. it. *Il santo Graal*, Milano, Mondadori, 1984).

IDD., *The Temple and the Lodge*, London, Jonathan Cape, 1986 (trad. it. *Origini e storia della Massoneria*, Roma, Newton & Compton, 2004[4]).

M. BARBER – K. BATE, *The Templars*, Manchester, Manchester University Press, 2002.

N. BARKER-CRYER, *Masonic Halls in England*, London, Lewis Masonic, 1998.

ID., *What do you Known About the Royal Arch?*, London, Lewis Masonic, 2002.

G. W. S. BARROW, *The Kingdom of the Scots*, London, Edward Arnold, 1973.

E. C. M. BEGG, *The Cult of the Black Virgin*, London, Arkana, 1985.

J. A. F. BENIMELI, *La masonería española en el siglo 18*, Madrid 1974.

D. BERESNIAK, *Symbols of Freemasonry*, Paris, Editions Assouline, 2000.

M. BEST – F. H. BRIGHTMAN, *The Book of Secrets of Albertus Magus*, York Beach, MN, S. Weiser, 1999.

G. BOAS (a cura di), *The Hieroglyphics of Horapollo*, Princeton, NJ, Princeton University Press, 1993.

W. H. BRAGG (a cura di), *The Record of the Royal Society of London*, London, Royal Society, 1940.

J. H. BREASTED, *The Dawn of Consciousness*, New York, NY, Charles Scribner's Sons, 1934.

L. BRENTON (trad. a cura di), *The Septuagint*, London, Samuel Bagster, 1951.

D. BROWN, *Angels and Demons*, London, Corgi, 2001 (trad. it. *Angeli e demoni*, Milano, Mondadori, 2005).

T. BROWNE, *Religio Medici and Other Works*, a cura di L. C. Martin, Oxford, Clarendon Press, 1964.

W. BROWNE, *Highlights of Templar History*, Greenfield, IN, William Mitchell, 1944.

R. BRUMBY, *Doctor John Dee. The Original 007*, Hemel Hempstead, Academic Board of Dacorum College, 1977.

R. BRYDON, *Rosslyn and the Western Mistery Tradition*, Roslin, Rosslyn Chapel Trust, 2003.

E. A. W. BUDGE (trad. a cura di), *The Book of the Bee* (dal testo siriaco), Oxford, Clarendon Press, 1886.

ID. (trad. a cura di), *The Book of the Cave of Treasure*, London, The Religious Tract Society, 1927.

ID. (trad. a cura di), *Kebra Nagast*, Oxford, Oxford University Press, 1932.

ID. (trad. a cura di), *The Book of the Dead*, New York, NY, University Books, 1960.

ID. (trad. a cura di), *Cleopatra's Needle and Other Egyptians Obelisks* (1926); ristampa New York, NY, Dover Publications, 1990.

ID. (trad. a cura di), *Hierogliphic Texts from Egyptian Stelae*, London, British Museum, parte 1, 1911.

M. E. BUNSON, *Encyclopedia of the Middle Ages*, New York, NY, Facts On File, 1995.

Burke's Peerage, Baronetage and Knightage, London, Burke's Peerage, 105° ed., 1970.

P. S. CALLAHAN, *Paramagnetism*, Metairie, LA, Acres, 1995.

ID., *Ancient Mysteries, Modern Visions*, Austin, TX, Acres, 2001.

J. CALLOW, *The Making of King James II*, Stroud, Sutton, 2000.

W. P. CAMPBELL-EVERDEN, *Freemasonry and its Etiquette*, New York, NY, Gramercy, 2001.

R. CARLYON, *A Guide to the Gods*, London, Heinemann/Quixote, 1981.

C. CARPENTER, *The Guinness Book of Kings, Rulers and Statesmen*, Enfield, Guinness Superlatives, 1978.

H. CARR, *The Freemason at Work*, London, Lewis Masonic, 1992.

C. CARTER, *The Preceptor's Handbook*, London, Lewis Masonic, 1994.

E. H. CARTWRIGHT, *Masonic Ritual*, Shepperton, Lewis Masonic, 1985.

P. CARUS, *The History of the Devil*, New York, NY, Gramercy, 1996.

Catholic Encyclopedia, New York, NY, R. Appleton, 1910.

J. CERNY (a cura di), *The Inscriptions of Sinai*, London, Egypt Exploration Society, 1955.

E. K. CHAMBERS, *William Shakespeare*, Oxford, Clarendon Press, 1930.

L. CHARPENTIER, *Les mystères de la cathédrale de Chartres*, Paris, Robert Laffont, 1966 (trad. it. *I misteri della cattedrale di Chartres*, Torino, Arcana Editrice, 1972).

R. CHARTRES – D. VERMONT, *A Brief History of Gresham College*, Gresham College, 1997.

J. CHEVALIER, *Les ducs sous l'Acacia*, Paris 1964.

ID., *La prèmiere profanation du temple maçonnique*, Paris 1968.

J. D. CLARE (a cura di), *Fourteenth Century Towns*, London, Random House, 1993.

P. A. CLAYTON, *Chronicles of the Pharaohs*, London, Thames and Hudson, 1994.

H. W. COIL, *Coil's Masonic Encyclopedia*, New York, NY, Macoy Publishing, 1961.

A. COOK, *Edmund Halley Charting the Heavens & the Seas*, Oxford, Clarendon Press, 1998.

E. T. COOK, *The Majesties of Scotland*, London, John Murray, 1928.

I. COOPER-OAKLEY, *Count of Saint-Germain*, New York, NY, Samuel Weiser, 1970.
S. COOTE, *Royal Survivor – A Life of Charles II*, London, Spectre, 1999.
P. COPPENS, *The Stone Puzzle of Rosslyn Chapel*, Enkuizen, NL. Frontier, 2004.
L. COTTRELL *The Land of Shinar*, London, Souvenir Press, 1965.
W. W. COVEY-CRUMP, *The Hiramic Tradition*, Kila, MT, Kessinger, 1998.
J. S. CURL, *The Art and Architecture of Freemasonry*, New York, NY, Overlook Press, 2002.
D. DARRAH, *The Evolution of Freemasonry*, Bloomington, IL, Masonic Publishing, 1920.
P. DAWKINS, *Dedication to the Light*, Coventry, Francis Bacon Research Trust, 1984.
R. DEACON, *A History of the British Secret Service*, London, Grafton, 1982.
J. P. DEMOS, *Entertaining Satan, Witchcraft & the Culture of the Early New England*, Oxford, Oxford University Press, 1982.
N. DESCHAMPS, *Les Sociétés Secrètes et la Société ou Philosophie de l'Histoire Contemporaine*, Paris 1881.
B. DIBNER, *Moving the Obelisks*, New York, NY, Burndy Library, 1950.
B. J. T. DOBBS, *The Foundations of Newton's Alchemy*, Cambridge, Cambridge University Press, 1974.
EAD., *The Janus Face of Genius: The Role of Alchemy in Newton's Thought*, Cambridge, University Press, 1991.
A. DODD, *Shakespeare, Creator of Freemasonry*, London, Rider, 1937.
ID., *Secret Shakespeare*, London, Rider, 1951.
G. DONALDSON – R. S. MORPETH, *A Dictionary of Scottish History*, Edinburgh, John Donald, 1977.
H. DOUGLAS, *Jacobite Spy Wars*, Stroud, Sutton, 2000.
G. DRAFTEN, *Pour La Foy – A Short History of the Great Priory of Scotland*, pubblicato in facsimile, CD-ROM, Edinburgh, Grand Lodge of Scotland (1949-2000).
M. C. DUNCAN, *Duncan's Masonic Ritual and Monitor*, Kila, MT, Kessinger, 2004.
L. REV. DUTENS, *Memoires d'un voyageur qui se repose*, London, Cox Sons & Baylis, 1807.
C. DYER, *Symbolism in Craft Freemasonry*, London, Gale & Polden, 1951.
I. E. S. EDWARDS, *The Pyramids of Egypt*, New York, NY, Viking, 1986.
A. ELLIS, *The Penny Universities*, London, Secker & Warburg, 1956.
M. ESPINASSE, *Robert Hooke*, London, Heinemann, 1954.
A. FAIVRE, *The Golden Fleece and Alchemy*, New York, NY, State University Press of New York, 1993.
D. FIDELER (a cura di), *Alexandria: The Journal for the Western Cosmological Traditions*, in «Phanes Press», Grand Rapids, MI, 1994.
P. FINDEN, *Athanasius Kircher: The Man Who Knew Everything*, London, Routledge, 2003.
W. FOX, *Valley of the Craftsmen: Scottish Freemasonry in America's Southern Jurisdiction*, Columbia, SC, University of South Carolina Press, 2002.
C. FRANCOVICH, *Storia della Massoneria in Italia*, Firenze 1974.
H. FRANKFORT, *Kingship and the Gods*, Chicago, IL, University of Chicago Press, 1948 (trad. it. *Il dio che muore*, Firenze, La Nuova Italia, 1992).
ID., *Before Philosophy*, London, Penguin, 1951.
B. FRANKLIN, *Autobiography of Benjamin Franklin*, Oxford, Oxford University Press, 1998.
S. FREUD, *Mosè e il monoteismo*, Torino, Boringhieri, 1977.
J. O. FULLER, *The Comte de Saint-Germain*, London, East-West, 1988.
A. GARDINER, *Egyptian Grammar*, Oxford, Institute and Ashmolean Museum, 1975.

L. GARDNER, *Bloodline of the Holy Grail*, London, Thorsons-Element/HarperCollins, 2002 (trad. it. *La linea di sangue del Santo Graal*, Roma, Newton & Compton, 1997).

ID., *Realm of the Ring Lords*, London, Thorsons-Element/HarperCollins, 2003 (trad. it. *Mito e magia del Santo Graal*, Roma, Newton & Compton, 2004).

ID., *Lost Secrets of the Sacred Ark*, London, Thorsons-Element/HarperCollins, 2003 (trad. it. *I segreti dell'Arca perduta*, Roma, Newton & Compton, 2003).

ID., *Genesis of the Grail Kings*, London, Transworld/Bantam, 1999 (trad. it. *Le misteriose origini dei Re del Graal*, Roma, Newton & Compton, 2000).

ID., *The Magdalene Legacy*, London, Thorsons-Element/HarperCollins, 2005 (trad. it. *I figli del Graal*, Roma, Newton & Compton, 2005).

C. N. GATTEY, *Farmer's George Black Sheep*, Bucks, Kensal Press, 1985.

S. GIBSON – D. M. JACOBSEN, *Below the Temple Mount in Jerusalem*, Oxford, Tempus Reparatum, 1996.

A. GILBERT, *The New Jerusalem*, London, Bantam, 2002.

L. GINSBERG, *Legends of the Jews*, Baltimore, MD, J. Hopkins University Press, 1998.

GIUSEPPE FLAVIO, *Contro Apione*, Torino, UTET, 1998.

ID., *Antichità giudaiche*, Torino, UTET, 1998.

ID., *Guerre giudaiche*, Milano, Mondadori, 1995.

R. F. GOULD, *Gould's History of Freemasonry*, London, Caxton, 1933.

ID., *The Concise History of Freemasonry*, London, Gale & Polden, 1951.

K. GRANT, *The Magical Revival*, London, Skoob Books, 1991.

R. GRAVES, *The White Goddess*, London, Faber & Faber, 1961 (trad. it. *La dea bianca*, Milano, Adelphi, 1992).

C. GREENIA, *Bernard de Clairvaux Treatises*, Kalamazoo, MI, Cistercian Publications, 1977.

GREGORIO DI TOURS, *Storia dei Franchi*, Milano, Fondazione Lorenzo Valla, 1981.

T. GRIFFITH (a cura di), *The Concise Pepys*, Ware, Wordsworth, 1997.

GUY DE LA BEDOYERE (a cura di), *The Diary of John Evelyn*, Woodbridge, Boydell Press, 1995.

R. T. GUNTHER, *Early Science in Oxford*, London, Dawson, 1930.

L. HABACHI, *The Obelisks of Egypt*, London, J. M. Dent, 1978 (trad. it. *Gli obelischi egizi. I grattacieli dell'antichità*, Roma, Newton & Compton, 1996).

J. C. HADDEN, *Prince Charles Edward*, London, Sir Isaac Pitman & Sons, 1913.

J. HALE, *Reinassance*, New York, NY, Time Incorporated, 1965.

ID., *The Civilisation of Europe in the Reinassance*, New York, NY, Atheneum, 1994.

M. B. HALL, *The Scientific Reinassance 1450-1630*, New York, NY, Dover Publications, 1994.

M. P. HALL, *The Lost Keys of Freemasonry*, Richmond, VA, Macoy Publishing and Masonic Supply, 1976.

ID., *The Secret Teachings of All Ages*, Los Angeles, CA, Philosophical Research Society, 1989.

J. HAMILTON, *The Craft*, London, Crucible, 1986.

J. D. HAMILTON, *Material Culture of the American Freemasons*, Lexington, MA, Museum of Our National Heritage, 1994.

G. HANCOCK, *The Sign and the Seal*, London, Heinemann, 1992 (trad. it. *Il mistero del sacro Graal*, Casale Monferrato, Piemme, 2005[22]).

ID., *Fingerprints of the Gods*, London, Heinemann, 1995 (trad. it. *Impronte degli dèi*, Milano, Corbaccio, 1996).

J. HASTINGS (a cura di), *Dictionary of the Bible*, Edinburgh, T. & T. Clark, 1909.

C. E. HAUER, *Christopher Wren & the Many Sides of Genius*, New York, NY, The Edwin Mellen Press, 1997.

R. A. HAY, *The Genealogie of the Sainteclairs of Rosslyn*, Edinburgh, Grand Lodge of Scotland, 2002.

A. HAYNES, *The Elizabethan Secret Service*, Stroud, Sutton, 2000.

A. HEIDEL, *The Babylonian Genesis*, Chicago, IL, University of Chicago Press, 1942.

ID., *The Gilgamesh Epic and Old Testament Parallels*, Chicago, IL, University of Chicago Press, 1949.

J. HENRY, *Mozart Frère Maçon – La symbolique maçonnique dans l'œuvre de Mozart*, Aix-en-Provence, Editions Alinea, 1991.

A. HORNE, *Solomon's Temple in Masonic Tradition*, London, Aquarian Press, 1971.

M. HOWARD, *The Occult Conspiracy*, London, Rider, 1989.

HRH PRINCE MICHAEL OF ALBANY, *The Forgotten Monarchy of Scotland*, London, Element Books, Shaftesbury, 1988 - London, Chrysalis/Vega, 2002.

M. HUNTER, *Science and Society in Restoration England*, Cambridge, Cambridge University Press, 1981.

ID., *Robert Boyle, Scrupulosity and Science*, Woodbridge, Boydell Press, 2000.

ID., *Robert Boyle 1627-1691*, Woodbridge, Boydell Press, 2000.

W. HUSS, *The Master Builders II*, Pennsylvania, PA, Grand Lodge of Free and Accepted Masons of Pennsylvania, 1988.

S. INWOOD, *The Man Who Knew Too Much*, London, Macmillan, 2002.

T. JACOBSEN, *The Tresures of Darkness – A History of Mesopotamian Religion*, New Haven, CT, Yale University Press, 1976.

B. A. F. C. JACKSON, *Rose Croix*, London, Lewis Masonic, 1980.

K. JACKSON, *Beyond the Craft*, London, Lewis Masonic, 1980.

H. JENNINGS, *The Rosicrucians: Their Rites and Mysteries*, London, Routledge,1887.

B. E. JONES, *Freemasons' Book of the Royal Arch*, London, Harrap, 1957.

ID., *Freemasons' Guide and Compendium*, London, Harrap, 1988.

W. C. JORDAN (a cura di), *The Middle Ages: An Encyclopedia for Students*, New York, NY, Charles Scribner & Sons, 1985.

C. H. JOSTEN, *Elias Ashmole*, Oxford, Ashmolean Museum and the Museum of the History of Science, 1985.

C. G. JUNG, *Psicologia e alchimia*, Torino, Boringhieri, 1981.

G. KEATING, *The History of Ireland*, 1640; ristampa a cura della Irish Texts Society, London, 1902-14.

W. KELLER, *La Bibbia aveva ragione*, Milano, Garzanti, 1969.

B. KEMP, *Sir Francis Dashwood*, London, Macmillan, 1967.

G. KEYNES, *The Royal Society Newton Trecentennary Celebrations*, Cambridge, Cambridge University Press, 1947.

K. A. KITCHEN, *Ramesside Inscriptions*, Oxford, Basil H. Blackwell, 1975.

C. KNIGHT – R. LOMAS, *The Hiram Key*, London, Century, 1996 (trad. it. *La chiave di Hiram*, Milano, Mondadori, 1998).

IID., *The Second Messiah*, London, Century, 1997.

S. KNIGHT, *Jack the Ripper: The Final Solution*, London, HarperCollins, 1979.

ID., *The Brotherhood: The Secret World of the Freemasons*, London, HarperCollins, 1994.

S. N. KRAMER, *History Begins at Sumer*, London, Thames & Hudson, 1958 (trad. it. *I Sumeri. Alle radici della storia*, Roma, Newton & Compton, 1997).

ID., *Sumerian Mythology*, New York, NY, Harper Bros., 1961.

L. KRONENBERGER, *The Extraordinary Mr. Wilkes*, London, New English Library, 1974.

J. LANE, *Masonic Records 1717-1894*, London, United Grand Lodge of England, 1895.

A. LANG, *The Companions of Pickle*, London, Longmans, 1898.

ID., *Prince Charles Edward Stuart*, London, Longmans, 1903.
ID., *Historical Mysteries*, London, Thomas Nelson, 1904.
W. LAURIE, *History of Freemasonry*, Edinburgh, Grand Lodge of Scotland, 1859.
A. LAWRIE, *History of Freemasonry*, London, Longman & Rees, 1804.
P. LEMESURIER, *The Great Pyramid Decoded*, Shaftesbury, Element Books, 1977 (trad. it. *La Piramide svelata*, Milano, Armenia, 1984).
J. H. LEPPER – P. CROSSLE, *History of the Grand Lodge of Free and Accepted Masons of Ireland*, Dublin, Lodge of Research, 1925.
M. LEVINE, *The Tabernacle: Its Structure and Utensils*, Tel Aviv, Soncino Press, 1969.
L. LEWIS, *Connoiseurs & Secret Agents*, London, Chatto & Windus, 1961.
H. S. LEWIS, *The Mystical Life of Jesus*, San José, CA, Ancient and Mystical Order RosaeCrucis, 1982.
J. E. LLOYD, *A History of Carmarthenshire*, London, Carmarthen Society, 1939.
R. LOMAS, *Invisible College*, London, Headline, 2002.
R. S. LOOMIS, *The Grail: From Celtic Myth to Christian Symbolism*, Cardiff, University of Wales Press, 1963.
J. T. LOONEY (a cura di), *Shakespeare Identified*, London, Cecil Palmer, 1920.
D. LOTH, *Lafayette*, London, Cassell, 1952.
H. LYONS, *The Royal Society 1660-1940*, Cambridge, Cambridge University Press, 1944.
T. MACAULAY, *The History of England*, London, Penguin, 1968.
S. L. MACGREGOR MATHERS, *The Key of Solomon the King*, London, Routledge & Kegan Paul, 1972.
C. MACKENZIE, *Prince Charlie and his Ladies*, London, Cassell, 1934.
A. MACKEY, *Encyclopedia of Freemasonry* (ed. in facsimile del 1909), Kila, MT, Kessinger, 2003.
F. MACLEAN, *Bonnie Prince Charlie*, London, Weidenfeld & Nicolson, 1988.
W. K. MACNULTY, *Freemasonry*, London, Thames & Hudson, 2003.
R. MACOY, *Dictionary of Freemasonry*, New York, NY, Gramercy, 1990.
MADAME OLIVIER DES ARMOISES, *Un rapport sur la morte étrange du 4ieme Comte d'Albanie le Prince Charles Benoix Stuart à Monsieur le Ministre des Affaires Etrangères a Paris*, Paris 1888.
S. C. MALAN (trad. a cura di), *The Book of Adam and Eve* (dal testo etiope), London, William & Norgate, 1882.
D. MANNIX, *The Hell-Fire Club*, London, New English Library, 1978.
F. E. MANUEL, *The Religion of Isaac Newton – The Freemantle Lectures 1973*, Oxford, Clarendon Press, 1974.
J. MARRS, *Rule by Secrecy*, New York, NY, HarperCollins/Perennial, 2001.
A. MARSHALL, *Intelligence & Espionage in the Reign of Charles II 1660-85*, Cambridge, Cambridge University Press, 1994.
J. P. MCCARTER, *Reformed Historical Studies on the Enlightenment Era and its Aftermath – A Teacher's Manual*, Jenison, MI, Historicism Research Foundation, The Puritan's Home School Curriculum, 2003.
F. MCLYNN, *The Jacobites*, London, Routledge & Kegan Paul 1985.
ID., *Charles Edward Stuart*, London, Routledge & Kegan Paul, 1988.
A. MELLOR, *La chart inconnue de la franc-maçonnerie chrétienne*, Tours 1965.
E. W. MILLS, *Lutterworth Dictionary of the Bible*, Cambridge, Lutterworth Press, 1994.
I. MONCRIEFFE, *The Highland Clans*, London, Barrie & Jenkins, 1982.
D. T. MORGAN, *The Devious Doctor Franklin, Colonial Agent*, Macon, GA, Mercer University Press, 1999.
H. V. MORTON, *In Search of Scotland*, London, Methuen, 1929.

T. W. MURPHY – M. HOPKINS, *Rosslyn*, Shaftesbury, Element Books, 1999 (trad. it. *Rosslyn: il misterioso tempio dei segreti del Santo Graal*, Roma, Newton & Compton, 2000).

R. NEVE, *The City and the Country Purchaser and Builders' Dictionary or the Compleat Builders' Guide*, London, Philomath, 1703.

R. NICHOLS, *Robert Hooke and the Royal Society*, Lewes, Book Guild, 1999.

A. NICOLSON, *Power and Glory*, London, HarperCollins, 2003.

G. J. A. OLSZEWSKI, *A History of the Washingon Monument 1844-1968*, Washington, DC, Office of History and Historic Architecture, 1971.

M. ORNSTEIN, *The Role of Scientific Societies in the 17th Century*, Chicago, IL, Chicago University Press, 1938.

A. OSMAN, *Strangers in the Valley of Kings*, London, Souvenir Press, 1987.

ID., *Moses, Pharaoh of Egypt*, London, Grafton/Collins, 1990.

D. OVASON, *The Secret Architecture of Our Nation's Capital*, New York, NY, HarperCollins/Perennial, 2002.

ID., *The Secret Symbols of the Dollar Bill*, New York, NY, HarperCollins, 2004.

Oxford Compact English Dictionary (Oxford Word Library, O.W.L. Micrographic), Oxford, Oxford University Press, 1971.

Oxford Concise English Dictionary, a cura di Della Thompson, Oxford, Oxford University Press, 1995.

E. PAGELS, *The Origin of Satan*, New York, NY, Random House, 1995.

L. PAINE, *Britain's Intelligence Service*, London, Robert Hale, 1979.

S. PAINTER, *Mediaeval Society*, Ithaca, NY, Cornell University Press, 1951.

R. PATAI, *The Jewish Alchemists*, Princeton, NJ, Princeton University Press, 1994.

S. PEPYS, *The Illustrated Pepys*, London, Penguin, 2000.

J. B. PERKINS, *France in the American Revolution*, Williamstown, MA, Cornerhouse, 1970.

C. PETRIE, *The Stuarts*, London, Eyre & Spottiswoode, 1937.

ID., *The Jacobite Movement: The Last Phase*, London, Eyre & Spottiswoode, 1950.

W. M. FLINDERS PETRIE, *Researches in Sinai*, London, John Murray, 1906.

EIRENAEUS PHILALETHES, *Introitus apertus ad occlusum regis palatium*, Amsterdam, Musaeum Hermeticum, 1667.

ID., *Tres tractatus de metallorum transmutatione*, Amsterdam, Musaeum Hermeticum, 1668.

A. PIATIGORSKY, *Freemasonry, The Study of a Phenomenon*, London, Harvill Press, 1997.

L. PICARD, *Restoration London*, London, Phoenix, 1997.

A. PIKE, *Morals and Dogma of the Ancient and Accepted Scottish Rite Freemasonry*, Kila, MT, Kessinger, 2004.

B. PLATTS, *Scottish Hazard*, London, Proctor Press, 1990.

S. POPE, *The Development of Freemasonry in England and Wales*, London, Ars Quatuor Coronatorum, 1956.

G. S. PRYDE, *The Treaty of Union Between Scotland and England 1707*, London, Thomas Nelson, 1950.

A. G. PRYS-JONES, *The Story of Carmarthenshire*, Swansea, Christopher Davies, 1959.

M. PURVER, *The Royal Society, Concept and Creation*, London, Routledge & Keegan Paul, 1967.

C. RAW, *The Moneychangers*, London, Harvill Press, 1992.

J. RIDLEY, *The Freemasons*, London, Constable & Robinson, 1999.

L. RITMEYER – K. RITMEYER, *Secrets of Jerusalem's Temple Mount*, Washington, DC, Biblical Archaeological Society, 1998.

A. ROBBINS, *Secrets of the Tomb*, Boston, MA, Little Brown/Back Bay, 2002.
G. ROBERTS, *Aspects of the Welsh History*, Cardiff, University of Wales Press, 1969.
H. W. ROBINSON (a cura di), *The Diary of Robert Hooke*, London, Taylor & Francis, 1935,
J. ROBINSON, *Born in Blood*, London, Guild Publishing, 1989.
ID., *A Pilgrim's Path: Freemasonry and the Religious Rite*, New York, NY, M. Evans, 1993.
R. ROBINSON (a cura di), *Newton Trecentennary Celebrations*, Cambridge, The Royal Society London and Cambridge University Press, 1947.
J. ROBISON, *Proofs of a Conspirancy Against All the Governments of Europe – 1801*, Hawthorn, CA, Christian Book Club of America, 1961.
S. RONEY-DOUGAL, *Where Science and Magic Meet*, Shaftesbury, Element Books, 1993.
G. ROUX, *Ancient Iraq*, London, George Allen & Unwin, 1964.
G. RUDÉ, *Wilkes and Liberty*, Oxford, Oxford University Press, 1972.
P. RUSSELL, *Benjamin Franklin: The First Civilized American*, New York, NY, Brentano's, 1926.
M. H. M. MARQUIS DE RUVIGNY ET RAINEVAL, *The Jacobite Peerage, Baronetage, Knightage and Grants of Honour* (1921), ristampa in facsimile, London, Charles Skilton, 1974.
R. SANDBACH, *Understanding the Royal Arch*, Hersham, Lewis Masonic, 1992.
G. H. SCHODDE (trad. a cura di), *The Book of Jubilees*, Oberlin, OH, E. J. Goodrich, 1888.
D. SCHOENBRUN, *Triumph in Paris*, New York, NY, Harper & Row, 1976.
W. SCHRODTER, *A Rosacrucian Notebook*, York Beach, ME, Samuel Weiser, 1992.
B. J. SHAPIRO, *John Wilkins 1614-1672*, Berkeley, CA, University of California Press, 1969.
D. SHAPIRO, *The Body Mind Workbook*, Shaftesbury, Element Books, 1990.
A. SHIELDS, *Henry Stuart, Cardinal of York*, London, Longmans, 1908.
A. SHIELDS – A. LANG, *The King Over the Water*, London, Longmans, 1897.
P. SIEFKER, *Santa Claus, Last of the Wild Men*, Jefferson, NC, MacFarland, 1997.
A. SINCLAIR, *The Secret Scroll*, London, Birlinn, 2002.
ID., *The Sword and the Grail*, New York, NY, Crown, 1992.
C. F. SMITH, *John Dee*, London, Constable, 1909.
D. SOBEL, *Longitude*, London, Fourth Estate, 1995.
S. SORA, *Secret Societies of America's Elite*, Rochester, VT, Destiny Books, 2003.
E. A. SPEISER (a cura di), *The Anchor Bible – Genesis* (trad. dal testo ebraico), Garden City, NY, Doubleday, 1964.
T. SPRAT, *History of the Royal Society of London for the Improving of Natural Knowledge*, ristampa dell'edizione del 1667, London, Routledge & Kegan, 1959.
V. STAUFFER, *England and the Bavarian Illuminati* (1919), Woodbridge, VA, Invisible College Press, 2005.
D. STEVENSON, *The Origins of Freemasonry*, Cambridge, Cambridge University Press, 1988.
Y. STOYANOV, *The Hidden Tradition in Europe*, London, Arkana/Penguin, 1994.
J. R. STRAYER (a cura di), *Dictionary of the Middle Ages*, New York, NY, Charles Scribner's Sons, 1985.
W. STUKELEY, *Memoirs of Sir Isaac Newton's Life*, London, Taylor & Francis, 1936.
M. SWANTON (trad. a cura di), *The Anglo Saxon Chronicle*, London, J. M. Dent, 1997.
M. SWORDER (a cura di), *Fulcanelli: Master Alchemist: Le Mystère des Cathédrales*, Albuquerque, NM, Brotherhood of Life, 1986.
B. THIERING, *Jesus the Man*, London, Transworld, 1992.

K. THOMSON, *The Masonic Thread in Mozart*, London, Lawrence & Wishart, 1977.
A. TINNISWOOD, *His Invention So Fertile*, London, Jonathan Cape, 2001.
M. J. TROW – T. TROW, *Who Killed Kit Marlow?*, Stroud, Sutton, 2001.
G. V. TUDHOPE, *Bacon Masonry*, Berkeley, CA, University of California Press, 1954.
I. VELIKOVSKI, *Ages in Chaos*, London, Sidgwick & Jackson, 1952 (trad. it. *Mondi in collisione*, Milano, Garzanti, 1955).
G. VERMES, *The Complete Dead Sea Scrolls in English*, London, Penguin, 1995.
A. E. WAITE, *Alchemist Trough the Ages*, New York, NY, Steinerbooks, 1988.
ID., *Devil Worship in France with Diana Vaughan and the Question of Modern Palladism*, York Beach, ME, Red Wheel/Weiser, 2003.
P. R. WALKER, *The Italian Renaissance*, New York, NY, Facts on File, 1995.
J. M. WALLACE-HADRILL, *The Long Haired Kings*, London, Methuen, 1962.
J. S. M. WARD, *Freemasonry and the Ancient Gods*, London, Simpkin Marshall, 1926.
W. J. WATSON, *The History of the Celtic Place Names of Scotland*, Edinburgh, William Blackwood, 1926.
M. WHITE, *Isaac Newton, the Last Sorcerer*, London, Fourth Estate, 1998 (trad. it. *Newton*, Milano, Rizzoli, 2001).
C. W. WILMSHURST, *The Meaning of Masonry*, New York, NY, Gramercy, 1995.
A. N. WILSON, *Jesus*, London, Sinclair Stevenson, 1992 (trad. it. *Gesù: l'uomo, la fede*, Torino, Instar Libri, 1997).
C. WILSON – J. GRANT, *The Directory of Possibilities*, Exeter, Webb & Bower, 1981.
WOLFRAM VON ESCHENBACH, *Parzival* (a cura di H. D. Sacker), Cambridge, Cambridge University Press, 1963.
B. WOOLLEY, *The Queen's Conjuror*, London, HarperCollins, 2001.
ID., *The Sumerians*, London, W. W. Norton, 1965.
J. YARKER, *The Arcane Schools – A Review of their Origin and Antiquity, with a General History of Freemasonry, and its Relation to the Theosophic, Scientific and Philosophic Mysteries*, Belfast, William Tait, 1909.
F. A. YATES, *Giordano Bruno and the Hermetic Tradition*, Chicago, IL, University of Chicago Press, 1964.
EAD., *The Art of Memory*, Chicago, IL, University of Chicago Press, 1966
EAD., *Theatre of the World*, Chicago, IL, University of Chicago Press, 1969.
EAD., *The Rosicrucian Enlightenment*, St. Albans, Paladin, 1975 (trad. it. *L'illuminismo dei Rosa-Croce*, Torino, Einaudi, 1976).
EAD., *The Occult Philosophy in the Elizabethan Age*, London, Routledge & Kegan, 1983.
YATRI, *Unknown Man*, London, Sidgwick & Jackson, 1988.
S. BAR YOCHAI, *The Zohar* (ed. a cura del rabbino M. Berg), New York, NY, The Kabbalah Centre, 2003.
E. ZIEBER, *Heraldry in America*, New York, NY, Greenwich House, 1895.

Fonti iconografiche

Si ringraziano gli Enti qui di seguito elencati per aver concesso di riprodurre le immagini che compaiono nelle tavole fuori testo e, più precisamente: tavv. 1, 2, 3, 5, 13, 14, 21, 24, 27, 29, 31, 32, 33, 35, 37, 38, 39, Bridgeman Art Library di Londra; 7, 8, 10, 25, 26, 30, Collage, Guildhall Library Corporation di Londra; 9, 11, Copyright 2002, Adam McLean; 4, 6, 12, 15, 16, 17, 18, 19, 20, 22, 23, 28, 36, collezione privata; 40, Library Company di Filadelfia, PA; 34, George Washington Masonic National Memorial di Alexandria, VA.

Indice analitico

Ringraziamenti

La realizzazione di questo libro non sarebbe stata possibile senza l'aiuto, diretto o indiretto, delle Grandi Logge Massoniche di tutto il mondo e delle preziose pubblicazioni da loro edite, in particolare quelle pubblicate dalla Loggia Lewis di Londra. In proposito, devo citare in modo particolare la Grande Loggia Unita d'Inghilterra, la Grande Loggia degli Antichi, la Libera e Accettata Massoneria di Scozia e la Grande Loggia d'Irlanda. Per l'accesso agli archivi europei sono debitore al Grande Oriente di Francia, mentre per l'assistenza negli Stati Uniti devo ricordare il direttore della biblioteca di Filadelfia ed i curatori dell'Archivio Nazionale Giorgio Washington della Massoneria

Inoltre, per il loro aiuto, sono debitore verso gli archivisti e gli addetti della British Library, del British Museum, della Bibliothèque Nationale de France, dell'Ashmolean Museum, della Bodleian Library, della National Library of Scotland e della Royal Irish Academy. Un altro aiuto per nulla indifferente mi è stato offerto dalle Università di Oxford e Cambridge, dalla Royal Society di Londra, dal Gresham College di Londra, dalla Southern Jurisdiction di Rito Scozzese degli Stati Uniti d'America, dalla Fondazione della Rosslyn Chapel e dall'amministrazione pubblica della città di Londra.

Per tutte le informazioni e le notizie relative all'arte, sono grato alla Guildhall Library di Londra; al Musée des Beaux-Arts di Caen; al Musée Conde di Chantilly; ai musei d'arte della città di Liverpool; alla Biblioteca d'arte Bridgeman di Londra; al castello di Versailles; agli Uffizi di Firenze, al Museo Storico di Stato di Vienna ed alla Biblioteca ed al Museo della Massoneria di Londra.

E, come sempre, voglio ringraziare mia moglie Angela per il supporto instancabile e mio figlio James per il continuo incoraggiamento. Un altro pensiero di gratitudine va alla Casa Reale di Stuart, all'Ordine dei Cavalieri Templari di St. Anthony ed al Nobile Ordine della Guardia di St. Germain. Una citazione a parte devo senz'altro a sua altezza reale il principe Michael di Albany, per l'incomparabile privilegio di avermi permesso di accedere agli archivi della famiglia.

Un profondo senso di riconoscimento lo devo, inoltre, a Andrew Lownie, il mio agente letterario; al press agent Jennifer Solignac; all'agente per la vendita dei diritti all'estero Scarlett Nunn; all'esperta di rete web Karen Lyster; al pubblicitario Tony Skiens ed al manager Colin Gitsham. Ricordo, anche, Carole Tonkinson, Katy Carrington, i responsabili e lo staff editoriale delle case editrici Thorsons-Element e HarperCollins Publishers, unitamente al redattore Matthew Cory ed al consulente artistico sir Peter Robson.

Un'altra citazione speciale per il prezioso aiuto desidero fare nei confronti di Niven Sinclair, James Foote, Peter Williams e Edmund Marriage della Fondazione Patrick; senza dimenticare, per la collaborazione su un piano generale, Nigel Blair del Gruppo di Ricerca del Wessex e Octavia Kenny del College di Studi Psichici. Per l'aiuto offerto a livello internazionale al mio impegno ricordo: Eleanor e Steve Robson dello Studio Peter Robson, Duncan Roads, Ruth Parnell, Marcus e Robin Allen di «Nexsus»; Adriano Forgione di «Hera»; J. Z. Knight e tutti quelli della Scuola di Illuminazione Interiore Ramtha; Christina Zohs di «Yes News», Nancy e Mike Simms della Entropic Fine Art e tutti i giornalisti ed i media che hanno sostenuto questa mia serie di libri.

Infine, tengo in modo particolare a ringraziare tutti quei lettori che seguono ed incoraggiano il mio lavoro da anni, ancor più tutti coloro che mi hanno scritto offrendomi contributi e commenti.

LAURENCE GARDNER
The Graal Studio
http://www.graal.co.uk

Indice

Universale Storica Newton, sezione dei Paperbacks
Pubblicazione settimanale, 20 febbraio 2009
Direttore responsabile: Raffaello Avanzini
Registrazione del Tribunale di Roma n. 16024 del 27 agosto 1975
Fotocomposizione: Corpotre, Roma
Stampato per conto della Newton Compton editori s.r.l., Roma
presso Puntoweb s.r.l., Ariccia (RM)